高等教育应用型精品教材·旅游管理专业系列

中国旅游客源国概况

主　编　戴瑞敏
副主编　代　维　张祖国　钟婷婷

北京理工大学出版社
BEIJING INSTITUTE OF TECHNOLOGY PRESS

内 容 简 介

"中国旅游客源国概况"是高等院校旅游管理专业的一门重要课程。本书由五章组成，共选择了25个主要客源国家进行论述，重点介绍其特色文化、习俗礼仪、主要城市和旅游资源。第一章主要介绍世界旅游业和中国海外客源市场。第二章亚太地区主要客源国，主要介绍日本、蒙古国、新加坡、泰国、马来西亚、印度尼西亚、菲律宾、印度、澳大利亚、新西兰等国家的概况。第三章欧洲主要客源国，主要介绍了英国、德国、法国、意大利、俄罗斯、西班牙、荷兰等国家的概况。第四章美洲地区主要客源国，主要介绍美国、加拿大、阿根廷、巴西等国家的概况。第五章中东和非洲地区主要客源国，主要介绍以色列、沙特阿拉伯、埃及、南非等国家的概况。

本书既适合高等院校旅游管理专业的师生使用，也可作为旅游行政管理工作者、旅游服务人员和出境旅游者的参考书目。

版权专有　侵权必究

图书在版编目（CIP）数据

中国旅游客源国概况/戴瑞敏主编. —北京：北京理工大学出版社，2019.8（2023.8 重印）
ISBN 978-7-5682-7367-1

Ⅰ.①中…　Ⅱ.①戴…　Ⅲ.①旅游客源－概况－中国－高等学校－教材　Ⅳ.①F592.6

中国版本图书馆 CIP 数据核字（2019）第 169026 号

出版发行 /	北京理工大学出版社有限责任公司	
社　　址 /	北京市海淀区中关村南大街 5 号	
邮　　编 /	100081	
电　　话 /	（010）68914775（总编室）	
	（010）82562903（教材售后服务热线）	
	（010）68944723（其他图书服务热线）	
网　　址 /	http://www.bitpress.com.cn	
经　　销 /	全国各地新华书店	
印　　刷 /	唐山富达印务有限公司	
开　　本 /	787 毫米×1092 毫米　1/16	
印　　张 /	15	责任编辑 / 李慧智
字　　数 /	353 千字	文案编辑 / 李慧智
版　　次 /	2019 年 8 月第 1 版　2023 年 8 月第 3 次印刷	责任校对 / 刘亚男
定　　价 /	45.00 元	责任印制 / 李志强

图书出现印装质量问题，请拨打售后服务热线，本社负责调换

前言

随着世界经济的飞速发展，旅游业已成为当今第一大产业，是21世纪最具魅力的"朝阳产业"，在世界产业体系中占有举足轻重的地位。世界各国都在积极发展旅游业，我国旅游业也迅速发展起来，入境游、出境游、国内旅游齐头并进。党的二十大报告提出，"以中国式现代化全面推进中华民族伟大复兴"。在这一进程中，旅游业面临着理念重构和实践创新的现实课题。因此，在促进世界旅游业复苏与发展的进程中，国内旅游从业人员以及广大旅游专业学生迫切需要了解我国的主要客源国家，以便更好地做好入境旅游接待工作。因此，本书的编写非常有必要。

本书共选取了我国25个主要旅游客源国家加以介绍，具体涉及国情概况、政治经济、习俗礼仪、旅游资源等方面。

本书具有以下独特之处：

首先，本书针对性和实用性较强。

其次，编者使用了大量的新数据来介绍我国主要的旅游客源国概况。

最后，内容比较全面，各章设有导言、学习目标、本章小结、复习思考题、案例分析等栏目，内容丰富。

本书由山东青年政治学院戴瑞敏担任主编，由四川民族学院代维、山东外贸职业学院张祖国、四川长江职业学院钟婷婷担任副主编。具体编写分工如下：戴瑞敏编写第一章、第二章、第四章，并对全书进行总体修改和定稿；代维编写第三章；张祖国编写第一章的部分内容；钟婷婷编写第五章。

在编写本书的过程中，编者参阅了中国外交部、商务部、文化和旅游部及各国旅游机构、世界旅游组织等官方网站的最新资料，在此向相关单位表示诚挚的感谢。另外，书中引用了许多专家、学者及相关人员的研究成果，虽然列举在参考文献中，但难免有疏漏之处，还望各位专家、学者及同人能够理解，在此表示感谢。

由于编者水平有限，加之时间仓促，书中难免有不足之处，恳请广大读者批评指正，以使本书日臻完善。

编　者

目 录

第一章 世界旅游业和中国海外客源市场 ······ 1

- 第一节 世界旅游业概况 ······ 1
- 第二节 世界旅游区概况 ······ 8
- 第三节 世界旅游客源市场 ······ 14
- 第四节 中国旅游业的发展及旅游客源市场 ······ 16
- 本章小结 ······ 24
- 复习思考题 ······ 25
- 案例分析 ······ 25

第二章 亚太地区主要客源国 ······ 27

- 第一节 日本 ······ 27
- 第二节 蒙古国 ······ 39
- 第三节 新加坡 ······ 44
- 第四节 泰国 ······ 51
- 第五节 马来西亚 ······ 57
- 第六节 印度尼西亚 ······ 64
- 第七节 菲律宾 ······ 70
- 第八节 印度 ······ 76
- 第九节 澳大利亚 ······ 85
- 第十节 新西兰 ······ 92
- 本章小结 ······ 100
- 复习思考题 ······ 100
- 案例分析 ······ 100

第三章　欧洲主要客源国 ... 101

第一节　英国 ... 101

第二节　德国 ... 109

第三节　法国 ... 119

第四节　意大利 ... 127

第五节　俄罗斯 ... 136

第六节　西班牙 ... 146

第七节　荷兰 ... 155

本章小结 ... 162

复习思考题 ... 162

案例分析 ... 162

第四章　美洲地区主要客源国 ... 163

第一节　美国 ... 163

第二节　加拿大 ... 172

第三节　阿根廷 ... 179

第四节　巴西 ... 187

本章小结 ... 193

复习思考题 ... 193

案例分析 ... 194

第五章　中东和非洲地区主要客源国 ... 195

第一节　以色列 ... 195

第二节　沙特阿拉伯 ... 204

第三节　埃及 ... 212

第四节　南非 ... 220

本章小结 ... 229

复习思考题 ... 229

案例分析 ... 229

参考文献 ... 231

第一章

世界旅游业和中国海外客源市场

导　言

大众旅游时代的到来，使旅游日益成为现代人类社会重要的生活方式和社会经济活动。旅游业以其强劲的增长势头成为全球经济产业中最具活力的"朝阳产业"。旅游业的发展不仅给各国提供了大量就业机会，提高了人们的物质文化水平，而且给各国增加了资金积累和外汇收入。因此，旅游业日益受到各国政府的重视。

改革开放以来，我国旅游业得到了迅猛的发展。目前，入境游市场、国内游市场、出境游市场齐头并进。特别是中国海外客源市场不断扩大，入境游市场长盛不衰。了解世界旅游业的发展和中国海外客源市场概况，是广大旅游从业人员必备的基本知识。

【学习目标】
- 了解世界旅游业的发展历程及发展趋势。
- 掌握世界旅游业的发展格局、世界各旅游大区概况。
- 了解中国旅游业的发展历程、海外客源市场现状。
- 掌握中国旅游客源市场的发展趋势。

第一节　世界旅游业概况

一、世界旅游业的发展历程

旅游，作为一种社会现象，古已有之。按照旅游史学家的研究成果，国际性的旅游行为是在距今约 3 500 年的古埃及产生的，当时的埃及女王曾兴致勃勃地访问了今日的索马里地区。根据中国古籍的记载，周穆王曾在距今约 3 000 年前，由今日的陕西出发，到青海旅行，在昆仑山与西王母相会。这些故事当然含有传说的成分，但汉朝的司马迁、唐朝的李白、明朝的徐霞客等大史学家、大文学家、大旅行家，都在游历中留下了千古不朽的文章、诗歌；东晋的法显、唐朝的玄奘、明朝的郑和，则是公认的国际大旅行家。

1. 近代旅游业发端于西欧

旅游，作为一种独立的行业，距今只有200年左右的历史。一般认为，19世纪前期到中期，是近代旅游业的前发期。英文中首次出现tourist（旅游者）这个词，是在1811年英国出版的《牛津词典》中；世界上第一家旅行社，是1841年英国人托马斯·库克创办的可以为旅游者提供食、住、行服务的托马斯·库克旅行社；世界上第一家现代化饭店宾馆，是1850年在法国巴黎建成的Grand Hotel。19世纪末到20世纪初，是近代旅游业的成长期。前面提到的托马斯·库克旅行社，到1880年已在世界各地开设了60家分公司；美国的运通公司则从1891年起开始发行旅行支票，建立旅馆订房制度，推动了近代旅游业的全面发展；1899年，意大利政府统计局的一位名叫鲍迪欧的官员，发表了题为《旅意外国人之移动及其消费金额》的论文，可见当时旅游业在意大利经济社会发展中的作用已经引起有关方面的重视。但是，1914—1918年的第一次世界大战和1939—1945年的第二次世界大战，在给世界经济发展带来重创、给众多国家人民带来苦难的同时，也阻断了世界旅游业的发展进程。

近代意义上的旅游业产生于19世纪中叶，其主要特征是旅行代理商的出现。旅游业的各个行业，除了旅行社业之外，住宿业、交通业、餐饮业、商业等都远远早于旅游业出现，都是历史悠久的行业。尽管直到现在有关旅游业的定义、产业范围仍然有很大的争议，但是人们都认可，旅游业的根本特征就在于它的综合性，没有各个相关服务业的集合就没有旅游业，而组成旅游业的任何单个行业，都不能称作旅游业。

2. 现代旅游业兴起于20世纪中期

就全世界范围而言，旅游业虽然产生于19世纪中叶，但其真正崛起是在第二次世界大战以后，即20世纪50年代以后。相对和平的国际环境，世界经济的普遍振兴，人们实际收入的不断提高，都会激起大众旅游的渴望。虽然在过去半个多世纪的时间里，旅游业也曾经因石油危机、经济萧条以及战事而出现过短暂的起伏，但从总体上讲，它一直保持了持续发展的势头，虽然后期比前期的增长幅度明显减缓，但绝对数字却大幅增加，世界旅游业进入了成熟、稳定的发展时期。

到1950年，旅游观光事业已经成为世界经济的一个新兴产业。这一年，全球国际旅游过夜人数达2 528万人次，国际旅游外汇收入达21亿美元。1958年，喷气式客机在世界上正式启用，经济型客舱也正式出现，从欧洲到北美洲的旅行时间由24小时缩短为8小时，为国际观光旅游的兴起创造了重要的条件。1960年，全球国际旅游过夜人数达6 932万人次，是1950年的2.74倍，平均每年增长10.6%；国际旅游收入达68.67亿美元，是1950年的3.27倍，平均每年增长12.6%，远远高于当时世界经济的平均增长率。这种发展趋势，在以后的30年中得到持续。到1990年，全球国际旅游过夜人数达4.556 6亿人次，是1960年的6.57倍，平均每年增长6.5%；国际旅游外汇收入达2 610亿美元，是1960年的38倍，平均每年增长12.9%，远远高于这30年中世界经济的年均增长率。加上比国际旅游外汇收入高出2～3倍的国内旅游收入，所以，到20世纪80～90年代，旅游业已经成为世界上最大的产业之一。根据世界旅游业理事会（World Travel and Tourism Council，WTTC）1997年公布的数据，1996年，全球旅游业总产值达3.6万亿美元，占全球GDP（Gross Domestic Product，国内生产总值）的10.7%；旅游业创造的税收收入达6 530亿美元，占世界间接税收收入的10.4%；旅游总消费达 2.1 万亿美元，占世界消费总支出的 11.3%；旅游业直接和间接从业人员达 2.55 亿人，占世界就业总人数的 1/9；对旅游业的投资达 7 660 亿美元，占世界总投资的 11.9%。

旅游业在 20 世纪 50—90 年代的迅速发展，带来了全球"旅游革命"。从观念上说，旅游已不再是一种奢侈消费，而成为仅次于食品和住房的第三大消费项目；从旅游参与者和旅游活动范围看，旅游已不再是少数人的享受，而是大众性活动，旅游已从发达国家扩展到世界各地；从旅游业地位看，其发展速度迅猛，收入增长很快，已成为许多国家国民经济的重要产业和创汇来源，越来越得到重视；从旅游业管理看，已经实现了制度化、规范化并逐步实现信息化。"旅游革命"方兴未艾，已经并将继续对人类和整个世界产生深远的影响。

3. 旅游业在 20 世纪 90 年代成为世界上第一大产业

早在 1976 年，英国未来学家就曾提出，旅游业将在 20 世纪末成为全球最大的产业。这一预见的正确性在当时曾经受到质疑。但是，20 世纪 90 年代初，世界旅游业理事会经过专业咨询公司的核算，宣布旅游业已经成为世界第二大产业，其增加值超过了石油、钢铁、汽车等传统产业。对此，世界旅游业理事会的报告有非常具体的指标描述，其中最为突出的 3 个指标是：旅游业增加值对世界 GDP 的贡献率；旅游业创造就业机会的能力；旅游消费成为人类最重要的消费。关于旅游业规模及作用的这一判断引起了国际社会的广泛关注，旅游业在全世界范围内蓬勃发展起来。

回顾旅游业产生、发展和崛起的历程，我们可以看到，旅游业这一新兴产业，是伴随着工业化、全球化和信息化的进程而不断发展壮大的。所以，它既是经济社会发展进步的产物，也是经济社会发展进步的标志。经济社会的发展，科学技术的进步，居民实际收入的增长，个人可自由支配的闲暇时间的增多，人们求新、求知、求乐、求健欲望的增强，是现代旅游业发展的原动力。社会学家认为，人类需求有三大类，即生存需求、享受需求和发展需求，人只有在生存需求得到基本满足以后才能把享受需求和发展需求提上议事日程，而旅游活动则既是享受需求也是发展需求。随着经济社会的发展，已有越来越多的人摆脱了生存需求的羁绊，旅游行为已经成为现代社会人们生活方式中不可或缺的一部分。鉴于此，我们可以断言，只要世界经济社会是在发展进步的，社会秩序总体是安定的，旅游业就会不断兴旺发达，所以，它是永远的"朝阳产业"。

旅游业也是一个与时俱进的产业。在旅游业起步以来的 200 年中，特别是在最近 50 年的大发展历程中，从旅游经营到旅游管理，从旅游产品到旅游促销，都已经历过一系列变革和创新。我们应了解过去，展望未来，把握 21 世纪全球旅游业发展的大趋势，积极主动地做好旅游工作，进一步加快我国旅游业追赶世界潮流的步伐。

二、世界旅游业的发展趋势

随着人民生活水平的提高，闲暇时间的增多，交通运输手段的革新，旅游资源的深度开发，旅游服务设施的不断完善，国际交往的日益频繁，世界旅游业将出现快速发展的局面，国际旅游市场也将发生明显的变化，旅游业将继续保持世界上第二大产业的地位。根据世界旅游组织（World Tourism Organization，UNWTO）预测，到 2025 年，中国对旅游业的投资将达到 2 787 亿美元，将取代美国，成为世界第一，但旅游业 GDP 总量、直接 GDP、国内消费和出境游消费仍位列美国之后，处于世界第二的位置。英国、印度、印度尼西亚、泰国、缅甸和黑山等国将在旅游业 GDP 总量全球排行榜上大幅上升。中国旅游收入排名将会上升两位，超越西班牙和法国，成为世界第二；而泰国旅游收入排名将会上升六位，超越法国、德国和英国，成为世界第四。

到 2025 年，在境外旅游消费支出方面，中国、美国、德国和英国将占据前四名的位置。虽然中国有大约一半的出境旅游消费花在中国香港和中国澳门，但即便不考虑这一部分，2018 年中国出境旅游消费仍排名全球第一，其次是美国和德国。而且中国有望继续保持泰国、日本、中国香港、中国澳门、中国台湾、越南、新加坡、印尼、俄罗斯、柬埔寨、澳大利亚、菲律宾等经济体的第一大入境旅游客源地的地位。预计未来 10 年，新加坡、印度、印度尼西亚、马来西亚、卡塔尔、沙特阿拉伯、韩国，以及中国香港、中国台湾在全球出境旅游消费的排名也会显著上升。

展望未来，世界旅游业将呈现出以下几个方面的发展趋势：

1. 旅游市场全球化和多样化

随着世界经济的好转和各国旅游业的快速发展，全球范围内跨国旅游活动将日趋增多，旅游市场发展空间将迅速扩大，旅游市场全球化速度将进一步加快，绝大多数国家的旅游市场将逐步融入世界旅游市场。随着各国人民整体收入水平的提高，低收入人群逐步达到小康水平，中产阶层人群将逐步成为主体，富有阶层人数将明显增多，绝大多数人有经济实力和闲暇时间外出旅游。不过，随着不同收入人群的不同需求和个性化旅游消费意识的增强，世界旅游市场结构将开始呈现多样化的趋势。那些单纯游山玩水的消遣观光将逐渐被多样化旅游方式所取代：传统的旅游方式（娱乐型、观光型、疗养型和商务型）已不能满足人们"自我爱好""自由娱乐""情感展示"的要求，各种内容丰富、新颖独特的旅游方式和旅游项目将应运而生，探险旅游（如徒步、登山、漂流）、健身、观鸟、摄影、探求文化和精神根基的知识型旅游等将大受欢迎，旅游方式必将朝着个性化、多样化的方向发展。

2. 旅游市场多极化和区域化

旅游消费规模的迅速扩大，必然要求旅游产品的加速开发。所以，在世界范围内，那些具有良好发展条件的国家和地区，必将成为旅游业新的增长极，旅游空间布局将呈现多极化的趋势。由于区域合作、资源整合和客源市场共享能给区域旅游发展带来极大的收益，所以国家之间开展旅游合作，推动产业一体化、市场一体化、交通一体化、形态一体化，建立互利互惠的区域旅游协作区，将成为世界旅游业发展的必然趋势。

3. 旅游企业集团化和现代化

为了促进旅游业的快速发展，越来越多的国家在简化签证办理手续、缩短签证办理时间，或实施落地签证，甚至取消签证政策，允许跨国公司或外围公司在本国以合资、独资等各种形式开办旅游企业，从事旅游经营活动。这样，必然促使国际上一些资金充足、实力雄厚、网络化基础好、行业优势明显的大企业，通过各种方式进入旅游行业，从而促进旅游产业的重新组合，逐步形成一批跨国、跨区域的现代化旅游企业集团。国际航空公司、饭店和旅游批发商将进一步联合成大型跨国集团，从而在全球旅游市场上更有能力推出大规模、多样化的旅游产品。旅游经营走向国际化后，旅游市场竞争将进一步加剧。为了适应日益激烈的竞争,旅游企业在走向集团化的同时,必须实现现代化,以增强实力,降低成本,提高市场竞争力。

4. 旅游营销网络化和科技化

随着旅游距离的不断扩大,游客数量的迅速增加,旅游需求的日益复杂化,旅游服务智能化、特色化趋势的增强,势必要求旅游企业全面推进旅游信息化建设,进一步开发电子预订系统,完善旅游预订服务,发展旅游电子商务,健全旅游信息调查和预报制度,建立以游客满意度为中心的管理模式,为旅游者提供更便捷的全球化、智能化的全天候旅游服务,以迎合人们自由旅游的愿望。为了提升旅游企业的核心竞争力,将高科技应用于旅游开发、旅游管理、旅游营销和旅游服务中,以便迅速提高旅游产品的科技含量,实现网络化、品牌化营销,推动新型旅游产品市场的成长,促进旅游业规模的加速扩张和旅游产业竞争格局的快速重组,实现旅游业向科技型、质量型和效益型方向发展。

5. 旅游服务个性化

由于生活水平和文化水平的提高,人们已不满足于过去的从众游、感性游和赶场游,追求身心享受、智力发展和品质提升的愿望越来越强烈,对观光、会展、商务、购物、修学、祭祖、考察、游乐、健身、休闲、探险、工业、农业、生态、自助等系列旅游项目的要求越来越个性化和多样化,旅游服务既要满足游客的个性化需求,又要满足游客的全面化需求。

6. 旅游产品品牌化和特色化

在世界旅游市场竞争日益激烈的情况下,旅游知名品牌和旅游特色产品将越来越多地成为代表旅游组织形象的标志、衡量区域旅游经济实力的标杆和旅游企业市场地位的象征。产品的竞争将日趋激烈,品牌的影响力将日渐凸显,品牌和特色将成为旅游竞争的法宝。拥有旅游品牌和特色产品更易争得旅游发展先机。所以,旅游产品的品牌塑造、扩张、延伸及特色旅游产品的创新、深化、管理将受到各国旅游企业的高度重视。

7. 旅游管理法治化和规范化

为了优化市场环境,提高服务质量,各国的旅游法律法规和行业管理制度日趋完善,执法行为更加规范,旅游发展规划将更加系统科学,旅游发展将逐渐步入有序化、规范化、法治化的轨道。

8. 旅游方式将从团体旅游转向散客旅游

散客旅游具有个性化、灵活性和自由化的特点,游客在旅游活动过程中可以根据自己的爱好兴趣随时调整安排,因此,未来旅游需求将由团体旅游向散客旅游转变。旅游企业应在旅游交通、旅游通信、旅游翻译等方面,为散客旅游的发展创造条件。

9. 可持续发展将成为旅游业的永恒主题

为确保旅游业在国际市场上具有持续竞争力,各国加强旅游业内部、旅游业与其他部门和不同地区间的协调发展，确保旅游资源的开发规模、开发质量、接待能力与酒店、交通、旅行社发展相协调，以满足不同层次、不同消费水平的旅游者的需求；确保旅游景区开发规模与地区经济水平相适应，旅游开发与环境保护相协调；确保旅游资源的可持续利用、旅游经济高效运转和旅游地经济的可持续发展。

10. 生态旅游将成为一种新的潮流

生态旅游是一种以生态学原则为指标，以生态环境和自然资源为取向，以生态环境保护为前提，以环境教育和自然知识普及为核心内容，达到社会、经济、环境三大效益协调发展的综合效益最大化，实现旅游目的地旅游业的持续发展。

11. 中国将成为世界第一大旅游国

国际客源流向将由区域集中逐渐趋于分散，洲际旅游将迅速兴起。东亚地区将是旅游发展最快的地区，客流重心将向东亚地区转移，这为中国旅游业的快速发展提供了很好的外部条件。此外，中国旅游资源丰富，经济持续快速发展，为旅游业的迅速发展提供了良好的内部条件。再加上各级政府高度重视发展旅游业，为旅游业的发展提供了有力的保证，中国有望成为世界第一大旅游国。

12. 客源市场趋于分散，旅游市场重心向东转移

长期以来，欧洲和北美地区既是国际旅游的两大客源市场，又是两大传统旅游目的地。这两个地区作为现代国际旅游的发源地，其出国旅游人数几乎占国际旅游总人数的 3/4。在 20 世纪 80 年代以前，世界上最重要的客源国中，除亚太地区的日本和澳大利亚外，其余大多集中在欧洲和北美，其中德国和美国的消费支出占国际旅游消费总支出的 1/3 以上。欧美国家几乎垄断了国际旅游市场。20 世纪 80 年代以后，随着东欧、南美、非洲地区许多国家经济实力的不断增强，直接影响了各地区国际旅游客源的发生、发展和转移。随着其他各大洲旅游业的发展，世界旅游客源市场畸形集中的局面逐渐发生了变化。亚洲、非洲、南美洲和大洋洲等地区旅游业的较快发展，正逐渐取代传统的旅游客源国，成为国际旅游的重要客源市场，并且客源市场的分布格局也将由目前的集中走向分散，区域性国际旅游将得到快速发展，世界各个地区的旅游市场份额将呈现新的格局。随着全球经济重心逐渐从欧美地区转移到亚太地区，国际旅游市场的重心也将相应东移，亚太地区将成为未来国际旅游市场的"热点"区域。

13. 出游时间趋短、出游次数增加，中远程旅游趋于旺盛

进入 21 世纪，旅游者的数量大幅增加，主要以周末游和休闲游为主，出游次数有所增加。旅游者更多地选择充分放松的旅游方式和一些综合观光度假地区（如主题公园），旅游者花在旅游娱乐上的时间有所减少。交通工具的先进化和快速化，使旅游者缩短了用在旅途上的时间，降低了旅游成本。随着更加快捷、安全、舒适、经济的新型客机和各种陆路交通工具的投入运营，为旅游者实现中远程旅游提供了便利条件，使全球性大规模的中远程旅游成为可能。

14. 旅游中介细分化和连锁化

旅游市场竞争越激烈,旅游中介分工就越细致,酒店预订公司、票务预订公司、餐饮预订公司、旅游景点预订公司、旅游咨询服务公司等中介公司将越来越多。新兴的网络预订公司将把世界各国的酒店、票务、景点通过互联网联系起来,通过专业化预订服务机构向游客提供旅游服务。

15. 更加重视旅游的安全性

旅游过程的安全性既是游客最为关注的问题,也是旅游目的地必须高度重视的问题。局部战争与武装冲突、恐怖主义活动、政局不稳定、传染性疾病暴发、恶性交通事故频发、社会治安状况恶化、地震和海啸等自然灾害,都将对游客选择旅游目的地产生重要影响。为此,各旅游接待国或地区更加高度重视旅游安全问题,越来越重视从每个环节把好安全关。针对一些不可预测的安全因素,有关部门和企业都将为游客预先购买旅游保险,以减轻游客的后顾之忧。

三、世界旅游业发展的格局

据世界旅游业理事会 2018 年统计,旅游业对全球 GDP 直接贡献达到 10.4%,在几大主要行业对全球 GDP 的贡献排名中位列第二,仅次于工业制造业。旅游经济总量占全球 GDP 的 10%,超过石油、汽车工业,成为全球第二大产业。因此,越来越多的国家加大了对旅游业的导向性投入,改善公共服务设施、开发旅游精品、加大本国旅游观光的宣传力度,把发展旅游业上升为国家战略。

世界旅游业对外界环境变化较为敏感,容易受到诸如政治状况、经济波动、自然灾害及疫病暴发等多种因素的影响,因而其增长呈现波动性。尽管如此,世界旅游业呈总体上升的趋势不会改变。全球国际入境旅游人数从 2001 年的 6.78 亿人次增长至 2012 年的 10.35 亿人次,年均增长 3.92%;国际入境旅游收入增长更快,从 2001 年 4 660 亿美元增至 2012 年的 10 750 亿美元,年平均增长率达 7.90%;人均花费也由 2001 年 605 美元上升至 2011 年的 1 051 美元,年均增长 5.67%。无论是总收入还是人均花费,增长率都快于近 10 年的全球经济增长率。

2019 年 1 月,世界旅游城市联合会与中国社会科学院旅游研究中心共同发布了《世界旅游经济趋势报告(2019)》。报告显示:2018 年全年全球旅游总人次达 121.0 亿人次,较 2017 年增加 5.8 亿人次,增速为 5.0%。与 2017 年相比,增速下降 0.7 个百分点;全球旅游总收入达 5.34 万亿美元,相当于全球 GDP 的 6.1%,较 2017 年下降 0.4%。在国际旅游方面,2018 年全球国际旅游人次达 12.79 亿人次,较 2017 年增加 0.49 亿人次,增速为 4%。同时,2018 年全球国际旅游收入为 1.59 万亿美元,较 2017 年增加 0.5 万亿美元,增速为 3.1%,有望实现连续 4 年增长。在国内旅游方面,2018 年全球国内旅游人次达 108.2 亿人次,增速为 5.1%。同时,2018 年全球国内旅游收入达 3.76 万亿美元,增速为 3.1%。报告还预测,2019 年全球经济增长趋缓,但旅游经济稳步上涨。2019 年全球旅游总收入将达 5.54 万亿美元,相当于全球 GDP 的 6.0%。报告从全球、区域、国别、行业、城市等多个视角,围绕全球旅游经济发展、区域发展格局变化、全球旅游投资、城市在全球旅游经济中的作用等方面,对世界旅游经济发展趋势进行了全景式分析:一是 2019 年全球经济增长趋缓,但旅游经济稳步上涨。二是全球五大区域旅游发展渐趋明显，亚洲增长，欧洲下滑，亚太旅游投资规模、增速均列各大洲前茅。三是新兴经济体和发达经济体发展态势渐趋一致。四是创新性提出"T20"国家概念，T20国家创造全球旅游八成收益。五是全球旅游投资理性攀升。六是OTA（Online Travel Agency，在线旅游）行业头部效应显著，向集聚化、智能化、规范化转变。七是全球前十大主题公园集团游客总量增长喜人，得益于其集团化、品牌化、规模化优势。八是邮轮行业发展引人注目，亚洲正成为新的增长级。九是支付手段变革助推旅游消费升级。城市仍是入境旅游者的主要目的地，95%的国际城市来自亚太、欧洲和美洲。十是以虚拟技术、全产业链合作等为代表的六大营销创新打造旅游新体验。到2030年，全球每年将有18亿人进行跨国旅行，旅游业将以每年约3.3%的速度持续增长。

不过，由于旅游资源具有很强的地域性，各地区旅游资源禀赋不同，加上各国旅游发展战略和旅游开发能力的制约，各国旅游业发展水平也参差不齐。从世界旅游组织2018年公布的统计数据可知，全球旅游业增长强劲，但部分地区略显受限，其中加勒比海地区有所下滑，中东地区增长，欧洲游客持续增加。欧洲依然是最受欢迎的国际旅游目的地，2018年共接待了7.13亿入境游客，同比增长6%，2017年增长率为8%。亚太地区的入境游客数量为3.43亿，同比增长6%，与2017年的增长率持平。美洲地区的入境游客人数同比增加3%，达到2.17亿，其中中美洲和加勒比海地区的游客数量下降2%，北美洲的游客数量上升4%。加勒比海地区的游客虽然减少，但一些目的地已经从2017年下半年的飓风影响中恢复。由于美国政局原因，美国入境游客的最新数据尚未公布，但是2018年美国一直在艰难维持其在全球旅游业市场的份额。非洲地区入境游客人数约6700万，同比增长7%；中东地区入境游客人数6400万，增幅为10%。世界旅游组织预计，2019年国际旅游业增长将进一步放缓至3%~4%，并表示这"符合历史增长趋势"。该组织表示，稳定的燃油价格、高度联通的空中网络和新兴市场的增长都有助于旅游业发展，但是，经济放缓及英国政治带来的不确定性和贸易紧张局势也可能会影响潜在的旅客消费。

经济全球化和区域经济一体化的潮流推动着世界旅游市场全球化和区域合作化的发展。进入21世纪，世界旅游市场形成欧洲、美洲、亚太三足鼎立的格局，亚太地区超过美洲地区跃居世界第二。亚太地区是世界旅游市场中发展迅速、潜力最大的地区，因而也是竞争最为激烈的地区。面对国际市场的激烈竞争，单靠一个国家单打独斗已不足取，开展区域性合作竞争是必然趋势。

第二节　世界旅游区概况

按照世界旅游组织的统计标准，全球分为以下6个旅游区：

一、东亚及太平洋旅游区

亚洲是亚细亚洲（Asia）的简称，面积约4457.9万平方千米，占世界陆地面积的29.4%。人口约41.643亿（2018年），约占世界总人口的60.5%，为世界人口最稠密的大陆。

大洋洲（Oceanica）意即大洋中的陆地，1812年由丹麦地理学家马尔特·布龙命名。陆地总面积约为897万平方千米，约占世界陆地总面积的6%，人口约2900万，占世界总人口的 0.5%，是世界上面积最小、人口最少的一个洲。

东亚及太平洋地区（简称"东亚太地区"）包括中国、朝鲜、韩国、蒙古国、日本、泰国、马来西亚、新加坡、印度尼西亚、菲律宾、文莱、东帝汶、越南、老挝、柬埔寨和缅甸等国，还有澳大利亚、新西兰以及其他南太平洋岛国和地区。

东亚太地区按经济发展水平，可分为3个层次：一是经济发达国家，如日本、澳大利亚和新西兰；二是新兴工业国家，如新加坡、韩国等；三是发展中国家。近30年来，东亚太地区一直是世界经济快速发展的地区。

东亚太地区各国经济的多样性和互补性，使该地区的经济合作具有巨大潜力，区域性经济合作一直在逐步推进。亚洲太平洋经济合作组织（Asia-Pacific Economic Cooperation，APEC）（以下简称"亚太经合组织"）包括21个成员（澳大利亚、文莱、加拿大、中国、中国香港、智利、印度尼西亚、日本、韩国、墨西哥、马来西亚、新西兰、巴布亚新几内亚、菲律宾、俄罗斯、新加坡、中国台湾、泰国、美国、越南、秘鲁）和3个观察员（东盟秘书处、太平洋经济合作理事会和太平洋岛国论坛）；共有26亿人口，其GDP约占全球GDP的一半，贸易额约占世界贸易总额的40%。该组织的宗旨是：维护和促进亚太地区的经济发展，增加经济交往，发展开放的多边贸易体系，减少成员之间的关税壁垒。

东南亚国家联盟（Association of Southeast Asian Nations，ASEAN，以下简称"东盟"）是本地区的一个区域性政治经济合作组织，其成员现有泰国、印度尼西亚、马来西亚、新加坡、菲律宾、文莱、越南、老挝、缅甸和柬埔寨10国，人口6.34亿（2016年），面积约449万平方千米，GDP超过2.6万亿美元（2017年）。该组织现已建成了东盟自由贸易区。

近30年来，东亚太地区旅游业的发展远远超出了世界平均速度，居世界首位。东亚太地区在20世纪60年代还主要是接待欧美游客，以发展入境旅游、赚取外汇收入为主要目的。随着经济的腾飞和居民生活水平的提高，该地区旅游消费能力大为增强，在开展国内旅游的同时，出境旅游也在迅速发展。至1991年，该地区出境旅游人数超过百万人次的国家和地区有日本、中国、韩国、马来西亚和泰国，以及中国香港和台湾地区。今天的东亚太地区成为全球居欧洲、北美之后又一个重要的也是最富潜力的旅游客源地。

东亚太地区的经济发展与旅游业的兴起是相互促进的。自20世纪80年代以来，本地区的观光游览与经贸、科技、文化交流密切结合，使旅游与经贸科技文化得到同步发展。在亚太经合组织的10个专业工作组中，旅游工作组就是其中最早成立并独立开展工作的一个。东盟也设有专门的经贸和旅游委员会，下设东盟旅游协会。此外，东亚太地区的旅游组织还有太平洋亚洲旅游协会、东亚旅游协会和亚太旅游健康协会等。

二、南亚旅游区

南亚旅游区主要包括南亚次大陆的印度、巴基斯坦、孟加拉国、不丹、尼泊尔等国以及印度洋上的岛国斯里兰卡和马尔代夫。

南亚是世界文明发源地之一。18世纪后，南亚大多数国家相继沦为西方的殖民地或半殖民地，第二次世界大战后先后实现独立，民族经济得到了不同程度的发展。该地区所属国家都是发展中国家。

由于受经济发展水平的制约和一些国家政局动荡、民族和宗教纷争迭起的影响，本地区旅游业起步晚、发展慢、起伏大。多年来该地区接待的外国旅游者占世界总份额的比例始终很小。相对而言，南亚旅游区旅游业发展较好的国家有印度、尼泊尔和巴基斯坦。

三、欧洲旅游区

欧洲（Europe）位于东半球的西北部，三面临海，北临北冰洋，南面是地中海和黑海，东面与亚洲大陆连为一体，实际上欧洲是亚欧大陆西部伸向大西洋的一个大半岛。总面积 1 016 万平方千米，略大于大洋洲，是世界上面积较小的洲，人口有 7.28 亿（2016 年）。欧洲是资本主义的发祥地，对近代世界政治经济发展和生产分布的变化影响很大。在当代，欧洲是"资本主义心脏"地带，在世界政治经济生活中起着重要作用。目前欧洲共有 50 多个国家。

欧洲是希腊罗马古典文明和日耳曼文化的发源地，也是世界上资本主义发展最早，经济、文化发达的地区。17 世纪英国资产阶级革命，标志着世界近代史的开端。18 世纪英国发生了具有划时代意义的工业革命。此间，飞梭、珍妮纺织机和改良蒸汽机的问世，使生产力得到飞跃发展，为人类最终进入机器大工业时代奠定了基础。近代欧洲也是一个饱经战乱之苦的地区，两次世界大战均爆发于欧洲大陆。第二次世界大战后，欧洲被分为以西方资本主义国家为主的西欧和以社会主义国家为主的东欧。

以美国为首的北大西洋公约组织（1949 年）和以苏联为首的华沙条约组织（1955 年）先后成立，东西欧分别被纳入两大对峙的军事集团，欧洲成为美苏争夺的中心。1967 年，西欧各国为进一步加强联系，成立欧洲共同体，自此西欧各国由经济上的联合发展到政治上的合作，其加强联合、独立自主的倾向日益明显。20 世纪 90 年代，伴随着苏联解体、东欧剧变，欧洲的政治经济格局发生了巨大变化，东西欧分峙的僵局已经被打破。随着欧洲一体化进程的不断加快，今天，欧洲联盟（European Union，EU，以下简称"欧盟"）这个全球最具实力的区域性战略合作组织在欧洲乃至整个世界中的地位与日俱升，成为当今多极世界中的一极，在反对霸权主义、维护世界和平、促进文化交流等多方面发挥着重要作用。

欧洲习惯上分为南欧、西欧、中欧、北欧、东欧 5 个地区。欧洲各国充分发挥其丰富多彩的历史文化遗产和先进的旅游接待设施的优势，大力推出面向亚太、北美和南美旅游者的旅游产品，特别是家庭旅游产品。另外，俄罗斯和东欧地区的旅游业潜力巨大。随着这些地区经济的复苏和起飞，欧洲旅游业将继续在世界上保持领先地位。

四、美洲旅游区

美洲全称亚美利加洲（America），陆地面积约为 4 206.8 万平方千米，约占世界陆地总面积的 28.4%。人口约 9.5 亿，约占世界总人口的 13.5%。在地理习惯上分为北美洲和南美洲。

全美洲包括 51 个国家和地区。通常把美洲分为北美地区、拉丁美洲和加勒比地区两部分。北美地区主要指美国和加拿大两国，以及格陵兰岛等。拉丁美洲和加勒比地区包括北美国家墨西哥、中美洲地峡各国、加勒比地区和南美大陆及其毗邻岛屿。第二次世界大战后，本地区 20 个独立国家均为拉丁语国家，通称拉美国家。

美洲的经济发展非常不平衡。北美是世界经济最发达的地区之一，拉丁美洲为发展中地区。20 世纪 70 年代以来，拉丁美洲经济发展较快，巴西、阿根廷、委内瑞拉、智利、哥伦比亚和秘鲁等国已建立起相对完整的工业体系。

美洲地区经济区域集团化的趋势十分明显。主要的区域经济集团有美洲国家组织（1890 年 4 月成立）、加勒比共同体和共同市场（1973 年 8 月成立）、拉丁美洲经济体系

（1975年10月成立）、南方共同市场（1991年3月成立）、北美自由贸易区（1992年12月成立）和中美洲共同市场（1962年7月成立）。其中，由美国、加拿大和墨西哥组成的北美自由贸易区实力强大，影响深远。成立之初，该区拥有3.64亿人口、6.4万亿美元GDP和6 000亿美元的年出口总值，其实力居世界诸区域经济集团之首。上述集团的成员国之间大多进行经济互利合作，放宽居民流动限制，实行贸易互惠，以促进区域旅游的发展。

美洲的国际旅游组织有美洲旅行代表大会（Inter-American Travel Congress，IATC），1936年成立于美国华盛顿，其宗旨是协助参加美洲国家组织的国家发展旅游业，其成员均为美洲国家组织的成员；拉丁美洲旅游组织联盟（Confederation of Tourist Organization of Latin America，CTOLA），1957年成立，其成员来自拉美国家的70个旅游组织，其宗旨是加强拉美国家的旅游机构及其成员和世界上其他旅游组织的联系，以进一步发展拉美国家的旅游业；美洲旅馆与汽车旅馆联合会（America Hotel & Motel Association，AHMA），是美洲旅馆业中历史最悠久、规模最大的专业组织，拥有130万家旅馆和汽车旅馆。

美洲地区是世界重要的旅游区之一。美洲的国际游客中，70%以上是本地区内的居民，这是美洲国际旅游最突出的特点。在美洲，旅游最发达的是北美地区，其中美国是世界头号旅游大国。

自20世纪90年代以来，拉丁美洲的旅游业每年以25%的速度增长。广袤的土地、漫长的海岸线、良好的生态环境，加上哥伦布到达美洲前的文化遗迹和殖民时期的建筑物，吸引着众多的旅游者。拉美国家政府越来越重视发展旅游业，开发各具特色的旅游项目，特别是生态旅游、探险旅游和文化旅游项目。拉丁美洲旅游组织联盟在欧洲、亚洲广设代办处，推销本地区旅游产品，同时组织拉美人去外地旅游。

美洲旅游业的主要任务是，巩固现有的客源市场，开发新的客源市场，特别是高质量、高产出的亚洲市场；加勒比海地区要用丰富的新产品和有力的促销手段，把自己重新推向美国市场；拉丁美洲地区的旅游业需要该区各国政府给予相应的重视，并加强区域内的合作。

五、中东旅游区

中东是一个政治地理概念，也是"欧洲中心论"的产物。从16—17世纪起，欧洲列强开始向东方扩张，它们把东方各地按距离西欧的远近，分别称作近东、中东和远东。后来，这3个概念被国际社会广泛使用。由于各国对三者所包括的范围划分不一，它们之间本来就模糊的界限被搞得更加混乱。特别是在20世纪初存在了约500年的奥斯曼帝国崩溃之后，"近东"原先所指的政治地理范畴不复存在，"近东"与"中东"常被混用。迄今，中东究竟包括哪些国家和地区，国内外仍无定论，不过一般都泛指西亚和北非地区。

本书所讲的中东旅游区包括22个国家，分别是阿拉伯联合酋长国（简称"阿联酋"）、也门共和国、土耳其、塞浦路斯、伊朗、卡塔尔、科威特、黎巴嫩、叙利亚、沙特阿拉伯、阿曼、巴林、伊拉克、约旦、以色列、巴勒斯坦、埃及、阿尔及利亚、利比亚、突尼斯、摩洛哥、苏丹。前16个国家属西亚，后6个国家属北非。

中东22个国家中有18个是阿拉伯国家，阿拉伯人占这一地区总人口的70%左右。其他较大的民族还有波斯人、土耳其人、希腊人、犹太人、库尔德人、柏柏尔人、努比亚人、努比巴人等。在一些中东国家里，还有众多的部族。部族观念和势力对这些国家的政治、经济、文化、外交等方面有着较大的影响，因而部族冲突和武装割据时有发生。

在中东,由于各国历史、地理、资源、文化科技、国民素质等方面的差异以及社会制度和生产力水平的不同,各国之间的贫富差距十分明显。据2018年的统计资料显示,中东地区人均GDP最高的国家可达70 780美元(卡塔尔),最低的国家仅为856.4美元(也门共和国)。

中东位于欧洲、亚洲、非洲三大洲的结合部,战略地位十分重要,因处地中海、黑海、里海、阿拉伯海和红海之间,也被称为"五海三洲之地"。中东是世界的交通枢纽,在水路、陆路和空中运输方面都是往返于三大洲之间的必经之地。特别是1869年苏伊士运河开通后,沟通了"三洋"(大西洋、印度洋、太平洋)、"四海"(黑海、地中海、红海、阿拉伯海),使一些航路可不再绕道好望角,因而大大缩短了航程,节省了燃料和经费。经苏伊士运河从西欧进入印度洋和太平洋,比绕道好望角可缩短航程5 500~8 000千米;从黑海沿岸到印度可缩短航程14 000千米;从北冰洋到印度可缩短航程约6 000千米。从波斯湾到欧洲的航船若取道好望角,每年只能往返5次,而取道苏伊士运河则可往返9次。目前,苏伊士运河的货运量约占世界海上贸易总货运量的20%。欧亚两洲的海运货物的80%要经过苏伊士运河。全世界约有1/4的油轮要经过苏伊士运河,特别是西欧国家从中东进口的石油大部分要用油轮经苏伊士运河运抵。

此外,中东地区还有很多重要的海峡,如土耳其海峡、霍尔木兹海峡、曼德海峡等。其中最具国际战略意义的是黑海海峡和霍尔木兹海峡。土耳其海峡是欧洲、亚洲两大洲的分界线,是沟通黑海、地中海的唯一通道,是黑海沿岸国家(如俄罗斯南部、乌克兰、格鲁吉亚、摩尔多瓦、罗马尼亚、保加利亚等国)的唯一出口航道。从黑海出海峡经地中海向西可达大西洋,南下经过苏伊士运河和红海可进入印度洋。由于海峡两端地势十分险要,像两把重锁扼住了黑海的出入口,因此,土耳其海峡有着十分重要的经济和军事地位,一直是有关国家争夺的目标。

霍尔木兹海峡在波斯湾(亦称海湾)东口,是波斯湾沿岸国家重要的出海航道,也是中东石油向外输出的咽喉要道。据统计,每隔4~6分钟,就有一艘油轮通过霍尔木兹海峡驶往世界各地。

中东地区素有"世界石油宝库"之称。据有关统计资料,世界已探明的石油可采储量的70%集中在这里。中东地区的石油主要分布在海湾地区,其中沙特阿拉伯的石油储量就占全世界的25%以上。不少中东国家依靠石油生产和出口使人均国民收入达到2万美元以上。自20世纪70年代以来,阿联酋、科威特、沙特阿拉伯一直位于世界十大富国之列。此外,伊朗、伊拉克、卡塔尔、巴林等也都是重要的产油国,在正常的情况下,每年都有可观的石油收入。

中东地区的石油年产量约占世界石油总产量的34%,销量则可占世界石油总销售量的65%左右,是世界能源的供给中心,也是西方国家的主要能源供应基地。美国石油进口的26%以上、西欧国家的50%以上、日本的70%以上均来自中东。因此,中东地区的石油资源对世界经济特别是西方经济有着巨大的影响。

中东地区还是世界三大宗教——犹太教、基督教和伊斯兰教的发源地,对全球有着广泛而深刻的影响。

犹太教和基督教分别在公元前10世纪和公元1世纪诞生于巴勒斯坦的耶路撒冷,这个地方自然被两大宗教的信徒们认定为他们的"圣地"。公元7世纪,穆罕默德在沙特阿拉伯的麦加创立了伊斯兰教。但该教的信徒们(统称穆斯林)认为,耶路撒冷是穆罕默德神秘夜行的目的地和他升天之前的"神游"之地,也是伊斯兰教最庄严的"圣地"之一。于是,耶路撒冷成了三大宗教的信徒们共同认定的圣地。历史上，耶路撒冷曾多次爆发过争夺圣地之战，迄今仍是引发中东动乱的一个重要因素。

中东地区还是人类文明的发源地之一，在历史上曾出现过几次强盛时期。古代的巴比伦王国（约公元前3500—前729年）、亚述帝国（公元前935—前612年）、波斯帝国（公元前550—前334年）、中世纪的阿拉伯帝国（632—1258年）和奥斯曼帝国（1299—1923年）都是以中东为基地而称雄于世界的。

中东地区有3条重要的河流：尼罗河、幼发拉底河、底格里斯河。它们都是古代文明的发祥地。在这里，勤劳、勇敢的阿拉伯人民和其他各族人民很早就创造了灿烂的文化，他们在数学、天文学、医学及建筑学、文学艺术、工艺等各方面都给人类留下了丰富的历史遗产，在世界人类文明宝库中占有重要地位。

中东地区悠久而灿烂的古代文明、丰富的石油资源以及重要的战略位置，使人文和自然旅游资源极其丰富，具备发展旅游业的便利条件，但第二次世界大战后的4次中东战争、民族纷争、宗教冲突及猖獗的恐怖主义活动，对该地区旅游业产生了不良影响，致使其发展缓慢。自20世纪80年代以来，中东地区接待的国际游客及其国际旅游收入在世界总份额中的比例均在1%～3%波动。相对而言，中东地区旅游业较为发达的国家是埃及、以色列和土耳其。

六、非洲旅游区

非洲（Africa）全称阿非利加洲，在拉丁文中的意思是"阳光灼热的地方"。

非洲位于东半球的西部，东濒印度洋，西临大西洋，北隔大西洋的属海地中海和直布罗陀海峡与欧洲相望，东北以红海和苏伊士运河与亚洲相邻。

非洲是仅次于亚洲的世界第二大陆，总面积约3 020万平方千米，占世界陆地面积的20.4%，人口约12.27亿（2016年）。居民主要有黑种人和白种人，种族构成比较复杂。非洲北部居民多信奉伊斯兰教，其他地区居民多信奉原始宗教、基督教新教和天主教。非洲的历史悠久，文化独特，15世纪以后，长期遭受西方殖民主义掠夺，目前有60个国家和地区，均属于发展中国家。

非洲是一个以高原为主的大陆，北宽南窄，呈倒立的三角形，地面起伏不大，大体上是一个由东南向西北倾斜的高原，故也被称为高原大陆。大陆的东南半部地势较高，被称为高非洲，海拔大部分在1 000～1 500米，有埃塞俄比亚高原、东非高原和南非高原。中部和西北部地势较低，被称为低非洲，海拔大部分在500米以下。中部有非洲最大的刚果盆地，被誉为"非洲的心脏"。非洲最高峰是海拔5 895米的乞力马扎罗山。贯穿整个高非洲的东非大裂谷全长约5 000千米，是世界上最长的裂谷。世界最大的撒哈拉沙漠位于非洲西北部，面积906万平方千米，约占非洲总面积的30%。发源于东非高原的尼罗河全长6 670千米，是世界上最长的河流。非洲湖泊众多，大部分分布在东非大裂谷带和赤道边缘，坦噶尼喀湖最深处达1 470米，是世界第二深湖。非洲大陆的气候特征是高温、少雨、干燥、南北对称，有热带大陆之称。全洲有约75%的面积位于南北回归线之间，是热带气候分布最广大的一个洲，年平均气温在20℃以上的地区约占非洲总面积的95%，只有南北两端以及局部山地的平均气温低于20℃，属亚热带地中海式气候与热带山地气候。

虽然非洲拥有丰富的历史文化遗迹、迷人的自然风光和奇异的野生动植物，具有发展旅游业的巨大潜力，但是非洲大多数国家经济比较落后，旅游设施不完善，一些国家社会动荡、自然灾害严重，影响了旅游业的发展。近年来，非洲国家重视旅游开发，利用本国特有的自然风光和民俗风情，针对游客的猎奇和求新心理，大力开展各种专项旅游活动，如奇特风光游、民族风情游、沙漠探险游、珍稀动植物考察游、考古游和海上游等，以吸引世界各地游客。非洲旅游业的发展前景十分广阔，其面临的主要任务是改善旅游基础设施，开发新的旅游产品，并进行得力的市场促销。

第三节　世界旅游客源市场

一、世界旅游客源市场格局

近 60 年来，相对稳定的和平环境、高速发展的社会经济和突飞猛进的科学技术，促进了世界旅游业的快速发展，全世界国际旅游人数和国际旅游收入呈现持续增长的趋势。1950—2005 年，国际旅游人数从 2 520 万人次增加到 8.107 亿人次，增长了约 32 倍；国际旅游收入由 21 亿美元增加到 6 827 亿美元，增长了约 325 倍。

2012 年，全球旅游业持续增长，全球国际游客数量比 2011 年增长了 4%，达到 10.35 亿人次，历史上首次突破 10 亿大关；国际旅游业目前已经成为全球第二大的经济部门，其产出占全球服务出口的 30%。

旅游业已经成为各国政府促进经济增长的支柱产业之一，2010—2020 年，全球游客数量平均每年将增长 3.8%。2017 年以及 2018 年的数据都在这个范围之内。这表明，全球旅游业正走在健康发展的轨道上。

从区域来看，新兴国家与地区的旅游业保持着强劲增长势头，到亚太地区旅游的国际游客人数上升了 7%，达到 2.33 亿人次。其一，到东南亚地区旅游的国际游客增长了 9%。另外，到北非地区、中东欧地区的国际游客人数也增长了 8%。其二，到欧洲旅游的国际游客数量增长了 3%，欧洲仍然是全球最大的旅游目的地。其三，到国外旅游花费增长最快的国家是中国与俄罗斯，其中，中国人到国外旅游消费增长了 42%，俄罗斯人增长了 31%，美国人和加拿大人增长了 7%。

从国际旅游接待量看，近年来稳居世界前 15 位的旅游目的地国家或地区中，欧洲有 10 个（法国、西班牙、意大利、英国、俄罗斯、奥地利、德国、匈牙利、波兰、希腊），美洲有 3 个（美国、墨西哥、加拿大），亚太地区有 2 个（中国、中国香港），其他各大洲大部分国家或地区的国际游客接待量一般较少。目前，法国、西班牙、美国、意大利、中国是世界五大旅游目的地。美国、西班牙、法国、意大利是四大国际旅游收入国。在国际旅游消费水平稳居世界前 15 位的国际旅游支出国中，欧洲有 10 个（德国、英国、法国、意大利、荷兰、比利时、奥地利、瑞典、俄罗斯、瑞士），美洲有 2 个（美国、加拿大），亚太地区有 3 个（日本、中国、韩国）。德国、美国、日本、英国 4 个国家的国际旅游消费在全世界旅游消费总额中所占比重超过 1/3。

从目前国际旅游市场情况分析，在国际旅游客流中，近距离的小国旅游（特别是前往邻国的国际旅游）一直占据绝对地位（近距离的出国旅游人次约占全世界国际旅游人次的 3/4）。远程国际旅游客流主要来自欧洲（特别是西欧）、北美洲和东北亚（特别是日本）。西欧和北美一直是世界上重要的国际旅游客源地区和接待地区，这也决定了这两个地区之间的客流也是国际远程旅游中最大的，但由于西欧、北美地区经济增长速度明显放慢，客流输出增幅空间有限，有些国家旅游市场已接近饱和，接待能力增幅较小，短期内远程旅游客流增幅空间不大。

随着东北亚地区经济的迅速发展，居民生活水平不断提高，旅游消费能力大大增强，具备了产生大量国际旅游客流的条件，不仅吸引着越来越多的欧美旅游者，而且向欧美地区输送了越来越多的国际旅游者，国际旅游客流的重心正向亚太地区（特别是东北亚地区）转移，亚太地区成为国际旅游市场最具活力、发展最快的地区和极富发展潜力的国际旅游客源地和接待地。

西欧、北美、东北亚3个地区之间的客流，基本上构成了国际旅游客流的主体。世界各国国际旅游发展很不平衡，如埃及、摩洛哥、突尼斯、肯尼亚、南非五国，接待国际游客总数占非洲总数的 3/4 左右。绝大多数国家国际旅游市场竞争力较弱，有能力出境旅游的人数不多。

中东、南亚旅游资源十分丰富，但由于受一些政治经济因素的影响，国际旅游业发展较缓慢。

二、世界旅游业未来10年的发展状况

世界旅游业理事会认为，2015—2025 年，全球旅游业的增长率将继续高于宏观经济的增长率，并且高于大多数其他行业的增长率。10 年间，预计旅游业能提供 7 290 万个新工作岗位，其中 2 320 万个就业机会将直接在该行业内部产生。

中国在全球旅游业的权重越来越高，由于中国经济增长趋缓，世界旅游业理事会预计中国旅游业总产值的年增长率为 3.8%。许多因素可以解释为什么中国将难以维持过去的高增长率，其中包括人口红利逐渐丧失、投资回报率逐年减少、外部环境改善不利、生产率增长放慢、经济结构急需转变等。

预期旅游业对全球 GDP 的贡献率将会从 2014 年的 9.8% 上升到 2025 年的 10.5%；旅游业就业人口占总就业人口的比例从 9.4% 上升到 10.7%。旅游业贡献率的上升，主要原因在于新兴市场需求的强劲增长，以及越来越多的消费者会在旅游中增加开支。除此之外，政府和私营部门也会加大对旅游业的投资，以满足旅游业发展对基础设施和人才的需求。

从次区域来看，到 2025 年，南亚将会成为旅游业增长最快的区域，年均增长预计达到 7%，并且印度旅游业增长率将会超过中国；东南亚、撒哈拉以南非洲、东北亚、北非和中东的旅游业将会实现年均增长 4.6%～5.6%，北美预计为 3.3%，加勒比海和拉丁美洲预计为 3.6%，大洋洲预计为 3.1%，欧洲预计为 2.6%。欧洲旅游业的增长一方面将取决于有着强劲增长潜力的国家，另一方面取决于改善宏观经济环境来促进国内消费。到2025 年，旅游业增长较快的国家主要有印度、中国、泰国、印度尼西亚、秘鲁和肯尼亚，还包括一些较小的经济体，如缅甸、黑山、安哥拉、坦桑尼亚、孟加拉国、柬埔寨和莫桑比克。

三、世界旅游客源市场的发展前景

1. 东亚太地区旅游业的迅速增长，国际旅游市场格局将不断发生变化

长期以来，全球旅游业一直以欧洲和美洲为中心，不仅各区域内旅游成为时尚，也吸引

了其他地区的大量游客。但到了 20 世纪 90 年代，东亚太地区旅游业开始崛起。到 2002 年，东亚太地区的游客接待量首次超过美洲，跃居世界第二位。其中，中国旅游业的迅速发展为世界所瞩目。2002 年，中国接待的入境过夜旅游者和旅游外汇收入已双双跃居世界第五位。在 2003 年遭受 SARS 疫情严重影响的情况下，2004 年中国旅游业实现了全面恢复。2017 年，全球旅游三足鼎立格局明显：欧洲份额缩小，美洲保持稳定，亚太持续扩大。从各大板块 2017 年旅游总人数和旅游总收入在全球所占份额来看，欧洲板块比例持续下降；美洲板块旅游人数份额有所下降，旅游收入所占份额略有上升；亚太板块份额继续显著上升。

从旅游总人次方面看，2017 年亚太地区旅游人数占全球总人次的比例为 66.6%，与 2016 年的 65% 相比，增长了 1.6 个百分比；2016—2017 年，美洲板块份额从 16.5% 下降到 15.8%，下降了 0.7 个百分点；欧洲板块份额从 15.6% 下降到 14.9%，下降了 0.7 个百分点；中东板块份额下降了 0.1 个百分点，非洲板块份额保持不变。总体而言，欧洲、美洲和亚太市场占据全旅游总人数的 97.3%。

从旅游总收入方面看：2016—2017 年，亚太地区所占份额从 32.3% 增加到 33.1%，增长了 0.8 个百分点；美洲板块份额从 30.7% 增加到 30.9%，增长了 0.2 个百分点；欧洲板块份额从 32.0% 下降到 31.0%，减少了 1 个百分点；中东和非洲板块份额保持不变。总体而言，欧洲、美洲和亚太地区的旅游总收入占全球的 95.0%。

随着全球经济重心的东移，亚太地区将成为国际旅游业的"亮点"。世界旅游市场将由传统的"北美到西欧，欧洲到美洲"两大主流逐渐转变为欧洲、东亚及太平洋和美洲三足鼎立的市场格局。

2. 世界旅游客源市场逐渐呈现细分化趋势，追求更为灵活多变的旅游方式

随着旅游者收入水平和需求层次的提高，以及旅游者出国旅游次数的增加，人们已不再满足于城市观光旅游的传统旅游方式，而是更趋于追求能够满足其特殊需求的个性旅游方式。现代旅游市场出现了市场细分化趋势，每一个细分市场都具有独特之处，能够满足某一类型旅游者的特殊需求。旅游组织者将注重从更深层次来开发旅游者的旅游需求，根据旅游者的年龄、职业、爱好等不同情况组织各具特色的旅游产品来面向不同的细分市场。特殊旅游、专题旅游也越加流行。除了传统的观光旅游、度假旅游和商务旅游，目前比较流行的旅游方式有宗教旅游、探险旅游、考古旅游、修学旅游、民族风俗旅游等。

第四节　中国旅游业的发展及旅游客源市场

一、中国旅游业的发展历程

1. 古代旅游

中国古代旅游活动始于夏、商、周三代，当时主要的旅游活动是帝王巡游、政治旅行和商务旅行等。夏禹被认为是我国最早的探险家和旅行家。商代是中国古代的商品经济繁荣时期，商人的足迹遍布各地，商务旅游十分盛行。周穆王经常外出巡狩，乐而忘归。东周时期，

中国社会处于大变革之中，代表不同阶级和阶层的思想家、理论家从各自的阶级利益出发，著书立说，争鸣论战，带门徒周游列国，宣传自己的政见。其中，孔子、孟子、墨子是代表人物。

秦汉时期是中国统一的中央集权国家建立和发展时期。秦始皇统一中国后，利用当时以咸阳为中心四通八达的交通网络，五次出巡，周游全国，并多次登泰山举行祭祀封禅活动。汉武帝时代，两次派张骞出使西域，开辟了"丝绸之路"，建立了与西域各国的友好关系。当时国内的许多矢志求学之士，为创万世之业，读万卷书，行万里路，拓展视野，增长见识，使这一时期的科学技术、史学、文学获得了较大成就。西汉时期伟大的史学家、文学家司马迁，就是学术考察旅游最早、最杰出的代表。

魏晋南北朝时期，士人的游历对于中国山水诗歌、游记等旅游文学创作的兴起以及对中国旅游发展历史都有着特殊的意义。法显所著《佛国记》和郦道元所著《水经注》都是千古不朽的名著。士人漫游、宗教旅游、学术考察旅游是主要形式。

隋唐时期是中国古代社会的鼎盛时期。这一时期，士人漫游成风，宗教旅游盛行，国际旅游活跃，旅游文学创作繁荣。隋朝统一南北和大运河的开凿，形成了南北水路交通大动脉，隋炀帝开创了中国旅游史上帝王周游的新篇章。隋唐时实行了科举取士制度，士人远游成风，出现了李白、杜甫等诗人兼旅行家。中国同印度、日本等国之间僧人来往频繁，出现了玄奘、鉴真等杰出的宗教旅行家。

宋元时期的航海旅游、贸易旅游有了很大发展。这一时期由于指南针的发明并应用于航海，促进了"海上丝绸之路"的兴盛，加强了与西方各国的贸易，增进了旅游交往。国内士人的游历也比较盛行，旅行家、旅游文学作品层出不穷，如苏轼的《赤壁赋》、欧阳修的《醉翁亭记》等。

明清时期最为突出的旅行活动是航海旅游和科学考察旅行，留存下来的学术著作成就不凡。杰出的航海家郑和、旅行家徐霞客、医药学家李时珍等分别留下了宝贵的航海资料、千古不朽的旅游和医药名著。

在史书和文学作品中，总是将"旅"与"商"连在一起。"商旅"一词在这一时期的文学作品和史料记载中随处可见，说明真正在规模上占支配地位的始终是以贸易经商旅行为代表的经济目的的旅行活动。但是，以李白、杜甫为代表的士人漫游，以张骞、郑和为代表的公务旅游，以玄奘、鉴真为代表的宗教旅游，以徐霞客、李时珍为代表的科学考察旅游等，都是属于非经济目的的旅游活动。以上情况说明了中国古代旅游的形式向多样化发展，非经济目的的旅游活动逐渐扩大。

2. 近代旅游

鸦片战争以后，闭关锁国的中国大门被迫打开，国际性的经济、政治、文化思想交往不断开展，交通发展也为国际交往提供了便利条件。中国近代旅游业就是在这样的背景下发展起来的。

中国旅游业形成的标志是中国旅行经营机构的建立。1923年8月15日，经当时的中国政府批准，上海商业储蓄银行总经理陈光甫在银行内部成立了"旅行部"。1924年春，旅行部组织了第一批国内旅游团，从上海赴杭州游览，由于人数众多，包租了专列运送旅游者。1925年，旅行部又组织了第一个赴日本旅游的"观樱团"。从1923年8月起的5年内，上海商业储蓄银行在 11 家外埠分行开设了分部，还先后与 20 家中外铁路公司、23 家中外航运公司建立业务联系。上海商业储蓄银行旅行部开创了中国旅游发展史上 4 个"第一"：办理第一艘旅美学生专轮；举办国内第一个游览团；组织第一个国外游览团；发行中国第一张旅行支票。1927 年 6 月 1 日，旅行部从银行独立出来，正式领取了营业执照，成立了中国旅行社，这是我国第一家旅行社。为了扩大影响，1927 年中国旅行社创办了我国第一份旅游行业的专业杂志《旅行杂志》，专门宣传祖国的风景名胜和自然风光。

这一时期，中国还出现了许多类似的旅游组织，如铁路游历经理处、公路旅游服务社、浙江名胜导游团、中国汽车旅行社等。然而，当时中国的社会基础差，生产力还十分落后，人民生活水平低，中国近代的旅游业总体发展十分缓慢。旅游业作为一种产业已经形成，但规模小、水平低，对国民经济的作用十分有限。

3. 现代旅游

中国的现代旅游始于 1949 年，但由于国内和国际政治、经济等各种因素，早期的旅游服务活动完全是出于外交的需要。中国的国际旅游服务基本为"政治服务型"模式，服务对象主要是友好国家的团体和友好人士，主要任务是为他们提供民间交往的便利。当时的中国旅游业对国民经济的贡献微不足道。

为了扩大统一战线和贯彻侨务政策，接待海外侨胞归国探亲和观光旅游，中国第一家国营华侨服务社于 1949 年 11 月 19 日在厦门市诞生。此后几年中，全国各主要城市陆续设立了华侨服务社。华侨旅行社于 1952 年开始兴办。1952 年 10 月，亚洲及太平洋区域和平会议在我国召开，与会者为来自 37 个国家的 367 位代表。由于这次会议的影响，此后来中国公务出差和旅游的外宾逐渐增多。当时现有的旅行社虽然承担了一定的服务工作，但难以胜任当时有特别要求的政治性服务任务。在周恩来总理的提议下，经政务院批准，中国国际旅行社总社于 1954 年 4 月 15 日正式成立，并在上海、天津、杭州、南京、汉口、广州、沈阳、哈尔滨、丹东、大连、满洲里、凭祥、南宁、南昌等地成立了 14 家分社。中国国际旅行社的任务是"作为统一招待外宾食、住、行事务的管理机构，承办政府各单位及群众团体有关外宾事务招待等事项；发售国际联运火车、飞机客票"。当时中国国际旅行社的性质为"国营企业"，但实际上国家对其实行差额补贴，即每年由国家拨一定数量的招待费，结算赤字部分由国家给予补贴。事实上，中国国际旅行社在成立初期基本上没有开展接待自费国际游客的业务。1964 年 7 月 24 日，中国旅游事业管理局的成立标志着我国旅游业步入了一个新的阶段。1965 年，仅中国国际旅行社就接待了 12 877 名外国团体旅游者和 8 358 名外国散客，创造了一个阶段性的纪录。20 世纪 60 年代中期，虽然世界旅游业发展迅速，但受"文化大革命"的影响，我国旅游业在之后的一段时间内没有更大的发展。

1978—1987 年，我国旅游业处于恢复阶段，实现了从外事服务型向经济创汇型转变，其特征是没有市场化，属于计划配额，求大于供，外事促内事。

1978 年，我国入境旅游者只有 180.9 万人次，旅游外汇收入只有 2.63 亿美元，在世界排名第 41 位。在这个背景下，邓小平同志从资源综合利用和经济产业高度提出要积极发展旅游业，当时还算了一笔账：服务一个旅行者赚 1 000 美元，服务 1 000 万个旅行者，就可以赚 100 亿美元。在他的积极倡导下，在改革开放政策的推动下，中国旅游业从 20 世纪 70 年代末开始崛起。但由于当时中国国内经济比较落后，国内旅游市场尚未形成规模，因此，这一阶段仍以入境旅游占主导地位。

1987年至今，我国旅游业处于快速发展阶段，经历了从单一入境旅游到入境旅游、国内旅游两个市场，再到入境旅游、国内旅游、出境旅游3个市场的发展过程，旅游业产值占GDP的比重不断提高，旅游业已成为具有相当规模的经济产业。其特征是市场逐渐成熟，竞争逐步激烈，供大于求。这一阶段，我国的旅游基础设施明显改善，如一些经济发达城市旅游饭店的硬件水平已不低于甚至超过发达国家饭店的水平，外国管理公司的介入使中国饭店业迅速从原来招待所概念的管理模式上升到国际饭店管理模式。

1988年以后的10年中，我国旅游业一直保持高速增长，入境旅游者数量年平均增长33%，创汇年平均增长24%。

1992年以后，我国入境旅游逐渐成熟，团队旅游增长缓慢，旅游业打破卖方市场，进入平稳发展阶段。1995年5月1日，我国实行五天工作制后，国内旅游开始迅速发展。1997年3月，经国务院批复，国家旅游局、公安部联合发布了《中国公民自费出国旅游管理暂行办法》，自1997年7月1日起实施，这标志着我国出境旅游市场的形成。

2001年11月10日，我国正式成为世界贸易组织的成员，这为我国旅游业的突破性发展带来了重大机遇。2002年，我国颁布并开始实施《中国公民出境旅游管理办法》，标志着我国旅游业进入了一个全面发展的时期，出境旅游的发展是一个国家国民经济发达程度的反映，也是一个国家旅游业成熟的标志之一。

截至2018年3月，中国正式开展组团业务的出境旅游目的地国家（地区）达到129个，其中2017年增加了苏丹共和国、乌拉圭、圣多美和普林西比、法属新喀里多尼亚4处。此外，中国已建立起中国-东盟、中国-欧盟、中国-南太、中美、中俄、中澳、中日韩等一系列多边或双边旅游合作机制，近期将建立中国与中东欧旅游促进机构和旅游企业联合会。

经过改革开放40多年的发展，旅游业已成为国民经济的重要部门。从中国旅游业的发展历程可以看出，旅游业不仅在拓展民间外交方面做出了历史性的贡献，而且在增加非贸易外汇收入方面起到越来越重要的作用。

二、中国旅游客源市场现状

1. 中国香港、澳门、台湾市场

中国旅游客源市场是由两个部分构成的，其主体部分是香港、澳门、台湾地区同胞及海外华侨，另外一部分则是外国游客。由于现阶段祖国大陆与台湾地区尚未完成统一，中国香港和澳门地区实行的社会制度又与内地不同，3个地区的游客来大陆（内地）旅游均需办理出入境手续，为此，将中国香港、澳门、台湾地区称为特殊的客源市场，而且这3个地区占据入境旅游市场主体地位的格局短时间内也不会被打破。香港、澳门、台湾同胞及海外华侨约占入境客源总数的80%。2018年中国旅游研究院发布的《中国入境旅游发展年度报告2018》指出，港澳台客源市场主力地位依然稳固，2017年，中国香港、澳门、台湾仍然是内地（大陆）入境旅游市场的主力，占全部市场份额的79.09%。

香港、澳门、台湾三地与祖国同祖同根，一脉相承，民风习俗大体相同，且没有语言障碍。多年来三地同胞来祖国旅游、访学、寻根、祭祖的热情持续高涨。同时，香港、澳门、台湾地区也是我国海外客源市场的重要中转站，因此积极稳妥地开发香港、澳门、台湾客源市场，不仅有利于三地之间的文化交流，而且对促进祖国统一大业具有重大的经济、政治意义。

2. 外国客源市场

作为具有五千年历史的文明古国，中国地域辽阔、山川秀丽、古迹众多，历史上八方使臣、客商、高僧、名士云集，有东方旅游中心之说。据国家旅游局抽样调查资料显示，入境客源最感兴趣的旅游资源仍集中在山水风光和文物古迹两个方面，其中对山水风光感兴趣的游客占52.5%。对文物古迹感兴趣的占23.9%。此外，外国游客对民俗风情和饮食烹调也有着浓厚的兴趣，分别占37.7%和31.8%。

改革开放以来，中国的旅游业发生了历史性的转变，旅游产业规模、旅游设施设备、接待服务质量、旅游外汇收入及所处国际地位都发生了翻天覆地的变化。1979年外国人来华旅游仅为36.24万人次，2014年高达2 636万人次，30多年来增长了70多倍。2017年中国入境旅游市场规模与消费均平稳增长，整体进入恢复增长的新通道和总体回升的新阶段。2017年中国接待入境游客13 948.24万人次，同比增长0.80%，规模总量创下历史新高。其中，外国人入境旅游市场的规模和增速分别为2 916.53万人次和3.60%，规模总量同样创下历史新高。2017年中国入境旅游外汇收入1 234.17亿美元，同比增长2.90%，继续保持平稳增长的良好态势。其中，外国游客在华消费695.47亿美元，同比增长4.1%，保持平稳增长的良好态势。

2017年，外国客源市场结构出现小幅调整，在外国人入境旅游市场中，排名前十的旅华客源国分别是缅甸、越南、韩国、日本、俄罗斯、美国、蒙古、马来西亚、菲律宾、印度。综合来看，入境客源市场结构已显露出优化趋势，"一带一路"沿线国家在入境旅游市场中的活跃度正持续上升。

1）亚洲历来就是中国举足轻重的海外客源市场

亚洲国家入境旅游人数除了1997—1998年受亚洲经济危机的冲击有所减少外，其增长速度每年均在20%以上，并且形成了以东亚的韩国、日本、蒙古国及东南亚五国等比较稳定的主要客源国家，尤其是韩国和日本连续多年稳居我国客源国的前两位。

东南亚的越南、泰国、缅甸、老挝和柬埔寨五国，作为近邻，与我国有着久远的交往历史，经济、文化交流频繁，一直是我国稳定的客源国家。另外，新加坡、马来西亚、印度尼西亚、菲律宾等国家，受历史、经济、文化、习俗等方面因素的影响，也是我国重要的旅游客源地。

南亚地区主要的旅游客源国家是印度、巴基斯坦、尼泊尔等，尤其是拥有13.24亿人口的印度是一个具有强大潜力的客源市场。近年来，印度的中产阶级正在迅速崛起，出境旅游也一直稳步增长。作为印度的邻国，印度也有望成为我国入境旅游市场的一大潜在客源地。

中亚的哈萨克斯坦、吉尔吉斯斯坦、乌兹别克斯坦、塔吉克斯坦、土库曼斯坦等国家也是我国重要的客源国。尤其是哈萨克斯坦，工农业比较发达，总体经济实力在原苏联加盟共和国中仅次于俄罗斯和乌克兰，也是我国第二梯队的客源国家。

总之，我国旅游业经过40多年的发展，亚洲市场常年占据我国客源市场的60%以上（见表1-1）；在我国入境游客排名前10位的客源国中，亚洲国家常年占据6个以上席位（见表1-2）。

表1-1 2010年、2014年、2017年中国洲际客源旅游人次统计表

地区	2010年		2014年		2017年	
	旅游人数/万人次	所占比重/%	旅游人数/万人次	所占比重/%	旅游人数/万人次	所占比重/%
亚洲	1 618.87	61.97	1 636.15	62.07	1 818.47	63.21
欧洲	568.78	21.77	548.41	20.80	591.17	20.55
美洲	299.54	11.47	310.65	11.79	354.55	12.32
大洋洲	78.93	3.02	81.01	3.08	89.22	3.11
非洲	46.36	1.77	59.69	2.26	23.33	0.81
合计	2 612.48	100	2 635.91	100	2 876.74	100

表1-2 2010年、2014年、2017年中国主要客源国入境人次统计表

国家	2010年		2014年		2017年	
	入境人数/万人次	所占比重/%	入境人数/万人次	所占比重/%	入境人数/万人次	所占比重/%
韩国	407.64	15.60	418.17	15.86	386.38	13.25
日本	373.12	14.28	271.76	10.31	268.30	9.20
俄罗斯	237.03	9.07	204.58	7.76	235.68	8.70
美国	200.96	7.69	209.32	7.94	231.29	7.93
马来西亚	124.52	4.77	112.96	4.29	123.32	4.23
新加坡	100.37	3.84	97.14	3.69	94.12	3.23
菲律宾	82.83	3.17	96.79	3.67	116.85	4.00
蒙古	79.44	3.04	108.27	4.11	186.45	6.40
泰国	68.53	2.62	61.31	2.33	77.67	2.66
英国	66.13	2.53	60.47	2.29	59.18	2.03
澳大利亚	63.55	2.43	67.21	2.55	73.43	2.52
德国	60.86	2.33	66.26	2.51	63.55	2.18
加拿大	57.50	2.2	66.71	2.53	80.60	2.76
印度尼西亚	57.34	2.20	56.69	2.15	68.31	2.34
法国	54.93	2.10	51.70	1.96	49.47	1.70
印度	51.27	1.96	70.99	2.69	82.20	2.82

2）稳中有升的欧洲市场

欧洲是我国仅次于亚洲的洲际旅游客源市场，来华旅游的人数一直处于平稳增长的状态，年增幅约在20%。多年来欧洲市场一直占据我国客源市场份额的20%以上。2017年，欧洲来华旅游591.17万人次，其中俄罗斯游客235.68万人次，英国游客59.18万人次，德国游客63.55万人次，法国游客49.47万人次。俄罗斯、英国、法国、德国一直稳居我国二十大客源国之列，尤其是俄罗斯，多年来一直是我国四大客源国之一、欧洲第一客源国，尤其以远东地区游客为多，边境游占有较大比重，并且以购物游为主。

3）持续增长的美洲市场

美洲属于我国第三大洲际客源市场，尤其是北美洲的加拿大、美国，它们占据了美洲旅游市场份额的90%左右。美国连续多年位列我国四大客源国之一，加拿大在2010年也一举跨入了我国十大客源国之列。2017年，美洲来华旅游人数为354.55万人次，其中，美国游客

231.29 万人次，加拿大游客 80.60 万人次。

南美洲是我国洲际旅游客源市场中有待开发的地区市场。随着我国与南美洲各国经贸文化交流的开展以及新航线的开通，南美洲有望成为我国新兴的旅游客源市场。

4）持续发展的大洋洲市场

大洋洲属于我国第四大洲际旅游客源市场，主要是澳大利亚和新西兰这两个国家。2017年，大洋洲来华旅游人数为 89.22 万人次，其中澳大利亚游客 73.43 万人次，新西兰游客 15.79 万人次。由于澳大利亚和新西兰这两个国家的国民经济稳步增长，商务旅游和观光度假等出境旅游快速发展，这一市场发展前景会更加广阔。

5）潜力巨大的非洲市场

非洲历来是中国洲际旅游客源市场中的薄弱环节，属于发展中的客源市场。2017年，非洲来华旅游人数为 23.33 万人次，可以说是缓慢增长的洲际旅游客源地。尤其是南非共和国国民经济持续发展，出境旅游发展势头强劲，随着中国和南非两国外交和经贸关系的进一步发展，南非有望成为我国又一新兴客源市场。

从各主要旅游客源市场分析结果可以看出，外国客源市场以亚洲为主体，欧洲和北美为两翼。亚洲客源市场约占中国外国人客源市场的 3/5，是中国旅游业的基础客源市场。欧洲市场约占 1/4，北美市场约占 1/10，欧美市场是中国旅游业的传统客源市场。

三、中国入境旅游面临的机遇与挑战

（一）战略机遇

1. 充满生机与活力的大国形象正有效统领新时代的入境旅游发展

中国既有五千年历史文化传统，又有全球第二大经济体的经济建设成就；既有美丽的自然资源，又有即将实现的全面小康社会；既有国家富强、人民幸福的内聚力，又有人类命运共同体的理念与行动力。中国充满生机和活力的大国形象已初步确立，进一步激发了国际游客认知"现代中国"和"崛起中国"的原生动力，这是未来一段时期内中国入境旅游发展所面临的全新战略机遇。

2. 一系列重大外交活动和国际交流活动，为传播中国声音、讲好中国故事搭建了重要平台

伴随"一带一路"国际合作高峰论坛、金砖国家领导人会晤、中日韩旅游部长会议、中蒙俄旅游部长会议等一系列主场外交活动的实施，以及上海合作组织、亚洲基础设施投资银行等中国主导的国际政治经济组织的持续发声，中国在全球和地区的影响力持续上升，为世界了解和认识中国提供了战略机遇。

3. 《"十三五"旅游业发展规划》为旅游强国"三步走"战略奠定新基础

《"十三五"旅游业发展规划》明确提出了入境旅游持续增长的发展目标，同时将国际旅游市场发展作为实施旅游外交战略与提升旅游业国际影响力的重要渠道，为入境旅游发展指明了总体方向。在中国从粗放型旅游大国向比较集约型旅游大国、较高集约型旅游大国迈进，并最终建成高度集约型世界旅游强国的进程中，旅游经济增长方式、动力、主体的创新变化为中国入境旅游的持续发展奠定坚实基础。

4. 资本、技术、文创等新要素在推动供给侧结构性改革中的新动能逐步体现

在资本、技术、文创、知识、人才以及共享经济等新型商业模式的共同驱动下，旅游供给侧结构性改革不断深化。旅游电子商务迅猛发展，"旅游+"等多种新业态接连兴起，使旅游产品与服务的新型商业模式不断涌现，目的地商业环境逐渐完善，将为中国入境旅游市场的规模增长与结构优化贡献新动能。

（二）问题挑战

1. 全球入境客源市场的竞争日趋激烈

当前全球范围内的金融危机和经济萧条仍未结束，外部经济运行的负面效应大大降低了国际旅游需求的转化率。一方面，世界各国特别是发达国家对旅游业特别是入境旅游的重视程度逐渐增强，持续出台促进旅游市场和产业发展的系列政策，对中国入境旅游市场稳定增长和持续发展形成巨大压力。另一方面，日本、韩国以及东南亚等国家近年来纷纷通过签证便利化、购物免退税、航权开放、廉价航线，以及海外宣传推广升级等综合化措施，持续提升国际旅游竞争力，进而导致中国入境旅游市场面临的分流压力日渐加大。

2. 基础设施和综合服务配套不足仍然是入境旅游发展的现实制约

在全球化背景下，国家和地区的竞争已从单纯依靠市场推广争夺境外客源逐步扩展到目的地基础设施、公共服务和商业环境的配套完善。特别是在全域旅游时代，国际游客对跨境出行便利化、目的地发展与管理、公共服务配套等总体接待环境给予了更高关注。中国入境旅游的竞争力在签证便利性、环境可持续性、旅游安全与保障、游客服务配套设施、旅游商业环境、国际开放度等方面尚存较大提升空间。

3. 潜在的旅游资源优势未能充分转化为入境旅游发展所需的产品与服务

当前中国对国际游客的核心吸引力更多来自传统的自然山水资源和历史人文资源，而源自现实生活方式的当代旅游产品，特别是可供游客重复消费的休闲度假旅游产品相对不足。国际游客的旅行感知评价和满意程度也有待进一步提升，休闲度假的旅游目的地形象尚未得到广泛认同，国际游客的品牌忠诚度和重复消费率仍不甚理想。

4. 依然缺乏市场化运作的入境旅游市场宣传推广工作机制

当前中国的入境旅游宣传推广体系仍然存在实施主体相对单一、人力资源、物力资源、财力资源相对有限等典型问题。与此同时，也存在激励与考核机制缺位的突出问题。这些都已成为制约宣传推广工作有效性发挥的关键影响因素。在未来的工作中，建议由国家文化和旅游行政主管部门统筹协调文化旅游行业协会、文化旅游企业等市场核心资源，倡导成立专业化的旅游营销机构，并充分调动各市场利益相关方的积极性，推动将旅游宣传推广工作的主体从政府向市场化的专业营销机构转移，探索建立和持续完善政府战略主导、企业联盟、线上线下媒体整合、游客参与互动的全方位旅游宣传推广工作体系，并鼓励各类市场主体在旅游宣传推广工作中发挥积极作用，创新企业参与宣传推广和公共营销的扶持奖励机制。

四、中国旅游客源市场的发展趋势

1. 入境旅游人数将持续增长

和平与发展已成为当今世界的主题。世界格局正向建设性的多极化方向发展，大国关系明显改善，很多国家都在为建立新的国际经济和政治新秩序，为建设一个和平、和谐、合作与发展的世界而不懈努力。

世界经济的全球化和区域化正在成为决定世界经济发展状况和未来趋势的重要因素。各国家、各地区之间的合作与竞争进一步加强，经济和社会发展为各国所重视。丰富多彩、并存互补的世界文化，越来越成为人类不断发展的重要原动力之一。世界文明的多元性，各国在历史、文化和其他方面的差异性将会推动各国人民进一步相互接近、相互了解。世界政治、经济和文化发展的总体趋势，决定了世界旅游业将进入新的发展时期。

在这个大背景下，将会有更多的外国人来华旅游，一方面领略中华民族博大精深的历史文化，欣赏中华大地的秀美风景；另一方面在旅游过程中感受中国作为世界第二大经济体焕发的青春和活力。

2. 传统市场持续保持稳定，薄弱市场部分将有所加强

从中国客源国分布地区来看，亚洲主体市场和西欧北美传统市场的地位都会保持下去，同时，拉丁美洲和非洲、中东等薄弱地区将得到进一步的开拓。亚洲作为世界第一大洲，面积、人口均居首位，经济发展已有一定基础，很多国家和地区又与中国有着历史、文化、地缘等方面的密切联系，交通便利，市场潜力很大。

日本、美国等发达国家和周边国家仍将是中国最为重要的海外旅游客源国。日本自1986年以来，一直是名列前茅的中国海外旅游客源国。2005年有354万名韩国游客来中国旅游，取代日本成为中国入境旅游第一大客源国家，但日本市场总体增长势头也很明显。

3. 周边地区和发达国家仍将是我国重要的旅游客源国

受各种因素的影响，中国旅游客源国的地位排序也将会发生一些变化。近期内受世界经济形势的影响，一些周边国家将会出现短期的低迷状况，但从长远发展分析，仍具开拓前景。在周边国家市场低迷的同时，英国、法国、德国、意大利、澳大利亚等传统客源国市场已经比较成熟，将会保持稳定并有一定幅度的增长。在客源国市场排序较为靠后的拉丁美洲、东欧地区的一些国家，也有可能上升为中国主要旅游客源国。台湾地区也将成为祖国大陆最具潜力的旅游客源市场。

总之，中国旅游客源市场将会基本保持几十年来形成的基本格局，同时又将有一些新的发展和变化。

本 章 小 结

本章主要对世界旅游业和中国旅游客源市场进行介绍。世界旅游业的发展经历了兴起和

发展的过程，现已成为世界第二大产业。世界旅游市场形成了欧洲、美洲、亚太三足鼎立的格局，亚太地区超过美洲地区跃居世界第二。按照世界旅游组织的统计标准，世界旅游区可划分为 6 个旅游区，了解这些旅游区的旅游资源特点及旅游业发展概况等具有重要的现实意义。

中国旅游客源市场可以划分为近程市场和远程市场两大部分。入境旅游是中国旅游业的一个重要组成部分，是中国增加外汇收入、提高在国际上的知名度、扩大国际影响的有效途径之一。因此，海外旅游客源市场的稳定持续增长，给中国入境旅游带来了新的发展机遇。

复习思考题

1. 简述世界旅游业的发展趋势。
2. 世界旅游业的发展格局是什么？
3. 世界旅游区通常划分为哪几大旅游区？
4. 中国入境旅游市场发展的特点及发展趋势有哪些？
5. 中国旅游客源市场发展趋势如何？

案 例 分 析

世界旅游发展大会为什么选在中国召开

首届世界旅游发展大会于 2016 年 5 月 18—21 日在北京举行。此次会议阐述了"一带一路"倡议和发展旅游业的政策主张，有效地推动了我国旅游产业转型升级。

据悉，这次大会最鲜明的特点有 3 个：一是规格高，是由中国政府和世界旅游组织共同主办，由国家旅游局（现为中华人民共和国文化和旅游部）和北京市人民政府共同承办。二是更注重发掘旅游对经济和社会发展的推动力。会议主题是"旅游促进和平与发展"，具体将围绕旅游促进发展、旅游促进扶贫、旅游促进和平 3 个分议题展开。三是嘉宾阵容强大。有世界 143 个国家的旅游部长、部分国家政要、联合国等国际和地区性组织负责人以及国外旅游界专家学者出席大会。而大会为什么选择中国？这是由于国际旅游业重心加速东移，东亚及太平洋地区接待国际旅游人数在全球的份额持续上升。

2015 年，亚太地区接待入境游客 2.77 亿人次，占国际游客总数的 23.4%。2016 年，亚太地区以 4%~5% 的增长速度持续引领全球旅游业增长。到 2020 年，东亚及太平洋地区接待的国际旅游人数占全球的份额将上升至 27.3%，超过北美居第二。而在亚太地区，中国旅游业的现状和前景都有乐观预期，自 2012 年起，中国连续多年成为世界第一大出境旅游消费国，对全球旅游收入的贡献年均逾 13%。2015 年，中国出境旅游 1.2 亿人次，旅游花费 1 045 亿美元，继续位列世界第一。

随着旅游业发展蒸蒸日上，行业内也兴起了一股并购热。中国社会科学院此前发布的《旅游绿皮书》显示，2015 年大企业进一步加速进军旅游业。

全国排名前 5 位的房地产企业围绕旅游综合体、国家级旅游度假区、高星级酒店、国际品牌酒店、大型主题公园等进行投资；国内排名前 10 位的风险投资公司中，有 8 家涉足旅游业投资；能源、水利、电器、农业、保险等行业大型企业集团也纷纷投资旅游业。目前旅游已成为越来越多家庭的刚性需求。首届世界旅游发展大会于北京召开，反映了我国在世界旅游发展中的地位。

（资料来源：http://www.gmw.cn.）

思考：

1. 结合本案例，收集世界旅游业发展的最新数据。
2. 国际旅游业的中心发生了哪些变化？
3. 结合本案例，谈谈中国旅游业的现状和发展前景。

第二章

亚太地区主要客源国

导 言

亚太地区是我国重要的旅游客源地,该地区历史悠久、人口众多、民族复杂、地貌多样,对世界旅游业以及世界文化的发展有着重大的影响。亚太地区大部分国家为发展中国家,但也有一些国家经济非常发达,而且发展速度较快。其中,不少国家与我国地理位置相近,经济往来密切,对我国入境旅游的发展具有重要意义。

【学习目标】
- 熟悉亚太地区主要客源国的地理气候、发展历史、人口和经济发展状况。
- 了解亚太地区主要客源国旅游业的发展概况。
- 掌握亚太地区主要客源国的人文习俗和著名旅游景点。

第一节 日 本

一、国情概况

1. 地理气候

日本是亚洲大陆东部的一个群岛国家,位于日本海和太平洋之间,西隔东海、黄海、朝鲜海峡、日本海分别与中国、朝鲜、韩国和俄罗斯相望。领土由北海道、本州、四国、九州4个大岛和伊豆、冲绳等7 200多个小岛组成,因此也被称为"千岛之国"。日本总面积约377 880平方千米,山地和丘陵约占全国总面积的3/4,最高峰是海拔为3 775.63米的富士山。

日本是一个多山之国,平原和低地主要分布在沿海地带。日本由于位于环太平洋火山、地震带上,是火山、地震频发的国家,每年可感地震1 500多次,全国有大小火山200多座,其中1/3为活火山。日本从北到南有2 600多座温泉,有着"温泉王国"的美誉。日本河流密布,有河流上百条,主要有利根川、信浓川、石狩川、北上川、天盐川、木曾川六大水系。全国共有湖泊600多个,最大的是琵琶湖,面积约674平方千米。

日本属温带海洋性季风气候，四季分明，终年温和湿润，冬无严寒，夏无酷暑。6月份为梅雨期，年降雨量均超过1 000毫米。夏秋两季多台风，每年遭台风袭击30多次。

2. 发展简史

日本最早的文化是约1万年前的"无土器文化"，一直延续到旧石器时代。公元前3—前2世纪，日本进入新石器时代，即"绳文式文化"时代。4世纪中叶，日本开始形成统一的国家，称为大和国。5世纪初，大和国达到鼎盛时期，其势力扩及朝鲜半岛南部。646年，日本进行"大化革新"，建立起以天皇为首的中央集权国家体制。12世纪后期，日本创立了"幕府"制度，进入由武士阶层掌管实权的军事封建国家，史称"幕府时代"。

1868年，日本实行"明治维新"，进行近代政治改革，建立君主立宪政体，恢复了天皇至高无上的统治。明治维新后，日本资本主义发展迅速，并逐步走上侵略扩张的道路。1894年，日本发动甲午战争。1910年，日本侵吞朝鲜。1914年，日本参加第一次世界大战，夺得德国在太平洋的岛屿和在中国山东的特权。1931年，日本制造"九一八事变"，侵占中国东北地区。1937年，日本挑起卢沟桥事变，发动全面侵华战争。1945年8月15日，日本宣布无条件投降，成为第二次世界大战战败国。战后初期，美军对日本实行单独占领。1947年5月，日本实施新宪法，由绝对天皇制国家变为以天皇为国家象征的议会内阁制国家，天皇为日本和日本国民总体的"象征"。1952年《旧金山和约》生效，日本恢复国际地位，得以履行主权。

3. 国名、首都、国旗、国徽、国歌、国花、国鸟

（1）国名：日本，意思是"日出之国""太阳升起的地方"。其国名在《明治宪法》中称"大日本帝国"，现行宪法中称"日本国"。

（2）首都：东京。

（3）国旗：日章旗，又称日之丸旗，俗称太阳旗。旗呈长方形，长与宽之比为3∶2。旗面为白色，正中有一轮红日。白色象征正直和纯洁，红色象征真诚和热忱。传说日本由太阳神所创造，天皇是太阳神的儿子，太阳旗即来源于此。

（4）国徽：圆形，图案为16瓣黄色菊花瓣。菊花图案也是皇室御纹章上的图案。

（5）国歌：《君之代》。

（6）国花：樱花。樱花在日本被誉为报春之花、精神之花、友谊之花。

① 报春之花：每年3月开始，从日本南部的琉球群岛开始，樱花绽放，并随着温度的不断升高，从南往北次第推进，报告春天到来的信息。

② 精神之花：樱花的特点是花期较短，一朵花从绽放到凋零一般为7~10天，一棵樱花树通常只有15天花期。因此，樱花之美是一种瞬间之美。花期，大片樱花树先后开放，美不胜收，景象异常壮观。日本人认为，人活着就应该像樱花一样，只争朝夕，即使瞬间倒下也毫不犹豫，所以他们把樱花作为民族的精神象征。但是日本人不用樱花形容女人之美。

③ 友谊之花：每年的3月15日—4月15日是日本政府确定的"樱花节"。届时，日本政府邀请各国驻日使节、名流、贵族、友好人士共赏樱花，交流感情。

（7）国鸟：绿雉。

4. 人口、居民、语言与宗教

日本人口约 1.268 亿（2017 年）。民族构成比较单一，主要为大和族，占 99.4%，其他民族占 0.60%，在北海道约有 2.4 万的阿伊努族人。日本居民中还有一部分外侨，其中朝鲜侨民最多。侨民大多聚居在横滨、神户两市。

日本通用的语言是日语。北海道地区有少数人会阿伊努语。日本人姓名绝大部分用汉字表达，与中国汉族人的姓名很相似，姓在前，名在后，延续父姓，世代相传，但变化较多。

神道教和佛教是日本的主要宗教。明治维新后，日本定神道教为国教，现有神社等设施 18 万多处。大多数日本国民并没有特定的宗教信仰，但是许多宗教仪式或活动已经与生活融为一体，如婚礼和葬礼。

5. 政治与经济

日本实行以立法、司法和行政三权分立为基础的议会内阁制。根据日本宪法，议会泛称国会，由众议院、参议院两院组成，为最高权力机关和唯一立法机关。内阁为国家最高行政机关，对国会负责，由内阁总理大臣（首相）和分管各省厅（部委）的大臣组成。首相由国会提名，天皇任命。第二次世界大战后，日本实行"政党政治"，代表不同阶级、阶层的各种政党相继恢复或建立。目前主要政党有自民党、民主党、公明党、日本共产党、社民党、保守党等。

日本国土狭小，资源匮乏，绝大部分依赖进口。第二次世界大战后，日本奉行"重经济、轻军备"路线，重点发展经济，在 20 世纪 60 年代末成为世界第二大经济实体，经济实力仅次于美国，现在为世界第三经济大国。日本制造业高度发达，服务业占 GDP 的 70%左右。日本主要经济数据如下：2018 年经济总量 4.968 万亿美元，位居世界第三，人均 GDP 3.92 万美元，对外货物贸易总额约为 1.486 6 万亿美元；截至 2018 年 9 月底，日本政府债务总额为 1 284.4 万亿日元（折合约 11.8 万亿美元）；截止到 2018 年底，外汇储备达 12 582 亿美元。

二、习俗礼仪

1. 节日庆典

1）官方节日

（1）元旦：1 月 1 日。为庆贺一年的开始，日本人会举家去神社、寺庙参拜，祈求一年的平安健康、幸福安泰。同时在这一天，他们会全家团聚吃团圆饭，称为"御节料理"。这是一种赏心悦目的美食与美器的结合，食品注重色彩鲜艳，而盛放食品的容器追求精致好看。12 月 31 日晚，庙宇的钟声敲响 108 声，宣告新年的到来。

（2）儿童节：日本是世界上庆祝儿童节最多的国家，一年中有 3 个儿童节，分别是女孩节、男孩节、七五三节，而且庆祝方式十分特别，充满了民族特色与情趣。

① 3 月 3 日是女孩节。阳春三月，桃花盛开，日本人把小姑娘天真烂漫的笑脸比作娇艳的桃花，因此定 3 月 3 日为女孩节。节日期间，日本人会在室内摆上桃花及偶人，因此女孩节又叫"偶人节"或"桃花节"。

② 5 月 5 日是男孩节。第二次世界大战前，这个节日被称为"端午节"，并且只是男孩

的节日。1948年，该节日确定为日本的儿童节。这一天除了中小学校举行一些儿童节庆祝活动外，一般家庭仍按以往端午节、男孩节的习俗来过。千家万户在房顶或院内旗杆上，升起彩幡和鲤鱼旗。

③ 每年的11月15日是七五三节。在日本习俗里，三岁、五岁和七岁是小朋友特别幸运的3个年纪，所以每年的这一天，会专门为这3个年纪的孩子热闹地庆祝一番。这一天，小朋友会穿上传统和服，还会背上一个画了松树、乌龟或鹤等图案的小纸袋，纸袋里装满了父母买的糖果和玩具。穿戴整齐后，父母会带小朋友上日本神社，祈求并感谢神明给小朋友带来健康和快乐。

（3）七夕节：源于中国"牛郎织女"的神话故事，是女孩子祈求心灵手巧的日子。日本过七夕节的时间由中国农历七月初七改为新历的7月7日。每年这天，日本各家的院子里会摆上供品和竹叶，女孩子在五颜六色的纸条上写上祈盼心灵手巧的词句，再把纸条系在竹叶上，遥望天空的星斗许下心愿。

（4）建国纪念日：2月11日，是按阳历推算出的公元前7世纪日本第一代天皇神武天皇元年的元旦。

2）民间节日

（1）盂兰盆节：原本是佛教节日，由中国传入日本后，变为日本人追忆祖先、超度亡灵的节日，时间为农历七月十五，即中国的"中元节"。盂兰盆节是日本的盛大节日，全国各地均举办追念活动，节日的隆重程度堪比春节。届时，日本各大机关团体均放假。

（2）天神祭：每年7月24—25日于大阪天满宫举行。天神祭是日本人祭祀七大福神之"学问之神"的节日。每当考试临近之际，许多应试考生来此参拜，祈求金榜题名，场面热闹非凡。

（3）东京乡土节：为加深国民对首都的了解和热爱，每年10月初，日本会在东京举行乡土节活动，也称"都民日"。节日期间，有花样繁多的文化娱乐活动，数十万人在代代木公园欣赏文艺演出、参观手工艺品展览及土特产展销等活动。

（4）京都时代祭：每年的10月22日，京都数千人穿着各个历史时代的鲜艳服装、扮演着历史人物举行游行，场面热烈壮观。京都时代祭与日本祇园祭、葵祭并称为日本最大规模的三大祭祀节庆活动。京都时代祭可以视作一个历史古装大展览的节日。

2. 服饰、餐饮

日本的和服，也称"着物"，是在中国唐代服装的基础上改造而成的。公元8—9世纪，日本一度盛行"唐风"服装，之后逐渐形成含有中国古代服装特色并具有日本独特风格的和服。和服的种类依季节与场合的不同而有所差异。

在日本，男士和服色调比较简单，女士和服比较复杂。穿和服时，日本人会根据和服的种类，梳理相应的发型，腰带的结法也各不相同，同时要穿布袜、木屐或草鞋。

日本人主食大米，副食则以蔬菜和海产品为主，尤爱吃鱼，自诩为"彻底食鱼的民族"。在口味特点上，日本人喜欢口味清淡、少油，喜凉拌菜，一般吃低热量、低脂肪、营养平衡的菜肴，并注重菜肴的季节性、时令性。年节时日本人喜欢吃红豆饭，寓意吉利。

日本饮食分为三大类：中国料理、西洋料理、日本料理。日本料理的种类除了著名的生鱼片、天妇罗（油炸鱼虾、蔬菜）、寿司（用各种蔬菜制成的饭团）外，还可以分为关东菜系、京都菜系和大阪菜系三大类。

多数日本人喜欢喝绿茶。在日本，茶叶按照品质分为玉露、煎茶、粗茶。此外，红茶也很受日本人欢迎。

日本人的饮食属于简单朴实型，饭局上常给人一种"不够吃"的感觉。如果早上设饭局请客，可能不过一杯牛奶、一份热狗而已。中午稍微丰盛一点，有大米饭、鱼、肉、咸菜和西红柿等。晚餐相对丰盛，饭、菜、汤齐备。通常日本人只有晚上请客时有酒，菜品中有生鱼片象征最高礼节。

3. 社交礼仪

日本人初次见面，会脱帽鞠躬、交换名片，但很少握手。日本人最高礼节为鞠躬90°，一般鞠躬30°，而且见面时会鞠躬数次。

日本人使用名片相当广泛。初次见面或拜访客户时，日本人对互换名片极为重视。互赠名片时，按照职位高低、资历深浅与人交换名片，尤其是拜访他人时要主动向受访者递上名片。初次相会不带名片，不但失礼而且对方会认为你不好交往。互赠名片时，要先行鞠躬礼，并双手递接名片。接到对方名片后随手放入口袋被视为失礼，要认真看对方名片，用点头动作表示已清楚对方的身份。日本人认为名片是一个人的代表，对待名片就像对待他们本人一样。参加谈判或其他活动，必须向房间里的每一个人递送名片。

日本人无论是访亲问友还是出席宴会都要带去礼品。一个家庭每月要花费收入的7.5%用于送礼。日本人认为送一件礼物，要比说一声"谢谢"意义大得多，因为把感激之情用实际行动表达出来了。中国人送礼成双，日本人却对奇数颇有好感，尤其爱用"3""5""7"这3个单数。礼品要选择适当，中国的文房四宝、名人字画、工艺品等最受欢迎；易碎易破的物品不适合作为结婚礼品；梳子、手绢及仙客来、山茶花、荷花等花类也不宜作为礼品。礼品要包上好几层包装纸，再系上一条漂亮的缎带或纸绳。日本人认为，绳结之处有人的灵魂，标志着送礼人的诚意。接受礼品的人一般都要回赠礼品。日本人不当着客人的面打开礼品，这主要是为了避免因礼品的不适而使客人感到窘迫。

日本人见面常用语有"您好""对不起""打扰您了""请多关照"。如果女性或长辈主动伸出手来握手时，男性或晚辈则不能拒绝，但不能久握不放或握得太紧。

日本人与西方人一样，两人并排走路时，自己主动靠近车道一侧，以照顾对方安全。

4. 行为禁忌

在日本，数字"4""9"因为发音与死、苦相近而不受欢迎。商人忌讳2月和8月，因为这两个月是营业淡季。

在日本，绿色被认为是不吉祥的颜色，尽管国鸟是绿雉。紫色被认为是悲伤的色调。日本人忌讳荷花，认为它是丧花；探望病人时，不送山茶花和淡黄色、白色的花。日本人不愿意接受有菊花或菊花图案的东西或礼物，因为这是皇室家族的标志。

日本人参加婚礼时忌说"破碎""断绝""崩溃""破损""重复"等字样，不能赠送容易破碎的礼物。

对身体有残疾的人，交谈中应避开人的生理缺陷。

商店开业时忌说"倒闭""流失""倾斜""衰败"；不送手帕、梳子、镜子；忌送带有夕阳风景的图画。

日本人轻易不吃动物的"下水",肉店里一般不会摆出猪蹄、鸡爪,一般不爱吃肥肉,也不爱吃羊肉和鸭肉。忌讳客人只吃一碗饭,认为那样象征着无缘。日本人使用筷子最讲究"忌八筷"(舔筷、迷筷、移筷、扭筷、插筷、掏筷、跨筷、剔筷),更忌讳把筷子直立插在米饭上。吃饭时不能整理头发,轻易不要吸烟。

三、文化艺术

1. 传统艺术

(1) 大和绘:出现于奈良、平安时代,是富有日本民族风格的绘画。

(2) 浮世绘:出现于江户时代,为庶民的绘画及木版画。

(3) 能剧:起源于 14 世纪的古典歌舞剧。

(4) 歌舞伎:出现于 16 世纪末,是反映宫廷及武士生活的历史剧目。

(5) 文乐:形成于 16 世纪的木偶戏。

(6) 书道:即书法,自古代随汉字由中国传入日本。佛教传入之后,僧侣和佛教徒学习中国人用毛笔抄录经书,书法随之在日本开始盛行。日本人称书法叫"书道"。目前,日本书道联盟共有会员 1.5 万余人,都是全国各地具有相当造诣和影响的书法家。现在很多日本长者仍然使用毛笔书写书信及贺年卡等。

(7) 茶道:即品茶之道,起源于 15 世纪,以专为茶道制作的具有观赏价值的茶具和品位极高的茶叶,以及主人的进茶方法与客人品茶的行为而被称道,是日本人接待宾客的一种特殊礼仪。今日流行的茶道,是在 16 世纪后期由茶道大师千利休创定,其目标是要洁净人的灵魂,以便与万物合而为一。

(8) 花道:亦称"插花""生花",起源于 15 世纪,即把适当剪下的树枝或花束经过艺术加工后插入花瓶等器皿中的方法和技巧。花道在古代随佛教从中国传入日本。古人在佛像前供奉人工制作的"莲华",称"供花","花道"就是由"供花"演变而成的。到 12 世纪,花道逐渐摆脱了原有宗教色彩,成为供人鉴赏的艺术。花道讲究艺术造型,最完美的造型为三角形,表示圆满如意,体现了儒教和道教"天地人合一"的思想。插花造型一般分为三面,最高的一枝象征天,最低的一枝象征地,中间的一枝象征人。日本国内也有许多传授花道各种流派技法的学校。另外,在宾馆、百货商店、公共设施的大厅等各种场所,人们都可以欣赏到优美的插花艺术作品。

2. 传统体育

日本是一个非常重视体育发展的国家。由于民族文化背景,日本也保留着传统的民族运动项目。

(1) 相扑:源于日本神道的宗教仪式。在奈良和平安时代,相扑是一种宫廷观赏运动,而到了镰仓时代,相扑成为武士训练的一部分。18 世纪,日本兴起了职业相扑运动,它与相扑比赛极为相似。神道仪式强调相扑运动,比赛前的跺脚仪式(四顾)的目的是将场地中的恶鬼驱走,同时还起到放松肌肉的作用。场地上还要撒盐以达到净化的目的。相扑手一旦达到了横纲级别,几乎就可以说是站在了日本相扑界的顶点,将拥有终身至高无上的荣耀。

（2）柔道：日本的柔道在全世界有广泛声誉。柔道的基本原理不是攻击，而是一种利用对方的力量的护身之术。柔道家的级别用腰带的颜色（初级为白；高级为黑）来表示。柔道是中国拳术的发展，源自少林之门。明末，中国的武林高手陈元赟将中国的传统武术传到扶桑（今日本），成为现代风行世界的柔道先河。

（3）剑道：从武士重要武艺剑术中派生而出的日本击剑运动。比赛者按照严格的规则，身着专用防护具，用一把竹刀互刺对方的头、躯体以及手指尖。

（4）空手道：由距今 500 年前的古老格斗术和中国传入日本的拳法融合而成。空手道不使用任何武器，仅使用拳和脚，与其他格斗运动相比，是一种极具有实战意义的运动形式。

3. 文学

1968 年，川端康成以《雪国》《古都》《千羽鹤》三部代表作荣获诺贝尔文学奖。

日本独特的文学形式有和歌、俳句、川柳等诗歌形式。

（1）和歌：产生于平安时代，含短歌、长歌、旋头歌，是由"5—7—5—7—7"共 31 个音组成的诗歌。

（2）俳句：产生于江户时代，是由"5—7—5"共 17 个音组成世界最短的诗歌。

（3）川柳：产生于江户时代，是由"5—7—5"共 17 个音组成的带有讽刺、诙谐意味的短诗。

四、旅游业发展概况

（一）旅游业基本情况

日本是世界第三大经济强国，其人均 GDP 和人均国民收入居世界前列。随着经济高速发展，国民生活水平大幅度提高，旅游观光已经成为国民生活中不可缺少的活动。加上政府推广的缩短劳动时间，普及和扩大连休制度，推行带薪休假制度，日本人开始考虑如何有意义地度过节假日，促进了旅游业的迅猛发展。现日本国内旅游盛行最大众化的旅游是温泉旅游。

在入境旅游方面，入境游客人数年均增长迅速。据日媒报道，2018 年访问日本的外国游客人数为 3 119 万人，较 2017 年增加 8.7%。其入境旅游以亚洲旅游者占主流。出境旅游方面，2018 年日本出境旅游 1 895.4 万人次。

日本出境旅游的总体特征如下：①旅游目的以休闲度假为主，休闲度假比例之高在全球范围位居前列。从这个角度可以说，日本海外旅游市场是相当成熟的。②以多次出国的"常客"占主导地位。③倾向于时间更短、距离更近、花费更少的目的地。日本游客的总体需求趋向于低预算、短时间，访问邻近目的地。前往最多的国家和地区是美国夏威夷、韩国、中国等。④喜欢包价旅游。越来越多的日本游客喜欢购买包价游，但不是全包价，而是更多自由时间和活动项目的包价游。⑤中老年游客的比重增大。随着日本社会加速老龄化，老年游客的比重将继续增大。⑥家庭旅游迅速增长。⑦修学旅游需求增大。⑧注重参加体育运动或户外活动。⑨生态旅游需求迅速增长。越来越多的日本游客喜欢以保护自然环境为目的并有参与性活动的自然旅游和深入体验本土文化的文化旅游。⑩注重与当地人有更多的交流。随着再访客比例的不断增长，日本游客要求在目的地能与当地人有更多的交流，传统的"参观、游览、娱乐"已不再流行。在来华旅游方面，日本是我国重要的旅游客源国，以商务游客为主。

JTB 是日本规模最大、有着 100 多年历史的大型旅游集团。JTB 在全球拥有 2 500 家分支机构，分布在北美、欧洲、亚洲、大洋洲，这些机构已经渗透到各类中小城市，甚至景点、超市、商场中，全球员工达 26 000 多名。JTB 的前身是 1912 年建立的日本旅行社，在 1963 年设立株式会社日本交通公社，从事国内和国际旅游代理业务。

日本的饭店业近年来呈现出的变化趋势：酒店数量在逐步微增，而日式旅馆（其住宿设施通常以和式榻榻米房间为主，提供的料理、洗浴等服务也多以和式为特色）的数量却大幅度减少。

（二）旅游资源

日本被联合国教科文组织世界遗产委员会列入《世界遗产名录》的自然和人文景观较多，其中以文化遗产居多。自然遗产有位于青森县的白神山地、坐落在鹿儿岛上的屋久岛、位于北海道的知床半岛。文化遗产包括位于奈良县的法隆寺及周边的佛教建筑，坐落在兵库县的姬路城，古京都文化遗址，分布在岐阜县白川乡、五个山的合掌屋群落，广岛原子弹爆炸纪念馆，古奈良的历史建筑，位于广岛县的严岛神社，分布在冲绳县的琉球王国时期的遗产，以及歌山县纪伊山脉圣地和朝圣之路等。

1. 主要城市

1）东京都

东京都位于本州岛中部，面积 2 188 平方千米，人口 1 378.42 万（2018 年）。日本的行政区划目前划分为一都（东京都）、一道（北海道）、二府（京都府、大阪府）和 43 个县，都、道、府、县属于平行同级的行政单位，直属中央政府。县以下设立市、町、村。

（1）东京塔：曾经的最高建筑，高度为 333 米，与樱花、富士山共同被誉为日本的三大象征。东京塔于 1958 年落成，塔底部的 4 个角由一个 5 层高的大楼支撑着，内设水族馆、餐厅、娱乐场、科学馆；在塔的 100 米和 250 米高度上分别设有瞭望台；塔的顶部装有电视台、广播电台的无线电发射器。

（2）皇宫：日本最神圣的地方，天皇起居之地，共有宫殿 7 栋，白墙绿瓦，茶褐色铜柱，富有典型的日本传统风格。正殿是整个皇宫的中心，皇室的主要活动及外交礼仪都是在正殿的"松之阁"举行；长生殿是天皇接受百姓朝贺的地方；常御殿是天皇的内宫；丰明殿则内设大型宴会厅。

（3）银座：最繁华的场所，因历史上铸造银币而得名，位于东京市中心，交通便利。银座从南到北被划分成一丁目、二丁目、……八丁目，所以又叫"银座八丁目"。这里集中了众多的专卖店、夜总会、餐馆、酒楼、饭店，并会在每年 10 月举办"大银座节"活动。

（4）迪士尼乐园：最好玩的地方，仿照美国迪士尼乐园而建造，号称亚洲最大的主题公园。每个年龄段的人在这里都可以找到适合自己的娱乐活动，节日期间更是热闹非凡，各种化装舞会、音乐会、舞台表演等一应俱全。

（5）浅草寺：据说是为了安放从海上打捞起来的观音像而建造的观音寺，寺内建有日本第二高的五重塔。每年 2 月 3 日是浅草寺最热闹的日子，人们集聚在寺院里举行抛撒豆子的活动。寺院请来本命年的著名男士站在台子上，一边向人群抛撒豆子，嘴里一边高喊"福在内，鬼在外"。抛撒豆子结束后，还要表演"聚福舞蹈"等节目。

（6）靖国神社：最纠结的神社，位于东京千代田区，因为这里供奉着第二次世界大战期间包括东条英机在内的著名战犯，而成为日本与世界各国特别是亚洲国家政治关系的焦点。

（7）明治神宫：日本三大神宫之一（其余两个神宫为京都的平安神宫、三重县的伊势神宫），为纪念明治天皇和皇后而建造。神宫内的三座大"鸟居"（日式牌坊）中有一个高达12米，号称日本最大的木质牌坊。

2）京都

京都位于本州岛中西部、京都盆地北部，具有浓郁的日本风情，是日本人心灵的故乡。京都同时又是花道、茶道最兴盛的城市，被称为"真正的日本"。因其位于东京的西面，所以又称西京。京都被誉为日本的"古建筑博物馆"，同时也有"祭礼之都""幸运之都"的称号。

（1）古建筑博物馆：京都是个具有上千年历史的古都。1994年，京都的历史建筑作为文化遗产被联合国教科文组织列入《世界遗产名录》，其获得评价为"日本昔日文化中心，有着杰出的园林艺术和木构建筑艺术"。

（2）祭祀之都：一年12个月，京都每月有祭祀的活动。市内现存1 877座寺院和神社，成为神道教和佛教举行祭祀活动的场所，所以被誉为"一步一寺庙，五步一神社"，堪称日本的文化艺术摇篮、宗教中心。

（3）幸运之都：1945年8月6日，美国投下的用于人类战争的第一颗原子弹，原计划在日本4个候选城市中挑选一个投放，京都被列为首选城市，但由于种种原因，广岛成了京都的"替罪羊"。

（4）知名景点。

① 岚山：京都最著名的风景区，位于市西北部，有"京都第一名胜"之称，以樱花和红叶闻名于世。

② 清水寺：位于京都东山半山腰，寺内有近30栋木结构建筑物，有正殿、钟楼、三重塔、经堂、神社、成就园等。正殿旁有一眼清泉，被称为金水，传说饮一口金水就能万事如愿。寺中的音羽瀑布，水流清冽，终年不绝，被列为日本十大名泉之首，清水寺因此得名。

③ 二条城：日本著名的古城堡，于1603年初建，于1626年建成，是德川幕府第一代将军德川家康作为京都行辕而营造的，1886年成为天皇的行宫。二条城主要建筑有本丸御殿、二丸御殿等。

④ 金阁寺：共分3层。第二层、第三层外墙用金箔贴成，远远望去金光闪闪。每层的建筑分别代表不同时代的独特风格。第一层代表平安时代，第二层代表镰仓时代，第三层是禅宗佛殿风格。塔顶装饰的一只金铜合铸的凤凰，堪称一绝。

⑤ 天桥立：日本三大绝景之一，面向日本海，是受潮流和海风影响堆积起来的一条细长沙滩，全长3.3千米，宽40～100米不等。沙滩上生长着7 000多棵松树，酷似我国西湖的白堤，夏季为海水浴场。

⑥ 平安神宫：日本三大神宫中最宏伟的一座，原是桓武天皇和孝明天皇祭祀神灵之地，现在殿内仍供奉着这两位天皇的塑像。

3）大阪

大阪市坐落在本州岛南部，是日本第二大港口城市，关西地区重镇，日本东西的交通枢纽。大阪市内河流众多，水域面积占总面积的10%以上，桥梁有1 400多座，被誉为"日本威尼斯"。

① 大阪城：大阪的象征，于1532年由大将军丰臣秀吉建造。城墙总长12千米，用40万块石块砌成，最大的石块重达130吨，高5.5米，宽11.7米。主楼天守阁则是五层楼高的城堡，目前是一座历史博物馆，藏有许多美术作品及有关丰臣家族的史料文件。

② 中之岛：位于大阪市中心。中之岛公园一角是祭祀日本的"学问之神"——管原道真的天满宫，是学子们考前参拜、祈祷金榜题名的场所。

4）北海道

北海道是日本四个大岛中面积第二大的岛屿，人口稀少，道厅设在札幌。北海道是世界闻名的旅游胜地，以其自然景观为旅游特色。

北海道岛四季景色分明，春天漫山遍野鲜花绽放，大地焕然一新；夏天天气凉爽，适宜登山远足，湖上泛舟；秋季满山红叶，果园里硕果累累；冬天则是银装素裹的冰雪天地，美丽的丹顶鹤和白天鹅悠然踱步，构成了另一种美景。

北海道主要的自然景观和人文景观有支笏湖和洞爷湖合并建立的支笏洞爷公园，以及日本著名的温泉之乡及世界最大的熊牧场——别登，充满紫色梦幻魅力的薰衣草等构成了北海道特有的风情。

2. 主要名胜

1）富士山

富士山位于本州岛中南部的富士箱根伊豆国立公园内，东距东京约80千米，为日本最高峰，山峰高耸入云，山顶白雪皑皑。山体呈圆锥形状，一眼望去，富士山像一把倒悬的扇子挂在空中，因此才有了"玉山倒悬东海天"的著名诗句。

（1）休眠火山：富士山是一座年轻的休眠火山，至今休眠，但还处于活动中，不时发出轰鸣声。有文字记载以来，富士山共喷发过18次，最近一次是在1707年。

（2）富士神社：富士山自上到下建有许多神社，既是教徒们朝圣之地，又是游客的休息场所。日本有"不登富士山，死不瞑目"和"不登富士山是无知者"之说，朝拜富士山成为许多日本人一生最大的愿望。他们认为活着时总要朝拜富士山一次，至少也要爬上半山腰的浅间神社。每年的七八月是登山季节。

（3）登山起点：山脚下的和平公园是攀登富士山的起点，这里有一座山门，门上挂着一双巨大的草鞋，门口还摆放着一双铁鞋。游人来到此地，都要摸一摸草鞋，穿一穿铁鞋，据说这么做会得到山神保佑，一路平安。登山全程共设有10个歇息点。

（4）富士五湖：有5个湖泊环绕富士山，海拔都在820米以上，夏日可以垂钓，严冬可以滑冰。海拔1 140米高的地方建有一座旅馆。这家旅馆有一条规定"入住旅馆如果超过1分钟看不见富士山，立即退回房费"。

（5）富士八峰：有"八瓣芙蓉"的美称，那是因为只有站在富士山顶峰的剑峰上，才能看见周围矗立好似八瓣莲花的八座山峰，才能体会到诗句"万古天风吹不断，青空一朵玉芙蓉"的真实意境。对于今天的日本人而言，攀登富士山最大的诱惑是观看被称为"御来光"

的日出美景。

2）冲绳岛

位于日本本土与中国台湾之间、琉球群岛南端的冲绳岛，是琉球群岛中面积最大的岛屿，南北长约 108 千米，东西最宽处 30 千米，最窄处仅 4 千米，被誉为日本第一旅游胜地，号称"日本的夏威夷"和日本的"国门"，就连当地人身上穿的大花短袖衬衫，也叫"夏威夷衫"。每当 4—8 月的旅游旺季，沙滩上五彩缤纷的太阳伞犹如鲜花的海洋。

冲绳岛属于亚热带气候，全年均温 23℃；10 月为炎夏，气温超过 30℃；冬天平均气温 16℃。灿烂的阳光、绿色的椰树林、雪白的沙滩、清澈的海水、色彩斑斓的珊瑚，冲绳海中公园、首府那霸市的首里古建筑、东南亚植物园、冲绳和平公园、姬百合之塔、龟甲石等自然和人文景观为来自世界各地的旅游者提供了无限的想象空间及视觉上的极大享受。

（1）海中公园：公园坐落在海中的望塔上，可将翡翠般的海水、千姿百态的珊瑚礁、五彩缤纷的热带鱼尽收眼底。世人都知道大堡礁的珊瑚景观，但冲绳的珊瑚更妖娆。冲绳的珊瑚种类多达 68 属 260 多种，超过澳大利亚大堡礁，堪称世界第一。在公园附近白沙闪烁的细长海滩、海水浴场里，海洋体育运动项目等应有尽有。

（2）和平公园：冲绳岛最南端有一座和平公园，园内建有 30 多座纪念碑，碑文的内容大多是纪念战争中的死难者及祈祷和平。公园最高处是悬崖峭壁，高近百米，是著名的"自杀悬崖"。悬崖下是太平洋，悬崖上矗立着两座纪念碑。当年冲绳岛被美军攻陷后，有几千名日本人在这里纵身跳进大海。

（3）龟甲石：久米岛上的龟甲石是一大自然奇景，它们是一大片五角形或六角形的石块，有上千块之多，退潮时便会清楚地显现出来，涨潮时也可见到。

（4）姬百合塔：岛屿南部的姬百合之塔，据说是为了纪念一支被称作"姬百合部队"的学生军而建立的。冲绳战役中，岛上冲绳女子师范学校和县立第一高等女校的 219 名女学生和教师组织起来，在战场上看护伤员、处理尸体、搬运食品、军用物资等，最后这些女子全部丧命。

（5）首里古城：昔日琉球王国的首都，是那霸市唯一保存下来的古旧建筑，是游客重点游览的景观。城中的"守礼门"是冲绳的象征，宫殿是当年琉球国王处理政务、接见使臣及举行重要庆典的地方，历史上曾四度被摧毁。

（6）东南植物园：面积 40 万平方米，园内栽培着东南亚、非洲、南美洲等地区 2 000 多种热带植物。园中还有波利尼西亚湖的睡莲；多达 450 种的椰子树林可称集世界椰子树之大全；蝴蝶标本馆也值得一看，展示着上千种蝴蝶标本。植物园也是冲绳岛上情侣们举行婚礼的首选场地。

3）严岛神社——神灵之家

坐落在日本广岛县上的严岛神社，有 1 400 多年的历史。由于独特的地理位置及优美的景致，严岛自古以来一直被人们认为是神灵居住的地方、充满灵气的岛屿、信仰的中心。多年来严岛上有个奇异的习俗，就是不允许孩子在岛上出生，人死后也不允许葬在岛上，至今岛上仍没有墓地，人死后都被用船运送到岛外埋葬。

（1）大鸟居：耸立在海上的大鸟居（日式牌楼）是严岛的象征。

（2）总神社：位于严岛的中心。神社的神殿与周围的绿色森林、蓝色大海相映生辉。周围共分布着 21 栋建筑，这些建筑物的布局相当考究，从广岛望过来，它们就像一只飞翔的大鸟。严岛神社的平舞台与四大天王寺（大阪市天王寺区）的石舞台、住吉大社（大阪市住吉区）的石舞台一起并称为"日本三舞台"。

严岛通常又被称为"安艺的宫岛"，是日本三大绝境（其余两个是宫城县的松岛、京都府的天桥立）之一。1996年，严岛神社被列入《世界遗产名录》。

3. 旅游名区

1) 箱根国家公园

箱根国家公园位于日本神奈川县西南部，距离东京90千米，总面积94平方千米。它的核心地区是芦湖，是40万年前因火山活动而形成的火山湖，面积为7平方千米，最深处达45米，海拔726米，环湖长度17.5千米，芦湖盛产黑鲈鱼和鳟鱼，园内还分布着大片原始森林。

箱根的景致随季节而变化，各有千秋。最富有诗意的季节是春季，远望云端上的富士山，似戴着一顶银光闪闪的雪冠，近观满树樱花，搅起漫天"花吹雪"的奇景，点缀着民宅古迹的葱郁丘陵，潺潺的温泉四处流淌，分明是"明月松间照，清泉石上流"的意境。

箱根的小酒馆特色鲜明，只提供典型的日本清酒。箱根犹如中国南方的一处山水小筑，最适宜文人墨客在这里饮酒赋诗。虽然酒是日本特有的清酒，却与我国南方的米酒相差无几，饮后温热的感觉慢慢涌上全身，不容易喝醉，却能让人在迷离的醉眼中才思泉涌。

除了观赏自然美景、饮酒赋诗外，来箱根泡汤（即泡温泉）是大多数游客的最爱。箱根温泉多达336处，泉水涌量列日本前茅。箱根地区酒店内的客房、公共浴池、室内游泳池，全部使用地下涌出的天然温泉水。目前，箱根在原有"箱根七汤"的基础上又开发出十汤，合称"箱根十七汤"。

2) 知床半岛公园

知床半岛位于日本北海道的东北部，濒临鄂霍次克海，整个半岛长63公里。半岛顶端的知床岬，有"大地尽头"之意。这里人迹罕至，保持着最原始的地貌形态，因此被誉为"日本最后的秘境"。郁郁葱葱的原始森林内，栖息着灰熊、虾夷鹿、狐狸、猫头鹰、虾夷松、岳桦林等珍贵野生动植物。半岛西海岸是绵延不断的悬崖峭壁，造就了河川直泄入海的奇特的瀑布景观。

知床国立公园设立于1964年6月1日，公园面积为3.8万公顷。2005年，知床半岛被列入《世界自然遗产名录》。

3) 日本与中国相关的旅游资源

日本自古以来就与中国有着深厚久远的渊源，古代的鉴真东渡，近代的孙中山、鲁迅、郭沫若等为寻求救国真理的扶桑之行，以及徐福东渡、贵妃流亡的故事等，都是两国友好交往的证据。

（1）徐福东渡寻仙药。据说，徐福为秦始皇寻找长生不老药，最先到达本州的和歌山，后来又至北九州，进入濑户内海。因为迷恋日本的美丽景色，徐福及其带领的人定居下来，以渔猎、农业为生，繁衍生息，成为今天的日本人。如今的和歌山市还建有徐福公园。

（2）鉴真东渡传佛教。唐代僧人鉴真，晚年应日本友人之邀，在先后5次东渡日本失败后，第6次东渡成功。到达日本后，虽然鉴真已经66岁高龄、双目失明，但他仍在传播佛教文化、大唐文化等方面做出了巨大贡献。如今奈良市的唐招提寺，就是由当年的天皇下令、鉴真监督，仿照唐朝建筑风格而修建的。鉴真和尚把这里当作受戒传律的基地，并创立了日本佛教律宗，唐招提寺成了律宗的总寺院。"招提"在日语中就是寺庙的意思。寺院大红门上写有"唐招提寺"横额，寺内供奉的鉴真大师的坐像，被尊为日本的国宝。寺内还珍藏着1 200多年前鉴真从中国带去的经卷。鉴真还被日本人民奉为医药始祖。另外，日本的豆腐业、饮食业、酿造业也都被认为其行业技艺是鉴真所授。

（3）杨贵妃流亡到仙岛。按照日本的传说，杨贵妃并没有真的死去，而是逃亡到了日本。依据白居易"忽闻海上有仙山……中有一人字太真"的诗句，日本人认为这里的仙山指的是日本，而太真则是杨贵妃的封号。本州山口县建有贵妃故里的一座公园，园内有用大理石雕刻的贵妃及观音像，同时还建有贵妃墓。京都府京都市的东山区泉涌寺内建有一座观音堂，但是供奉的不是观音，而是杨贵妃，这里也成为日本人祈求青春美丽、喜结良缘、平安顺产的庙宇。

第二节 蒙 古 国

一、国情概况

1. 地理气候

蒙古国位于亚洲中部内陆，地处蒙古高原北部，平均海拔1 580米。国土面积156.65万平方千米，为世界第二大内陆国。东、南、西三面与中国接壤，北面与俄罗斯的西伯利亚地区为邻。全境可分为西部山地、中东部高原和南部戈壁3个地形区，主要山脉有阿尔泰山、杭爱山、肯特山等。中蒙边境的友谊峰为最高峰，海拔4 374米。戈壁占蒙古国全国面积的1/3，地势平缓。主要河流有色楞格河及其支流鄂尔浑河、克鲁伦河等。山间还有内流河注入而形成的湖泊，如乌布苏湖等。

蒙古国属于典型的大陆性高寒气候，夏季短而热，冬季长而寒，年平均降水量200多毫米。

2. 国名、首都、国旗、国徽、国歌、国花、国鸟

（1）国名：全称"蒙古国"，国名以本民族的名称而得名。在蒙古语中，"蒙古"一词意为"勇敢"和"朴素"。

（2）首都：乌兰巴托。

（3）国旗：蒙古国国旗为从左至右由红、蓝、红三色组成的竖条旗，旗面左侧的红色部分自上而下绘有黄色的火焰以及日、月、三角形等几何图案。蒙古国先民信奉拜火教，认为火是吉祥、兴旺的种子。火与日、月结合代表繁荣昌盛和永恒；三角形的寓意是矛，表示对待敌人绝不仁慈；长方形表示正义、忠诚；中间的阴阳图案象征着和谐；红色表示胜利、快乐；中间的蓝色寓意忠于祖国。

（4）国徽：蒙古国的国徽呈圆形。外环是"万字不到头"的图案，下方饰以白色的荷花花瓣，顶端为3颗宝石（红、绿、蓝）。圆面为蓝色，中间是一匹飞奔的骏马，马中间的图案与国旗上的相同，马下方是一个法轮。

(5) 国歌：《蒙古国国歌》。

(6) 国花：翠雀花。翠雀花又称飞燕草，遍布蒙古国各地，花开整个夏季，易人工种植，抗病能力强，有耐力，生命力强，是蒙古国人民向往和平生活和崇尚自然的象征。

(7) 国鸟：猎隼。

3. 人口、居民、语言与宗教

蒙古国人口312.17万（2018年），以喀尔喀蒙古族为主，约占全国人口的80%，另外还有哈萨克族、杜尔伯特族、巴雅特族、布里亚特族等15个少数民族。官方语言为喀尔喀蒙古语。

藏传佛教为蒙古国国教，为居民主要信奉对象，还有一些居民信奉萨满教和伊斯兰教。

4. 政治与经济

蒙古国是总统议会制国家。总统是国家元首兼武装力量总司令。国家大呼拉尔行使立法权，是国家最高权力机关，为一院制议会。政府为最高国家权力执行机关，政府成员由国家大呼拉尔任命。蒙古国主要政党有蒙古人民革命党、民主党等。

蒙古国经济以畜牧业和采矿业为主，曾长期实行计划经济，1991年开始向市场经济过渡。1997年7月，蒙古国政府通过《1997—2000年国有资产私有化方案》，目标是使私营经济成分在国家经济中占主导地位。畜牧业是蒙古国传统的经济部门，是国民经济的基础。截至2017年年底，蒙古国牲畜存栏数为6 620万头。

蒙古国矿产资源丰富，现已探明的有铜、钼、金、银、铀、铅、锌、稀土、铁、萤石、磷、煤、石油等80多种。全国森林覆盖率为8.2%。

主要经济数据：GDP为130亿美元（2018年），人均GDP为4 014美元（2018年），货币名称：图格里克（TUGRUG），1美元＝2 666.3图格里克（2019年1月）。

二、习俗礼仪

1. 节日庆典

1) 国庆节-那达慕

蒙古国的国庆节为7月11日。1921年7月10日，蒙古人民革命党在库伦（今乌兰巴托）成立君主立宪政府，后将7月11日定为国庆日。自1922年起，蒙古国定期在每年7月11日举行全国性那达慕，成为国庆活动的一个主要组成部分。"那达慕"在蒙古语中的含义是"娱乐"或"游戏"。早在1206年，为检阅部队、维护草原安宁或分配草场、水源，平息部落间的纷争等，成吉思汗便于每年7—8月时将所有部落召集在一起举行集会，同时伴有各种娱乐活动。最初只是男子们赛马、射箭、摔跤（男三竞技）活动，后期又增加了许多娱乐性的项目。1997年6月，蒙古国政府决定将国庆节易名为"国庆节-那达慕"。

2) 白月节

白月节，蒙古语为查干萨日。"查干"意为白色、圣洁，"萨日"意为月份。查干萨日意为春节或白色的新年，也被译为"白月"。白月节的日期与我国藏历新年相同，是蒙古国民间最隆重的节日，此前称为"牧民节"，只是在牧区庆祝。1988年12月，白月节被确定为全民性节日。

节日期间的饮食，最著名的是"全羊席""手扒肉"。全羊席所用的羊必须是绵羊，以二三岁的羯羊为上品。

3）祭敖包

敖包又叫鄂博，是用土块、石块、杂草枯木等人为堆积起来的，上面挂满五颜六色的彩旗。一般在春、秋两季举行祭祀敖包的仪式，届时宰杀牛羊作为祭品，并举行焚香、喇嘛诵经等活动。仪式结束后，还要进行传统的赛马、射箭、摔跤等活动。

敖包的由来，一说是早期牧民在茫茫的大草原上为识别方向、避免迷路而长期堆积的一种记号；另一说源于鄂温克人的一个传说故事，敖包本是一个经常兴风作浪、祸害百姓的女妖的坟冢，为防止女妖出来闹事，人们经常在坟冢上面添加石块、枯草等，同时也为安慰其亡灵，经常去坟冢祭祀，乞求她保佑风调雨顺、平安如意。

4）祭腾格里

祭天是蒙古人的重要祭祀之一。"腾格里"在蒙古语中意为"天"。祭天分为以传统的奶制品上供的"白祭"和以羊血为祭品的"红祭"两种，多在7月初或8月初进行。

2. 服饰、餐饮

蒙古国服饰称为蒙古袍，由长袍、腰带、靴子、首饰等组成。人们春秋穿夹袍，夏季着单袍，冬季着棉袍或皮袍。男装多为蓝色、棕色，女装喜欢用红色、粉色、绿色、天蓝色。作为马背民族的传统服饰，高领大袖的蒙古袍的最大特点是适应游牧的需要，白天可以遮风挡雨，夜晚还能当作被袍。

蒙古国饮食文化深受俄罗斯的影响，进餐厅前需在门前脱去外套以示礼貌。吃饭中不得大声喧哗，男士须为女士拉椅子让其先行入席，菜品多西化。传统蒙古人的饮食包括奶食、肉食和粮食3种。习惯上先食用白食，然后食用红食。蒙古语把牛羊肉称为"乌兰伊得"（红食），而将黄油、奶豆腐、奶酪、白油、奶皮子等称为"查干伊得"（白食），这些白色食品被视为圣洁、纯净的象征。炒米是蒙古人的主食，牧民顿顿离不开炒米，传统上每日一顿饭、两顿茶。

3. 社交礼仪

蒙古人性格豪放，热情好客，讲究礼貌。在社交场合，一般施握手礼和献哈达。献哈达是蒙古民族最正统的礼节方式。在献哈达的同时，还要向客人献上一碗鲜奶，以表达敬意。

宾客临门，男女主人总会隆重地站在门口热情迎候，向客人问候"您好""向您请安了"等。客人告辞时，往往要举家相送，并一再说"再见""欢迎再来""一路平安"等送行话。

蒙古人亲属间相见时，一般要施亲吻礼。晚辈出远门或归来，长辈要吻晚辈的前额，以示祝福。敬鼻烟壶是蒙古族最常见的见面礼。有客人来拜访，主人先让客人嗅鼻烟，客人如拒绝会被视为严重失礼；朋友相见，互换鼻烟壶，吸用后再互相递还，表示亲近有礼。

与蒙古人交谈要回避其国内政治、与周边国家关系、民族问题等话题。

4. 行为禁忌

蒙古民族是一个崇拜火的民族，家中的火炉绝对不可亵渎，不能跨越、脚踏火炉，不能用来烤脚、烘烤衣物等，即使用刀拨弄火炉也是不允许的。

在蒙古国，人们忌讳用手指天空中的星月，他们把"长生天"视为天地的统治者，至高无上。

骑马经过蒙古包时，不能大声喊叫。进入蒙古包时，应将马鞭放在门外，不能带入蒙古包内。绝对不可以鞭打牛、马、羊的头部。

蒙古国人忌食猪肉及其猪肉制品，一般不吃马肉、狗肉，多数人也不喜欢吃鱼，对海产品以及鸡、鸭、鹅的内脏也不感兴趣。

蒙古国人认为头是人体之首，帽子是头的衣裳。在蒙古国，帽子是神圣不可侵犯的头饰，人们最忌讳把帽子随处乱扔或玩弄。帽子突然落地被看成不吉利的事。戴帽子、系腰带是蒙古国重要的交际礼仪之一。

三、旅游业发展概况

（一）旅游业基本情况

进入21世纪，蒙古国旅游业发展迅速。不过，由于包括服务业在内的主要经济产业不景气，加之来自欧美国家和中国等主要游客来源国的游客逐年减少，蒙古国政府和相关旅游部门采取了一系列措施，如恢复出口猎隼以吸引阿拉伯国家游客；举办多项国际性的文体活动及富有游牧文化特色的节日活动吸引世界各地的游客等。

入境旅游方面，2018年蒙古国全年旅游业收入约5.69亿美元，入境游客总数约52.9万，同比增长11.01%。主要旅游来源国游客人数增幅在2.2%～37.2%。其中，中国游客人数约16.4万，同比增长12.1%；俄罗斯游客人数约12.9万，同比增长17.2%；韩国游客人数约8.4万，同比增长10.9%。日本、法国、英国等国入境游客人数呈下降趋势。

蒙古国有旅游基地、大小宾馆、饭店约700家，从事旅游服务的公司有500多家，主要宾馆有乌兰巴托饭店、巴彦高勒饭店、成吉思汗饭店、大陆酒店等。蒙古国是我国重要的客源国家，尽管来我国旅游的人数较多，但大多属于边境贸易或边境旅游性质。限于蒙古国经济发展水平和居民生活水平，其消费能力并不是很强。

（二）旅游资源

蒙古国被世人誉为旅游处女地，每年接待的入境旅游者多来自俄罗斯及中国。蒙古国最具吸引力的景观是它的自然风光，而人文景观或名胜古迹数量不多、名气不大。广阔的戈壁沙漠、丘陵草原、针叶森林以及夏季炎热、冬季寒冷、温差巨大等气候条件则是吸引各国游客的首要资源。为此，蒙古国依托其特有的资源优势，相继开发了风光旅游、民俗旅游、宗教旅游和考古旅游等独具特色的旅游活动。

蒙古国有3项世界遗产，分别是乌布苏湖盆地、鄂尔浑峡谷文化景观、蒙古国阿尔泰岩画群。除此之外，蒙古国还有非物质文化遗产项目，包括马头琴传统演奏艺术、蒙古民间长调、蒙古族那达慕、蒙古族呼麦艺术、苍鹰节、蒙古包传统工艺和习俗。

1. 主要旅游城市

1）乌兰巴托

乌兰巴托原名库伦（蒙古语意为寺院），位于蒙古国中部地区，始建于1639年，现为蒙古国首都和政治、经济、文化、宗教中心。1924年，改库伦为乌兰巴托（意思是红色英雄或红色勇士）。

乌兰巴托市区主要位于图勒河北岸，有5座大桥横跨河流，城市周围群山环绕。其中，博格达山被誉为"圣山"，山上松林茂密，栖息着多种野生动物，是蒙古国最早建立的自然保护区之一。

乌兰巴托既是蒙古草原上一座古老的城市，又是一座现代化的年轻城市，原藏传佛教活佛的宫殿现已改为故宫博物院。庆宁寺、和林寺等佛教寺院是旅游朝圣者必到之处。

2）哈拉和林

坐落于杭爱山北麓鄂尔浑河上游东岸的哈拉和林，是一座历史名城。它自1220年成吉思汗定都一直到忽必烈即位后于1264年迁都大都（今中国北京），始终是蒙古帝国的政治中心。1948年，哈拉和林出土众多宫殿、街市、房屋以及土墙的遗址。

2. 主要旅游名胜

1）蒙古国家历史博物馆

蒙古国家历史博物馆位于乌兰巴托市苏赫巴托广场的西北角，原称革命博物馆。该馆共分为7个展区，重点展示并介绍了成吉思汗统一蒙古及其继承者建立蒙古帝国进而建立元朝和蒙古独立后的情况。

2）额尔德尼昭

额尔德尼昭位于乌兰巴托西部的哈拉和林，是蒙古国第一座藏传佛教寺庙，始建于1586年，面积为0.16平方千米。

3）成吉思汗景区

成吉思汗景区是一个具有浓郁民族特色的草原风情旅游点，距离乌兰巴托60千米。景区内有高30米的成吉思汗骑马铜像，馆内有高9米、用225张牛皮制成的成吉思汗穿的皮靴，以及长4米的成吉思汗的马鞭，展示了"一代天骄"成吉思汗东征西讨、威震欧亚的"蒙古兵法"。

4）库苏古尔湖

库苏古尔湖位于蒙古国北部，是蒙古国面积最大的湖泊，水域总面积为2 760平方千米，素有"东方的蓝色珍珠"的美誉。

5）和平大街

位于乌兰巴托市中心的和平大街是整个城市的主干道，每年7月11日，一年一度"国庆节-那达慕"的举办地就在和平大街中段北侧的苏赫巴托（蒙古国开国元首）广场。届时可容纳6万多人的苏赫巴托广场人山人海，整个大街变成了一片欢乐的海洋，人们不分男女老少，换上色彩鲜艳的蒙古袍，戴上蒙古小圆帽，腰上扎着金黄色的腰带，成群结队涌向和平大街。节日期间，和平大街会举办各种棋艺比赛、歌舞表演、影视放映、图片展览、科技推广等活动以及农牧土特产品、茶砖、布匹、绸缎、日用百货等交易，场面热烈，人头攒动。

第三节 新 加 坡

一、国情概况

1. 地理气候

新加坡位于马六甲海峡北岸、马来半岛南端。新加坡是一个热带城市岛国，地处太平洋与印度洋航运要道——马六甲海峡的出入口，战略位置十分重要。北隔柔佛海峡与马来西亚为邻，有长达 1 056 米的长堤与马来西亚的新山相通，南隔新加坡海峡与印度尼西亚相望。国土面积为 714.3 平方千米，由新加坡岛及附近 63 个小岛组成，其中新加坡岛面积约 585 平方千米，占全国总面积的 91.6%，是新加坡领土的重要组成部分。

新加坡地理位置优越，有"东方直布罗陀"和"远东十字街头"之称。"扼守马六甲海峡"是新加坡地理位置的特殊优势。西北-东南走向的马六甲海峡全长超过 2 000 千米，是世界上最重要、最繁忙的海上交通要道。通过马六甲海峡的邮轮是苏伊士运河的 3 倍，是巴拿马运河的 5 倍。世界上 1/3 的邮轮与 1/4 以上的远洋贸易船，都要经过马六甲海峡。西方国家将霍尔木兹海峡视作"海上生命线"，而被东亚各国视作"海上生命线"的就是马六甲海峡。马六甲海峡是连接印度洋和太平洋的咽喉要道，是欧洲、西亚、南亚与东亚、太平洋之间海上贸易的必经之路，而新加坡则是马六甲最重要的港口，所以被称为"东方十字路口"。而且新加坡港是天然良港，港阔水深，风平浪静，可停泊许多大型轮船。

新加坡地处赤道附近，属热带雨林气候，由于四面临海，海风宜人，天气不是十分炎热，年平均气温为 24~27℃，最高温可达 35℃，最低温可降到 20℃以下。新加坡常有骤雨，雨量充沛。

2. 发展简史

新加坡最早居民为马来人后裔。8 世纪建国，属印尼室利佛逝王朝。公元 12 世纪，建立"狮子王朝"，13 世纪中叶改称"信诃补罗"（"信诃"意为狮子，"补罗"意为城堡，故新加坡意为"狮城"），统治约 123 年。15 世纪，建立马六甲王朝。16 世纪中期归柔佛王国所辖。

1819 年，英国人史丹福·莱佛士来到新加坡，与柔佛苏丹订约设立贸易站。1824 年，新加坡沦为英国殖民地，成为英国在远东的转口贸易商埠和在东南亚的主要军事基地。1826 年，新加坡与马六甲、槟榔屿合并为英国"海峡殖民地"。1942 年，新加坡被日本占领。1945 年，日本投降后，英国恢复殖民统治，1946 年划为直属殖民地。

1958 年 6 月，新加坡自治邦成立；1963 年 9 月 16 日作为一个州并入马来西亚；1965 年 8 月 9 日脱离马来西亚，成立新加坡共和国，李光耀为新加坡第一任总理。1965 年 9 月，新加坡成为联合国成员国，10 月加入英联邦。

3. 国名、首都、国旗、国徽、国歌、国花、国树、国鸟

（1）国名：新加坡，全称为新加坡共和国，别称为狮城。

（2）首都：新加坡市，是全国政治、经济、文化中心，有"花园城市"之称，是世界上极重要的港口之一和重要的国际金融中心。

新加坡市道路宽阔，人行道两旁种着叶繁枝茂的行道树及各种花卉，草坪、花坛、小型公园间杂其间，市容整洁，被誉为"世界花园城市"和东南亚的"卫生模范"。

（3）国旗：国旗由上红下白两个平行相等的长方形组成，长与宽之比为3：2。左上角有一弯白色新月以及五颗白色小五角星。红色代表了平等与友谊，白色象征着纯洁与美德。新月表示新加坡是一个新建立的国家，而五颗五角星代表了国家的五大理想：民主、和平、进步、公正、平等。新月和五星的组合紧密而有序，象征着新加坡人民团结和互助的精神。

（4）国徽：新加坡国徽由盾徽、狮子、老虎等图案组成。红色的盾面上镶有白色的新月和五角星，其寓意与国旗相同；红盾左侧是一头狮子，这是新加坡的象征，新加坡在马来语中是"狮子城"的意思；右侧是一只老虎，象征新加坡与马来西亚之间历史上的联系；红盾下方为金色的棕榈枝叶，底部的蓝色饰带上用马来文写着"前进吧，新加坡"。

（5）国歌：新加坡的国歌是 *Majulah Singapura*，中文译为《前进吧，新加坡》。

（6）国花：胡姬花，亦称"卓锦·万代兰"。

（7）国树：雨树。

（8）国鸟：黄腰太阳鸟。

4. 人口、居民、语言与宗教

新加坡总人口为516万（2017年）。其中，本国公民和永久居民约400万人，其他为居住一年以上的外国居民。新加坡地窄人稠，人口密度高。

新加坡是移民国家，国民大多为移民，其中77%是华人，约14%是马来人，8.5%是印度人，其余的是欧亚混血人种和其他民族。马来语、英语、汉语和泰米尔语为官方语言，国语为马来语，英语为行政用语。

新加坡是多宗教国家，有宗教信仰的居民占85.5%，主要信奉佛教、道教、伊斯兰教、基督教和印度教。华人和斯里兰卡人多信佛教，马来人和巴基斯坦人信奉伊斯兰教。

5. 政治与经济

新加坡是一个城邦国家，无省市之分，是以符合都市规划的方式划分全国，它分4个地区：市中心地区、市中心周围地区（北、东北和西部）、市郊区（东、北和西部）、外围地区（东、北和西部）。

新加坡实行总理内阁制，政体是议会共和制，全国被划分成84个选区，每个选区选举产生一名议员组成议会。在议会选举中获得多数席位的政党组阁组成政府，政府对议会负责。

新加坡的经济总体水平非常高，是世界上极富裕的国家之一，并且属于新兴的发达国家。新加坡经济现状很稳定，发展非常迅速。新加坡拥有非常廉洁高效的政府，制定了一系列的经济政策，稳定的国内政局也保证了经济发展过程的稳定。

2008年受国际金融危机影响，新加坡的金融、贸易、制造、旅游等多个产业遭到冲击，海峡时报指数创5年内新低，经济增长率为1.1%，2009年跌至-2.1%。新加坡政府采取积极应对措施，加强金融市场监管，努力维护金融市场稳定，提升投资者信心并降低通胀率，并推出新一轮刺激经济政策。2010年经济增长14.5%。2011年，受欧债危机负面影响，新加坡经济增长放缓，2012年经济增长率为1.3%，2014年经济起底回升。具体经济数据如下：GDP为3 610.5亿美元（2018年），人均GDP为6.4万美元（2018年），GDP增长率为3.2%（2018年）；货币为新加坡元（Singapore Dollar），1美元≈1.349 1新加坡元（2018年平均）。

二、习俗礼仪

1. 节日庆典

新加坡政府为了维护民族团结，把各民族的年节都确定为公共假期，共计11天。主要包括华人新年（同中国春节）、泰米尔新年（4—5月）、卫塞节（5月的月圆日）、国庆节（8月9日）、开斋节（伊斯兰教历10月新月出现之时）、圣诞节（12月25日）。还有元旦、复活节、哈芝节、劳动节等。

（1）春节：华人最隆重的节日，有除夕守岁、迎神祭祖、燃放鞭炮、发压岁钱、走亲访友、演戏庙会等活动。

（2）食品节：4月17日，是新加坡传统的节日。这一天食品种类丰富，物美价廉，人们不论穷富，都要购买一些，以示庆贺。

（3）独立日：8月9日，也是国庆节，庆祝1965年8月9日退出马来西亚联邦成立新加坡共和国。

2. 教育与文化

新加坡拥有完善的教育体系，融合了东西方教育的精华。新加坡沿用英联邦教育体制，推行英语（作为母语）和汉语双语教育，学费低廉，政府大力支持教育产业。同时，新加坡拥有良好的教学设施及世界一流的教育水平。

新加坡教育制度以严格著称。新加坡的中小学至今允许校长或训导主任在家长同意的情况下使用鞭刑处罚学生，有时候鞭刑是公开实施的，虽然很少施行，但仍对其他学生起到威慑作用。

（1）政府中、小学：小学学制为6年，中学学制为4年或5年。快捷课程为4年，完成课程后参加新加坡O/A水准考试。普通学术课程和普通工艺课程为5年，学生完成课程后必须参加N水准考试才可以继续升学。

（2）政府初级学院：学制2年，学生完成课程后参加A水准考试后直接报读新加坡或英国、美国、澳大利亚及英联邦国家的名校。

（3）政府职业技术类学院：学制2年。新加坡职业教育学院有完善的培训设备，能为中学毕业生提供全面的技术培训，使其掌握一技之长，如圣淘沙国立酒店管理学院、南洋艺术学院、新加坡国立工艺学院。

（4）政府理工学院：学制3年。新加坡5所理工学院提供材料、工科和商业等课程，文凭广受国际认可，国际学生可以申请80%的奖学金。毕业后一个月可直接申请新加坡永久居民，可以担保父母来新居留。

（5）政府国立大学：本科学制3~4年，硕士学制1~3年。新加坡3所著名的国立大学分别是新加坡国立大学、南洋理工大学和新加坡管理大学。采用了一系列的创新计划，引进核心课程并积极与国际知名大学合作，设立跨学科研究中心。

新加坡重视文明建设，开展"礼貌运动""敬老运动"，注意把儒家文化、伦理灌输到人们日常工作和经济生活中，宣传奉献精神和群众运动。

3. 服饰、餐饮

新加坡不同民族的人在穿着上有自己的特点。马来人男子头戴一项名叫"宋谷"的无边帽，上身穿一种无领、袖子宽大的衣服，下身穿长及脚踝的纱笼。女子上衣宽大如袍，下穿纱笼。华人妇女多爱穿旗袍。政府部门对其职员的穿着要求较严格，在工作时间不准穿奇装异服。

新加坡是以华人为主体的国度，而大多数华人来自广东，所以新加坡的饮食与广东人很相近，主食米饭、包子，很少吃馒头。每天下午还有吃点心的习惯，知识分子喜欢西式早点。饮茶是普遍可以接受的习俗，待客时，主客共饮"元宝茶"，寓意"财运亨通"。

旅游者在餐厅、酒店消费，必须付10%的服务费、3%的政府税及1%的观光税，但在集市或小摊或小吃店则不必。餐厅内禁烟。

4. 社交礼仪

在社交场合，新加坡人与他人所行的见面礼节多为握手礼。在一般情况下，他们对于西式的拥抱或亲吻是不太习惯的。

在待人接物方面，新加坡人特别强调笑脸迎客、彬彬有礼。

在公共场所政府通过采用"法"与"罚"这两大法宝，去促使人们提高社会公德意识。在今日的新加坡，讲究社会公德，可以说是有法可依、有法必依、执法必严、违法必究。例如，在新加坡，在公共场所人们不准嚼口香糖，过马路时不能闯红灯，"方便"之后必须用水冲洗，在公共场合不准吸烟、吐痰和随地乱扔废弃物品。不然的话，就必受处罚，需要缴纳高额的罚金，有时还会吃官司，甚至被鞭打。在商务和公务往来中，男士通常要穿白色长袖衬衫和深色西裤；女士要穿套装或深色长裙。在公共场所，穿着也不能过于随便，尤其不能穿露肩、露背、露脐等服装。

5. 行为禁忌

新加坡是一个多元种族和多种宗教信仰的国家，因此，要注意尊重不同种族和不同宗教信仰人士的风俗习惯。

新加坡华人商人一向有勤奋、诚实、谦虚、可靠的美德。与新加坡人谈判，不仅必须以诚相待，更重要的是考虑给对方面子，不妨多说几句"多多指教""多多关照"的谦言。值得一提的是，与海外华人进行贸易，采用方言洽谈，有时可以起到一种独特的作用。碰上说潮州话的商人，首先献上一句"自己人，莫客气"的潮州乡音，给人以一种宾至如归的感觉。其他像粤语等，同样有助于谈判的进行。

在新加坡，进清真寺要脱鞋。在一些人家里，进屋也要脱鞋。由于过去受英国的影响，新加坡已经西方化，但当地人仍然保留了许多民族的传统习惯，所以，打招呼的方式都各有不同，最通常的是人们见面时握手，对于东方人可以轻轻鞠一躬。

新加坡人接待客人一般是请客人吃午饭或晚饭。到新加坡人家里吃饭，可以带一束鲜花或一盒巧克力作为礼物。交谈时，避免谈论政治和宗教，可以谈谈旅行见闻、你所去过的国家以及新加坡的经济成就。

在新加坡居民中华人居多，人们对色彩想象力很强，一般红色、绿色、蓝色很受欢迎，视紫色、黑色为不吉利，视黑色、白色、黄色为禁忌色。在商业上反对使用释迦牟尼的形态和侧面像。在标志上，禁止使用任何宗教词句和象征性标志。喜欢红双喜、大象、蝙蝠图案。数字禁忌有4、7、8、13、37和69。

三、旅游业发展概况

（一）旅游业基本情况

新加坡多次被国际协会联盟评为"世界最佳会议城市"及"亚洲最佳会议城市"，被著名的《亚太商旅杂志》的读者评选为"最佳商务城市"，每年接待会议客人150万人次。

旅游业是新加坡的主要外汇来源之一。入境旅游方面，2017年接待外国游客1 740万人次（不含陆地入境的马来西亚公民），主要客源地为中国、印度、澳大利亚和日本。

出境旅游方面，新加坡国小民富，现代新加坡人注重生活质量，强调个人快乐，注重工作与娱乐并重。由于国土面积小，要旅游就得出国，生活在"一城之国"的新加坡人外出旅游的比例相当高。新加坡人出境游的主要目的地是亚洲，以东盟国家、中国为主，特别是中国已成为新加坡人出境旅游的首选地之一。

（二）旅游资源

新加坡面积不大，建国历史短暂，既没有名山大川，更缺少文物古迹，旅游资源并不丰富。但是，由于新加坡政府重视发展旅游业，相关法律法规健全，城市管理严格，高度重视旅游购物，其"购物天堂"的区位优势得到充分的发挥。其主要旅游资源如下：

1. 主要旅游景点

1）鱼尾狮

鱼尾狮是新加坡的标志与象征，位于新加坡河口左岸，建于1972年。通体洁白、晶莹剔透的鱼尾狮塑像，狮头鱼身，鱼尾反卷，宛若从河水中高高跃起，口中不断喷出一股股清水。塑像高达8米，重40吨，用乳白色大理石雕琢而成，底座呈海水波浪状，周身是采用2 000块中国湖南产的瓷片镶贴。游人到此，必留影纪念。每年5月26日—6月3日是狮头鱼尾周，河面上举行龙舟比赛，同时还有艺人当场献艺。

2）圣淘沙岛

"圣淘沙"在马来语中是"和平宁静"之意。这座小岛坐落于新加坡南方海面上，1970年前是英军海军基地。岛上能称得上古迹的当属英国1880年建造的西洛索古堡，古堡内保存有15世纪的古炮。圣淘沙岛于1972年被政府开发为海上乐园，现已成为新加坡最主要的观光游览区和度假胜地，各种游览、休闲、娱乐、海上运动以及餐馆、酒店设备齐全，并有跨海大桥与新加坡本岛相连，还为游客提供单轨车作为代步工具，环岛游览一周需要45分钟。

3）晚晴园

晚晴园又名孙逸仙别墅，占地 1 800 平方米。1906—1911 年，孙中山先生在海外从事革命活动，曾 8 次路过新加坡，均在此处下榻。别墅前是一片绿草如茵的广场，场中央是一个喷水池。水池后面建有一个 1.5 米高的石墩，石墩前有"新加坡晚晴园"汉字铭文，墩上安放着孙中山坐式铜像。这座二层别墅现在的底层是陈列室，室内陈列着当年孙中山从事革命时的照片及日军占领新加坡时期死难者的遗物。二楼原是孙中山先生的办公室和卧室，现已辟为图书馆，存放着孙中山先生的革命史料。

4）动物园

于 1994 年正式对外开放的新加坡动物园，号称东南亚最大的动物园，位于新加坡市北曼达路。新加坡地处热带，白天天气炽热，热带动物一般的活动规律是昼伏夜出。为吸引游客，该园夜间也对外开放，为世界首家夜间动物园。全园共有 130 余种 1 600 多头动物，包括猩猩、狮子、老虎、黑豹、北极熊、长颈鹿、野猪、大象、斑马、梅花鹿、野狼、蟒蛇、袋鼠、鸟禽、貘、驴等。此外，新加坡还有专门饲养小动物的小型动物园。动物园是充分利用周围自然环境而设计的，园内的动物并非关在笼子里，而是在特设的环境中活动。游人若是有兴致，可以与猩猩同桌共饮奶茶、吃香蕉。

5）植物园

新加坡植物园是世界闻名的热带植物园之一，位于东陵区荷兰路附近。园内种植各种亚热带和热带的奇花异卉及珍贵树木，多达 3 万种，多年生植物、攀缘植物、扇形棕榈树、红树、灌木遍布公园内。其中最吸引游客的是具有维多利亚建筑风格的兰花圃，种植约有 1.2 万株兰花，其中包括新加坡国花卓锦·万代兰，花瓣呈浅紫红色，上带深紫色红斑点，中间部分为深玫瑰色。

6）飞禽公园

飞禽公园全名为裕廊飞禽公园，是新加坡最大的鸟类公园，也是世界规模最大的鸟禽公园。公园坐落于西郊裕廊镇贵宾山坡，是利用一条山涧和两侧山坡的天然环境构筑而成。从山涧底到山顶有 100 多米高，建有 95 个巨型鸟舍、6 个池塘、10 个可以供鸟类随意飞翔、栖息的围场。园内栖息着来自世界热带、寒带、沼泽、沙漠、海洋、深山的约 360 个种属共 8 500 多只鸟类。公园入口不远处是一条小溪，顺着溪水逆流而上，可见一条高 30 多米的人工瀑布从断崖倾斜而下，流入山脚下的 3 个小湖。

7）海底世界

海底世界是亚洲最大的热带海洋水族馆，设立在新加坡旅游胜地圣淘沙岛上。这里饲养着 2 000 多种鱼类和热带海洋生物。进门后即可看见两个几米高的透明大玻璃，里面饲养着几万种鱼类，其中一个是专门展览各种有毒和危险的海洋生物大玻璃筒。游客可以贴近筒壁零距离观看。参观海底世界，最令游客感到新奇刺激的是，可以通过一条长 100 米的拱形海底隧道，进入深海区，一睹奇妙的海底世界。

8）虎豹别墅

虎豹别墅位于新加坡西海岸的一处山冈上，初建于 1937 年，是号称"东南亚万金油大王"

胡文虎、胡文豹兄弟二人的别墅。现成为展示中国传统民间文化故事的雕塑展览馆，别墅内有 25 组栩栩如生的雕塑画，如《西游记》《白蛇传》《八仙大闹龙宫》等。

9）牛车水

牛车水是新加坡著名的唐人街，位于新加坡河南岸闹市区，这里依然保留着中国传统的风貌，共有十几条街巷，与四周林立的高楼大厦形成鲜明的反差。在狭长街道的两侧，是一排排高低不等的古旧木质结构的二层房屋，其建筑与中国广东的一些城镇如出一辙。这里的店铺、街道、公司等名称，全部是用中英文书写的，出售的商品也以中国货为主，风味小吃、日用品、服饰、手工艺品、古玩等一应俱全。

10）小印度

小印度是市区内一个旅游景点，外国游客喜欢来此地观光，目的是感受这里的印度生活气息。大街两侧，可以见到穿着印度服饰、皮肤黝黑的印度人，听到从商店里传出的印度乐曲声，闻到印度餐馆内浓郁刺鼻的咖喱粉味道。商店里摆放着各种印度衣料及工艺品：洁白如雪、薄似蝉翼的"纱丽"衣料，印度丝绸、蜡染布料，金、银、铜、木制的各种饰物。

11）乌节路

乌节路是新加坡著名的购物兼娱乐中心，相当于北京的王府井大街。长长的街道两旁是现代化商业中心或百货公司，集中了现代化的大饭店、购物中心，又有美丽的林荫长街，是新加坡交通的主干道，吸引了来自世界各国的旅客。

12）双林禅寺

双林禅寺是新加坡规模最大的佛寺，现已开发为旅游胜地，寺内大殿中供奉着弥勒佛、观音菩萨等塑像。

13）天福宫

这座道教建筑建于 1839—1842 年，是早期移民在安全抵达新加坡岛后，为了答谢神灵而建造的。建筑材料为苏格兰的铁器、英格兰及荷兰的瓷砖。庙内有高大的花岗岩盘龙玉柱、古老的牌匾，门口还有巨大的石狮子。

2. 主要购物景点

1）荷兰村

荷兰村主要出售手工艺品、古玩、服饰、电器。

2）亚兰街

亚兰街主要出售马来蜡染花布（巴迪）、马来传统服饰、篮子、藤器、皮箱、马来珠宝、香水等。

3）樟宜国际机场

樟宜国际机场不但是一座先进的国际机场，而且是一座高档商品购物中心。航站大厦的高级商店销售国际名牌免税品、化妆品、烟酒、电子产品、名牌服饰、体育用品、珠宝首饰、玩具、巧克力等。

第四节 泰 国

一、国情概况

1. 地理气候

泰国位于中南半岛中部,面积 51.4 万平方公里。西北与缅甸为邻,东北接老挝,东连柬埔寨,南部与马来西亚接壤。境内大部分为低缓的山地和高原,地势北高南低,最高峰为因他暖山,海拔 2 585 米。昭披耶河(湄南河)发源于北部山地,纵贯南北,流经中部,全长 1 200 千米,流域面积为 15 万平方千米,注入泰国湾,是中部农业区的重要灌溉水源和航运干线。湄公河是泰国和老挝两国的天然界河。在泰国境内的主要支流是蒙河,主要山脉为他念他翁山脉,主要岛屿有普吉岛、萨木伊岛、潘甘岛和强岛。

泰国大部分地区属于热带季风气候,一年三季,分别是热季(2 月中旬至 5 月中旬)、雨季(5 月下旬至 10 月中旬)和凉季(11 月至次年 2 月中旬),年平均气温 22~28℃,年平均降水量 1 550 毫米。

2. 发展简史

1238 年素可泰王朝建立,该地区开始形成较为统一的国家。先后经历了素可泰王朝、大城王朝、吞武里王朝和曼谷王朝。从 16 世纪起,泰国先后遭到葡萄牙、荷兰、英国和法国等殖民主义者的入侵。1856 年 4 月 5 日,泰王被迫与英国签约时,首次采用"暹罗"这个名称。1896 年,英法签订条约,规定暹罗为英属缅甸和法属印度支那之间的缓冲国。暹罗成为当时东南亚唯一没有沦为殖民地的国家。19 世纪末,曼谷王朝国王拉玛五世朱拉隆功在位期间,致力于推进泰国近代化,废除奴隶制度,吸取西方经验进行社会改革,泰国人尊其为"国父"。1932 年 6 月,人民党发动政变,建立君主立宪制政体。1939 年 6 月更名为"泰王国",意为"自由之地"。1941 年被日本占领,泰国宣布加入轴心国。1945 年 2 月再次改为"暹罗"。1949 年 5 月,恢复国名"泰王国"。玛哈·哇集拉隆功为泰国现任国王。

3. 国名、首都、国旗、国徽、国歌、国花、国树、国鸟、国兽

(1)国名:全称为"泰王国",别称"黄袍佛国""大象之邦"。"泰国"一名是由泰族语"孟泰"而得名,泰国人称自己国家为"孟泰"。"孟"表示"国家","泰"为"自由"之意。

(2)首都:曼谷。

(3)国旗:呈长方形,长与宽之比为 3∶2。由红、白、蓝三色的 5 个横长方形平行排列构成。上下方为红色,蓝色居中,蓝色上下方为白色,蓝色宽度与两个红色或两个白色长方形的宽度相等。红色代表民族,象征各族人民的力量与献身精神。泰国以佛教为国教,白色代表宗教,象征宗教的纯洁。泰国是君主立宪政体国家,国王是至高无上的,蓝色代表王室。蓝色居中象征王室在各族人民和纯洁的宗教之中。

(4)国徽:图案是一只大鹏鸟,鸟背上蹲坐着那莱王。传说中大鹏鸟是一种带有双翼的

神灵，那莱王是传说中的守护神。

(5) 国歌：《泰王国歌》。

(6) 国花：睡莲。

(7) 国树：桂树。

(8) 国鸟：火背鹇。

(9) 国兽：大象。

4. 人口、居民、语言与宗教

泰国人口 6 924 万（2018 年），是一个由 30 多个民族组成的多民族国家，其中泰族占人口总数的 40%，老族占 35%，马来族占 3.5%，高棉族占 2%。此外，还有苗族、瑶族、桂族、汶族、克伦族、掸族等山地民族。

泰语为国语。

佛教是泰国的国教，90%以上的居民信奉佛教。马来族信奉伊斯兰教。还有少数人信奉基督教新教、天主教、印度教和锡克教。

5. 政治与经济

泰国为君主立宪制国家。宪法规定世袭国王为国家元首和武装部队最高统帅。国王通过国会、内阁和法院分别行使立法权、行政权和司法权。国会为两院制，分上院、下院。总理为政府首脑，来自下议员，上议员不得隶属任何政党，不得担任阁员。泰国主要政党有泰国民主党、祖国党、为国发展党、自豪泰党、泰国发展党、大众党、为泰党等。

泰国实行自由经济政策，属外向型经济，依赖美国、日本、中国等外部市场。泰国是传统的农业国，农产品是外汇收入的主要来源之一，是世界天然橡胶最大出口国。20 世纪 80 年代，电子工业等制造业发展迅速，产业结构变化明显，经济持续高速增长，人民生活水平相应提高，工人最低工资和公务员薪金多次上调，国民教育、卫生、社会福利状况不断改善。1996 年被列为中等收入国家。1997 年亚洲金融危机后陷入衰退。1999 年经济开始复苏。2003 年 7 月提前两年还清金融危机期间国际货币基金组织提供的 172 亿美元贷款。自 1963 年起，泰国实施国家经济和社会发展五年计划。2012 年开始第十一个五年计划。2017 年主要经济数据如下：国内生产总值 4 552.21 亿美元（2017 年），人均 GDP 6 594 美元（2017 年）。货币名称为泰铢；汇率（全年均价）：1 美元≈31.6 泰铢。

二、习俗礼仪

1. 节日庆典

1) 法定节日

(1) 元旦：1 月 1 日。

(2) 曼谷王朝纪念日：4 月 3 日。

(3) 劳动节：5 月 1 日。

(4) 加冕节：5 月 5 日。

(5) 诗丽吉王后诞辰纪念日（母亲节）：8 月 12 日。

(6) 朱拉隆功五世纪念日：12月5日。
(7) 泰王诞辰纪念日：12月10日。
(8) 国家立宪日：12月10日。
(9) 除夕：12月31日。

2) 民间节庆

(1) 宋干节："宋干"是求雨的意思，宋干节是泰国的传统吉祥节日，每年公历4月13—15日，人们都要举行"浴佛"庆典。善男信女手持鲜花、食品去寺庙斋僧，聆听和接受美好祝福，并接受桃花瓣香水的淋洒。然后把佛像搬至院里，将香水洒于佛身，以涤除邪恶，人们互相泼水祝福，迎吉祈雨。

(2) 水灯节：泰历12月15日。当夜幕降临时，身穿节日盛装的男女老幼拥到江河两岸，漂放和观看水灯。河里漂浮各式各样水灯，闪闪烁烁，充满诗情画意。

此外，泰国佛教节日有万佛节（阴历三月十五日）、三宝节、守夏节。

2. 餐饮

泰国人以稻米为主食，鱼和蔬菜是主要副食。咖喱饭最具有泰国民族风味。泰国人不喜欢吃过咸或过甜的食物，不喜欢吃红烧食物；喜欢吃辛辣的菜肴，认为鱼露和辣椒是最好的调味品。泰国人喝茶时要加冰块，称其为"冻茶"；喝果汁时有加入少许盐末的偏好。泰国人喜欢中国的广东菜和四川菜。

3. 社交礼仪

泰国人以礼仪、互助、宽容和谦让为荣，对人总是面带微笑，交谈时细声低语。泰国有"微笑的国度"之美誉。与人见面和分手时，泰国人习惯行合十礼，通常合十的双手举得越高，表示对对方越尊重。商人和知识分子也流行握手礼，但男女间不握手。

4. 行为禁忌

与泰国人交谈时，要回避政治、王室等话题，不允许任意评说泰王和王室成员，不能议论泰国军人；不得非议佛教，忌讳对佛教、佛像、寺庙和僧人有失敬言行。购买佛饰不能说"买"，必须说"求祖"。应主动给僧人让路、让座，不得向僧人馈赠现金，不要赞美别人的婴儿。

除僧人外，任何人不得触摸别人头部，尤其是孩子的头部。忌拿着东西从别人头上经过。不得拍打对方肩膀。与人交谈时双手不能插在口袋中。忌用手指人（可用下巴指人）。在交往中忌讳用红颜色笔签字或刻字。忌讳褐色，忌讳狗的图案。

三、文化艺术

泰国以优美典雅的古典舞蹈和丰富多彩的民间舞蹈著称于世。古典舞蹈分宫内舞和宫外舞。宫内舞的演出对象是国王和宫廷，有严格的规范与程式。宫外舞以平民为观众，自由风趣。民间舞蹈有丰收舞、长甲舞、蜡烛舞等，泰国还流行群众性集体舞。

四、旅游业发展概况

(一) 旅游业基本情况

入境旅游方面，2018 年 1—7 月，泰国入境旅游游客 2 265 万人次，同比增长 11%，其中，东亚国家的游客数量为 1 545 万人次，占总数的 68%，中国游客入境人数高达 686 万人次，位居榜首。来自欧洲的人数 405 万人，其中俄罗斯是欧洲最大的客源国家，入境数量 90 万人次，同比增长 16.24%。中国游客总消费 3 713 亿泰铢，居于榜首，同比增长 27.9%；俄罗斯游客总消费 720 亿泰铢，居于第二位，同比增长 17.75%；马来西亚游客总消费 583 亿泰铢，居第三位。泰国旅游业迅猛发展，原因有以下几点：①政府重视旅游业。泰国政府充分利用佛教这一人文旅游资源，大力发展旅游业，使其成为推动泰国经济发展的重要产业，也是泰国增加外汇收入的无烟工业。政府对旅游业的发展战略做了重大调整，如从过去单纯地追求游客来泰旅游的入境人数转向努力增加游客在泰国停留的天数和增加其人均消费，并把日本、中国、韩国、马来西亚、新加坡和印度等作为重要市场来抓。泰国制定了有关旅游业的法规，强化旅游管理，制定了若干优惠政策吸引外商投资、鼓励民间投资。泰国在发展观光旅游的同时，还大力发展会议旅游和购物旅游。另外，泰国注意旅游的建设和管理，旅游设施相当先进，服务水平很高，在国际上有较高的声誉。②旅游资源丰富。泰国旅游资源丰富，有辽阔的海滩、绮丽的热带风光，尤以惊世的佛教建筑、神奇的历史古迹、浓郁的民俗风情和独特的文化艺术最为突出。泰国是一个历史悠久的佛教之国，在这个被称为"白象王国"的美丽之邦，到处是金碧辉煌、尖角高耸的庙宇、佛塔，无处不有精致美观的佛尊、石雕和绘画，加之充满当地风土人情的各种节日庆典和舞蹈，成为世人乐于前往的神秘圣地。③旅游设施齐全，服务质量优越。泰国交通便利，旅馆业发达，重视旅游宣传，有庞大的旅游组织，为外国游客提供各种方便。

在出境旅游方面，2016 年泰国出国旅游人数突破 820 万人，韩国和缅甸是泰国人热衷前往旅游的国家，日本成为泰国游客量增长最快的目的地。国内旅游市场中约 85% 的为自助游，仅 15% 跟团出行。

(二) 旅游资源

泰国具有悠久的东方历史文化、丰富多彩的名胜古迹、辽阔迷人的海滩、绚丽多姿的东方风情、神秘莫测的宗教文化，是一个热情好客的微笑国度，深受世界各地游客的追捧。曼谷、清迈、普吉岛、芭提雅被誉为泰国的四大旅游中心。

1. 主要旅游城市

1) 曼谷

(1) 天使之城：泰国人称曼谷为"功贴"，意思是"天使之城""仙城"。曼谷据说是世界上名字最长的首都，当年泰国国王拉玛一世命名时这一城市的名字总共由 96 个泰文字母组成，译成汉字亦多达 60 个。

曼谷全市共有大小佛教寺庙 400 余座，其中玉佛寺、卧佛寺、金佛寺号称泰国三大国宝。

(2) 大王宫：曼谷王朝拉玛一世的王宫，又称"故宫"。大王宫主要由 3 座宫殿和 1 座寺院组成，四周的白色宫墙高约 5 米，总长 1 900 米。现在这里仍是泰国国王登基加冕时举行仪式和庆典之地。大王宫内还有许多以我国古典小说《三国演义》为题材的屏风壁画、景泰蓝花瓶等。玉佛寺（护国寺）就是大王宫的组成部分，它集中了泰国佛寺的所有特点，为泰国最大的寺庙。

（3）东方威尼斯：曼谷位于湄南河下游低湿地区，市区内河道纵横，十几条河川蜿蜒其间，舟楫如梭，货运繁忙，水上集市繁荣，因而有"东方威尼斯"之称。

2）佛统

佛统是泰国最古老的城市，约有 3 000 年历史，市内有许多古寺庙和佛塔。其中最为著名的是具有 2 000 多年历史的佛统金塔。初建时该塔只有 39 米高，现高达 127 米，呈螺旋状的塔尖高 40 米，圆塔底部直径 50 米，是泰国最古老、最高、最大的佛塔。

3）清迈

作为泰国著名的历史文化古城，清迈建于 1296 年，曾经是兰那王朝的首都。清迈一直是泰国佛教圣地、文化和商业中心。

今天的清迈以"美女和玫瑰"享誉天下，它不仅是泰国北部政治、经济、文化、教育中心，也是泰国第二大城市。清迈距离曼谷 700 公里，位于海拔 300 米的高原盆地，四周群山环绕，清澈的滨河穿城而过，气候凉爽，树木苍郁，景色旖旎，古迹众多，是东南亚著名的旅游胜地。

4）芭提雅

芭提雅位于曼谷东南 154 千米、印度半岛和马来半岛之间的暹罗湾。芭提雅依山傍水，气候宜人，鲜花遍布每个街道、角落、庭院，又有"鲜花之城"的赞誉。芭提雅是一座拥有 10 万人口的旅游"不夜城"，以阳光、沙滩、海鲜名扬天下，被誉为"东方夏威夷"。每年有 200～300 次国际性会议在芭提雅召开，因此被誉为"会议之城"。

5）大城

大城位于曼谷正北面约 60 千米、湄南河西岸。大城王朝乌通王于 1350 年在此建都。1632 年，巴塞通国王看中了这里秀丽的风光和凉爽宜人的气候，开始在此地修建避暑的夏宫，几年后大城王朝遭到邻国进攻，都城被迫南迁，夏宫也被付之一炬。1851 年，具有雄才大略的拉玛四世重新开始了对夏宫的修复及大规模的扩建，历经 45 年的努力，一座华丽多姿的东方宫殿又呈现于湄南河畔。

夏宫建筑群中最为知名的是挽巴因王宫，坐落于河中的小岛上，宫中楼、阁、亭、台、水、榭、塔、桥各式建筑雕梁画栋，飞檐高翘，曲径通幽，相得益彰。其中一座中国式双层建筑的宫殿——大明殿，是中国游客最感兴趣的景观，宫内的陈列品都是从中国运来的，一切摆设也是中国宫殿的式样，红墙绿瓦、龙翔凤舞、丹凤朝阳、二龙戏珠等无一不具有典型的中国特色。如今大城已经成为东南亚知名度相当高的旅游胜地，尤其是挽巴因王宫迷人的风采为泰国旅游业赢得了良好的声誉。

2. 主要旅游名胜

1）普吉岛

普吉岛是泰国最大海岛，是唯一自成一府的岛屿，被誉为泰国南部的世外桃源，有"泰南珍珠"的美誉，现已发展为亚洲著名的旅游胜地。"普吉"一词源于马来西亚语，意为"山丘"。普吉岛上山丘连绵起伏，其间点缀着一块块小盆地，整个岛屿被安达曼海的温暖海水所环绕，美丽迷人的海滩、奇形怪状的小岛、巧夺天工的钟乳石、鬼斧神工的天然洞窟、清澈湛蓝的海水、美不胜收的海底世界，被世人誉为"热带天堂"。

（1）攀牙湾：若论普吉岛上的自然风光，非攀牙湾莫属。这里属于典型的喀斯特岩溶地貌，山峰耸立，怪石嶙峋，景色万千，酷似中国的桂林山水，因此被誉为泰国的"小桂林"。海面上分布着大大小小160多个岛屿，且形态各异；海湾内生长着珍贵的胎生植物红树林。攀牙海湾沿岸有两个石灰石洞，一个叫佛庙洞，另一个叫隐士洞。佛庙洞内面积广大，有千奇百怪的石笋和钟乳石。隐士洞由数十个山峰底部的洞穴组成。

（2）007岛：在普吉岛众多的岛屿中，007岛名声最响亮，这个岛屿本名"达铺岛（钉子之意）"，由于以詹姆斯·邦德为主角的系列影片《007》中的《铁金刚勇战金枪客》在这个岛上拍摄，该岛现已改名为007岛。

2）湄公河

欧洲的多瑙河流经9个国家，被称为国际性河流，而亚洲的湄公河流经6个国家，被誉为"东方多瑙河"。多瑙河沿岸是温带气候，而湄公河沿岸则是热带风光；多瑙河畔的人文景观烙上了西方文明的痕迹，而湄公河沿岸的人文景观则折射着东方文明和佛教文化的光辉。

湄公河全长4 180千米，是亚洲最重要的跨国水系，也是世界第十长河流、亚洲第七长河流。它的上游在中国境内，称为澜沧江，下游三角洲在越南境内，因由越南流出南海有9个出海口，故在越南称为九龙江。湄公河发源于中国青海省玉树藏族自治州杂多县，流经中国云南省、老挝、缅甸、泰国、柬埔寨和越南，于越南胡志明市流入南海。湄公河中游大部分河段沿着老挝、泰国边境流淌，虔诚向佛的泰国人对湄公河敬畏有加，据说这条河流既能带来吉祥，又能带走灾难。夜幕降临后，河边经常会集聚起男女老少，身着漂亮衣裳，手持五彩缤纷的水灯，纷纷跪地，双手合十，然后将水灯放入河中，全神贯注目送各自的水灯渐渐远去。

3）素可泰

素可泰位于泰国中原地带，距离曼谷400多千米，其名在泰语中的含义是"幸福的黎明"。据史书记载，13世纪高棉（现柬埔寨）吴哥王朝在这里建都，其后，被誉为"泰国之父"的兰甘亨大帝统一泰国，并将素可泰定为王朝的首都。

1257—1379年是素可泰王朝的全盛时期，当时的势力范围甚至远及马来半岛，直至1420年素可泰王朝没落。作为泰民族最初建国时的首都，素可泰也是泰国历史、文化、艺术的主要发源地。素可泰古城规模宏大，原古城内外集中了193处佛教古迹，包括1座王宫、35座佛庙，以及大量古塔、佛像、碑石、古瓷窑和四大水池。但经过800多年的历史变迁、风雨剥蚀、人为破坏，曾经辉煌显赫的东南亚古都变成一片废墟。

历经多年不懈的努力，素可泰古城重放光彩，内城60处古建筑全部得到整修，85处遗迹经考古发掘得到了保护，护城河和水池经过疏浚，建成了素可泰历史公园并于1987年11月正式向公众开放。1991年素可泰历史城镇被列入《世界遗产名录》，其中包括37座神庙建筑，如玛哈达寺、达帕登寺、锡春寺等著名佛寺。

4）鳄鱼湖

距离曼谷市区约10千米、湄南河一条支流的沿岸、北揽海湾的北揽府鳄鱼动物园是世界最大的鳄鱼养殖场。动物园占地0.3平方千米，分门别类地饲养着来自世界各地的泰国鳄鱼、印度鳄鱼、非洲鳄鱼、美洲鳄鱼等 20 余种大小鳄鱼，共计 3 万多条，最大的鳄鱼长达 7 米，重量超过 1 吨。同时，这里还驯养着各种珍禽异兽，供游人观赏。

鳄鱼湖是由大大小小的水池连接而成的，水塘四周栽满了婀娜多姿的垂柳，一条弯弯曲曲的木制长廊高架在水池上方，贯穿整个养殖场。游人可以凭栏俯视，可以观赏驯鳄员驯鳄、捕鳄、斗鳄的表演，品尝鳄鱼肉，购买各种鳄鱼皮制品及旅游纪念品等。

5）桂河大桥

1942 年，正值日本军国主义大举南进之时，日本侵略者下令建造一条长达 415 千米的铁路，从泰国通往缅甸，作为战略物资运输线，铁路要穿过大桂河，于是 1.6 万名美国、英国、印度、荷兰、澳大利亚等国的战俘和 5 万多名劳工，在深山密林中，忍受毒蛇猛兽、瘴气疾病的袭击和皮鞭的抽打，建起了长达 150 米、9 个桥墩支撑的交通咽喉要地——桂河大桥。当大桥修到一半的时候，盟军发现了这座桥梁，于是美国轰炸机对大桥进行了夜以继日的狂轰滥炸。牺牲了无数生命的铁路最终完工，因此其有"死亡铁路"之称。

电影《桂河大桥》荣获 1957 年奥斯卡最佳影片奖，桂河大桥因此名扬天下。现在，桂河大桥已是泰国著名的旅游景点之一，每年 11 月 28 日—12 月 8 日，北碧府都要举办"桂河桥周"的纪念盛会，让人们永远记住这场战争。

第五节 马来西亚

一、国情概况

1. 地理气候

马来西亚位于东南亚中心地带，地处太平洋和印度洋之间，面积约 33 万平方千米。全境分成东马来西亚和西马来西亚两部分。西马来西亚为马来亚地区，位于马来半岛南部，北与泰国接壤，西濒马六甲海峡，东临南海；东马来西亚为沙捞越地区和沙巴地区的合称，位于加里曼丹岛北部，南部接印度尼西亚，而文莱国则位于沙巴州和沙捞越州之间。

马来西亚紧邻赤道北沿，属于热带雨林气候，常年炎热多雨，空气湿度大。内地山区气温 22～28℃，沿海平原气温为 25～30℃。

2. 发展简史

公元初马来半岛有羯荼、狼牙修等古国，15 世纪初以马六甲为中心的满剌加王国统一了马来半岛的大部分。16 世纪开始，马来半岛先后被葡萄牙、荷兰、英国占领，20 世纪初完全沦为英国殖民地。加里曼丹岛沙捞越、沙巴在历史上属文莱，1888 年两地沦为英国保护地。第二次世界大战中，马来半岛、沙捞越、沙巴被日本占领，战后英国恢复对这些地方的殖民统治。1957 年 8 月 31 日，马来亚联合邦宣布独立，1963 年 9 月 16 日，马来亚联合邦同新加坡、沙捞越、沙巴合并组成马来西亚（1965 年 8 月 9 日新加坡退出）。

3. 国名、首都、国旗、国徽、国歌、国花

（1）国名：马来西亚，简称马来亚或大马。"马来"一词在马来语中意为"黄金"，马来半岛被称为"黄金之乡"。

（2）首都：吉隆坡。

（3）国旗：呈横长方形，长与宽之比为 2∶1。主体部分由 14 道红白相间、宽度相等的横条组成。左上方有一深蓝色的长方形，上有一弯黄色新月和一颗 14 个尖角的黄色星。14 道红白横条和 14 角星象征马来西亚的 13 个州和联邦直辖区。蓝色象征人民的团结及马来西亚与英联邦的关系（英国国旗以蓝色为旗底），黄色象征国家元首，红色象征勇敢，白色象征纯净，新月象征马来西亚的国教伊斯兰教。

（4）国徽：中间为盾形徽。盾徽上部绘有一弯黄色新月和一颗 14 个尖角的黄色星，新月代表国教，14 角星代表各州和政府。盾面上的图案和颜色象征马来西亚的组成及其行政区划。盾面下部中间的图案为马来西亚的国花朱槿。盾徽两侧各站着一头红舌马来虎，两虎后肢踩着金色饰带，饰带上书写着格言"团结就是力量"。

（5）国歌：《月光》。

（6）国花：朱槿，也叫扶桑。

4. 人口、居民、语言与宗教

马来西亚人口约 3 240 万（2018 年）。马来人及其他原住民占 61.54%，华裔占 21.00%，印度华裔占 6.29%。沙捞越州原住民中以伊班族为主，沙巴州以卡达山族为主。

马来语为国语，通用英语，汉语使用也较广泛。

伊斯兰教为国教，53%的马来西亚人信奉伊斯兰教，大多数华裔信奉佛教，印度裔信奉印度教，此外还有居民信奉基督教和锡克教等。

5. 政治与经济

马来西亚实行君主立宪联邦制。因历史原因，沙捞越州和沙巴州拥有较大自治权。以巫统为首的执政党联盟国民阵线（简称"国阵"）长期执政，政局总体稳定。主要执政党有马来民族统一机构（简称"巫统"）、马来人政党和马来西亚华人公会（简称马华公会，是最大的华人政党）。全国分为 13 个州和 3 个联邦直辖区。13 个州是指西马的柔佛、吉打、吉兰丹、马六甲、森美兰、彭亨、槟榔屿、霹雳、玻璃市、雪兰莪、丁加奴以及东马的沙巴、沙捞越。3 个联邦直辖区是指首都吉隆坡、布特拉加亚和纳闽。

马来西亚自然资源丰富，橡胶、棕油和胡椒的产量和出口量居世界前列。马来西亚曾是世界产锡大国，近年来产量逐年减少。马来西亚石油储量丰富，盛产热带硬木。

20 世纪 70 年代前，马来西亚经济以农业为主，依赖初级产品出口。70 年代以来不断调整产业结构，大力推行出口导向型经济，电子业、制造业、建筑业和服务业发展迅速。同时，马来西亚实施马来民族和原住民优先的"新经济政策"，旨在实现消除贫困、重组社会的目标。从 1987 年起，马来西亚经济连续 10 年保持 8%以上的高速增长。1991 年，马来西亚提出"2020 宏愿"的跨世纪发展战略，旨在于 2020 年将马来西亚建成发达国家。马来西亚重视发展高科技，启动了"多媒体超级走廊""生物谷"等项目。1998 年，受亚洲金融危机的冲击，马来

西亚经济出现负增长。2010年，马来西亚公布了以"经济繁荣与社会公平"为主题的第十个五年计划，并出台了"新经济模式"，继续推进经济转型。马来西亚主要经济数字如下：GDP为3 543.5亿美元（2018年），人均GDP1.12万美元（2018年），外贸总额4 627亿美元（2018年，按照全年平均汇率计算），外汇储备1 014亿美元（2018年年底）。

二、习俗礼仪

1. 节日庆典

马来西亚全国各地大小节日约有上百个，政府规定的全国性节日有10个，即国庆节（又称独立日，8月31日）、元旦、开斋节、春节、哈芝节、屠妖节、五一节、圣诞节、卫塞节、现任最高元首诞辰。除少数节日日期固定外，其余节日的具体日期由政府在前一年统一公布。

（1）大宝森节：印度兴都教的节日是世界上最令人毛骨悚然、不忍目睹的宗教节日，每年1月下旬或2月上旬举行。该节日是马来西亚的法定假日之一，是庆祝湿婆和雪山女神的幼子——战神穆卢干的生日而设的节日。节日期间，一些教徒将铁针、铁刺穿在舌头、背部或脸上，以此表示对苦行的虔诚。同时，人们还会抬着鲜花、水果等在街道上游行。

（2）卫塞节：每年5月17日，马来西亚佛教徒的重要节日。为纪念释迦牟尼诞生、成道、涅槃合三为一的卫塞节，为东南亚国家普遍的宗教节日。

（3）屠妖节：印度教的节日，于每年10月举行，也叫"灯节""十胜节"，象征光明战胜黑暗，正义战胜邪恶。这个节日源于印度教大神毗湿奴的化身罗摩历尽千辛万苦战胜群魔之首——十首恶魔罗波那的传说。南亚、东南亚等国家的印度教徒都会庆祝这个节日，一连10个夜晚举行。节日前几天是搭台唱戏，从罗摩转世一直演到战胜魔王，取得胜利。而最后一天是节日高潮，到处焚烧用纸做成的罗波那恶魔的巨像。

2. 服饰、餐饮

马来西亚男人穿着长到足踝的布质纱笼，习惯上马来西亚人把"纱笼"称为"卡因"。马来西亚人上身穿的衣服叫"巴汝"。"巴汝"没有衣领，袖子十分宽大，而且长到手腕，衣身宽敞，长达臀部，把"卡因"的上半部罩住。"巴汝"宽大凉爽，很适合热带地区炎热的气候。女装上衣宽如袍，下身纱笼，身披纱巾，纱笼上绣着手工编织的各种图案，光彩夺目。在公共场合无论男女衣着不可露出胳膊和大腿。

马来西亚人的饮食习俗深受华人影响，其饮食习俗深刻影响着这个多民族的国家。马来西亚人最欣赏中国的广东菜、四川菜，喜欢用烤、炸、炒、煎等烹饪方式做菜。马来西亚人的主食以米饭、糯米糕点、黄姜饭、榴莲饭为主，习惯上用右手抓饭，桌子上备有清水两杯，一杯供饮用，一杯供净手。菜式口味较重，多用胡椒和咖喱调味，既辣又香。马来西亚人主要的饮料是椰汁，也喜欢喝咖啡、饮红茶。许多马来西亚人也喜爱嚼槟榔。

节日期间，各种风味食品如马来西亚肉串、汤面米粉、烤鸡、中国火锅以及印度式、日本式小吃等遍布街头巷尾。

马来西亚人喜欢吃牛羊肉，当地最有名气的一道菜叫"沙爹"，是用竹签串上牛肉、羊肉、鸡肉、虾肉等，放在炭火上烤熟的肉串。

3. 社交礼仪

马来西亚人与客人见面时，男子常用抚胸鞠躬礼节，行礼时一边深深鞠躬，一边用右手抚摸自己前胸，以此表示情深意长；女子常施以屈膝鞠躬礼，双腿微微弯曲，然后再深深鞠躬。施行以上礼节时，往往先由一方说一句"愿真主保佑您安好"，另一方则回答"愿您一样安好"。年轻人遇见老年人时，一般要相互紧握双手，然后双手朝向胸前、身体向前弯曲成鞠躬状。

若是到马来西亚人家中做客，衣冠必须整齐，男子要戴"宋和帽"，进屋必须脱鞋。绝不可贸然闯入内厅，因为那是主人做祈祷的地方，神圣不可侵犯。马来西亚人待客时，一般用马来西亚糕、点心、咖啡、茶招待客人，客人必须每样品尝一点，不能推托，否则会认为对主人不敬。

任何一个家庭，全家必须尊敬和服从父母，子女在父母面前入座必须端坐。如席地而坐，男子必须盘膝，女子则应屈膝，将双腿伸向一旁斜坐。

4. 行为禁忌

马来西亚人最忌讳的数字是0、4、13。

同马来西亚人握手、打招呼或向其馈赠礼品，千万不可用左手，因为马来西亚人认为左手最脏，用左手和他们接触，是对他们不敬，犹如某种侮辱。在吉隆坡，所有公厕除了提供手纸之外，每个厕所必有一支自来水管，水龙头必须套上一条胶管。那是专门供马来西亚人便后清洗用的。马来西亚人便后从不用手纸而用左手及自来水清洗，这也是他们认为左手最脏的原因。

马来西亚人忌以食指指人，认为是对人的一种污辱；忌讳触摸头部和拍打背部，认为这是冒犯和侮辱，并会带来厄运。头是神圣的部位，不可触摸，哪怕是儿童也不可触摸他的头。除了教师和宗教人士之外，任何人不可随意触摸马来西亚人的背部，如果背部被人触摸过，那就意味着厄运来临。

黄色在马来西亚被看作消极的颜色，人们绝对不可以穿黄色衣服。单独使用黑色也是消极的。马来西亚人普遍喜爱绿色，他们认为绿色是吉祥之色。

信奉伊斯兰教的马来西亚人遵照《古兰经》的训诫，禁酒、禁赌、禁食猪肉、不吃死肉、动物类血液和贝壳类食品，同时忌讳使用猪皮制品，忌用漆筷（因其制作中使用了猪血）。

马来西亚人忌讳乌龟、狗，认为乌龟是一种不吉利的动物，代表"色情"和"污辱"；认为狗是最肮脏的动物。他们崇拜犀鸟，视其为神鸟。

对于死者，马来西亚人只表示伤心，绝不号啕大哭，他们认为哭声和眼泪对死者或生者都是不吉利的。

三、旅游业发展概况

（一）旅游业基本情况

旅游业是马来西亚的第三大经济支柱，第二大外汇收入来源。

入境旅游方面，据马来西亚旅游部统计，2018年赴马来西亚游客为2 583万人次，同比下降0.4%，但旅游总收入为841亿林吉特（约1 383亿人民币），同比增长2.4%。马来西亚旅游业相当发达，主要有以下几点原因：①较为突出的热带风光旅游资源。马来西亚海岸线长4 192千米，拥有很多高质量的海滩、奇特的海岛，此外热带原始雨林覆盖率为80%以上。许多地区人迹罕至，保持着原始生态，是海边休闲、森林探险、科学考察和度假观光的胜地。②充满异国情调的人文旅游资源。马来西亚有葡萄牙、荷兰、英国殖民统治者留下的许多具不同民族风格和特色的建筑。另有30多个民族，无论是占社会主体的马来人、华人、印度人和巴基斯坦人，还是土著人或其他民族，都保持着自己独特的民俗风情，交织成一幅色彩斑斓的民俗画卷。③交通发达的A级国家。马来西亚交通运输综合发展，全国共有机场126个，其中国际机场有6个，开辟了68条国际航线，铁路大部分实现电气化，公路多且好，海运发达。④客源市场稳定。新加坡是马来西亚最稳定的旅游客源市场之一，占60%以上。新加坡人到马来西亚游有四大好处：方便、快捷、省时、省钱。马来西亚与新加坡仅一桥之隔，过境无须签证，加上田园风光和物美价廉的农产品符合新加坡人的需要，去探亲访友，或开展经贸活动的同时顺便旅游的现象较为普遍。泰国、日本以及中国台湾和香港也是马来西亚重要的旅游客源市场。⑤优越的语言环境。马来西亚是一个移民国家，语言种类多，有马来语、英语、汉话、泰米尔语等。这样对英语国家游客、中国游客以及印度、巴基斯坦游客来说，就不会有语言障碍。⑥优惠的投资政策。为了鼓励外商投资旅游业，马来西亚制定了优惠的投资政策。

（二）旅游资源

马来西亚是举世闻名的旅游目的地，山河、海洋、沙滩、岛屿、礁石、洞穴无不具备。马来西亚原始的热带森林、珍稀的动植物、奇特的民族风情、古老的猎头部落、遍布全国的名胜古迹，加之自然灾害稀少、政治局势稳定，令全世界游客流连忘返。

马来西亚目前有两个公园——基纳巴卢公园和穆鲁山国家公园被列入《世界遗产名录》。

1. 主要旅游城市

1）吉隆坡

吉隆坡位于马来半岛的中南部，是马来西亚最大的城市，也是马来西亚的首都，政治、经济、文化、交通中心，有铁路和公路通往泰国和新加坡。吉隆坡人口150多万，是马来西亚唯一一个人口超过百万的城市。吉隆坡在马来语中的含义是"泥泞的河口"，巴生河及其支流在市内汇合。吉隆坡最初开埠时，华人在此勘探并露天开采锡矿，每逢雨天，矿渣流入河流堵塞河道，造成河水不畅、道路泥泞，因而得名。

（1）清真寺：于1965年建成，是东南亚地区最大的清真寺，整个建筑仿照麦加清真寺，造型优美。祈祷大厅高大宽敞，可同时容纳8 000人进行礼拜。清真寺的大尖塔塔尖高达73米，乘电梯可直达塔顶，塔尖呈火箭式样，寓意伊斯兰教可与科学相比。寺内的一座18个角的寺庙，象征13个州和伊斯兰教的5条教规。每当星期五早上，虔诚的伊斯兰教徒纷纷前来祈祷。

（2）双子星塔：吉隆坡的城市地标，正式名称为国家石油公司双子塔，俗名国油双峰塔，高达452米、88层楼。在第41层和42层处建有两个形状相似的塔，用一个58米长的天桥连接。大楼底部是一座三层的购物商场，游人可免费乘坐电梯抵达天桥，领略城市的秀丽风景,或者光临旋转餐厅,一饱口福。

(3) 云顶高原:位于吉隆坡东北部约50千米处,是马来西亚华裔企业家林梧桐先生所创办的高原避暑胜地。酒店、公寓、娱乐、休闲、运动设施一应俱全。山顶建有主题公园与云顶赌场,海拔1 000米处附近还建有高尔夫球场、骑马场、生态公园等游乐场馆。

(4) 黑风洞:位于吉隆坡北郊11千米处,为印度教圣地、每年的大宝森节举办地。在丛林掩映、岩石陡峭的半山腰,有一组石灰石溶洞群,登上272级台阶或乘坐缆车可达黑风洞口,入口处用英文刻写着"非礼勿言,非礼勿视,非礼勿听"三句儒教名言。黑风洞的洞穴不下20余处,其中以光洞和暗洞最为有名。光洞高50~60米,宽70~80米,洞顶有孔,因阳光射入而得名。光洞入口处,竖立着一座印度教牌坊,洞内设有几座印度教神龛,四壁有形态各异的钟乳石。暗洞在光洞左侧,洞长约366米。

2) 马六甲

马六甲位于马六甲海峡北岸,地理位置十分重要,马六甲河穿城而过。东西方移民聚居于此,因而马六甲融合了世界各国的语言、宗教、风俗习惯等。

(1) 青云寺:取"平步青云"之意,为纪念中国明朝使者而建。寺内供奉观音菩萨和天后娘娘,大门中央的石碑上记载着郑和下西洋的事迹。整座建筑全部用楠木建成,山门上书写着"南海飞来"四个汉字。庭院里还可看到刻有佛教、儒教、道教教义的碑刻。

(2) 圣地亚哥城堡:为16世纪初期的葡式建筑,号称东南亚最大和最坚固的城堡,是1511年葡萄牙人入侵马六甲后所建,但1607年被荷兰人炮击破坏,仅有城门幸存。圣地亚哥城堡被当地人视为马六甲的精神象征。

3) 槟城

槟城又名乔治市,槟榔屿州的首府,是马来西亚唯一的自由港和第二大城市,因盛产槟榔而得名,并有"印度洋绿宝石"之称。槟城名胜古迹众多,城市风格奇异,风土人情独具特色,漫漫海滩醉人,美食佳肴更是挡不住的诱惑。城内多宗教建筑,如佛教的极乐寺、卧佛寺、观音寺;印度教的诗华寺、马里安曼寺;基督教的圣乔治教堂;伊斯兰教的清真寺;还有世上少见的蛇庙等。因此,槟城有"宗教博物馆"之称。

(1) 极乐寺:坐落于槟榔山东南山麓,是东南亚最大的佛寺。极乐寺集3种建筑风格于一体,底层属于中国建筑风格,中间是泰国风格,最上层是缅甸风格。寺院内的放生池中,生活着大小数百只游人放生的乌龟。庭院内的石刻、题字中,还有康有为的手迹。站在7层高的白色万佛塔顶,整个槟城风光尽收眼底。

(2) 卧佛寺:是一座金碧辉煌的佛寺,正堂内的卧佛全长33米,全身用金箔装饰,是世界第三大睡佛。卧佛寺由华人建造,并由华人负责看守。除了睡佛外,还有十八罗汉像和其他神像。

(3) 蛇庙:位于槟城以南14千米处的一座中国式寺庙——青龙庙,原名"清水庙",已有上百年历史。正门福兴宫,山门刻有"青云岩",供奉清水祖师。蛇庙终年香火不断,游客四季络绎不绝。庙内到处是与蛇有关的景物。当地人传说,这些蛇个个都有灵性,从不伤人。

4) 沙巴

沙巴州是马来西亚的第二大州,海岸线长达1 440千米,面临南中国海,原始森林占据了大片的土地,又因海风影响,所以沙巴山脉地带相对凉爽。虽然沙巴州处在飓风带上,台风频频光顾,但是无论多大的飓风都是从其上空掠过,从不对当地造成任何伤害,因此沙巴被称为"风下城市"。沙巴一带的水域，在19世纪曾是海盗活跃的水域，现在到这里旅游的客人可以登上"贼船"，扮成海盗的模样，玩一把当强盗的探险游戏。

（1）山打根：沙巴州最大的城市，山打根省首府，也是东马来西亚第一良港。该城市背山面海，楼房林立，市场繁荣，其城市风光与香港颇为相似，因此有"小香港"之称。

（2）红树林：沙巴州的红树林，如深秋的枫叶，漫山红遍，层林尽染。红树是一种生长在水中的树木，是世界上极其珍贵的树种，因其树根剥开后会有深红色的汁液流出而得名。红树的另一大特点是它属于胎生植物，树枝的顶部会长出一个暗红色的小球——母体，小球的下部逐渐长出一根细长如丝瓜的东西。这种细长如丝瓜的东西成熟后会自动脱离母体，落入水中，一旦接触到水底的沙地，就会生根发芽，蓬勃生长。

2. 主要旅游名胜

1）基纳巴卢公园

基纳巴卢公园是马来西亚六大公园之一，坐落于沙巴州克罗克山脉中。克罗克山最高峰基纳巴卢（京那巴鲁）山海拔4 101米，为马来西亚最高峰。

建立基纳巴卢公园的主要目的是保护园内珍稀的动植物。据统计，该公园内拥有大约90种低地动物和22种高山动物，其中珍稀动物包括马来熊、绿叶猴、红叶猴等。园内拥有世界最丰富的植物物种，仅有记录的杉类就有608种之多，比非洲大陆杉类的总和还要多。园内还可以看见世界上最大的花——大王花（莱佛士花），盛开时直径可达1~2米。此花最大特点是无根、无茎、无叶，寄生于其他植物之上，而且花期不固定，花朵孕育期长达9个月，但开花只有5天，其中以第二天的花姿最为迷人，花开时颜色艳丽，光彩四射，摄人心魄。基纳巴卢公园于2000年被列入《世界遗产名录》。

2）穆鲁山国家公园

穆鲁山国家公园的山洞是沙捞越最富有传奇性和冒险色彩的山洞，穆鲁山至今仍有60%的地区人类从未涉足。目前已经探明的山洞中，鹿儿洞是最精彩的一个，洞内生活着数不清的蝙蝠，每到黄昏之时，大群蝙蝠从洞里飞出，场面蔚为壮观。洞南侧的入口处的岩石酷似美国前总统林肯的样貌，引得游人啧啧称奇。

（1）热带雨林样板：沙捞越是马来西亚面积最大的州，坐落于加里曼丹岛北部。这里是一个充满神奇色彩的旅游胜地，最具特色的景观是热带雨林，因此有人形容它是"热带雨林的样板"。从飞机上俯瞰，绿色的河流穿行在绿色的森林中，把森林分割成若干块碧绿的美玉。为了保护这片天然的美景，沙捞越人建起了10多个国家公园，将其原始风貌完好地保存下来。

（2）猎头部落：居住在大森林深处的伊班族人曾有一段猎取人头的历史。他们在杀人后把人头带回来，作为饰物或象征物，挂在屋内，丈夫以此为骄傲，妻子也以丈夫的战利品为荣。如今的伊班族人已经抛弃了这种野蛮的行径，但挂在屋内的骷髅头仍偶尔可见。

（3）猫博物馆：沙捞越州的首府古晋是世界上唯一一个崇拜猫的城市。"古晋"在马来语中就是"猫"的意思，城市的标志也是一只可爱的大白猫，唐人街的街口处矗立着一座白色大猫的塑像。每年年末，古晋都要举办一次世界性的猫展，游人可以免费入场，会场内猫的品种之多、数量之大，令天下游客惊叹。

3）尼亚国家公园

尼亚国家公园内最重要的名胜是山洞和壁画岩洞。这里有成片的燕窝和古代壁画。每年的 5—6 月和 10 月是采集燕窝的季节。园内最具代表性的是大岩洞，洞中有一条长 250 米的大裂缝。壁画岩洞内保存着 1 000 多年前的古代壁画。

第六节　印度尼西亚

一、国情概况

1. 地理气候

印度尼西亚位于亚洲东南部，地跨赤道，是世界上最大的群岛国家，由太平洋和印度洋之间的 17 000 多个大小岛屿组成，其中约 6 000 个岛屿有人居住。陆地面积约为 190 万平方千米，北部的加里曼丹岛与马来西亚接壤，新几内亚岛与巴布亚新几内亚相连。东北部面临菲律宾，东南部是印度洋，西南与澳大利亚相望。印度尼西亚是一个火山之国，全国共有火山 400 多座，其中活火山 100 多座。火山喷出的火山灰以及充沛雨量，使印度尼西亚成为世界上土地最肥沃的地带之一。

印度尼西亚属于热带雨林气候，年平均温度 25～27℃，处处青山绿水，四季皆夏，人称"赤道上的翡翠"，多雷雨，多地震。

2. 发展简史

3—7 世纪，印度尼西亚建立了一些分散的封建王国。13 世纪末 14 世纪初，在爪哇建立了其发展历史上最强大的麻喏巴歇封建帝国。15 世纪后，葡萄牙、西班牙和英国先后侵入。1596 年荷兰侵入，1602 年成立具有政府职权的"东印度公司"，1799 年年底改设殖民政府。1811—1816 年英国取代荷兰建立殖民政府。1816 年后，荷兰逐渐恢复对印度尼西亚的殖民统治。1942 年印度尼西亚被日本占领，1945 年爆发"八月革命"，8 月 17 日宣布独立，成立印度尼西亚共和国。1949 年 11 月，荷兰与印度尼西亚签订《圆桌会议协定》，根据此协定，印度尼西亚于同年 12 月 27 日成立联邦共和国，参加荷印联邦。1950 年 8 月，印度尼西亚联邦议院通过临时宪法，正式宣布成立印度尼西亚共和国。1954 年 8 月，印度尼西亚脱离荷印联邦。

3. 国名、首都、国旗、国徽、国歌、国花

（1）国名：全称"印度尼西亚共和国"，别称"赤道上的翡翠"和"万岛之国"。"印度尼西亚"意为水中岛国。

（2）首都：雅加达。

（3）国旗：呈长方形，国旗长宽比例为 3∶2。为红白两色，上红下白，红色象征勇敢，白色象征纯洁。

（4）国徽：由一只鹰、一面盾牌和一条绶带组成，矫健的神鹰胸前佩戴着一块盾牌。鹰呈金黄色，其颈部、翅膀和尾部羽毛分别为 45 根、17 根和 8 根，表示印度尼西亚独立于 1945 年 8 月 17 日。盾代表建国"五基"（印度尼西亚立国的五项基本原则），由五部分图案组成：五星象征信仰神道，链条代表人道主义，榕树象征民族主义，牛头象征人民主权，谷穗象征

社会公正。鹰爪下的绶带上写着"殊途同归"。

(5) 国歌:《伟大的印度尼西亚》。

(6) 国花:茉莉花。

4. 人口、居民、语言与宗教

印度尼西亚人口 2.64 亿（2017 年），为世界第四人口大国。全国共有 100 多个民族，其中爪哇族占 45%，巽他族占 14%，马都拉族占 7.5%，马来族占 7.5%，其他占 26%。

印度尼西亚通用语言和官方语言为印度尼西亚语。

印度尼西亚居民中，约 87.2%信奉伊斯兰教，是世界上穆斯林人口最多的国家。还有人信奉基督教、天主教、印度教、佛教和原始拜物教等。

5. 政治与经济

印度尼西亚宪法规定"五基"（又称"潘查希拉"）为立国基础，实行总统内阁制。总统是国家元首、政府行政首脑和武装部队最高统帅，直接领导内阁。人民协商会议是国家最高权力机构。主要政党有民主党、专业集团党、印尼民主斗争党、繁荣公正党、国家使命党、建设团结党等。

印度尼西亚是东盟最大的经济体，经济以农林矿的原产品生产和出口为主，农业和油气产业是其传统支柱产业。全国 59%的人口从事包括林业和渔业在内的农业生产。胡椒、金鸡纳霜、木棉和藤的产量居世界之首，天然橡胶、椰子产量居世界第二位，可可、棕榈油、咖啡、香料等产量居世界前列。印度尼西亚是石油输出国组织（欧佩克）成员国，国家收入主要来自石油出口。镍、金刚石储量居世界前列，是世界产锡大国、煤炭出口大国。爪哇岛是印度尼西亚经济、政治和文化最发达的地区，一些重要的城市和名胜古迹都坐落在这个岛上。

2008 年以来，面对国际金融危机，印度尼西亚政府应对得当，经济仍保持较快增长。2014 年以来，受全球经济不景气和美联储调整货币政策等影响，印尼卢比快速贬值，2015 年首季度经济增长率首次低于 5%，经济增长压力明显加大。印度尼西亚主要经济数据如下：2017 年，GDP 约为 1.02 万亿美元，人均 GDP 接近 3 847 美元，货物进出口额 3 681.3 亿美元，外汇储备 1 207 亿美元，货币名称：印度尼西亚卢比，汇率（2017 年 9 月）：1 美元≈13 333 卢比。

二、习俗礼仪

1. 节日庆典

印度尼西亚除宗教节日外，重要的国家节日有国庆日（8 月 17 日）、元旦（1 月 1 日）、国际劳动节（5 月 1 日）、民族节（5 月 20 日）、建国五基诞生日（6 月 1 日）、体育节（9 月 9 日）、建军节（10 月 5 日）、青年宣誓节（10 月 28 日）、全国野生动植物保护日（11 月 5 日）、英雄节（11 月 10 日）、母亲节（11 月 22 日）。

2. 服饰、餐饮

印度尼西亚人一般着上衣和纱笼，并配有色调一致的披肩和腰带。妇女日常上衣长而宽松，对襟长袖，无领，多配金色大铜扣，喜欢佩戴金银首饰。

印度尼西亚地处热带，水稻种植普遍，主食以大米为主。副食喜欢中国的粤菜，偏爱将牛、羊、鸡、鱼以及内脏用炸、煎、爆的方式烹调，再佐以咖喱、胡椒、虾酱等调料。著名的菜肴有辣子肉丁、虾酱牛肉、香酥百合鸡、酥炸鸡肝、红焖羊肉、锅烧全鸭、清炖鸡等。

因大多数印度尼西亚人信奉伊斯兰教，所以猪肉少见，一般不饮酒，不喜欢吃带骨刺的菜肴，喜欢吃手抓饭和辛辣、酸甜的食品，有嚼槟榔的嗜好。

3. 社交礼仪

印度尼西亚人见面时一般行握手礼，尤其是第一次见面时，宜点头握手。与熟人和朋友见面的传统礼节，是用右手按住胸口互相问好。初次见面还十分重视互换名片。男子有互称"兄弟"的习惯，妇女往往也会互称"姐妹"。有时还会将他人称为"爸爸""妈妈"，表示尊重对方。称呼有身份的人时，最好以其正式头衔相称。

印度尼西亚人有请人吃饭的习惯，受到邀请通常不能谢绝，事后要找机会回请对方。用餐后，应当在盘子里剩下少许食物，以表示自己已吃饱。

4. 行为禁忌

印度尼西亚人在交谈时，忌讳议论本国的政治、宗教、民族、外国援助等问题，有分歧时不宜公开辩论。忌讳批评孩子。忌讳用左手传递物品或食物。忌讳摸孩子的头部，认为这是缺乏教养和侮辱人的举止。忌讳就座时双腿交叉，不要鞋底或脚尖朝向他人。在印度尼西亚外面用餐时，忌讳用勾动手指、捻响手指或是吹口哨的方式召唤侍者。接受礼品时忌讳当场打开。

印度尼西亚人忌讳带有猪图案的物品，忌讳猪制品和酒。忌讳乌龟，认为乌龟是一种令人厌恶的低级动物。忌讳老鼠，认为老鼠是一种害人的动物，给人以"肮脏""瘟疫"和"灾难"的印象。喜爱带蛇和茉莉花图案的商品。参观庙宇或清真寺，不能穿短裤、无袖服、背心等裸露的衣服。进入任何神圣的地方，一定要脱鞋。印度尼西亚巴杜伊人衣着色彩除了白色、蓝色和黑色外，禁忌其他色彩的衣服，甚至连谈论都不允许。爪哇岛上忌讳吹口哨，当地人认为是下流的举止，并会招来幽灵。

三、文化艺术

印度尼西亚巴厘岛居民以善舞著称于世，巴厘岛被称为"舞之岛"。巴厘岛舞蹈扎根于印度教信仰，讲究手和指尖的动作，多在寺庙前表演。

四、旅游业发展概况

（一）旅游业基本情况

旅游业是印度尼西亚非油气行业中仅次于电子产品出口的第二大创汇行业，政府长期重视开发旅游景点，兴建饭店，培训人员和简化入境手续。1997年以来受亚洲金融危机、政局动荡、恐怖袭击、自然灾害、禽流感等不利影响，旅游业发展缓慢。自2007年起，印度尼西亚旅游业发展速度加快，入境旅游方面，据印度尼西亚旅游部统计，2017年进入该国的外国游客达1 404万人次，主要客源地是东盟各国、澳大利亚、日本和美国。出境旅游方面，2017

年印度尼西亚出境旅游人数达 885.6 万人次，主要旅游目的地有新加坡、日本以及中国的香港地区等。

(二) 旅游资源

印度尼西亚的主要景点有巴厘岛、雅加达缩影公园、日惹婆罗浮屠佛塔、普拉班南神庙、苏丹王宫、北苏门答腊多巴湖等。

1. 著名旅游岛屿

1) 爪哇岛

若论面积大小，爪哇岛只是印度尼西亚第四大岛屿，比中国的台湾岛稍大，但论人口却有 1 亿人，占印度尼西亚人口的一半左右，不但是全印度尼西亚人口最密集的岛屿，也是世界上人口最多的岛屿。岛上人口多，是因为岛上的城市多，印度尼西亚几个大的城市都分布在爪哇岛上。

(1) 雅加达市：印度尼西亚首都，世界著名海港。14 世纪时以输出胡椒和香料闻名，15 世纪起成为航海要地。因城市里遍布椰子树，在巽他王国时期被称为"椰林中的世界"。市内著名的旅游景点如下：

① 国家宫：雅加达的心脏，原为荷兰总督的官邸，现为总统府，坐落于独立广场东侧。

② 中央博物馆：印度尼西亚规模最大、收藏最丰富的博物馆，1868 年落成启用，属于欧式建筑，馆前的草坪上立有一尊铜铸大象，因此又叫"大象博物馆"。馆内设有金银饰物室、青铜室、货币室、史前展览馆、木器展览馆、民俗展览馆、东印度公司陈列室等。

(2) 泗水市：印度尼西亚第二大城市，东爪哇省首府，因历史上曾奋起抗击西方殖民者，而荣获"英雄城"的称号，同时也将史称"泗水之战"开始的那天 11 月 10 日定为"英雄节"。市内还建有多座英雄纪念碑、烈士纪念塔。清澈的海滨浴场和幽雅的林荫大道以及宁静的公园是主要旅游胜地。

(3) 万隆市：印度尼西亚第三大城市，西爪哇省首府，有"印尼小巴黎"之称，是最著名的旅游避暑胜地，也是"万隆精神"的发源地。因所处地势较高，多热带雷雨天气，因而气候凉爽，空气清新，植被繁茂，四季如春，被誉为"印度尼西亚最美的城市"。具有历史意义的第一次亚非会议（万隆会议）就是 1955 年于独立大厦召开的。会议一致通过了和平共处"万隆十项原则"，由此产生了影响久远的"万隆精神"，也使万隆的名字远扬天下。市内处处花团锦簇，街道整洁，宛若一个大花园。皇家花园里，栽种着世界各地不同品种的玫瑰花。

(4) 日惹市：城外古迹云集，除了世界上现存最大的古佛塔婆罗浮屠外，还有印度尼西亚最大的印度教寺庙——普兰班南神庙群。

① 婆罗浮屠：佛塔意为"千佛坛"。在梵文中也可解释为"山丘上的佛寺"，被世界公认为东方五大建筑奇迹（还包括中国长城、印度泰姬陵、柬埔寨吴哥窟、埃及金字塔）之一。佛塔是 8—9 世纪的萨兰德拉王朝留下的历史遗迹。整个佛塔是用 200 万块巨石建造而成，因此被誉为"刻在石头上的画卷"。同时，因为其形状酷似埃及金字塔而得名"印尼金字塔"。

② 普兰班南神庙群：位于日惹市东 18 千米处，是为安葬当时国王及王后骨灰而修建的，主要部分由 224 座小塔组成，另外还有 16 座佛塔。神庙群分为两个大院，主院内有 16 座神庙，其余均建在一个地势低洼的院内。主院内还有 3 座高高耸立的塔形石砌神庙，南边的是

梵天庙,北边的是毗湿奴庙,正中央的是古代印度尼西亚人最崇拜的大自在天神湿婆庙。

(5) 三宝垄市:当年郑和下西洋到过的地方。当地华人、华侨对郑和十分崇尊,他们认为,如果三宝太监没有来到三宝垄,就没有当地华侨的今天,于是出资在市中心西南的山麓上修建了一座三宝公庙,这里也是当年郑和船队登陆的地点。三宝公庙背山面海,高大的庙门上雕刻着两条飞龙,正上方是一块"三宝圣祠"的石匾。庭院内有一座古色古香的亭阁,内置一个高约 2 米的铁铸巨锚,属于船队遗物,被华裔视为圣物,庭院内还停放着一艘石雕的大船,船中间长有一棵十几米高的大树。10 多根巨型蜡烛,大年初一点燃,一直到农历大年三十,整年不息。三宝公庙中最具传奇色彩的是三宝洞,洞阔百米,洞口矗立三尊郑和铜像,供人膜拜。洞中的香案下有一口三宝井,甘甜的清泉终年流淌。当地老一辈华人传说,只有用这股泉水洗净衣衫,死后亡灵才能返回故乡。

2) 巴厘岛

巴厘岛位于爪哇岛东部,全岛面积仅有 5 632 平方千米,下辖 5 个离岛。岛上有湍急的河流、幽深的峡谷、未受污染的火山湖以及大片的热带雨林。全年炎热,年均气温 28 ℃,5—9 月气候较为凉爽,是最适宜旅游的季节。

(1) 天堂之岛:"巴厘"二字在印度尼西亚语中意为"诗之岛"。西方人认可的度假胜地必备的 3 个 S(阳光 sunshine;沙滩 sandbeach;大海 sea)在巴厘岛齐备,而且相当优秀,所以被西方人称为"天堂之岛"。放眼望去,湛蓝的天空、洁白的云朵、银色的沙滩、清澈的海水、漫长的海岸线、醉人的落日等自然景色美不胜收。海鲜大餐更是诱人,各种鱼类、螃蟹、大虾,应有尽有,百吃不厌。游客可以在此水疗、日光浴、戏水,度假村、俱乐部比比皆是,可供游客尽情放松,度过愉快的休闲时光。

(2) 歌舞之岛:尽管印度尼西亚是一个以伊斯兰教为主要宗教的国家,但是,巴厘人所信奉的宗教名为"巴厘印度教",也叫"兴都教",是印度教与当地佛教的融合。一年当中与宗教相关的节日多达 198 个,其中有 32 个节日需要通宵达旦地唱歌跳舞,不明原因的游客会误以为这里每一天都在过节。

(3) 健美之岛:游客认为,巴厘岛上的男人是全印度尼西亚体魄最健美的,而女人则是最标致的魔鬼身材,高矮适中,体态匀称,早先曾经习惯赤裸上身,给人以原始健美的感觉,犹如女神一样不容你产生任何非分之想。

(4) 鲜花之岛:岛上到处是鲜花,花团锦簇,随便找一个家庭旅馆住下,只见庭院里、水盆中,甚至于当地人的耳朵上都别着花朵。按照当地习俗,花朵戴在左耳上代表已婚,戴在右耳上表明未婚。

(5) 艺术之岛:岛上的建筑,无论是政府机关、寺庙、民居、饭店,都是雕梁画栋、古意盎然,许多饭店的庭院造景,堪比王宫。

(6) 海神庙:坐落在巴厘岛海边一块巨大的岩石上,每逢涨潮时,岩石被海水包围,整个寺庙与陆地隔绝,孤零零地矗立在海水中,只有落潮时才与陆地相连。庙前道路两侧密密麻麻地排列着出售各种纪念品的商店,小吃摊上弥漫着烤海鲜的香气,令人垂涎欲滴。

3) 苏门答腊岛

苏门答腊岛面积 43.4 万平方千米,包括属岛共 47.5 万平方千米,占印度尼西亚全国面积的 1/4,属于印度尼西亚面积最大的岛屿。苏门答腊岛的古名来自梵文,意为"金岛",推测古时候有人在山区开采过黄金而得名。苏门答腊岛是一座青翠欲滴的岛屿,各类热带植物郁郁葱葱，错落交叠的山脉淹没在原始森林中，高大挺拔的椰子树遮天蔽日。岛上除了可以观赏热带雨林风光外，珍稀的动植物也令游人眼界大开。

（1）犀牛：亚洲仅有3种犀牛，分别是爪哇犀牛、印度犀牛和苏门答腊犀牛，但是印度犀牛和爪哇犀牛都是独角犀牛，唯独苏门答腊犀牛是双角犀牛。

（2）老虎：在所有种类的老虎中，苏门答腊虎个头最小，毛皮颜色最暗淡。在经济利益的驱使下，苏门答腊犀牛和老虎都遭受到了疯狂的猎杀，数量剧减。目前，印度尼西亚已建立了多个国家公园，对苏门答腊犀牛和苏门答腊虎进行严加保护。

（3）金丝燕：金丝燕的燕窝作为贵重的补品和餐桌上的佳肴，日益成为人类热衷的美味佳品。岛上的丁宜市为著名的燕窝产区。丁宜市濒临大海，距离海岸几十米的岛屿大多荒无人烟，金丝燕就在那里的悬崖峭壁上和岩洞内筑巢安家。纯正的燕窝之所以昂贵，除了稀少外，采摘风险也是价格昂贵的主要因素之一。

（4）多巴湖：苏门答腊岛上著名的淡水湖，湖滨小镇巴利巴汉是游人最喜爱的旅游胜地，村民的房屋都建在海边的木桩上，家家户户由小木桥连成一体，涨潮时整个小镇好像漂浮在海面上。当地人戏称这里是印度尼西亚的"威尼斯"。

（5）"花人"部落：苏门答腊岛西岸外还有一组群岛，名为明达威群岛，在岛上茂密的丛林中，生活着一个奇特的"花人"部落，他们以文身为美，孩童从8岁开始文身，一生多次，最后纹遍全身，每逢重大节日，还要采集鲜花装饰在身上。按照他们的理论，保持身体美丽是为了取悦自己的灵魂，如果身体不美丽，灵魂就不高兴，以致灵魂出窍，身体生病，于是每天精心打扮自己，既让灵魂高兴，也让自己高兴，何乐而不为？

4）苏拉威西岛

苏拉威西岛的神奇之处，在于它与众不同的民俗风情以及珍贵物种。每年大批游客蜂拥而来，就是为了满足那与生俱来的好奇心。生活在岛屿北部托拉查地区的托拉查人，不仅信奉佛教和万物有灵论，同时也信奉天主教、基督教新教、伊斯兰教，各种信仰共存，形成了独特的混合宗教。尤其是他们的葬礼仪式与东西方截然不同，毫无悲伤之感，完全是一个快乐的节日。

一个人与世长辞后，会被人视为"生病"，包括家属在内的村里人没有一个人为死者哭泣，而是把死者（病人）的尸体用甲醛处理后，放入一个船形檀木棺中，周围堆上丰盛的祭品。祭奠完毕，人们围成圆圈跳起舞来，人群中发出阵阵呼叫声，舞蹈完毕，人们便坐在满地是牛头、羊头的空场上大吃大喝，无拘无束地闲聊，并不时爆发阵阵笑声，这种喜庆快乐的庆祝活动通宵达旦地持续五天五夜。

葬礼上最重要的祭品是水牛和稻米，人们饲养水牛、种植稻谷的目的似乎就是充当祭品，而生儿育女则是为了保证能有子孙后代将来为自己操办热烈的祭奠仪式，于是，葬礼就成为托拉查人唯一真正的重大节日。

5）加里曼丹岛

（1）马来西亚的沙捞越和沙巴：与文莱一同位于加里曼丹岛北部的是马来西亚的沙捞越州和沙巴州。沙捞越州是一个充满神奇色彩的旅游胜地，主要景观就是热带雨林，人们形容它是热带雨林的样板，为了保护这个样板，沙捞越人建立了10多个国家公园，将其原始风貌完好无损地保留下来。

在野生动物中心，游客可与猿零距离接触，还能了解曾经的猎取人头的部落——伊班族独特的风情民俗。

（2）印度尼西亚的猎头部落：加里曼丹南部属于印度尼西亚所有，印度尼西亚在这里设有 4 个省。濒临海边是一大片沼泽地，进入内陆就是原始森林。这里同样生活着一个令人望而生畏的民族——达亚克族，他们认为人的头部特别富于"灵魂物质"，吃了人头肉可以增加自己的勇气和胆量，吃脑髓可以变得更加机智。

正因如此，他们所居住的森林被称为"黑暗的森林"，这个民族也成为人们心目中的魔鬼。其实，这都源于人们对这个民族缺乏了解，他们只是不愿意外人进入自己的领地，但他们一样热情好客，一旦探险者来到他们的驻地，同样会受到隆重的接待。

2. 旅游名区

1）乌戎库伦国家公园

乌戎库伦国家公园是世界上唯一一个既有雪地又有热带海洋及延伸的低地和沼泽地的保护区。它位于两个板块碰撞的地方，这里的地质情况复杂，经过山脉的形成及冰川的作用所形成的化石遗址，记载了新几内亚生命的进化过程。

2）阿贡火山

阿贡火山又称巴厘峰，海拔 3 140 米，全岛最高峰，被当地人誉为"圣山"。喷发周期一般为 50 年。1963 年的那次喷发是百余年来最猛烈的，热浪高达上万米，火山灰在 4 000 米高空弥漫全岛，人畜伤亡惨重。

第七节　菲　律　宾

一、国情概况

1. 地理气候

菲律宾位于亚洲东南部，国土面积 29.82 万平方千米。北隔巴士海峡与我国台湾地区遥遥相对，南和西南隔苏拉威西海、巴拉巴克海峡与印度尼西亚、马来西亚相望，西濒南海，东临太平洋。共有大小岛屿 7 000 多个，其中吕宋岛、棉兰老岛、萨马岛等 11 个主要岛屿占全国总面积的 96%。菲律宾群岛多山地和活火山，地震频繁。

菲律宾属于热带海洋性季风气候，高温多雨，虽分为凉季、干季及雨季 3 个季节，但季节间差异不大。年均气温 27℃，年降水量 2 000~3 500 毫米。由于受到季风及复杂地形的影响，即使是同一岛上的气候也存在差异。

2. 发展简史

14 世纪前后，菲律宾出现了由土著部落和马来族移民构成的一些割据王国，其中最著名的是苏禄王国。1521 年，葡萄牙航海家麦哲伦率领西班牙远征队到达菲律宾群岛。1565 年，西班牙侵占菲律宾并移民此岛定居后，将莱特岛及附近岛屿以西班牙王储即后来的国王菲利普二世的名字命名为"菲律宾"。1898 年 6 月，菲律宾人民推翻西班牙殖民者的统治，宣布独立，将国名改为"菲律宾共和国"。同年，美国通过美西战争签订的《巴黎条约》占领菲律宾。1942年菲律宾被日本占领，第二次世界大战结束后，美国恢复其统治。1946年7月，菲律宾摆脱美国的殖民统治，宣布独立，国名仍为"菲律宾共和国"。

3. 国名、首都、国旗、国徽、国歌、国花、国树、国石、国鸟、国果

（1）国名：全称"菲律宾共和国"，别称"椰子之国"。菲律宾是以西班牙国王菲利普二世的名字命名的。

（2）首都：马尼拉。

（3）国旗：呈横长方形，长与宽之比为2∶1。靠旗杆一侧为白色等边三角形，中间是放射着八束光芒的黄色太阳，3颗黄色的五角星分别在三角形的3个角上。旗面右边是红蓝两色的直角梯形，两色的上下位置可以调换。平时蓝色在上，战时红色在上。太阳和光芒图案象征自由，八道较长的光束代表最初起义争取民族解放和独立的8个省，其余光芒表示其他省。3颗五角星代表菲律宾的三大地区：吕宋、萨马和棉兰老。蓝色象征忠诚、正直，红色象征勇气，白色象征和平和纯洁。

（4）国徽：为盾形。中央是太阳放射光芒的图案，3颗五角星在盾面上部，其寓意同国旗。左下方为蓝底黄色的鹰，右下方为红底黄色的狮子。狮子和鹰图案分别为在西班牙和美国殖民统治时期菲律宾的标志，象征菲律宾摆脱殖民统治、获得独立的历史进程。盾徽下面的白色绶带上用英文写着"菲律宾共和国"。

（5）国歌：《菲律宾民族进行曲》。

（6）国花：茉莉花。

（7）国树：纳拉树。

（8）国石：珍珠。

（9）国鸟：菲律宾鹰。

（10）国果：杧果。

4. 人口、居民、语言与宗教

菲律宾人口1.05亿（2017年），是一个多民族国家。马来族占全国人口的85%以上，包括他加禄人、伊洛戈人、邦班牙人、比萨亚人和比科尔人等。少数民族和外国后裔有华人、印度尼西亚人、阿拉伯人、印度人、西班牙人和美国人，还有为数不多的原住民。

菲律宾语为国语，英语为官方语言。

菲律宾居民中，约84%的人信奉天主教，4.9%的人信奉伊斯兰教，少数人信奉独立教和基督教新教，华人多信奉佛教，原住民多信奉原始宗教。

5. 政治与经济

菲律宾实行总统制。行政、立法、司法三权分立。总统是国家元首、政府首脑兼武装部队总司令。最高立法机构由参议院、众议院两院组成。菲律宾有大小政党100余个，大多数为地方性小党。主要政党和团体有自由党、基督教穆斯林民主力量党等。全国划分为吕宋、维萨亚和棉兰老三大部分。全国设有首都地区、科迪勒拉行政区、棉兰老穆斯林自治区等17个地区，下设81个省和117个市。

菲律宾是个农业国，农业人口占总人口的 2/3 以上。主要粮食作物是稻谷和玉米。椰子、甘蔗、马尼拉麻和烟草是菲律宾的四大经济作物，工业以农林产品加工为主。矿产资源主要有铜、金、银、铁、铬、镍等 20 余种。服务业产值约占 GDP 的 44%。2017 年主要经济数据如下：GDP 3 135.95 亿美元，人均 GDP 2 989 美元，GDP 增长率为 6.7%，货币名称：比索，汇率（2017 年 9 月）：1 美元≈51 比索。

二、习俗礼仪

1. 节日庆典

菲律宾重要节日有独立日（国庆节，6 月 12 日）、巴丹日（纪念第二次世界大战阵亡战士，4 月 9 日）、英雄节（纪念国父黎刹殉难，12 月 30 日）及基督教主要节日（如圣诞节等）。其他节日如下：

（1）血盟节：流行于菲律宾东民都洛省卡拉潘市的一个传统节日，已有上千年的历史，是中菲人民友谊源远流长的生动证明，时间为每年 5 月 18—23 日。节日期间，当地的华裔打扮成 1000 年前的中国商人模样，再现与当地芒雅族首领歃血为盟，建立友好通商交往的历史场景。届时还有各种具有民间特色的文体活动，其中以 22 日为节日最高潮。

（2）五月花节：因为节日是在 5 月份百花盛开的季节举行，所以得名，是菲律宾最隆重、最热闹的节日，最早是一种宗教迎神节日，现在实际上已经演变成为劳动人民喜庆丰收的节日。

（3）圣伊斯多节：圣伊斯多在菲律宾的巴纳哈一带是勤劳的象征。伊斯多本是一位整日在农田里劳作的农民，当别人的地里颗粒无收时，他的地里却是金灿灿的水稻随风摇摆，因而死后被当地人誉为"土地的保护神"。

每年 5 月 15 日，在游行队伍经过的街道上，都要用一种以大米制成的"卡饼"装饰起来，人们抬着高大的圣伊斯多塑像游行，各家房前屋后挂满了各式食品和丰收的果实。游行结束时，孩子们可以尽情地向房子的主人索取美味的食品。

2. 服饰、餐饮

现代的菲律宾人，西装在上层社会广泛流行，普通百姓的衣着比较随意，男士上身穿衬衣，喜白色，下身多穿西裤。女士喜欢穿无领连衣裙。大部分青年人着西式皮鞋，老年人仍然穿着用木头、麻或草做成的拖鞋。

菲律宾的食物以清淡为主，口味特点深受西班牙影响。全国 70%的人以大米为主食，常用椰子汁煮饭，并用香蕉叶包饭。副食多以鱼类、海味、猪肉为主。喜欢使用香辣调味品，代表性的名菜有咖喱鸡肉、虾子煮汤、肉类炖菜、炭火烤猪等。

菲律宾人喜欢喝啤酒，咀嚼槟榔和烟叶，有的地方仍存在右手抓饭的习俗。上层家庭大多喜欢吃西餐。

3. 社交礼仪

菲律宾人在日常交往中，无论男女都行握手礼，与熟人或朋友见面，男士之间有的以拍肩膀示礼。菲律宾人对个人尊严十分敏感，过于坦率和直言被视为鲁莽。

社交场合遵守时间被菲律宾人视为过分热情，一般应迟到15～30分钟为宜。在菲律宾，饮酒过量会被看成贪婪之人，被人瞧不起。宴会后菲律宾人经常请客人去歌厅唱歌，拒绝是不礼貌的行为。

和菲律宾人当面交谈时，应避免谈论其国内党派纷争、宗教信仰、国家状况、政治腐败等话题。与西方人不同的是，菲律宾人喜欢打听私人情况，但谈话时要尽量放低声音。

在菲律宾，老年人格外受到敬重，应先向长者问候、让座，亲吻长辈的手臂，不能在长者面前吸烟。

4. 行为禁忌

与菲律宾人交谈时，对人提出异议是失礼行为，有不同意见不宜当面反驳。站立时双臂交叉于身前，或长时间与他人对视均被视为失礼之举。在接受礼品时，通常不当场打开礼品。

拜访菲律宾人时，进门前最好脱鞋；不得窥视主人的卧室和厨房；上卫生间，要得到主人首肯。

菲律宾人非常珍爱白色，红色与茶色被视为不祥之色。受西方国家影响，菲律宾人最忌讳的数字是13。忌讳用左手递物品、吃东西。菲律宾马来人忌用手拍打他人的头部、肩部、背部，触摸头部是对他人的不尊重，触摸背部会给他人带来厄运。

伊斯兰教徒忌食猪肉和使用猪制品，不喝牛奶和烈性酒，不爱吃生姜，不喜欢吃兽类。

三、旅游业发展概况

（一）旅游业基本情况

菲律宾地处热带，气候宜人，旅游资源十分丰富，具有大量的沙滩等自然风光和富有民族特色的文化景观。90%以上的菲律宾人会讲英语，发展旅游业具有十分优越的条件。但菲律宾旅游业发展缓慢，入境旅游不稳定。2017年，菲律宾入境旅游人数662.1万人次，同比增长10.96%。主要客源地是美国、日本、中国台湾、中国香港、澳大利亚和东盟等国家和地区。菲律宾出境旅游人数近几年持续上涨，2016年出境旅游人数570.3万人次，同比增长11.50%。菲律宾人主要旅游目的地是亚洲邻近国家，到澳大利亚及欧美国家旅游的人数近几年也有所增加。

（二）旅游资源

菲律宾四面环海，海岸线漫长，拥有众多良港。旅游资源丰富，拥有椰林、海滩、火山、瀑布等自然景观。主要旅游点有长滩岛、保和岛、百胜滩、蓝色港湾、碧瑶市、马荣火山、伊富高省原始梯田等。

因为菲律宾地处热带，物产丰富，水果、海鲜四季不断，因此成为世界各地旅游者向往的旅游胜地，其中马尼拉、宿务、碧瑶为三大旅游城市。菲律宾的巴洛克式教堂群、巴纳韦水稻梯田、普林塞萨地下河国家公园、维甘历史名城、图巴塔哈礁海洋公园等，被联合国教科文组织世界遗产委员会列入《世界遗产名录》。

1. 著名旅游城市

1）马尼拉

马尼拉是菲律宾的首都，政治、经济、文化中心，这里集中了全国半数以上的工业企业。因位于吕宋岛西岸，又名"小吕宋"。由于受西班牙统治长达333年，这座城市颇具欧洲情调。

马尼拉湾多深水，是世界优良港口之一，重要的国际航空站、国际贸易中心，也是铁路、公路交通枢纽。

马尼拉被称为"花车之城"，首都大街小巷随处可见车身被涂抹得五颜六色的交通工具——"马路之王"，是当年美国士兵撤离时留下的吉普车，被换上日本的引擎、本国的橡胶轮胎，招手即停，方便快捷。

（1）黎刹公园：以被菲律宾人誉为"国父"的何塞·黎刹（黎萨尔）命名的公园，坐落于市中心。原名卢尼塔公园，后为纪念民族英雄1896年被杀害的国父黎刹而改名。园内建有大检阅台，是举行国家庆典的场所。公园内高耸的长方形纪念碑上是黎刹的全身塑像，左右两侧是黎刹母亲喂乳和父亲教子读书的雕像，两名全副武装的士兵日夜守卫在纪念碑下。纪念碑周围绿草如茵，正面方形空地两旁悬挂着多面菲律宾国旗，前面为一个喷水池。园内还有3个专门栽种中国、日本、意大利花卉的国际花园，中国花园入口处耸立着中国式牌坊。

（2）菲律宾文化村：建成于1970年6月，又称"千岛缩影"，位于马尼拉南区、马尼拉机场附近，是以一个人工湖为中心的民俗村，展现了全国几十个省的风土人情、土著房屋、生活习俗及物产资源。每一个庭院都代表着一个省的乡土风光和典型建筑。园内的博物馆放映彩色幻灯片，展示菲律宾各个民族的文化遗产。展览馆里还出售各种民间家具和手工艺品。

（3）王彬街：又叫唐人街，位于马尼拉市北部，是马尼拉商业中心。王彬是一位华侨，曾捐钱支持菲律宾反对西班牙殖民统治的革命运动，于1972年去世，菲律宾政府设立王彬街以示纪念，街上塑有王彬的铜像和纪念碑。王彬街中国气息浓郁，华语影院、中国餐馆、佛教寺院、中国工艺品店等林立于大街两侧。

（4）马尼拉大教堂：罗马式天主教堂。位于黎刹公园西侧，历经6次战火而浴火重生。现在的教堂重建于1958年，教堂内有8个附属教堂，五颜六色的玻璃窗上绘有各种图案，青铜大门上镌刻着关于教堂的重要史实，大门两旁塑有圣徒肖像。教堂内珍藏着大量的青铜制品、镶嵌工艺品和雕塑等，这些珍贵的艺术品，大都出自意大利、西班牙、德国的著名艺术家之手。

（5）圣地亚哥堡：位于巴生河口处的圣地亚哥城堡建于1590年，是菲律宾人民反抗外来侵略者英雄业绩的见证，也是当年殖民者囚禁黎刹的地方。城堡前有护城河，城堡的城墙厚度达10米，至今完好无损，现已将城堡辟为展览馆，里面陈列着黎刹生前使用过的物品及作品。

（6）马尼拉坟场：世界一大奇观，全称"第二次世界大战美国纪念坟场"，是美国本土以外最大的坟场。坟场上的十字架如同阅兵方队手持的刺刀一样密密麻麻。中央纪念碑刻有太平洋战争形势图和死者姓名。此外还有菲律宾人、西班牙人和华人的坟场。

游客在马尼拉需注意人身、财产安全，不要独自行动。避免遭到抢劫、绑架等。

2）碧瑶市

这个坐落在吕宋岛上的中央特别市，距离首都马尼拉250千米，是一座海拔1 500米的山城，是菲律宾的避暑胜地，有"夏都"之称。城市人口十几万，但是每年来此的游客达几十万人，旅游者把这里称为"旅游者的麦加"。碧瑶最吸引人的景观是总统夏宫和植物园。

（1）夏宫：坐落在市中心以东 4 千米处，建筑风格仿照英国伦敦的威斯敏斯特教堂，始建于 1908 年。宫殿气魄浩大而又不失纤细，洁白的大理石围成的栏杆光彩照人。

（2）植物园：这里林木茂盛、花香四溢，园内栽种着不计其数的热带植物，千姿百态、婀娜动人。菠萝蜜树下建有多座具有民族风格的茅草屋，游客可以欣赏到洋溢着浓郁民族特色的舞蹈，以及多姿多彩的生活场景。

2. 旅游名岛

1）吕宋岛

吕宋岛是菲律宾 7 000 多个岛屿中面积最大的岛屿，也是人口最密集的岛屿，还是菲律宾的旅游胜地。外国游客游览菲律宾一般以吕宋岛为起点。岛上盛产稻米和椰子，尤以雪茄而闻名于世。

（1）巴纳韦高山梯田：被誉为"古代第八奇迹"，位于吕宋岛北部、马尼拉以北 300 千米的伊富高省巴纳韦镇，是 2 000 多年前当地的土著伊富高部落人为了谋生而在山地上开垦出来的大片水稻梯田。梯田虽然并不少见，但是完全依靠人力在崎岖的山脊上开垦出来的水稻梯田为世界罕见。梯田最高处海拔 1 500 米，比最低处高出 420 米。此外，这里还建有复杂的人工灌溉水渠体系，盘山环绕的水渠像巨大的台阶一样层层上升，总长度 19 000 千米，可环绕地球半周，所用的石块远远超过埃及金字塔用量。如今菲律宾旅游部门已将巴纳韦高山梯田开辟为旅游景区，修筑了盘山公路，山脊上盖起了旅馆，建造了直升机停机坪。

（2）马荣火山：坐落于吕宋岛东南部，菲律宾最大的活火山，海拔 2 642 米，被誉为"世界最完美的火山锥"。上半部几乎没有任何树木，下半部却森林茂密。山腰处可以远眺太平洋风光。

（3）塔尔湖：坐落于吕宋岛西南部，由一个巨大的火山口形成，湖中有一个小岛，岛上的一座火山，被称为"世界最小的火山"。火山中间又有一个直径为 1 千米的小湖泊，形成了湖中有湖、山中有湖的独特自然奇观。

2）宿务岛

菲律宾 7 000 多个岛屿中，最为著名的岛屿当属宿务岛，岛上随处可见贩卖杧果、贝壳、珊瑚的渔民，因岛上盛产杧果而被世人誉为"杧果之岛"。

1522 年 4 月 7 日，葡萄牙航海家麦哲伦因在大海上迷失方向，经历了一番生死考验后，率领船队漂泊到了满目葱绿的宿务岛，并在一片坡地上竖起了十字架，作为权力和征服的象征。当地土著人误以为天神下凡，对这些天外来客奉若神明，尤其是船员治好了土著首领妻子的重病，因而给予他们神仙般的待遇。

常言道"人心不足蛇吞象"，美女、黄金、香料并没有满足这些贪得无厌的西方人的欲望，他们以不平等的贸易交换骗取宿务岛人的首饰、香料，并强迫当地人接受天主教的洗礼，于是酷爱自由的宿务岛人举起了反抗的旗帜，最后麦哲伦被一位叫拉布·拉布的酋长杀死。

目前，岛上所有的景观与文化几乎都与麦哲伦有关，麦哲伦纪念碑、十字架、圣婴教堂、拉布·拉布纪念碑等。当地人认为，西方人的到来，毕竟为菲律宾带来了西方先进的文化与文明。然而，麦哲伦到来的同时，也打开了侵略者的大门，令菲律宾陷入了长达 300 多年的殖民统治。

3. 旅游名区

图巴塔哈礁海洋公园位于菲律宾西南部普林塞萨港以东约 180 千米处，由南、北两大珊瑚岛礁组成，面积 332 平方千米。这里是东南亚地区最大的珊瑚生成水域，其珊瑚之美是其他地方无法比拟的。此外这里还生活着种类丰富的海洋生物，仅鱼类就达 379 种之多。

北部岛礁呈椭圆形，长约 16 千米，宽 4.5 千米，因退潮时有一部分露出海面而成为鸟类的栖息地。南部岛礁面积达 260 平方千米，这里生长着形态各异、种类繁多的海洋生物，有长吻双盾尾鱼、海蛇、海豚、大青鲨等稀有海洋生物。1993 年图巴塔哈礁海洋公园被列入《世界遗产名录》。

第八节 印 度

一、国情概况

1. 地理气候

印度位于南亚次大陆的印度半岛上，面积约 298 万平方千米（不包括中印边境印占区和克什米尔印度实际控制区等）。南濒印度洋，西部和东部分别濒临阿拉伯海和孟加拉湾，为亚洲、非洲、欧洲和大洋洲海上交通枢纽。北邻中国、尼泊尔和不丹，西北部是巴基斯坦，东北部和东部分别与缅甸和孟加拉国接壤。全境分为德干高原和中央高原、恒河平原及喜马拉雅山区 3 个自然地理区。

印度大部分地区属于热带季风气候，可分为冷季、热季和雨季。还有山地、亚热带草原、沙漠、热带雨林等气候。气温变化较大，喜马拉雅山区年平均气温为 12～14℃，东部地区年平均气温为 26～29℃。年均降水量地区差异大，东南沿海常受风暴袭击，多暴雨。每年 6—9 月为印度的夏季，盛行西南季风，是印度大部分地区的农业耕种季节。

2. 发展简史

古印度是世界四大文明古国之一，于公元前 2000 年前后创造了灿烂的印度河文明。约在公元前 14 世纪，原居住在中亚的雅利安人中的一支进入南亚次大陆，并征服了当地土著。公元前 4 世纪，崛起的孔雀王朝统一印度次大陆，成为印度历史上第一个统一的奴隶制国家。公元前 3 世纪，阿育王统治时期疆域广阔，政权强大，佛教兴盛并开始向外传播。中世纪时，小国林立，印度教兴起。自 11 世纪起，来自西北方向的游牧民族不断入侵并长期统治印度。1526 年莫卧儿帝国建立，成为当时的世界强国之一。1600 年英国侵入印度，建立东印度公司。1757 年，印度和英国之间爆发了普拉西大战，印度因战败而逐步沦为英国的殖民地。1849 年，英国侵占印度全境。1857 年，印度爆发反英大起义，次年英国政府直接统治印度。英国统治下的印度，一部分是直接统治地区，称"英属印度"，另一部分是受英国保护的土邦，称"土邦印度"。1947 年，印度被分为印度和巴基斯坦两个自治领并独立。1950 年 1 月 26 日，印度宣布成立印度共和国，但仍为英联邦成员国。

3. 国名、首都、国旗、国徽、国歌、国花、国树、国鸟

（1）国名：全称"印度共和国"，别称"婆罗多"，国名源于印度河，河名出自梵文"信度"，意为月亮。

（2）首都：新德里。

（3）国旗：印度国旗是由橙、白、绿三色组成的长方形国旗，最上一条为橙黄色，是佛教法衣的颜色，象征勇敢与牺牲；中间为白色，代表真理与和平，下方是绿色，隐喻为信仰、富庶和品质。正中央为白色，绘有一个24根轴条的蓝色法轮，象征神圣之轮、真理之轮、进步之轮。

（4）国徽：印度国徽图案来源于孔雀王朝阿育王石柱顶端的石刻。圆形台基上站立着3只金色的狮子，象征信心、勇气和力量。台基四周有4个守卫四方的守兽：东方是象、南方是马、西方是牛，北方是狮。雄狮下面中心处是具有古老印度教色彩的法轮；两边的守兽象征具有悠久历史的农业及坚定不移的决心和毅力；图案下面有句用梵文书写的，出自古代印度圣书的格言："唯有真理得胜"。

（5）国歌：《人民的意志》。

（6）国花：睡莲。

（7）国树：菩提树。

（8）国鸟：蓝孔雀。

4. 人口、居民、语言与宗教

印度人口13.39亿（2017年），是仅次于中国的世界第二人口大国。印度是多民族国家，其中印度斯坦族占46.3%，泰卢固族占8.6%，孟加拉族占7.7%，泰米尔族占7.1%，其余民族称为"部落民"。

印度的语言异常繁杂，宪法承认的语言有10多种，登记注册的达1 600多种。印地语和英语为印度的官方语言。北方以印地语为主，南方以泰米尔语为主。

印度是多宗教的国家。居民中，信奉印度教的约占82.6%，信奉伊斯兰教的占12%，信奉基督教的占2.3%，信奉锡克教的占1.9%，信奉佛教的占0.8%，信奉耆那教的占0.4%。

5. 政治与经济

印度是联邦制共和国，采取英国式的议会民主制，总统为国家元首和武装部队统帅，法定的联邦行政首长由联邦议会及邦议会组成"选举团"选出，依照以总理为首的部长会议的建议行使职权。印度政府的实际行政权力归属于以总理为首的部长会议，总理由人民院多数党领袖担任。议会由联邦院（上院）和人民院（下院）组成。主要政党有印度国民大会党、印度人民党、印度共产党（马克思主义）、印度共产党等。

印度是一个农业大国，种植业占农业总产值的4/5，农业劳动力约占全部劳动力的70%。主要农产品有稻米、小麦、油料、甘蔗、茶叶、棉花和黄麻等。印度拥有云母、煤、铁、铝、铬、锰、锌、铜、铅、磷酸盐、黄金、石油等丰富的矿产资源，工业已形成较为完整的体系，主要工业部门包括制造业、电力、矿业、纺织、食品、精密仪器、汽车制造、软件设计和航

空等行业。2017年主要经济数据如下：GDP 25 975亿美元，人均GDP 1 940美元，国民总收入约为25 471亿美元，人均国民收入为1 902美元，货币名称：印度卢比，汇率（2017年9月）：1美元≈64卢比。

二、习俗礼仪

1. 节日庆典

印度节日众多，其中比较重要的就多达上百个，除了政治性节日、季节性节日、历史性节日外，宗教性节日最受人们重视。

（1）新年：印度的新年是从10月31日起，共计5天，第四天为元旦。新年第一天，谁也不能对人生气，发脾气。有的地区，元旦早上，家家户户哭声不断，个个脸上涕泪横流，感叹岁月易逝、人生苦短。还有的地区以禁食迎接新一年的到来，从元旦早晨一直到午夜为止禁止进食。这些传统习俗被世人称为"痛苦元旦"或"禁食元旦"。

新年期间，家家户户门前挂上各式各样的彩灯，通宵不息，晚7点左右每家每户还要举行敬神仪式，祈求吉祥天女降福，然后全家团聚，共吃节日大餐，燃放鞭炮，因此新年也称"灯节"，重视程度相当于中国人的春节。

（2）霍利节：印度教重要节日之一，也叫洒红节，在公历2—3月、农历12月的望月举行。该节日是依据古代印度的一个传说故事而来，为庆祝战胜女魔头霍利卡，并向与女魔头拼死决战、被烈火焚烧的英雄身上喷洒红水的节日，象征邪不压正，多行不义必自毙。

节日期间，男人们换上洁白衣装，女人们披上艳丽的纱丽，清早走出家门，一路上敲锣打鼓，载歌载舞，互相祝贺。无论男女老少、熟人或是陌生人，经常是一盆红颜色的水劈头盖脸泼过来，有的人手持红色花粉，往脸上涂抹一气，即使汽车内的人，也难免遭遇"不幸"，雪白的衣裳不一会儿变成了色彩斑斓的花布衫，一直持续到深夜。

（3）杜尔迦节：印度教节日之一，也是西孟加拉邦最大的节日，每年10月初举行。主要是为了庆祝恒河女神杜尔迦下凡而举行的活动，届时要举行庙会、演戏、跳舞和游神等一系列活动。

三教圣城瓦拉纳西市有一座杜尔迦女神庙，但是庙内供奉的不是恒河女神，而是印度教大神之一湿婆妻子的神像。节日期间，教徒们杀羊举行祭祀。令人不可思议的是，庙内还栖息着数量众多的猴子，因此人们又称杜尔迦女神庙为"灵猴庙"。

（4）象头神节：顾名思义，是一个膜拜大象的节日，也是源于印度教的一个传说，节期在9月份。只不过这头大象长着象头，而身体却是人的身子。节日期间，人们把象头神的塑像先是摆在家里供奉几天，然后将神像抬到海边，在海滩游行，默默地祈祷，最后举行海葬。场面热烈而壮观，为此有人说："一个人如果没有看到象头神节，等于虚度一生。"

（5）十胜节：印度教重大节日之一，时间在9—10月，连续庆祝10个夜晚，是为欢庆印度英雄、大神毗湿奴的化身罗摩历经千辛万苦，终于杀死十首魔王罗波那的节日。第十天晚上为节日的最高潮，也称"胜利的第十天"，人们在广场上竖起3个面目狰狞、丑恶可怕的纸人，象征罗波那和他的弟弟及儿子，在他们的肚子里面塞满了烟火或鞭炮。时辰一到，只见扮演罗摩的演员弯弓射出带有火焰的箭，正好射中罗波那等3个恶魔的肚子，随后纸人肚内的鞭炮、烟火被引爆，3个恶魔顿时四分五裂，灰飞烟灭。

（6）蛇节：举办时间在 7 月底 8 月初，人们把蛇放在草地上，用牛奶、稻米、鲜花供奉，以表示对蛇的虔诚、敬意和爱护之情。

2. 服饰、餐饮

印度人一般爱穿轻便、宽松的白色印式衬衣，或穿一件拖地的围裤，受过西式教育的男士多穿西装。

无论男女，印度人均爱好装饰，尤其是女性，经常佩戴鼻环、手镯、戒指、脚铃等。女性最流行的服装叫纱丽，是一块长 5~6 米的长方形布料，样式、色彩、质地多种多样，不用裁剪，随意搭配，大多数女性喜欢将纱丽搭在左肩上。纱丽的穿着方式不同，体现了穿衣者的地位、年龄、职业、地域以及宗教信仰的差异。

印度人的主食主要是大米和面食。北方以小麦、玉米、豆类等为主；东部和南方沿海地区以大米居多；中部德干高原则以小米和杂粮为主。印度人的副食分肉食和素食两类，但是印度教徒不吃牛肉。

印度菜的一大特点就是糊状菜居多，而且加以各种色素，因此常有黄的汤、绿的糊、红的泥。印度的食物在世界上独具特色，印度人做菜喜欢用调料，如咖喱粉、辣椒、黑胡椒、豆蔻、丁香、生姜、大蒜、茴香、肉桂等，其中用得最普遍的是咖喱粉。咖喱粉是用胡椒、姜黄和茴香等 20 多种香料调制而成的一种香辣调料，呈黄色粉末状。印度人对咖喱粉可谓情有独钟，几乎每道菜都用，如咖喱鸡、咖喱鱼、咖喱土豆、咖喱菜花、咖喱饭、咖喱汤……每家印度餐馆都飘着咖喱味。

3. 社交礼仪

印度是文明古国，待人接物的讲究相当多。"那摩斯戴"是印度人最常用的问候语，在见面和告别时，印度人总免不了说一句"那摩斯戴"，这是印地语，意为"您好"。

（1）双手合十：是伴随"那摩斯戴"的身体语言。一般是双手合十于胸前，或举手示意。两手空着时，则合十问候；若一手持物，则举右手施礼，切不可举左手。合十的高低也有讲究，对长者宜高，两手至少与前额相平；对晚辈宜低，可齐于胸口；对平辈宜平，双手位于胸口和下颌之间。

（2）拥抱：印度的常见礼仪。若久别重逢，或将远行，或有大事发生等，印度人通常要拥抱。拥抱时，彼此将双手搭在肩上，先是把头偏向左边，胸膛紧贴一下，然后把头偏向右边，再把胸膛紧贴一下。有时，彼此用手抚背并紧抱，以示特别亲热。

（3）摸足：行大礼。在很重要的场合，对于特别尊敬的长者用额头触其脚，吻其足，或摸其足。现在多用的是摸足礼，即先屈身下蹲，伸手摸一下长者的脚，然后再用手摸一下自己的额头，以示头脚已碰。

（4）献花环：在印度是欢迎客人常见的礼节，主人要献上一个花环，戴到客人的脖子上。客人越高贵，所串的花环也越粗。

（5）点吉祥痣：印度人欢迎宾客的礼数，每逢喜庆节日，印度人爱用朱砂在前额两眉中间涂上一个圆点。他们认为，吉祥痣可以驱邪避灾。有时，印度人为了表示隆重欢迎，不仅向宾客献上花环，还要给客人点上"吉祥痣"。在姑娘出嫁之前，父母要选吉日，请僧侣专门给姑娘点吉祥痣，祝愿她终身幸福。现在，吉祥痣实际上也成为印度妇女日常妆扮的一个组成部分。

（6）盘腿而坐：印度人常见的坐姿，这种习惯在城乡都很普遍。农民在田间休息或在家吃饭爱盘腿席地而坐。在老式的铺子里，工匠干活、伙计售货，都是盘腿而坐。民间的说唱艺人和琴鼓乐手演出时也是盘腿而坐。

（7）送礼：一份糖果或是一束鲜花是印度人访问朋友经常送的礼物。一般来说，印度人赠送礼物主要是糖果、鲜花以及主人可能会喜欢的东西，因为印度人爱吃甜食，所以送糖果的居多。糖果有的是从商店中购买的，有的是自家做的。印度人自家做的糖果又甜又腻，如果不习惯，很难食用。

4. 行为禁忌

印度人忌讳数字 3、13，而认为 5、11、21、51 或 101 是吉祥数字。忌谈个人私事、印度贫困状况、军事开支及外援等话题。做客离去不说"再见"，要说"我去了，并将回来"。

印度人表示赞成同意时摇头，头往右轻轻斜一下，不同意时则点头。忌讳左手传递东西或食物。睡觉时不能头朝北，脚朝南。禁止用鼻子嗅或用手摸陈列的花环。忌讳众人在同一盘中取食，也不吃别人接触过的食物。

印度人饭菜一般放在一只叫"塔利"的扁圆形金属盘中送上餐桌，主人会替客人夹菜，客人不能自取，不能拒绝主人敬的食物和饮料。同桌进餐时不能同异性谈话。厨房被认为是隐私之地，未经邀请不能进入。印度人喜爱红色、蓝色、紫色、金黄色、绿色，不喜欢黑色、灰色和白色。大象被看作吉祥动物，是智慧、力量和忠诚的象征。忌讳弯月的图案。

在印度，印度教徒不吃牛肉，印度教寺庙不许牛皮制品入内；伊斯兰教徒禁食猪肉，也忌讳使用猪制品；耆那教徒有忌杀生、忌食肉类、忌穿皮革和丝绸的民间习俗；锡克教徒禁止喝酒和抽烟。

三、旅游业发展概况

（一）旅游业基本情况

旅游业是印度政府重点发展的产业，也是重要的就业部门。

入境旅游方面，2017 年，印度旅游业收入占 GDP 比重为 9.4%，对全国就业贡献率为 5%，入境旅游人数为 1 554.3 万人次，同比增长 6.68%。其主要旅游客源地是美国、英国、孟加拉国、加拿大、德国、斯里兰卡、法国、日本、澳大利亚和马来西亚等。出境旅游方面，2017 年，印度出境旅游人数达到 2 394.3 万人次，同比增长 9.47%。2016 年印度到华旅游人数超百万人次，作为邻近客源国市场，印度具有很大的开发空间。

（二）旅游资源

几千年的文明积淀使印度成为一个充满神奇色彩、让人感觉扑朔迷离的国度，拥有异常丰富的旅游资源，尤以人文古迹为特色。

印度的旅游资源具有历史悠久、种类齐全、古迹繁多的特点，石窟、古塔、城堡、教堂、神庙、陵墓、古迹群、修道院、佛寺、公园、自然保护区等，无一不具备。

被列入《世界遗产名录》的有泰姬陵、阿格拉古堡、阿旃陀石窟群、埃洛拉石窟群、科纳拉克太阳神庙、马纳斯野生生物保护区、加济兰加国家公园、默哈伯利布勒姆古迹群、盖奥拉德奥国家公园、果阿的教堂和修道院、克久拉霍古迹群、法塔赫布尔·西格里、亨比古迹群、孙德尔本斯国家公园、卡杰拉霍建筑群、帕塔达卡尔石雕群、象岛石窟、楠达德维和花卉山谷国家公园、桑吉佛教古迹、德里的顾特卜塔及其古建筑、德里的胡马雍陵墓、印度山区铁路、菩提伽耶摩河菩提寺、比莫贝卡特石窟、贾特拉帕蒂·希瓦吉终点站、尚庞-巴瓦加德考古公园。

1. 著名旅游城市

1）新德里

"德里"一词来自波斯文，意思为门槛、山冈、流沙。人们习惯把新旧德里统称为德里。新德里建于1911年，是一座既有现代气息又有古代风貌的花园城市。旧城已有3 000多年的历史，先后有7个王朝在此建都，留下了众多的历史古迹。1947年印度独立后，这里就成了全国政治、经济、文化中心和交通枢纽。

新德里最重要的人文景观有红堡、阿育王柱、顾伯特塔、总统府、甘地陵、尼赫鲁纪念馆、贾玛清真寺、国家博物馆等。

（1）红堡：坐落于新德里，紧邻亚穆纳河，是莫卧儿帝国时期的皇宫，印度最大的故宫。从沙杰汗皇帝时代开始，莫卧儿首都从阿格拉堡迁都于此。红堡属于典型的莫卧儿风格的伊斯兰建筑，因整个建筑主体呈红色而得名，与阿格拉市的红堡齐名。

（2）阿育王柱：距离红堡不远处的阿育王石柱，高高地耸立在一座古堡之上，石柱高达12.97米，底部直径约1米，重27吨，石柱表面原为镏金，目前已脱落，这一石柱于19世纪出土，被视为印度民族精神的象征。

（3）顾特伯塔：1193年由奴隶王朝第一个国王顾伯特·乌德·丁开始建造而得名，后由其继承人于14世纪完工。塔高近76米，底层高29米，使用红色砂岩建成。塔身上镌刻着阿拉伯文的《古兰经》经文及各种花纹图案，塔内有台阶397级，可直达塔顶悬台，属于印度教文化与伊斯兰教文化相互融合的产物。

2）孟买

孟买位于印度西海岸，城市名意为"美丽的海湾"，是印度的第二大城市、最大的港口城市、工业和金融中心，因每年电影出产量大，还被称为"印度的好莱坞"。

孟买的著名旅游景观有威尔士亲王博物馆、花神泉、孟买门等。其中孟买门又名印度门，与法国凯旋门极为相似，是印度的标志性建筑，顶部还建有4座高耸的塔楼。这里是游客必到之地，也是当地政府迎接各国贵宾的重要场所。

孟买附近海域中的象岛上，有4座在岩石上开凿出的印度教寺庙。焦伯蒂海滩是孟买市民夜间散步的最佳去处，摊贩云集，出售各种水果或纪念品。这里也是举行象神祭奠的重要场所。

3）瓦拉纳西

瓦拉纳西是印度北方邦的一座城市，坐落在恒河西岸，被认为是印度最古老、最神圣的城市，圣城中的圣城，不仅是印度教的圣地，也是佛教及耆那教的圣地。

印度教徒人生四大夙愿中首要一条就是居住在瓦拉纳西，或一生中至少要去瓦拉纳西朝拜一次，如果死后能在瓦拉纳西升天，死也瞑目。因为他们笃信恒河水纯洁无比，能消除任何污秽。尤其是在瓦拉纳西这个最神圣的地方，死后骨灰能撒在河水中，就可直接升入天堂（距离天堂最近的地方），免受轮回之苦。瓦拉纳西据说也是佛教圣地，当年释迦牟尼就是在瓦拉纳西西郊的鹿野苑开始修炼，最终修成正果，得道成佛，初转法轮，因此这里也是佛家弟子向往的圣地之一。此外，据说瓦拉纳西是耆那教两位教长（长老）的出生地，因而也被耆那教奉为圣地。

4）斋普尔

斋普尔是印度拉贾斯坦邦的首府，距离德里西南约 260 千米，300 多年前曾是一个土邦王国的旧都，是一座由红色和粉红色砂岩建造的城市，因此有"粉红色之城"之称。

整个城市拥有庄严肃穆的宫殿、热闹非凡的集市，处处弥漫着浓厚的中世纪气氛。城内闻名遐迩的"风宫"是一座 5 层楼高的建筑，数百扇窗户设计得十分巧妙，当年土邦王建造这座宫殿的初衷是为了让王后观赏繁华街道的风景。今天，无论是身着艳丽纱丽、披金戴银、优雅俏丽的女士，还是裹着头巾、满脸络腮胡须、健壮威武的男士，都会让每一个游人感受到浓郁的异域风情。

5）乌代浦尔

乌代浦尔与斋普尔同属拉贾斯坦邦，被誉为印度境内最富风情的美丽城市之一，与周围那些干旱的地区相比较，在群山环绕当中，那高耸的充满神话色彩的白色大理石建造的宫殿、碧波荡漾的湖泊、五颜六色的花园、庄严肃穆的寺庙，如同戈壁荒漠中的一块绿洲。

乌代浦尔最引人入胜的景观是水上宫殿，被认为是世界上最美的宫殿之一，如同在碧绿的宝石般的湖面上升起的白色奇迹，这座完成于 1754 年的石头建筑，是当地最耀眼的招牌和设计典范，如今被改建成一座豪华的大酒店，吸引着国内外无数的旅游者。

6）加尔各答

加尔各答是印度东部最大城市，为西孟加拉邦首府，是印度的主要港口和重要铁路、航空枢纽。1912 年前，这里曾是英属印度的首府，留下了许多历史性建筑，如著名的威廉要塞、维多利亚纪念馆、伊甸花园、印度博物馆、哥特式建筑的保罗大教堂以及东方最大的跑马场等。

2. 主要旅游名胜

1）泰姬陵——世界七大建筑奇迹之一

泰姬陵的全称"泰姬·玛哈尔陵"，是莫卧儿帝国时期著名的建筑。泰姬陵位于印度北方邦的阿格拉城内、亚穆纳河右岸，是莫卧儿帝国第五代皇帝沙杰汗为其死去的爱妃修建的陵墓，于 1630 年始建，1653 年竣工。

泰姬·玛哈尔美貌聪慧、多才多艺，19 岁时嫁给沙杰汗为妃，沙杰汗登上皇位后，泰姬自然而然成了集万千宠爱于一身的皇后。自古红颜多薄命，上天嫉妒貌美之人，1631 年泰姬在陪同沙杰汗出巡途中，因生第 14 个孩子时难产而死，年仅 39 岁，临死前要求沙杰汗为其建造一座人世间最美的陵墓。

整个陵墓由殿堂、钟楼、尖塔、水池等构成，全部使用白色大理石建造，用玻璃、玛瑙镶嵌，绚丽夺目，洁白晶莹，是伊斯兰建筑的代表作，被印度大诗人泰戈尔称为"永恒面颊上的一滴眼泪",被世人誉为"世界七大建筑奇迹之一""举世瞩目的爱情丰碑""大理石之梦""浪漫和美丽的化身"。泰姬陵建成以后的第十年,沙杰汗的第三个儿子奥朗则布篡夺了王位,把父亲囚禁起来,几年后沙杰汗抑郁而死,死后附葬于泰姬陵内。

2）阿格拉堡

阿格拉堡是历史名城,以古迹众多而著称。阿格拉在历史上曾是印度的首都,1526年印度历史上著名的莫卧儿王朝曾定都于此。阿格拉堡与世界其他城堡一样,具有宫殿和堡垒的双重功能,城堡周围的护城河长2.5公里,城墙高20余米,因为整个建筑材料均以临近出产的红色砂岩为主,因此又称"红堡"。

3）金庙

金庙是印度锡克教最神圣的庙宇,位于印度西北部旁遮普邦的阿姆利则市。锡克教糅合了伊斯兰教和印度教的某些教义,反对种姓制度、祭司制度和偶像崇拜,不主张苦行和消极遁世。1574年,锡克教的第四代领袖阿姆利则发现了一泓泉水,这位虔诚的锡克教徒认为这水具有无限的神力,而泉水周围则是建造庙宇的风水宝地,于是他买下了这块风水宝地。第五代锡克教领袖继承了前任的意志,在这块充满希望的土地上建造了庙宇,历经12年的辛勤劳作。1601年,一座体现锡克族人民智慧的举世瞩目的宗教建筑——金庙,矗立在苍茫的天宇之下了。

金庙总面积约10公顷,整个建筑为长方形,呈乳白色,有大小19个贴金大圆顶,所以号称"金庙"。庙宇完全掩映在苍翠高大的菩提树、榕树丛中,远眺酷似一座绿色山庄,近看犹如白色城堡。金庙内有一个长方形、平如镜面的深绿色湖泊,湖中央屹立着一座两层楼高的正圣殿,圣殿的一楼存放着锡克教10位祖师的经典,二楼存放着善男信女赠送的琳琅满目的珠宝。

4）胡马雍陵

胡马雍陵位于德里东部的穆纳河畔,是莫卧儿王朝第二代皇帝胡马雍的陵墓,也是伊斯兰教与印度教建筑风格的典型结合,共安放莫卧儿王朝六位帝王和一位王妃的石棺。陵墓坐落在一个宽敞的大院内,规模宏大,主体用红色砂岩建成,白色大理石屋顶,胡马雍的石棺位于寝宫中央。

5）阿旃陀石窟

阿旃陀石窟位于印度西南部马哈拉斯特拉邦。"阿旃陀"一词源于梵文,意为无想、无思。石窟最早开凿于公元前2世纪,此时正值印度历史上的孔雀王朝阿育王时期,前后凿造时间达上千年。7世纪,佛教在印度逐渐衰落,开凿石窟的锤声也逐渐消失,直至石窟被废弃。1819年英国的马德拉斯军团士兵因追逐老虎进入山谷,发现了阿旃陀石窟。石窟共有29窟,其中25窟是僧房,其余4窟为佛殿,石窟内有大量精美绝伦的石雕和壁画,其题材以宣扬佛教内容为主,少部分为反映古代印度宫廷及人民生活的题材。阿旃陀石窟既是古印度的佛教圣地,又是南亚佛教石窟的代表性建筑。

6）科纳拉克太阳神庙

科纳拉克太阳神庙耸立在孟加拉湾荒凉的沙滩上,曾经是一座相当宏伟壮观的宗教圣殿,印度13世纪婆罗门教最著名的圣殿之一,无数虔诚的婆罗门教徒在这里顶礼膜拜,祈求太阳神赐予他们平安和幸福。

神庙主殿的造型十分奇特，它是由一辆巨大的战车组成的圣殿，墙壁厚达 2 米，全部使用红褐色石头雕砌而成。整个战车长 50 米，宽 40 米，拥有 24 个车轮，每个车轮直径约 2 米，七匹战马奋蹄长嘶，跑在最前面的那匹马的铁蹄下踏着一名垂死的武士。七匹战马表示一个星期有 7 天，24 个车轮表示一天有 24 个小时。墙壁四周雕刻的是 2 000 头首尾相接的大象。庙门两侧的墙边各有一尊黑石雕成的太阳神，正面是创造之神梵天（代表朝阳）两侧是保护之神毗湿奴（代表正午的太阳）以及破坏和再造之神湿婆（代表夕阳）。每天清晨，从海上升起的朝阳把第一束和煦的阳光照射在主殿的太阳神头上，然后太阳围绕神庙一周，始终照射在这 3 尊婆罗门教主神身上。

3. 主要旅游名区

1）加济兰加国家公园

加济兰加国家公园位于印度东北部阿萨姆邦的中心地带，坐落于布拉马普特拉河谷之内，每年 11 月到次年 4 月对外开放，公园内没有村庄，游人需乘车游览。加济兰加被誉为"动物的天堂"，是印度最早建立的国家公园。

园内最著名的景观特色是印度独角犀牛，它们是印度半岛上最凶猛的动物。独角犀牛虽是一种食草动物，但体积庞大，就连老虎、大象见到它也要退避三舍，因此在这里几乎没有任何天敌。犀牛角是一味名贵的中药，甚至有人认为服用犀牛角粉末，可以长生不老、返老还童。因此，犀牛角的价格也扶摇直上，远远高于黄金的价格，在高额利润驱动下，犀牛惨遭捕杀，几近灭绝。

园内除了独角犀牛外，还分布着许多其他动物，如大象、野牛、长毛熊、老虎、鹿以及上百种候鸟。游人可以享受骑象的乐趣，观赏大象盛装表演、大象足球赛等娱乐项目。

2）恒河

恒河发源于喜马拉雅山脉南坡，流经印度北部和中部地区，全长 2 700 千米，虽然并不长，但闻名于世。恒河用它丰沛的河水灌溉着两岸的土地，哺育着勤劳朴实的人民，创造出灿烂的印度文明。如今，恒河中上游是印度经济最发达、人口最密集的地区，印度人民尊称恒河为"圣河""印度的母亲河"。

在印度教徒的心目中，恒河水可以洗涤罪孽、净化灵魂，为求死后灵魂被引渡到彼岸世界，全国各地的朝圣者络绎不绝，不辞辛苦万里迢迢，来到河边洗浴，并在河边完成人生最后的夙愿，将骨灰撒在水中，直接升入天堂，免受轮回之苦。尤其是瓦拉纳西，被教徒视为最接近天堂的地方——"天堂的入口"。

3）孙德尔本斯国家公园

孙德尔本斯的原意就是"最美的森林"，这片森林坐落于恒河三角洲自然保护区，早在 1997 年被列入《世界遗产名录》。这里拥有全世界面积最大的水上红树林带，面积达上百万公顷，之所以被称为红树林，是因为能从树皮中提炼红色的染料。

红树林最大的特点是生长在水面上，是地球上最奇妙的生物群落。它生长于泥泞的潮间带，日复一日地经受着潮起潮落的冲刷，因此有"潮汐林"的称谓。红树林是一种胎生植物，当种子没有离开母体时就已经在果实中萌发，发育到一定程度，掉落到泥泞的海滩淤泥里，几个小时就可以在淤泥中扎根长出新的植株。此外，园区内还生活着大量的野生动物，其中最为珍贵的是孟加拉虎。

第九节 澳 大 利 亚

一、国情概况

1. **地理气候**

澳大利亚位于南半球,面积居世界第六,仅次于俄罗斯、加拿大、中国、美国和巴西。它东临太平洋,西临印度洋,由澳大利亚大陆和塔斯马尼亚等岛屿组成。澳大利亚四面临海,东南隔塔斯曼海与新西兰为邻,北部隔帝汶海和托雷斯海峡与东帝汶、印度尼西亚和巴布亚新几内亚相望。面积 768.2 万平方千米,占大洋洲的绝大部分。海岸线长 36 735 千米。虽四面环水,但沙漠和半沙漠面积却占全国面积的 70%。在东部沿海有全世界最大的珊瑚礁群——大堡礁。

澳大利亚的地形很有特色。西部和中部有崎岖的多石地带、浩瀚的沙漠和葱郁的平顶山峦,东部有连绵的高原,全国最高峰科修斯科山海拔 2 230 米,在靠海处是狭窄的海滩缓坡,缓斜向西,渐成平原。沿海地区到处是宽阔的沙滩和葱翠的草木,那里的地形千姿百态:在悉尼市西面有蓝山山脉的悬崖峭壁,在布里斯班北面有葛拉思豪斯山脉高大、优美而历经侵蚀的火山颈,而在阿德雷德市西面的南海岸则是一片平坦的原野。

澳大利亚的大部分国土(约 70%),属于干旱或半干旱地带,中部大部分地区不适合人类居住。澳大利亚有 11 个大沙漠,它们约占整个大陆面积的 20%。由于降雨量很小,大陆 1/3 以上的面积被沙漠覆盖。澳大利亚是世界上最平坦、最干燥的大陆,中部洼地及西部高原均为气候干燥的沙漠。中部的艾尔湖是澳大利亚的最低点,湖面低于海平面 16 米。能用作畜牧及耕种的土地只有 26 万平方千米。沿海地带,特别是东南沿海地带适于人类居住与耕种,这里丘陵起伏,水源丰富,土地肥沃。除南海岸外,整个沿海地带形成一条环绕大陆的绿带,正是这条绿带养育了这个国家。

澳大利亚地处南半球,12 月至次年 2 月为夏季,3—5 月为秋季,6—8 月为冬季,9—11 月为春季。澳大利亚大陆跨两个气候带,北部属于热带气候,每年 4—11 月是雨季,11 月至次年 4 月是旱季,由于靠近赤道,1—2 月是台风期。澳大利亚南部属于温带气候,四季分明。澳洲内陆是荒无人烟的沙漠,干旱少雨,气温高,温差大;相反在沿海地区,雨量充沛,气候湿润。

2. **发展简史**

澳大利亚最早的居民为土著人。1606 年,荷兰人首次发现了澳大利亚,但当时发现这片大陆的威廉·詹兹并未意识到自己发现了新大陆。1642 年,荷兰人塔斯曼通过两次航海探险,发现了塔斯马尼亚岛和新西兰。英国航海家詹姆斯·库克船长被称为"澳大利亚之父",1770 年他发现澳大利亚东海岸,将其命名为"新南威尔士",并以英国国王乔治三世的名义宣布对澳洲大陆的整个东海岸享有占有权。英国人首先把澳大利亚作为一个流放囚犯的地方,1788 年菲利普船长率领 1 530 人迁入澳大利亚,其中有 768 名流放犯,并在现代悉尼附近建立了第一个流放殖民地,从此开始了澳大利亚的大移民历史。1851年金矿的发现刺激了大量移民涌入并掀起了淘金热,使澳洲移民人口激增。1901年,境内的6个自治殖民地联合成立了澳大利亚联邦,成为一个新的国家。1931年后,澳大利亚获得了内政、外交等方面的自主权,成为英联邦内的独立国家。1986年,英国议会通过《与澳大利亚关系法》,至此澳大利亚获得完全立法权和司法终审权。

3. 国名、首都、国旗、国徽、国歌、国花、国树、国鸟

(1) 国名:全称"澳大利亚联邦"。"澳大利亚"一词,意即"南方大陆",欧洲人在17世纪初叶发现这块大陆时,误以为这是一块直通南极的陆地,取名"澳大利亚"。

(2) 首都:堪培拉。

(3) 国旗:呈横长方形,长与宽之比为2∶1。旗底为深蓝色,靠旗杆的左上方是红白"米"字,"米"字下面为一颗较大的白色七角星。旗的右边为五颗白色的星,其中一颗小星为五角,其余均为七角。澳大利亚为英联邦成员国,国旗的左上角为英国国旗图案,表明澳大利亚与英国的传统关系。一颗最大的七角星象征组成澳大利亚联邦的六个州和联邦区。五颗小星代表南十字星座,为"南方大陆"之意,表明该国处于南半球。

(4) 国徽:左边是一只袋鼠,右边是一只鸸鹋,这两种动物均为澳大利亚所特有,是国家的标志、民族的象征。中间是一个盾,盾面上有六组图案分别象征这个国家的六个州。盾形上方为一枚象征英联邦国家的七角星,周围饰以国花金合欢。底部的绶带上用英文写着"澳大利亚"。

(5) 国歌:《前进!美丽的澳大利亚》。

(6) 国花:金合欢。

(7) 国树:桉树。

(8) 国鸟:鸸鹋。

4. 人口、居民、语言与宗教

澳大利亚现有人口2 459.89万(2017年),85%都聚集在城市。澳大利亚是一个移民国家,奉行多元文化,20%的居民出生在澳大利亚以外的国家和地区。

澳大利亚是一个多民族国家,全国境内有140多个民族,其中95%是英国和其他欧洲国家的移民后裔,具有英国和爱尔兰血统的人占人口总数的76%;土著居民占1.5%,约为26万;华侨和华人约30万。各民族居民大都保留着各自民族的传统、习俗与文化,在他们聚居的地方形成了大大小小的社团,使澳大利亚形成了多姿多彩的民族文化。由于人口分布中以欧洲民族占绝大多数,所以澳大利亚的生活方式与民族特色也与西欧和北美极为相似。

澳大利亚的官方语言是英语。移民来自200多个国家和地区,讲140多种语言,澳大利亚政府鼓励不同种族或民族的澳大利亚人,包括土著人,在家里或公共场合像使用英语一样使用他们的母语。

澳大利亚存在的宗教信仰约100种之多。它是一个宗教自由的国家,各种宗教信仰,包括基督教、天主教、印度教、犹太教、伊斯兰教和佛教等在这个国家并存。主要宗教是新教和罗马天主教,圣公会教徒占总人口的21%,罗马天主教教徒占27%,其他基督教教派占21%,其他宗教信仰者占6%,25%左右的人没有任何宗教信仰。

5. 政治与经济

澳大利亚的国体承袭英国的君主立宪制，政治体制为议会制。国家元首是英国女王。总督根据澳大利亚政府的提名，由女王任命，为法定的最高行政长官。联邦政府和议会负责各种涉及全国利益的事务。联邦议会是最高立法机构，由参议院、众议院两院组成。在众议院中占多数的政党或多党联盟组成政府，政府部长必须是议员。内阁由总理主持，内阁会议不拘形式，秘密举行。主要政党有澳大利亚工党、自由党、国家党。

澳大利亚有"骑在羊背上的国家"和"坐在矿车上的国家"之美称。澳大利亚是个后起的工业国家，矿产资源丰富，是世界重要的矿产资源生产国和出口国。铅、镍、银、钽、铀、锌的储量居世界首位，是世界最大的烟煤、铝矾土、铅、钻石、锌及精矿出口国。农牧业发达，是世界最大的羊毛和牛肉出口国。渔业资源十分丰富，是世界第三大捕鱼区。由于矿业繁荣，对其他行业造成挤压。近两年来，矿业繁荣明显降温，公共财政压力上升，经济增长有所放缓。

主要经济数据如下：2017年，GDP 1.323万亿美元，人均GDP 53 800美元，经济增长率2.9%，货币名称：澳元，汇率（2017年9月）：1美元≈1.26澳元。

二、习俗礼仪

1. 节日庆典

澳大利亚全国性的节日不多，主要是同欧美国家相同的元旦、圣诞节、复活节等。其他有代表性的节日都是地方性的，如玛蒂格拉狂欢节是悉尼最盛大的民间节日，华兰纳节是布里斯班人迎接春天的节日，蒙巴节则是墨尔本的金秋艺术节等。具有本土特色的全国性节日有国庆节、澳新军团日等。

1）法定节日

澳大利亚的法定节日主要包括新年、国庆节、幸运星期五、复活节、女王生日、圣诞节、节礼日和恩沙克日。

（1）新年：每年的1月1日。

（2）国庆节：每年1月26日是澳大利亚的国庆节，是为了纪念菲利普船长1788年1月26日登陆悉尼湾，英国人开始定居澳洲的日子。早在1838年英国向澳洲移民50周年之际，这一天就被定为法定节日，后逐渐演变为全国性的国庆日。

（3）幸运星期五：4月17日。

（4）复活节：4月20日。

（5）女王生日：6月9日。

（6）圣诞节：12月25日。这是澳大利亚的重大节日。在节日前，亲朋好友间会互赠圣诞卡以示祝贺；圣诞节前夜，父母把为孩子购买的礼物放入特制的袜子里，当作圣诞老人赠送的礼物；圣诞之日，人们打开自己得到的礼物，互致谢意。圣诞大餐十分丰富，有传统的火鸡、布丁，也有海鲜、烤肉。节日期间，整个澳大利亚都沉浸在欢庆的热潮之中。

（7）节礼日：12月26日。

（8）恩沙克日：也叫澳大利亚军人节，每年的4月25日。该节日的设立最初是为了纪念第一次世界大战期间配合英军作战的澳新联合军团于 1915 年 4 月 25 日在土耳其的加里波利岛的决死登陆战役。在这场战役中澳新军团士兵伤亡惨重。约从 1920 年起，4 月 25 日就成了澳大利亚各州的公共节日，成为全国性的悼念在历次战争中阵亡士兵的日子。

2）民间节日

（1）墨尔本赛马节：每年的 11 月份的第一个星期二开始，持续 8 天。墨尔本赛马节创办于 1861 年，至今有 150 多年的历史，它不仅是澳洲最古老的传统狂欢节日，也是世界顶级的赛马大会。

（2）悉尼狂欢节：每年的 1 月份举行，是悉尼重要的节庆活动，有一连串的戏剧、艺术、音乐及户外运动以及免费的音乐会和盛大的烟火晚会。

2. 服饰、餐饮

澳大利亚人的衣着习惯可归结为两条：一是按需要穿衣打扮，二是尽可能让自己舒适。在一些重要场所，如出席正式晚宴、商务活动和交响音乐会等，人人衣衫整洁，个个仪态大方；在日常生活中，人人穿着朴实，个个随意休闲。绝大部分场合，人们的衣着以 T 恤衫、牛仔裤、运动鞋等休闲服装为主。澳大利亚的羊毛织品一直在全球享有盛名。当地美利奴细毛羊产出的优质羊毛是羊毛制品的理想原料来源。

澳大利亚人的饮食习惯以吃英式西餐为主，其口味喜清淡，烹饪方法以烤、焖、烩等居多。他们在就餐时通常爱将各种调味品放在餐桌上自由选用调味。澳大利亚的食品以丰富和量大而著称，以畜产品和水产品最为突出。澳洲的牛羊肉肉质很高，以小牛肉最为鲜美。水产中鱼蟹贝应有尽有，以生蚝和鲍鱼最为著名。袋鼠肉和帝王蟹则是澳大利亚特有的菜肴。同时世界各地的移民也为澳大利亚带来了各民族的传统食品，从而形成了多元的饮食文化。

3. 社交礼仪

澳大利亚人在第一次见面或谈话时，通常互相称呼"先生""夫人""女士"或"小姐"，熟悉之后就直呼其名。澳大利亚人初次见面时一般以握手为礼，熟人相见时一般也喜欢热情握手，亲朋好友间也以吻礼或贴面礼表达感情；聊天不应涉及个人隐私，聊天时相互间应至少保持 1 米的距离，不应离得太近。

澳大利亚人还有个特殊的礼貌习俗，他们乘坐出租车时，总习惯与司机并排而坐，即使是夫妇同乘，也是丈夫坐前排，妻子独坐后排，他们认为这是对司机的尊重。

澳大利亚人的时间观念很强，约会非常讲究守时，有准时赴约的良好习惯。

澳大利亚有些土著居民的握手方式是两人中指相互勾住，而不是全手掌相握。有些土著居民还有嚼骨告别的风俗，每当亲友之间告别时，要在口中放一根骨头，并用牙齿使劲咬嚼并发出"咯咯"的声音，以此来互道珍重，盼望重逢。

4. 行为禁忌

与澳大利亚人初次见面时不要直接询问个人问题，应该注意女不问年龄，男不问薪水。婚姻、家庭以及有关原国籍等话题也应该尽量避免。

在澳大利亚，即使是很友好地向人眨眼（尤其是妇女），也会被认为是极不礼貌的行为。大多数男人不喜欢紧紧拥抱或握住双肩之类的动作。在社交场合，忌讳打哈欠、伸懒腰等小动作。澳大利亚人忌送菊花、杜鹃花、石竹花及黄颜色的花。

澳大利亚的土著居民较为保守，不喜欢旅客给他们拍照，所以不要贸然偷拍，以免误会。

澳大利亚人忌讳数字 13 和星期五；忌讳兔子及兔子图案，喜爱袋鼠、琴鸟和金合欢图案。

三、文化艺术

澳大利亚是典型的移民国家，被社会学家比喻为"民族的拼盘"。自英国移民踏上这片美丽的土地之日起，至今已有来自世界 120 个国家、140 个民族的移民到澳大利亚谋生和发展。多民族形成的多元文化是澳大利亚社会的一个显著特征，其文学、现代舞蹈、电影、歌剧和戏剧等体现了西方文化的影响，而亚太地区也是影响澳大利亚文化的一个重要因素。澳大利亚人酷爱欣赏音乐会、观看戏剧表演，重要美术展览观众如潮。澳大利亚的电影在世界上具有较大的影响。

1. 教育

澳大利亚重视教育，学校分公立、私立两种，分为学龄前教育、小学教育、中学教育和高等教育 4 个阶段。其中，中小学教育为义务教育。著名大学有澳大利亚国立大学、堪培拉大学、墨尔本皇家理工学院、格里菲斯大学、墨尔本大学、悉尼大学、新南威尔士大学、莫那什大学、默多克大学等。

澳大利亚重视职业培训教育，全国有很多所技术学校和职业学校。

2. 文学艺术

澳大利亚是典型的移民国家，多元文化成为澳大利亚社会的一个显著特征。这一特色一方面反映在土著人的文学、绘画、音乐当中，另一方面也体现在从西方文化传统中吸收发展而来的美术、文学、舞蹈、电影、戏剧、歌剧之中。此外，亚太地区的文化也对澳大利亚的文化有着深远影响。

澳大利亚拥有众多的美术馆、剧院、乐团和舞蹈团体。悉尼歌剧院已成为澳大利亚最有特色的城市标志性建筑物，世界上著名的乐队、剧团、歌唱家、舞蹈家均以能在此演出为荣。其他著名的文化艺术设施还有澳大利亚国立美术馆、澳大利亚国立图书馆、澳大利亚国立博物馆、国家电影和音响档案馆等。

3. 体育

澳大利亚人酷爱体育。网球、游泳、赛马、足球、冲浪、帆板、滑雪、钓鱼、澳式橄榄球、滚球等都有众多的爱好者。澳大利亚网球普及率相当高，被称为"世界四大网球王国"之一（其他 3 个国家是英国、法国、美国）。澳大利亚人也非常热衷赛马和赌马。每年 11 月份的第一个星期二在墨尔本举行的全国性赛马锦标赛几乎会吸引所有人的关注，大家纷纷收听、收看比赛，当日也成为约定俗成的假日。

四、旅游业发展概况

（一）旅游业基本情况

2017 年，澳大利亚旅游业产值为 439.82 亿美元，占 GDP 的 3.3%。近年来，海外游客数总体呈上升趋势，但国内游客仍是旅游业的主导。在澳大利亚以度假为目的的国内过夜旅游者占总消费的 59%，一日游旅游者占 58%。2016 年，国内游客消费支出 825 亿美元，海外游客消费支出 344.96 亿美元。

入境旅游方面，2015 年访问澳大利亚的游客人数达到 710 万人次，其中来自中国的游客数量已超过 92.8 万人次，占海外游客总数的 13%。澳大利亚贸易委员会预测，到 2025 年，澳大利亚将迎接来自英国、美国、中国、新加坡、韩国和印度等国家的总计上千万名海外游客的访问。这使旅游业成为澳大利亚第三大出口业、第一大服务出口业，旅游业在 GDP 中的占比甚至超过农业。当前，来澳中国游客总数已接近 130 万人次，中国市场已经超过日本、美国和英国，有望超过新西兰成为澳大利亚第一大出境旅游市场。

出境旅游方面，2017 年澳大利亚国民出境旅游人数达 1 093.2 万人次，主要出境目的地是新西兰、美国、英国、泰国、新加坡、马来西亚、中国等。旅游目的以传统的观光度假占绝大多数，其次是探亲访友。2017 年澳大利亚来华旅游 73.43 万人次，是中国第九大旅游客源国。

（二）旅游资源

澳大利亚以其湛蓝的海水、金色的沙滩、色彩斑斓的海底花园（大堡礁）、茫茫天际的沙漠、郁郁葱葱的热带雨林景观、风景秀丽的山涧洞府、奇特古老的民俗风情、绚丽多姿的文化艺术、举世无双的动物奇观，成为全世界游客心仪神往的目的地之一。著名的旅游城市和景点有悉尼、墨尔本、布里斯班、阿德莱德、珀斯、黄金海岸、达尔文、大堡礁、艾尔斯岩（乌鲁鲁）等。

1. 主要旅游城市

1) 堪培拉

堪培拉是澳大利亚的首都，位于澳洲东南部，悉尼和墨尔本之间。面积 2 395 平方千米，现有人口约 40 万人，是全国政治和外交中心。它始建于 1913 年，1927 年正式建成。堪培拉是一座典型的政府城市，这里除了旅游业、赌博业以及满足联邦政府机构、科研单位、大专院校及文化娱乐等部门需要的服务行业以外，没有其他经济部门。法律规定，除总理府外其他建筑均不得建围墙。堪培拉的魅力在于它独具一格的城市设计和母亲般的宽容与宁静。主要旅游景点有：

（1）葛里芬湖：最醒目的标志物是库克船长喷泉，这是纪念库克船长登陆 200 周年的纪念产物，水柱可以喷达 130 米，颇为壮观。葛里芬湖其他游览点还有赛舟岬上的堪培拉都市计划展示馆、建于 1858 年的布兰岱尔农庄、阿斯本岛上的钟塔等。

（2）国立水族馆：位于 Scrivener 水坝附近，离堪培拉约 4 千米。这里有种类丰富的澳洲海洋生物，并设有现场潜水区，不论是新手还是老手皆可体验潜水的乐趣。临近的澳洲野生动物保护区，则为游客提供了与动物亲近的机会，并有精彩的剪羊毛表演。

（3）新国会大厦：以大理石为建筑材料的新国会大厦，在白、黑、红三种颜色的大理石空间中，成功地营造出权力机构的非凡气势。该建筑是澳洲建筑师苏普和美国建筑师米契尔、基哥拉三人的作品，游客可以参观大厅和参议院、众议院，如乘电梯登上顶台，就可以俯瞰堪培拉全景。

2）悉尼

悉尼是澳大利亚最大的城市和重要港口，也是新南威尔士州的首府，整个城市建筑在环绕海湾的低矮丘陵上，面积约 12 368.2 平方千米，人口约 503 万。悉尼是澳大利亚重要的政治、经济、金融中心，也是闻名于世的旅游城市。悉尼的风景名胜众多，主要有：

（1）悉尼歌剧院：这座最能代表澳大利亚的建筑，有"世界第八奇景"之称。悉尼歌剧院由丹麦建筑师约恩·乌松设计，在外观上像数个巨大的贝壳向后张开，又像张满的白色风帆。悉尼歌剧院于 1959 年开始建造，历经 14 年的时间才完成，内有近 1 000 个房间，其中包括音乐厅、歌剧厅、戏剧厅以及剧场等 4 个大厅。每年可接待 200 万人次以上的观众，还可吸引 20 万以上的游客前来参观。

（2）悉尼水族馆：主体建筑在达令港水面下的悉尼水族馆，以长达 146 米的水底通道、全部圆弧形的玻璃观景窗，让游客尽情欣赏海底生态环境的奇观。这里汇集了澳洲 5 000 多种水底生物，其中鲨鱼种类众多，在世界上排名前列。此外，还有世界最大的鸭嘴兽。悉尼水族馆展示着海豹、鳄鱼、红树林、远北方鱼类、远洋鱼类，以及大堡礁、岩石海岸、悉尼港、达令河等区域的海底生态，并且有触摸区让游客触摸部分海洋生物。

（3）悉尼塔：与悉尼歌剧院、港湾大桥并列为悉尼三大标志性建筑的悉尼塔，是旅游者游览悉尼必到的景点，尤其是想要鸟瞰悉尼市景，就必须要登上这座 305 米高的塔。

（4）澳洲野生动物园：位于悉尼以西 40 千米处，丛林占地 4 公顷，园内饲养了种类繁多的野生动物——红袋鼠、灰袋鼠、树熊、南方毛鼻袋熊、巨型蜥蜴、咸水鳄、淡水鳄、神仙企鹅、刺猬、塔斯马尼亚魔鬼（袋獾）、野狗等。

3）墨尔本

墨尔本市位于亚拉河畔，距离菲利浦湾约 5 千米，是澳洲的文化、运动、购物、餐饮中心，面积约 8 831 平方千米，目前人口 500 万，是澳大利亚第二大城市。墨尔本市建立于 1835 年，1927 年以前是联邦政府的首都，它是在 19 世纪中期淘金热潮中迅速发展起来的城市。目前市内仍保留许多 19 世纪华丽的维多利亚式建筑，林荫茂盛，公园众多，是澳大利亚最具欧洲风味的大城市，1993 年被评为"世界第三大最适合居住的城市"。其主要旅游景点有：

（1）菲利普岛：以黄眼企鹅闻名于世，也成为游客最希望游览的自然生态岛。在黄眼企鹅生物保护区，当阳光消失在海滩上时，外出觅食的企鹅带着满口的鱼，陆续回巢喂哺幼儿。坐在观景台上，游客们可观看企鹅们奋力游上岸，迈着左右晃动的步子认真地走回家的情景，除了黄眼企鹅保护区外，岛上还有其他生态保护区。

（2）疏芬山：记录着 1851—1861 年的梦幻时代——红金沟淘金场。淘金厂设施简陋，但相当实用；中国城则是当局为保护中国人免受欧洲人欺负而设立的。巴拉列淘金镇是因为淘金者的需求而形成的小镇，从出售日常用品的店铺、医院、学校、邮局、饭店、教堂、戏院，旅游者可以看到当时的生活情景。

4）布里斯班

布里斯班是昆士兰州的首府，也是澳大利亚第三大城市，有"树熊之都"的美誉。它地处澳大利亚东南部，是澳大利亚一个重要的度假休闲胜地。布里斯班是一座在城市规划方面很有特色的城市，分割区域的街道，南北方向以女性名字命名，东西方向则是男性名字命名。登上市政厅的眺望台，可以眺望布里斯班的街景；位于城市西面的库沙山则有另一处观景眺望台。孤松无尾熊保护区有着全澳最多的无尾熊，是布里斯班广受欢迎的旅游景点之一。

2. 主要旅游名胜

1) 黄金海岸

黄金海岸位于澳大利亚东部海岸中段、布里斯班以南,它由一段长约 42 千米、10 多个连续排列的优质沙滩组成,因沙滩为金色而得名。这里气候宜人,日照充足,特别是海浪险急,适合进行冲浪和滑水活动。这里是冲浪者的乐园,也是昆士兰州重点旅游度假区。旅游设施齐全,有各种各样的游乐场、赌场、酒吧、夜总会、海洋世界和主题公园。

2) 大堡礁

大堡礁位于太平洋珊瑚海西部,北起托雷斯海峡,南到弗雷泽岛附近,沿澳大利亚东北海岸线绵延 2 000 余千米。大堡礁距海岸 16~241 千米,总面积达 8 万平方千米。大堡礁有 400 种活的珊瑚,颜色从一般的蓝色、鹿角棕色到令人惊奇的粉红色及紫色,简直是个五彩斑斓的神奇世界。珊瑚是珊瑚虫分泌的石灰性物质和骨骼残骸堆积而成的。这里因珊瑚礁沿海岸分布,像堡垒保卫着海岸,所以称为堡礁。大堡礁不利于航行,但是可以开展多项水上活动,还可以在水下观赏美丽的珊瑚和其他水下生物,因而成为澳大利亚一个重要的旅游区。大堡礁由 600 多个珊瑚礁组成,水下珊瑚颜色鲜艳,绚丽多姿,形状各异,还有游鱼、绿海龟、蟹、牡蛎等,宛如一座海上公园。

3) 艾尔斯岩

艾尔斯岩是位于澳大利亚北领地爱丽斯泉市西南 470 多千米处的巨大岩石。只要沿着一号公路往南,车程约 5 个小时,就可以看到这一世界上最大的单一岩石艾尔斯岩。这块长 3 000 米、宽 2 000 米、高 335 米的巨石突兀孤立在平坦的荒漠之中。它是澳洲大陆最好的历史见证,被土著人奉为神明的化身,尊为神岩。

4) 昆士兰热带雨林

1974 年,昆士兰热带雨林被列入世界遗产自然保护区。热带雨林位于昆士兰省的东北部,被描述为"最古老的世界"。

5) 蓝山国家公园

蓝山国家公园坐落在新南威尔士州境内,2000 年被列入自然类世界遗产。蓝山全地区生长着大面积的原始丛林和热带雨林。

第十节 新 西 兰

一、国情概况

1. 地理气候

新西兰位于太平洋西南部,介于南极洲和赤道之间,西隔塔斯曼海与澳大利亚相望,北邻汤加、斐济。新西兰由北岛、南岛及一些小岛组成,面积 26 万多平方千米,专属经济区 120 万平方千米,海岸线长 6 900 千米。新西兰素以"绿色"著称,境内多山,山地和丘陵占其总面积 75% 以上,这里属温带海洋性气候,四季温差不大,植物生长十分茂盛,森林覆盖率达 29%，天然牧场或农场占国土面积的一半。广袤的森林和牧场使新西兰成为名副其实的"绿色王国"。

南岛西部绵亘着雄伟的南阿尔卑斯山脉。库克峰海拔 3 755 米，为全国最高峰。山区多冰川和湖泊；西部是丘陵，西南部是高原。北岛东部地势较高，多火山，中部多湖泊。湖的周围为平原，在平原上耸立着高达 2 797 米的鲁阿佩胡火山，是北岛的最高点。

新西兰属温带海洋性气候，季节与北半球相反。新西兰的 12 月至次年 2 月为夏天，6—8 月为冬天。夏季平均气温 25℃，冬季平均气温 10℃，全年温差一般不超过 15℃。各地年平均降雨量为 400~1 200 毫米。

2. 发展简史

早在公元 1350 年，毛利人就在此定居，成为新西兰最早的居民，并用波利尼西亚语"Aotearoa"作为它的名字，意思是"白云朵朵的绿地"。1642 年，荷兰航海家阿贝尔·塔斯曼在此登陆，把它命名为"新泽兰"。1769—1777 年，英国库克船长先后 5 次到达这块土地。此后英国向这里大批移民并宣布占领新西兰，把海岛的荷兰文名字"新泽兰"改成英文"新西兰"。1840 年英国迫使毛利人酋长签订《威坦哲条约》，把这片土地划入了大英帝国的版图。1907 年新西兰独立，成为英联邦的自治领，政治、经济、外交仍受英国控制。1947 年成为主权国家，是英联邦成员。

3. 国名、首都、国旗、国徽、国歌、国花、国树、国鸟

（1）国名：新西兰。
（2）首都：惠灵顿。
（3）国旗：呈横长方形，长与宽之比为 2∶1。旗底为深蓝色，左上方为英国国旗图案，右边有四颗镶白边的红色五角星，4 颗星排列均不对称。新西兰是英联邦成员国，红、白"米"字图案表明同英国的传统关系；4 颗星表示南十字星座，表明该国位于南半球，同时还象征独立和希望。
（4）国徽：中心图案为盾徽。盾面上有 5 组图案；4 颗五角星代表南十字星座，象征新西兰；麦捆代表农业；羊代表该国发达的畜牧业；交叉的斧头象征该国的工业和矿业；3 只扬帆的船表示该国海上贸易的重要性。盾徽右侧为手持武器的毛利人，左侧是持有国旗的欧洲移民妇女；上方有一顶英国伊丽莎白女王二世加冕典礼时用的王冠，象征英国女王也是新西兰的国家元首；下方为新西兰蕨类植物，绶带上用英文写着"新西兰"。
（5）国歌：《上帝保佑新西兰》。
（6）国花：银蕨。
（7）国树：四翅槐。
（8）国鸟：几维鸟。新西兰是世界上唯一有几维鸟的国家，所以几维鸟备受珍爱，被视为民族的象征。

4. 人口、居民、语言与宗教

新西兰全国人口约 479.39 万（2017 年）。其中，欧洲移民后裔约占 67.6%，毛利人约占

14.6%，亚裔约占 9.2%，太平洋岛国裔约占 6.9%。官方语言为英语和毛利语。新西兰约 70% 的居民信仰基督教新教和天主教。

5. 政治与经济

1）政治

新西兰是君主立宪的中央集权国家。议会实行一院制，称众议院。有议员 97 名，其中 4 名为毛利族议员，议员均由普选产生，任期 3 年。总督与内阁成员组成的行政会议是法定的最高行政机构。行政会议由总督主持。新西兰是世界上第一个实施妇女选举权的国家，1893 年妇女获得选举权，1919 年获被选举权。自 1935 年起由工党和国民党轮流执政。其他政党有新西兰民主党、新西兰共产党（马列）筹委会、新西兰共产党等。

2）经济

新西兰以农林牧产品加工为主，主要有奶制品、毛毯、食品、酿酒、皮革、烟草、造纸和木材加工等轻工业，产品主要供出口。近年来，新西兰的食物加工技术、电信、塑料、纺织、林木制品、电子、登山用品与服饰等方面的竞争力也越来越强，一些特殊生活风格用品（如帆船）的从业者，也在急速增长。

新西兰农业高度机械化，但粮食不能自给，需要从澳大利亚进口。畜牧业较发达，是新西兰的经济基础，畜牧业用地占国土的 50%，羊肉、粗羊毛、奶制品的出口量均居世界第一位。

新西兰渔产丰富，拥有世界第四大专属经济区。200 海里[①]专属经济区内捕鱼潜力每年约 50 万吨，每年商业性捕捞和养殖鱼、贝类 60 万～65 万吨，其中超过半数供出口。

2017 年主要经济数据如下：GDP 2 059 亿美元，同比增长 3.0%，人均 GDP 42 941 美元，同比增长 0.9%，货币：新西兰元，汇率（2017 年 9 月）：1 美元≈1.39 新西兰元。

二、习俗礼仪

1. 节日庆典

（1）元旦：1 月 1 日。

（2）元旦次日：1 月 2 日。

（3）怀唐伊日：2 月 6 日。

（4）受难节：复活节前的星期五。

（5）复活节：4 月 14—17 日。

（6）澳新军团日：4 月 25 日。

（7）女王诞辰日：6 月的第一个星期一。

（8）劳动节：10 月的第四个星期一。

（9）圣诞节：12 月 25 日。

（10）节礼日：12 月 26 日。

每个地区还有不同的周年庆，如惠灵顿周年纪念日为距 1 月 22 日最近的一个星期一。另外，随着华人的增加，中国的传统节日春节也越来越成为新西兰重要的节日。

---

① 1 海里=1.852 千米。

2. 服饰、餐饮

新西兰人是欧洲移民的后裔,在日常生活里通常以穿着欧式服装为主。他们注重服饰质量,讲究庄重,偏爱舒适,强调因场合而异。正式盛大的集会大都穿深色西服或礼服,但在一般场合人们的穿着趋于简便。外出参加交际应酬时,新西兰妇女不但要身着盛装而且一定要化妆。在她们看来,参加社交活动时化妆,是一种基本的礼貌修养。

新西兰毛利人的传统服饰鲜艳而简洁,富有民族特色,有披肩、围胸、围腰和短裙,最常见的是"比乌比武"短裙,它是用亚麻类植物织成,人们习惯称其为"毛利草裙"。此裙不分男女,现在多做演出时的道具。毛利人最讲究的是羽毛大氅,过去是酋长才能披戴的,现在遇有盛大庆祝活动时才穿上迎接贵宾,以示庄重威严。现今毛利人平时穿戴也是西装革履,并无异样。

新西兰人的饮食习惯与澳大利亚人相似,饮食中肉类占很大比重。尤其喜爱吃羊肉,传统的新西兰餐由一道肉(羊、牛、猪或鸡)、马铃薯及 2~3 种蔬菜所构成。烧烤的晚餐由肉及蔬菜加油放进烤炉中一起烤制而成,通常一个星期吃一次,且大都在周末。

新西兰人在饮食上习惯吃英式西餐,口味喜清淡。一般都爱喝咖啡、红茶,爱吃水果,尤其喜食一种叫几维果的名贵水果。新西兰人喜欢吃外卖快餐,也喜欢吃一些传统食品,如澳新饼干、咸肉和鸡蛋派、麦片饼、白兰地姜饼、椰丝小面包等,炸鱼与薯条、汉堡及派也很受欢迎。

新西兰人喜欢款待亲朋好友,在夏天通常是以烧烤方式一起用餐。大部分的客人也需献上一道菜式,如沙拉或者一些肉(牛排或香肠),并且自备啤酒或白酒。如果主人盼望客人带一道菜来,通常在邀请的同时会告知客人需带哪款菜式。另外一种普遍的款待方式为派对,通常为庆祝生日、周年庆、乔迁新居或者只为与友共聚而开,酒与甜品是款待客人的最佳选择。

3. 社交礼仪

新西兰和澳大利亚一样流行西方礼仪。"女士优先"的原则在这里是通用的。新西兰人守时惜时,待人诚恳热情。在应邀参加派对后,礼貌上要再回请一次。在派对中男女平等,可以随便交谈,也是个人涵养的表现,切不可缩头缩尾。新西兰人喜欢狗,珍爱几维鸟,钟爱银蕨,爱护环境。许多新西兰人的房子,都有大庭院,住在那里要仔细照顾庭院中的花草树木,不可任其荒芜或杂草丛生,否则会引起邻居的不快。

新西兰人见面和分手时都握手。和妇女相见时,要等对方先伸出手来再握。商务活动最好事先预约,客人要先到一会儿,以示礼貌。客商通常喜欢请外来主顾到自己住的饭店或旅馆吃午饭,会谈一般是在当地人的办公室里进行。如应邀到新西兰人家里吃饭,可以带一盒巧克力或一瓶威士忌作为礼物。礼品不要太多或太贵重。

4. 行为禁忌

新西兰人多忌讳建造或居住密集型的住宅。他们在男女交往方面较为拘谨保守,并且有种种清规戒律。新西兰人忌讳男女混合活动,即使看戏、看电影,也要男女分场。毛利人信奉原始宗教,相信灵魂不灭,因此对拍照、摄像十分忌讳。他们还忌讳让老年人或病重垂危的人住进医院。因为他们认为,只有罪人或奴隶才死于家外。毛利人的首领拥有绝对权力,其本身及财产均属禁忌范围,平民绝不准触犯和侵犯,否则即被处死。

三、文化艺术

新西兰是一个种族多元化的国家,具有浓烈的毛利文化色彩。这里的土著居民毛利人的文化对新西兰生活的方方面面都产生了深远的影响,例如,新西兰人的语言、艺术,甚至说话的腔调都深受其影响。新西兰位于南太平洋,这里的人民爱好户外活动、体育运动和艺术,所有这些都使新西兰人和新西兰文化呈现出与众不同的色彩,从而形成新西兰人身上许多共同的优秀品质,如待人友善、尊重个性、善于创造、追求自立。

新西兰社会和文化活动长年不断,主要包括国际电影节、世界知名歌星参与的音乐会、歌剧、艺术展览和毛利文化聚会。

新西兰国家博物馆位于惠灵顿,新西兰的历史、文化和传统常年在这里展览。橱窗玻璃展示、与观众的现场交流只是众多展览的冰山一角。除了新西兰博物馆,新西兰各主要城市都有自己当地的博物馆来展示当地特殊的文化和传统。

在新西兰全境有各式各样的娱乐活动。所有的主要城市和市镇都有电影院、夜总会、餐馆、画廊和博物馆。大多数城市都有剧团,上演新西兰和各国的戏剧。除此之外,许多职业剧院公司经常在全国各地举行一些有世界知名艺术家参加的艺术活动。新西兰皇家乐团等一些音乐表演团体经常在国内和世界各地举行各种形式的演出。迅速发展的新西兰电影业曾制作出《钢琴别恋》等著名电影,新西兰还是国内和国际高质量电影和电视制作的理想地点。

每两年在惠灵顿举办一次的新西兰国际艺术节成为人们追求艺术的狂欢节。

此外,橄榄球运动是新西兰文化中非常重要的部分。在冬季寒冷的下午,大批球迷聚集在电视机前观看每星期六举行的橄榄球比赛,这是新西兰很常见的景象。

四、旅游业发展概况

(一)旅游业基本情况

旅游业是新西兰的支柱产业之一,也是新西兰最大的出口产业之一,2017年旅游业产值达106亿美元。前往新西兰的国际游客不断增加,预计到2021年,将有超过380万名游客到访新西兰,平均每年游客数量将增长4%。在新西兰全球客源市场中,中国市场的表现尤为抢眼。2014年4月—2015年4月,已有30.2万中国游客到访新西兰,同比增长超过26%,这也是中国游客年到访新西兰人次首次突破30万大关。目前,作为新西兰的第二大客源国,2018年中国游客到访新西兰数量达45.1万人次,相比2017年增长9.7%。

(二)旅游资源

新西兰环境清新、气候宜人、风景优美,旅游胜地遍布全国。新西兰的地表景观富于变化,北岛多火山和温泉,南岛多冰河和湖泊。其中,北岛的鲁阿佩胡火山和周围14座火山的独特地貌形成了世界罕见的火山地热异常带,这里分布着1 000多处高温地热喷泉。这些千姿百态的沸泉、喷气孔、沸泥塘和间歇泉形成了新西兰的一大奇景,吸引着世界各地的旅游者慕名而来。并且随着《魔戒》三部曲、《钢琴课》和《垂直极限》等一系列国际知名影片在新西兰的成功拍摄，新西兰已成为广大游客心目中神圣的"中土"世界。

新西兰主要的风景名胜有 14 个国家公园、伊甸山、毛利文化村、天空塔、海港大桥、库克山等。

1. 主要旅游城市

1）惠灵顿

惠灵顿是新西兰的首都，它地处北岛的南部，是往来南北二岛的交通枢纽，是新西兰地理、文化和政治中心。惠灵顿背山面海，在海洋性气候的影响下，天气和暖，阳光充沛。因其地势较高，依山傍水，紧靠库克海峡，常有海风侵袭，故被称为"风都"。城市周边群山连绵，木质结构的建筑是惠灵顿的一大特色。沿着平缓的山坡，一幢幢雪白的木屋带着漆得五彩缤纷的屋顶层层叠叠，向上延伸至山顶，向下绵延到繁华的市中心。

（1）国会大厦：国会大厦建筑群位于惠灵顿的市中心，对游客有着巨大的吸引力。从这里短程步行即可到达国家档案馆、圣保罗大教堂及从前的政府大厦（该大厦为世界第二大木质建筑）。

（2）议会大厦：于 1876 年修建，别具特色的蜂窝式建筑物，意大利风格的设计，是南太平洋规模宏大的木结构建筑之一。4 层全木结构建筑，外形酷似蜂巢，内部采取了有效的防强地震设计，以适应新西兰这样的多地震国家。大厦由三大建筑组成，包括哥特式的阁书馆，英国文艺复兴式议政厅和圆形的办公大楼。迥然不同的建筑风格使国会大厦成为一个奇妙的组合，既各具神采，又相辅相依，融为一体。

（3）维多利亚山：位于惠灵顿市区西南部，保存着 1893—1906 年的总理塞顿使用过的办公室。塞顿曾对新西兰政治立法有过重大影响，他使新西兰成为世界上第一个妇女有选举权的国家。

维多利亚山附近是英国航海家库克的纪念碑岛，1769—1777 年库克曾先后 5 次到达新西兰。维多利亚山北面的卡因加罗国家人造森林，占地 15 万公顷，绵延 100 多千米，是世界上规模宏大的人造林之一。

（4）惠灵顿动物园：是惠灵顿唯一的一座动物园，同时这座动物园也是新西兰历史最悠久的动物园。该动物园修建于 1906 年。动物园有个很长的昵称——"世界最棒的稀有动物动物园"。

2）奥克兰

新西兰第一大城市奥克兰地理位置得天独厚，是南半球天然的良港，市民拥有的船艇数量居世界前列，大约每 11 个人便拥有 1 艘游船，是闻名世界的"帆船之都"，也是新西兰最大的华人聚居区。距市中心不远处的海滩，是夏天享受日光浴的最佳场所。许多著名的水上赛事都在这里举行，最壮观的当数每年 1 月最后一个星期一举行的奥克兰周年帆船赛，千帆并举，人山人海，是奥克兰人及各国帆船爱好者的狂欢节，被称为"兼具自然风光及都市生活的最佳地方"。

（1）伊丽莎白女王广场：位于皇后大街的尽头，广场上设有中心邮局、市区综合大楼和新西兰航空公司。该广场是上班族最喜爱的就餐场地。在这里，也常常可以见到街头演说者和抗议游行者。他们可以在此尽情倾诉大至因核潜艇来访、小到因幼儿园经费严重不足所引起的悲伤和怨恨。多彩的水果推车出售几维果、费约果、番茄、枯麻拉果和其他新鲜的新西兰农产品。丹麦冰激凌冷饮室更使喜爱甜食的人们垂涎欲滴。

（2）奥克兰中央公园：坐落在市中心，位于皇后大街左侧，占地 800 公顷，作为奥克兰心脏地带的一大片青葱绿地，是市民假日休闲的最佳场所。游客可以在这里享受难得的宁静与日光。

（3）奥克兰博物馆：位于新西兰的奥克兰市奥克兰公园内，是一所收藏历史和民族文物的博物馆。该馆是一座哥特式建筑，馆内陈设品丰富，共有 3 层：第一层以展示毛利文化为主，有毛利人独特的民族手工艺品、经复原的毛利人集会场所以及毛利人日用品展览；第二层是各种动植物资料及标本展，其中最引人注意的是恐鸟的遗骨；第三层展示的是两次世界大战中新西兰军队使用过的武器等。

3）基督城

基督城是新西兰第三大城市，也是南岛最大的城市。它位于南岛中部辽阔平坦的肯特百利平原，得天独厚的地理和气候条件使基督城草木葱郁，鲜花盛开，素有"花园之城"的美誉。基督城的布局方正严整，以典型英式建筑的天主教堂为中心，从四方向外扩展。纵横交错的街道也设计得井井有条，四平八稳，显示出严格有序的条理感。基督城大部分地区是公园和自然保护区。基督城原来是探索南极的研究中心。南极中心内展示各种南极考察组织的资料，更有模拟南极地貌气候、生态环境的主题展览。

2. 主要旅游名胜

1）罗托鲁阿

罗托鲁阿位于北岛中部，以地热奇观驰名世界，常年游客如云。在罗托鲁阿可以饱览地热喷泉、沸腾泥浆池以及彩色温泉梯田，感受大自然的伟大与神奇造化。游客在游览之余，还可以乘兴去温泉吧泡澡，既消解疲劳又放松身心，舒适惬意。温泉浴有许多种，每种水中含有不同的矿物质，可以缓解不同的疾病与疼痛。

2）奥塔哥区

奥塔哥区指南岛中部及东南沿岸地区，中部内陆地区淘金历史悠久。由丹尼丁出发，循沿海公路往北行，到达奥马鲁，其维多利亚式建筑处处可见，人们仿佛还可瞥见 19 世纪淘金人的狂热。

3）拉纳克城堡

拉纳克城堡是新西兰唯一的古城堡，其内设的木质家具是新西兰最好的古董收藏。它独特的建筑风格，是新哥特式复兴主义建筑与英国殖民时代建筑的结合。它曾由 200 名工匠建造外部，3 名英国雕刻师花了 12 年的时间装饰内部。其华丽的内部不仅有意大利的石膏天花板、威尼斯的玻璃墙、1 吨重的大理石浴盆，还有南半球唯一的乔治王时代（1714—1830 年）的悬梯。

关于城堡，还有一段集浪漫、悲剧与丑闻于一身的故事。拉纳克城堡原是为曾担任英国殖民政府部长的银行家威廉·拉纳克的第一任妻子伊丽莎·珍·盖斯修建的。伊丽莎悲剧性地死去时年纪尚轻，留下 6 个失去母亲的孩子。她死后，拉纳克又先后娶了两任妻子。后来，第三任妻子爱上拉纳克与第一任妻子所生的儿子，导致拉纳克发狂，在议会大厦自杀身亡。这幕惨剧听来令人感叹不已。

4）海湾大桥

海湾大桥连接奥克兰最繁忙的港口怀提玛塔海港南北两岸，全长 1020 米，与停泊在奥克兰艇俱乐部的万柱桅杆组成了一幅壮观美丽的画卷。

5）女王城

女王城坐落在瓦卡蒂普湖畔，人口虽稀少，却是新西兰的观光重镇。这里不仅湖光山色美不胜收，更因其背靠卓越山脉、面对着新西兰的第三大湖而闻名遐迩。游人可乘登山缆车饱览小城的明媚景致，可追寻奇异鸟的行踪。倘若兴致颇高，再加上一份勇气，便可一试惊险蹦极，挑战自我。

6）伊甸山

伊甸山位于市中心以南约 5 千米处，是一座死火山的火山口。山顶设有瞭望台，视野开阔，是眺望市景的好地方。此外，还可参观 12 世纪时毛利人要塞的遗迹。

7）毛利文化村

罗托鲁阿市中心附近，有名叫奥希内穆图的毛利村，内有毛利人的会议厅，柱子上雕有记述阿拉瓦部族历史的精美图案。1963 年，市西南角的娃卡丽娃毛利寨被辟为公园，内有会议厅、住房和储藏室等早期建筑。早期毛利人的住房，用蒲草和棕榈树枝搭成，简陋低矮，不能直腰。各种储藏室均有高脚支撑，工具室则类似中国云南傣族的竹楼，但较矮小；族长的食品室，则离地很高，外形似杂技演员用竹竿顶着的椅子。园中心的间歇泉，水柱笔直喷射，高 30 余米，似银链闪耀，白莲盛开。罗托鲁阿是毛利族历史文化荟萃之地。毛利族历史源远流长，其别具一格的文化艺术，值得游人在此慢慢品味。毛利族人擅长用地热烧煮食物，游客在罗托鲁阿可以品尝到地道的石头火锅。石头火锅即把经地热烘烫的薄石块放进地洞内，再把食物烩熟，风味独特。

8）天空塔

天空塔坐落在奥克兰的市中心，Hobson St. 和 VictoRia St. 的街角。塔高 328 米，是奥克兰的标志性建筑，也是南半球的最高建筑。它与其他的建筑连成一体，组成巨大的天空城，城中汇集了新西兰最大的赌场、10 个餐厅和酒吧、四星级宾馆、剧场以及许多独一无二的旅游冒险活动。它还有巨大的地下停车场和城际巴士总站。

9）库克山

在南阿尔卑斯山脉的中心，由基督城经过绿林茂密的坎特布利平原，向南前进，放眼望去所见的就是新西兰的最高峰库克山，海拔 3 764 米，被称为"南半球的阿尔卑斯山"。附近环绕着塔斯曼山等 18 座 3 000 米以上的高山，山麓地带是绝佳的自然游乐场所，有美丽的高山植物花园，还可进行滑雪等活动。这一带被命名为库克山国家公园，与西州国家公园相对。库克山被冰河侵蚀成 V 字形的山谷前，有两个宁静而美丽的湖泊位于其间，即普卡基湖和太卡湖，南阿尔卑斯山上的积雪融化之后流经 3 个湖泊后，汇入南坎特普利平原的威塔奇河，然后东流注入南太平洋。

本章小结

本章主要介绍亚太地区的中国主要旅游客源国的自然环境状况、社会概况以及旅游业概况;分析了日本、蒙古国、新加坡、泰国、马来西亚、印度尼西亚、菲律宾、印度、澳大利亚、新西兰成为我国主要客源国的经济、文化等基础。日本为岛国,人口众多,资源匮乏,但经济都很发达,文化深受中国的影响。蒙古国作为内陆国家,自然资源丰富,经济以农牧业为主,相对较落后,但住房、饮食、节庆和礼仪富有草原风情,旅游潜力尚待挖掘。新加坡、泰国、马来西亚、印度尼西亚、菲律宾属于东南亚国家,地理位置优越,多数国家属于热带,旅游资源较为丰富,经济发展较快,其中,新加坡、泰国的旅游业比较发达。印度属于南亚发展中国家,旅游资源丰富,旅游业发展较快。澳大利亚和新西兰位于大洋洲,旅游资源丰富,经济发达,旅游业发达。

复习思考题

1. 能够代表日本文化传统和民俗风情的元素有哪些?
2. 新加坡、泰国和马来西亚3个国家的相对地理位置如何?
3. 在旅游接待服务中,对东南亚客人应注意哪些风俗习惯?
4. 简单叙述接待蒙古国客人应注意的问题。
5. 概述澳大利亚和新西兰的经济发展情况。

案例分析

他们到底去了哪里

长假过后,小张和小李两个人在单位一见面,就聊起了这次他们各自出境旅游的经历。小张说:"这是我第一次出国,感觉好新奇:喝清酒,穿和服,睡榻榻米,看樱花,在迪士尼乐园游玩,好好体验了一下做外国人的感觉。"小李说:"我们的感觉也非常好,过的很有意思。沙巴民族风情独特,鸡肉沙爹味道不错,水果很多,我特别喜欢吃榴莲和山竹。我还骑过了大象,买了几个鳄鱼皮包。"

思考:
1. 小张和小李出境旅游分别去了哪些国家?
2. 这些国家还有哪些其他著名旅游景观?

第三章

欧洲主要客源国

导 言

欧洲地区是世界旅游业最发达的地区，也是世界上最主要的旅游客源产生地和最主要的旅游目的地。欧洲经济非常发达，工业化水平较高，人口密度较大，城市人口比例很高。欧洲的 GDP 位居世界其他旅游大区之首。欧洲是我国重要的旅游客源地，了解欧洲各国的概况及旅游资源，对于发展我国入境旅游具有重要意义。

【学习目标】
- 熟悉欧洲地区主要客源国的地理气候、发展历史、人口和经济发展状况。
- 了解欧洲地区主要客源国的旅游业发展概况。
- 掌握欧洲地区主要客源国的人文习俗和著名旅游景点。

第一节 英 国

一、国情概况

1. 地理气候

英国位于欧洲西部，大西洋东部，由大不列颠岛（包括英格兰、苏格兰、威尔士）、爱尔兰岛东北部和一些小岛组成。隔北海、多佛尔海峡、英吉利海峡与欧洲大陆相望。海岸线总长 11 450 千米。国土面积 24.41 万平方千米（包括内陆水域）。其中，英格兰 13.04 万平方千米，苏格兰 7.88 万平方千米，威尔士 2.08 万平方千米，北爱尔兰 1.41 万平方千米。

英国处于世界零时区，使用格林尼治标准时间，与中国的时差为 8 小时。夏季，实行夏时制，届时伦敦当地时间比中国晚 7 小时。

英国属海洋性温带阔叶林气候。通常最高气温不超过 32℃，最低气温不低于-10℃。北部和西部的年降水量超过 1 100 毫米，其中山区超过 2 000 毫米，中部低地为 700～850 毫米，东部、东南部只有 550 毫米。每年 2—3 月最为干燥，10 月—翌年 1 月最为湿润。

2. 发展简史

约公元前 13 世纪,伊比利亚人从欧洲大陆来到大不列颠岛东南部定居。1—5 世纪,大不列颠岛东南部受罗马帝国统治,后来盎格鲁-撒克逊人、朱特人相继入侵。829 年英格兰统一,史称"盎格鲁-撒克逊时代"。1066 年,诺曼底公爵威廉渡海征服英格兰,建立诺曼底王朝。1536 年,英格兰与威尔士合并。1640 年,英国爆发资产阶级革命。1649 年 5 月 19 日,英国宣布共和国成立。1660 年,斯图亚特封建王朝复辟。1688 年,英国发生"光荣革命",确立了君主立宪制。1707 年,英格兰与苏格兰合并,1801 年又与爱尔兰合并。18 世纪 60 年代—19 世纪 30 年代,英国成为世界上第一个完成工业革命的国家。1914 年,英国占有的殖民地比本土大 111 倍,是第一殖民大国,自称"日不落帝国"。1921 年,爱尔兰南部 26 郡成立"自由邦",北部 6 郡仍归英国。第一次世界大战后英国开始衰落,其世界霸权地位逐渐被美国取代。第二次世界大战严重削弱了英国的经济实力。随着 1947 年印度和巴基斯坦相继独立,英国殖民体系开始瓦解,但英国仍是英联邦 53 个成员国的盟主。目前,英国在海外仍有 13 块领地。1973 年 1 月,英国加入欧共体(今欧盟)。2016 年 6 月 23 日,英国举行公投决定脱离欧盟。

3. 国名、国旗、国徽、国歌、国花、国树、国鸟、首都

(1)国名:全称"大不列颠及北爱尔兰联合王国",简称英国。

(2)国旗:英国国旗由深蓝底色和红、白色"米"字组成,因此也称为"米字旗",于 1801 年确定。英国国旗上的十字综合了原英格兰(白底红色正十字旗)、苏格兰(蓝底白色交叉十字旗)和北爱尔兰(白底红色交叉十字旗)的旗帜标志。旗中带白边的红色正十字代表英格兰守护神圣乔治,白色交叉十字代表苏格兰守护神圣安德鲁,红色交叉十字代表爱尔兰守护神圣帕特里克。

(3)国徽:中心图案为一枚盾徽,盾面上左上角和右下角为红底上 3 只金狮,象征英格兰;右上角为金底上半站立的红狮,象征苏格兰;左下角为蓝底上金黄色竖琴,象征爱尔兰。盾徽两侧各由一只头戴王冠、代表英格兰的狮子和一只代表苏格兰的独角兽支扶着。盾徽周围用法文写着一句格言,意为"恶有恶报";下端悬挂着嘉德勋章,饰带上写着"天有上帝,我有权利"。盾徽上端为镶有珠宝的金银色头盔、帝国王冠和头戴王冠的狮子。

(4)国歌:《上帝保佑女王》(*God Save the Queen*)。如在位的是男性君主,国歌改为《上帝保佑吾王》(*God Save the King*)。

(5)国花:玫瑰。在玫瑰战争中,当时代表兰开斯特(Lancaster)皇室的是红玫瑰,代表约克(York)皇室的是白玫瑰。约克皇室的政权被兰开斯特皇室击败后瓦解,但是双方在战后通过联姻而和解,所以这两个皇室的代表物,这二种玫瑰合而为一,成为白蕊的红玫瑰。于是,白心红玫瑰成为英格兰的象征,也逐渐成为英国的象征。

(6)国树:夏栎。

(7)国鸟:约胸鸲。

(8)首都:伦敦,人口 890 万(2017 年)。最热月份为 7 月,一般气温在 13℃~22℃;最冷月份为 1 月,一般气温在 2~6℃。

4. 人口、居民、语言与宗教

根据英国政府 2017 年人口统计的数据,英国拥有 6 605 万人口。2016 年男性平均寿命为 78.4 岁,女性为 82.5 岁。婴儿死亡率为 4.7‰。

英国主要由 4 个大的民族构成,即英格兰族、苏格兰族、威尔士族和爱尔兰族。在英国的人口分布中,英格兰族占 83.6%,苏格兰族占 8.6%,威尔士族占 4.9%,爱尔兰族占 2.9%,其他族占 7%。人口较为密集的城市有伦敦、伯明翰、曼彻斯特、利物浦、爱丁堡等。

英国的官方语言为英语,威尔士北部还使用威尔士语,苏格兰西北高地及北爱尔兰部分地区仍使用盖尔语。居民多信奉基督教新教,主要分英格兰教会(亦称英国国教圣公会,其成员约占英国成人的 60%)和苏格兰教会(亦称长老会,有成年教徒 59 万人)。另有天主教会及伊斯兰教、印度教、锡克教、犹太教和佛教等较大的宗教社团。

5. 政治与经济

1)英国政治

英国是典型的君主立宪制国家。国王为国家世袭元首、最高司法长官、武装部队总司令和英国圣公会的"最高领袖"。国家的一切重要行政措施都以女王的名义发布,形式上有权任免首相、各部大臣、高级法官、军官、各属地的总督、外交官、主教及英国圣公会的高级神职人员等,并有召集、停止和解散议会,批准法律,宣战媾和等权力,但其活动属于礼仪性质的,无实权,实权在内阁。苏格兰有自己独立的法律体系。

议会是最高立法机构,由君主、上院(贵族院)和下院(平民院)组成,行使国家最高立法权,是英国权力中枢。上院议员包括王室后裔、世袭贵族、终身贵族、教会大主教及主教。下院议员由普选产生,采取简单多数选举制度,任期 5 年,但政府可提议提前举行大选。

英国政府实行内阁制,由君主任命在议会中占多数席位的政党领袖出任首相并组阁,向议会负责。

英国分为英格兰、威尔士、苏格兰和北爱尔兰 4 个部分。英格兰划分为 43 个郡。苏格兰下设 32 个区,包括 3 个特别管辖区。威尔士下设 22 个区。北爱尔兰下设 26 个区。苏格兰、威尔士议会及其行政机构全面负责地方事务,中央政府仍控制外交、国防、总体经济和货币政策、就业政策以及社会保障等。

英国有 3 种不同的法律体系:英格兰和威尔士实行普通法系,苏格兰实行民法法系,北爱尔兰实行与英格兰相似的法律制度。司法机构分民事法庭和刑事法庭两个系统。在英格兰和威尔士,民事审理机构按级分为郡法院、高等法院、上诉法院民事庭、最高法院。刑事审理机构按级分为地方法院、刑事法院、上诉法院刑事庭、最高法院。最高法院是英国所有民事案件的最终上诉机关,也是英格兰、威尔士和北爱尔兰所有刑事案件的最终上诉机关。苏格兰高等法院是苏格兰所有刑事案件的最终上诉机关。

英国于 1986 年成立皇家检察院,负责受理所有由英格兰和威尔士警察机关提交的刑事诉讼案。总检察长和副总检察长是英国政府的主要法律顾问。

政党体制从 18 世纪起即成为英国宪政中的重要内容。现英国主要政党有:

（1）保守党：议会第一大党。保守党前身为1679年成立的托利党，1833年改称现名。1979—1997年曾4次连续执政18年。2015年5月英国大选后，保守党获单独执政地位，组成保守党政府。支持者一般来自企业界和富裕阶层，主张自由市场经济，严格控制货币供应量，减少公共开支，压低通货膨胀，限制工会权利，加强"法律"和"秩序"等。近年来，保守党提出"富有同情心的保守主义"，关注教育、医疗、贫困等社会问题；强调维护英国主权，反对"联邦欧洲"、欧盟制宪，坚持不加入欧元区，认为英国继续作为欧盟成员符合英国利益，但主张重新谈判英国同欧盟的关系。

（2）工党：议会第二大党。1900年成立，原名劳工代表委员会，1906年改用现名。1997—2010年连续执政13年。2010年5月大选失利，成为反对党。近年来，工党更多倾向关注中产阶级利益，与工会关系一定程度上有所疏远，主张保持宏观经济稳定增长，建立现代福利制度；外交上主张积极参与国际合作，视与美国和欧盟关系为两大外交支柱，支持欧盟一体化建设，反对英国脱离欧盟。

（3）其他政党：苏格兰民族党、威尔士民族党、绿党、英国独立党、英国国家党，以及北爱尔兰一些政党，如北爱尔兰统一党、民主统一党、社会民主工党、新芬党等。

1950年1月，英国政府宣布承认中华人民共和国。1954年6月17日，中国和英国达成互派代办的协议。1972年3月13日，两国签订了升格为大使级外交关系的联合公报。1984年12月，两国共同签署了关于香港问题的中英联合声明。1997年7月1日，中国和英国顺利完成香港回归政权交接。

2）英国经济

英国是世界上第六大经济体，欧盟内第三大经济体，仅次于德国和法国。私有企业是英国经济的主体，其创造的产值占英国GDP的60%以上，服务业总值占GDP的3/4，制造业总值只占GDP的1/10左右。受国际金融危机影响，英国金融业遭受重创，经济收缩7.2%，为20世纪30年代大萧条以来最大衰退。2017年英国GDP约合1.96万亿英镑，人均国内生产总值29 674英镑，GDP增长率为1.7%，仍然是发达国家经济增长最快的国家之一。

英国是欧盟中能源资源较为丰富的国家，主要有煤、石油、天然气、核能和水力等。能源产业在英经济中占有重要地位。英国主要工业部门有采矿、冶金、化工、机械、电子、电子仪器、汽车、航空、食品、饮料、烟草、轻纺、造纸、印刷、出版、建筑等。生物制药、航空和国防是英国工业研发的重点，也是英国最具创新力和竞争力的行业。目前，英国工业产值约占GDP的23%。同许多发达国家一样，随着服务业的不断发展，英国制造业自20世纪80年代开始萎缩，80年代和90年代初两次经济衰退加剧了这一态势。英国制造业中电子和光学设备、人造纤维和化工产品，特别是制药行业仍保持雄厚实力。英国农牧渔业主要包括畜牧、粮食、园艺、渔业，可满足国内食品需求总量的近2/3。目前，农业产值在英国GDP中所占比重不到1%，从业人数约45万，不到总就业人数的2%。农用土地占国土面积的70%，其中多数为草场和牧场，仅1/4用于耕种。农业人口人均拥有70公顷土地，是欧盟平均水平的4倍。英国是欧盟国家中较大的捕鱼国之一，捕鱼量占欧盟的20%，满足国内2/3的需求量。服务业包括金融保险、零售、旅游和商业服务等，是英国经济的支柱产业。

二、习俗礼仪

1. 节日庆典

1）法定节日

（1）国庆日：英国没有固定的国庆日。英王的生日就是英国的国庆日。

（2）圣诞节：12月25日。圣诞节是英国民众最重要、最盛大的节日。馈赠礼品和举家团聚是该节日的两大特色。圣诞节之前，亲朋好友互赠圣诞卡，表示祝贺。圣诞节前夜，父母会把为孩子购买的礼品装入袜子里并放在床头，充当圣诞老人赠送的礼物。圣诞节当天，全家人会装饰圣诞树，并团聚在一起吃一顿丰盛的圣诞大餐，进行各种娱乐活动。

（3）节礼日：12月26日。按英国俗例，圣诞节次日（如遇星期日推迟一天）要向邮递员赠送"节礼"，故称"节礼日"。

（4）耶稣受难日：复活节前的星期五，是宗教节日。

（5）复活节：是纪念耶稣复活的节日，是仅次于圣诞节的第二大节日，其日期在每年春分（3月21日）后第一次月圆后的第一个星期日。因此每年的具体日期并不固定，一般在3月22日—4月25日。由于鸡蛋孕育着新的生命，人们就把蛋作为复活的象征。吃鸡蛋、赠送彩蛋或鸡蛋式样的糖果和巧克力成为复活节的主要活动内容。

（6）复活节后的第一个星期一：复活节后的第一个星期一，很多城市会设立公共娱乐场所，娱乐内容包括旋转木马、以椰子为靶子的投掷游戏和其他娱乐等。

2）民间庆典

（1）圣帕特里克节：3月17日。圣帕特里克节是为了纪念爱尔兰守护神圣帕特里克。这一节日起源于5世纪末期的爱尔兰，如今已成为爱尔兰的国庆节。随着爱尔兰后裔遍布世界各地，如今的圣帕特里克节已经渐渐在一些国家成为节日。圣帕特里克节的传统颜色为绿色，这一天爱尔兰人会吃绿色蛋糕、穿绿色服装，举行化妆游行。

（2）五朔节：5月1日在凯尔特人历法中是夏季的第一天，因此该节日是人们庆祝阳光普照大地的日子，象征着生命与丰收。按照传统风俗，这一天，人们要选出"五月皇后"，被选中的"皇后"会乘坐用鲜花装饰起来的四轮大马车，并由一个穿礼服、戴礼帽的男孩为她赶马车。

除此以外，还有春节、夏节等节日。

2. 服饰、餐饮

现代英国的服饰与其他国家无明显差异。英国的传统民族服饰很有特点，最突出的就是英国绅士的圆顶硬礼帽——"波乐帽"，它是一种黑色硬胎圆顶呢帽。在某些场合，英国要人、名流显贵都要戴这种礼帽。

苏格兰人用花格子呢料制作的短裙也富有特色。它形成于中世纪，是男子专用的裙子。头带小黑呢绒帽，身着花格裙及短袜，是苏格兰男士引以为傲的打扮。

英国人的传统的工作服饰也具有代表性，如法院开庭时法官穿的黑袍、戴的假发，教堂礼拜时牧师所穿的长袍，历届国会开会时女王所穿的白色长裙礼服、戴的王冠，坐在前排的"司法贵族"穿戴黑袍假发，"宗教贵族"着翻领红袍，还有英国王宫卫士所穿的鲜艳的短外衣、黄束腰、高筒黑皮帽，伦敦塔楼卫士的黑帽、黑衣，近卫骑士的黑衣、白马裤、黑长靴等。

英国人较喜爱的烹饪方式有烩、烧烤、煎、油炸，他们对肉类、海鲜、野味的烹调十分独到。例如，在食用烧烤牛肉时，他们不仅附上时令的蔬菜、烤土豆，还会在牛肉上加上少许的芥末酱。在佐料的使用上则喜好奶油及酒类；在香料的使用上则喜好肉桂等新鲜香料。

人们熟知的英国料理有牛肉腰子派、炸鱼排、皇家奶油鸡等。英国人喜欢狩猎，在一年只有一次的狩猎期中，许多饭店或餐厅会推出野味大餐，如野鹿、野兔、雉鸡、野山羊等。英国人在烹调野味时，会采用杜松子、浆果、酒来去除食物本身的膻腥味。

英国人对早餐非常讲究，英国餐馆供应的餐点种类繁多，有果汁、水果、蛋类、肉类、麦粥类、面包、果酱及咖啡等。午餐比较简单，一般吃的是三明治、烤马铃薯等。晚餐对英国人来说是日常生活中最重要的一部分，是他们的正餐。晚餐时间通常较晚，而且大家边吃边喝边聊，可以促进用餐人之间的情谊。

茶是英国人最重要的饮品之一。时下流行的下午茶源于英国，其较知名的有维多利亚式，内容可谓是包罗万象，包括各式小点、松饼、水果挞及三明治等。

3. 社交礼仪

在同英国人交流的时候，不能问女士的年龄与男士的收入。和英国人坐着谈话时，忌讳两腿张得过宽，更不能跷起二郎腿。如果站着谈话则不能把手插入衣袋。英国人忌讳当着他们的面耳语和拍打肩背，忌讳有人用手捂着嘴看着他们笑，他们认为这是嘲笑人的举止。

英国人不喜欢过于贵重的礼物，涉及私生活的服饰、肥皂、香水、带有公司标志与广告的物品，不宜送给英国人。

女士优先是英国绅士的重要体现。进餐馆时，大多女士在前，男士要替女士开门。用餐时，男士应当为女士拉开椅子。宴会上，女士进客厅时，厅中男子要站起来以示敬意。

4. 禁忌

给英国女士送鲜花时，宜送单数，不要送双数和13枝；不要送英国人认为象征死亡的菊花和百合花；不得赠送黄玫瑰，因为黄玫瑰在英国代表着亲友离别。

英国人很忌讳黑猫，尤其是黑猫从面前穿过，会使其不安，因为他们认为这将预示要遭到不幸。

与英国人交往时，不要谈论政治和宗教问题，更不能将英国王室的逸事作为谈话的内容。

不要称英国人为"英国人"，因为"英国人"原意是"英格兰人"，而我们面对的，可能是英格兰人、威尔士人或北爱尔兰人。因此，一般将英国人称为"不列颠人"或具体称为"英格兰人""苏格兰人"等。

英国人忌讳"13"这个数字和"星期五"。"13"这个数字在西方被视为不祥的象征，据说它源于宗教典故：出卖耶稣的犹大是耶稣的第十三个弟子，于是人们对"13"心生厌恶。又由于耶稣受难是在星期五，因此西方人在既是13号又是星期五的那一天一般不举行活动。英国人还忌讳"3"这个数字，忌讳用同一根火柴给第三个人点烟。

英国人忌讳用人像、大象、孔雀作服饰图案和商品装潢。他们认为大象是愚笨的，孔雀是淫鸟、祸鸟，孔雀开屏被他们认为是自我吹嘘和炫耀。

三、文化艺术

英国是世界上艺术和文化遗产最丰富的国家之一。文艺复兴时期是英国文学史的辉煌时代。莎士比亚是16世纪文艺复兴时期最伟大的戏剧家和诗人，代表作品有《哈姆雷特》《奥赛罗》《罗密欧与朱丽叶》《威尼斯商人》《亨利四世》等。他的作品是人文主义文学的杰出代表，对后代作家的影响颇为深远，在世界文学史上占有极其重要的地位。被称为"现代小说之祖"的18世纪的丹尼尔·笛福著有《鲁滨逊漂流记》与《女混混》等代表作。19世纪出现了浪漫主义诗人拜伦、批判现实主义小说家狄更斯等一批文学巨匠。

英国是世界上较为知名的戏剧中心之一。英国戏剧的一流水平可以从它高质量且多样性的剧院反映出来。英国大约有300个剧院，其中伦敦的皇家歌剧院和英国国家歌剧院在世界上具有较大的影响力。

英国的音乐领域人才辈出，每年伦敦都会成为新的音乐形式潮流的风向标。音乐在英国文化生活中占有相当重要的地位，无论是古典音乐、流行音乐、民间音乐，还是爵士音乐、轻音乐、铜管音乐都很发达。

英国是世界文化大国之一，文化产业发达。全国约有2 500家博物馆和展览馆对外开放，其中大英博物馆、国家美术馆等闻名于世。英国皇家芭蕾舞团、伦敦交响乐团等艺术团体具有世界一流水准。每年举行约500多个专业艺术节，其中爱丁堡国际艺术节是世界上最盛大的艺术节之一。

四、旅游业发展概况

（一）旅游业基本情况

英国旅游业从业人员约270万，占就业人口的9.1%。按游客数量划分，英国是全球第八大旅游目的地；按旅游收入衡量，英国旅游业收入居世界第五位，仅次于美国、西班牙、法国和意大利。

据英国国家统计局数据，2016年到英国旅游的国际游客人数达3 730万人次。入境旅游业继续为英国经济发展做出贡献，入境游客在2016年的消费额达222亿英镑。

数据显示，2017年全年入境英国的游客达3 920万人次，比2016年增长4%；游客支出总计322亿美元，涨幅为9%。目前，欧洲大陆仍是英国旅游市场最大的游客来源地，2016年来自欧盟成员国的游客数量达2 560万人次，旅游支出超过130亿美元，为历史最高。英国旅游局2018年7月份公布的统计数据显示，2017年访问英国的中国游客人数创历史新高，达到33.7万，比2016年增加了29%；中国游客在英旅游期间花费共计超过9亿美元，比2016年总花费增加了35%。

（二）旅游资源

英国拥有丰富的旅游资源，既有多姿多彩的天然景色和田园风光，也有底蕴深厚的历史古迹。英国的旅游资源以人文旅游资源最为丰富、最具特色，历史文化遗迹与建筑最具吸引力。

1. 主要旅游城市

1）伦敦

伦敦是外国游客必到之地，且旅馆众多，但旅馆房间多为豪华型，经济型房间较为紧缺。餐馆在数量和风味上都有很大不同，可满足不同口味游客的需求。

（1）伦敦塔：到英国旅行，闻名遐迩的伦敦塔是游人必到之处。它紧靠泰晤士河北岸的塔桥附近，是一座具有 900 多年历史的诺曼底式的城堡建筑。伦敦塔是由威廉一世为镇压当地人和保卫伦敦城，于 1078 年开始动工兴建的，历时 20 年，堪称英国中世纪的经典城堡。13 世纪时，后人在其外围增建了 13 座塔楼，形成一圈环拱的卫城，使伦敦塔既是一座坚固的兵营城堡，又是富丽堂皇的宫殿，里面还有天文台、监狱、教堂、刑场、动物园、小码头等建筑。

（2）白金汉宫：英国君主位于伦敦的主要寝宫及办公处。宫殿坐落在威斯敏斯特，是国家庆典和王室欢迎礼举行场地之一，也是一处重要的旅游景点。每年 4—9 月，白金汉宫的皇家卫队都会于 11:30—12:00 举行换岗仪式，其他月份每两天于 11:30 举行一次。在军乐和口令声中，皇家卫队做各种列队表演，并举枪互致敬礼，一派王室气象，常常吸引路人和游客围观。白金汉宫开放参观的部分为王座室、音乐厅、国家餐厅等。如果皇宫上方飘扬着英王的旗帜，则表示女王仍在宫中。

（3）威斯敏斯特教堂：亦称西敏寺。威斯敏斯特教堂可以说是英国的象征之一。建成后承办了国王加冕、皇家婚礼、国葬等重大仪式。历任君主，以及一些伟人都葬在威斯敏斯特教堂。在教堂的北廊里，还伫立着许多音乐家和科学家的纪念碑。其中最著名的是牛顿，他是人类历史上第一个获得国葬的自然科学家。他的墓地位于威斯敏斯特教堂正面大厅的中央，墓地上方耸立着一尊牛顿的雕像，旁边还有一个巨大的地球造型以纪念他在科学上的功绩。此外，进化文化的奠基人、生物学家达尔文，天王星的发现者、天文学家赫歇尔等许多科学家都葬于此地。在威斯敏斯特教堂内还安置着英国著名的政治家丘吉尔、张伯伦等许多知名人士的遗骸。

（4）威斯敏斯特宫：又称议会大厦，是英国议会（包括上议院和下议院）的所在地。它坐落在泰晤士河西岸，接近于以白厅为中心的其他政府建筑物。它的西北角的钟楼就是著名的大本钟。威斯敏斯特宫是哥特复兴式建筑的代表作之一，1987 年被列为世界文化遗产。该建筑包括约 1 100 个独立房间、100 座楼梯和 4.8 千米长的走廊。尽管今天的宫殿基本上由 19 世纪重修而来，但依然保留了初建时的许多历史遗迹，如威斯敏斯特厅，今天用作重大的公共庆典仪式，如国葬前的陈列等。

（5）英国国家博物馆：又名不列颠博物馆、大英博物馆，位于英国伦敦新牛津大街北面的罗素广场，成立于 1753 年，1759 年 1 月 15 日起正式对公众开放，是世界上历史最悠久、规模最宏伟的综合性博物馆，被誉为"博物馆中的博物馆"，也是世界上规模最大、最著名的世界三大博物馆之一。博物馆收藏了世界各地的许多文物和珍品，以及很多伟大科学家的手稿，藏品之丰富、种类之繁多，为全世界博物馆所罕见。英国国家博物馆拥有藏品 800 多万件。博物馆内分为埃及文物馆、希腊罗马文物馆、西亚文物馆、欧洲中世纪博物馆和东方艺术文物馆。

（6）杜莎夫人蜡像馆：杜莎夫人蜡像馆是位于英国伦敦的一间蜡像馆。其在阿姆斯特丹、曼谷、柏林、黑潭（英国）、拉斯维加斯、纽约、东京、上海、武汉、好莱坞、香港、悉尼、华盛顿、维也纳、北京、重庆都有分馆。蜡像馆是由蜡制雕塑家杜莎夫人建立的。杜莎夫人蜡像馆是全世界水平最高的蜡像馆之一,有众多世界名人的蜡像。

(7) 唐宁街 10 号:英国首相官邸,建于 17 世纪。它原是乔治·唐宁爵士的私人房产,1937 年开始成为历任英国首相办公和居住的场所。其设计朴实的黑色木门,缀上白色的阿拉伯数字"10",成为人所共知的标记。唐宁街 10 号特别之处是,其临街窗口永远挂着窗帘,门口日夜肃立着戴黑色高帽的守卫警察。

2) 爱丁堡

爱丁堡面积 260 平方公里,是英国著名的文化古城,是苏格兰首府,位于苏格兰中部低地的福斯湾南岸。苏格兰国家博物馆、苏格兰国家图书馆和苏格兰国家画廊等重要文化机构也位于爱丁堡。在经济上,现在的爱丁堡主要依靠金融业,是伦敦以外英国最大的金融中心。爱丁堡有着悠久的历史,许多历史建筑亦完好保存下来。爱丁堡城堡、荷里路德宫、圣吉尔斯大教堂等名胜都位于此地。爱丁堡的旧城和新城一起被联合国教科文组织列为世界遗产。2004 年爱丁堡成为世界第一座文学之城。爱丁堡是仅次于伦敦的第二大旅游城市。

爱丁堡城堡是爱丁堡甚至于苏格兰精神的象征,耸立在死火山岩顶上,居高俯视爱丁堡市区,每年 8 月在此举办的军乐队分列式表演,更是将爱丁堡城堡庄严雄伟的气氛表露无遗。爱丁堡城堡在 6 世纪时成为王室堡垒,自此成为重要王家住所和国家行政中心。

2. 主要旅游名胜

英国湖区国家公园是英国著名的旅游度假胜地,位于英国西北部坎布里亚地区,湖区面积约 2 250 平方公里,是英格兰和威尔士地区最大的国家公园。公园紧靠西北海岸线,拥有 50 多年的历史,每年吸引 1 000 多万游客前往游玩休假,是英国最大的国家公园和最著名的休假地,被英国人称为"自己的后花园"。它是第一个入选环球绿色旅行地的风景点。同时,它因"人类和自然良好共处,相得益彰的经典"被美国《国家地理杂志》评选"一生必去的 50 个地方之一"。

第二节 德 国

一、国情概况

1. 地理气候

德国位于欧洲中部,东邻波兰、捷克,南毗奥地利、瑞士,西界荷兰、比利时、卢森堡、法国,北接丹麦,濒临北海和波罗的海,是欧洲邻国最多的国家。国土面积为 357 376 平方千米,居欧盟第四位。陆地边界全长 3 757 千米,海岸线长 2 389 千米。德国地形多样,地势北低南高,可分为 4 个地形区:北德平原,平均海拔不到 100 米;中德为山地,由东西走向的高地块构成;西南部莱茵断裂谷地区,两旁是山地,谷壁陡峭;南部的巴伐利亚高原和阿尔卑斯山区,其间拜恩阿尔卑斯山脉的主峰祖格峰海拔 2 963 米,为全国最高峰。主要河流有莱茵河(流经境内 865 千米)、易北河、威悉河、奥得河、多瑙河。较大湖泊有博登湖、基姆湖、阿莫尔湖、里茨湖。

德国位于北纬47°～55°的北温带，地处大西洋和东部大陆性气候之间。西北部靠近海洋，海洋性气候较明显，往东、南部逐渐向大陆性气候过渡。平均气温1月为-5～1℃，7月为14～19℃。年降水量500～1 000毫米，山地则更多。

德国首都柏林属于东1时区，比北京时间晚7小时；每年3—10月实行夏令时，其间将时钟调快1小时，比北京时间晚6小时。

2. 发展简史

德意志民族的祖先是古代日耳曼人。大约在3 000年前，他们就已居住在斯堪的纳维亚半岛南部、日德兰半岛、威悉河和奥得河之间的平原、波罗的海海滨和沿海岛屿上。公元前600年左右，日耳曼人开始向南迁移。公元919年，德意志王国建立。公元962年，建立德意志民族神圣罗马帝国。1871年，建立统一的德意志帝国。1914年，挑起第一次世界大战。1919年，建立魏玛共和国。1939年，发动第二次世界大战，战后被美国、英国、法国、苏联四国占领。1949年5月23日，英国、美国、法国占领区颁布《德意志联邦共和国基本法》（以下简称《基本法》），建立德意志联邦共和国。同年10月7日，东部苏联占领区成立德意志民主共和国。1954年，联邦德国同美国、英国、法国等国签订《巴黎协定》，次年5月生效，联邦德国正式加入北大西洋公约组织。1990年10月3日，德国实现统一，统一后的德国属于北约成员。

3. 国名、国旗、国徽、国歌、国花、国树、国鸟、首都

（1）国名：全称"德意志联邦共和国"。

（2）国旗：为横道黑红黄三色旗，呈横长方形，长与宽之比为5∶3。自上而下由黑、红、黄3个平行相等的横长方形相连而成。三色旗的来历众说纷纭，最早可追溯到公元1世纪的古罗马帝国，在后来16世纪的德国农民战争和17世纪的德国资产阶级民主革命中，代表共和制的三色旗也飘扬在德意志大地上。1918年，德意志第一帝国垮台后，魏玛共和国也采用黑、红、黄三色旗为国旗。1949年9月，德意志联邦共和国成立，依然采用魏玛共和国时期的三色旗；同年10月成立的德意志民主共和国也采用三色旗，只是在旗面正中加了包括锤子、量规、麦穗等国徽图案，以示区别。1990年10月3日，统一后的德国仍沿用德意志联邦共和国国旗。三色国旗可在机场、宾馆、宴会和其他场合悬挂。联邦政府机构和驻外使馆等悬挂带有黑鹰图案的国旗。

（3）国徽：为金黄色的盾徽。盾面上是一只红爪、红嘴、双翼展开的黑鹰，黑鹰象征着力量和勇气。早在800年，查理大帝就曾用鹰作为帝国标志。鹰徽后来演变为德国的象征。

（4）国歌：《德国之歌》，歌词由霍夫曼·冯·法伦斯莱本（1798—1874年）所作，曲调采用海顿（1732—1809年）的作品《皇帝颂》。

（5）国花：矢车菊。德国人用它象征日耳曼民族爱国、乐观、顽强、俭朴的品格，并认为它有吉祥之兆。

（6）国树：爱支栎（橡树）。

（7）国鸟：白鹳。在欧洲，白鹳自古以来就被认为是"带来幸福的鸟"，是吉祥的象征，是上帝派来的天使，是专门来拜访交好运的人的。白鹳被选为国鸟后，不少德国家庭特地在烟囱上筑造了平台，供它们造巢用。

(8) 首都：柏林，人口 357.5 万（2017 年年底），年平均气温约 9.5℃。

4. 人口、居民、语言与宗教

据 2018 年 9 月统计数据，德国拥有人口 8 277 万，是欧盟人口最多的国家，每平方千米人口密度为 231 人。城市人口占全国总人口的 88%，10 万人口以上的城市共计 80 余个。柏林、汉堡、慕尼黑、科隆是人口较多的城市。在德国，华侨华人约 15 万人，华人、华侨各占一半，主要分布在柏林、汉堡、法兰克福等大城市。

德国主要是德意志人，有少数弗里森人、丹麦人、索布族人和犹太人。另有 911 万（2015 年 12 月）外籍人，占人口总数的 11%，其中最多的是土耳其人，共 151 万人。

德国的官方通用语言是德语，英语较为普及。除此之外，索布人、弗里森人和丹麦人在各自生活区域保留了本民族语言。

德国《基本法》保证公民信仰和宗教自由，遵守宪法的宗教社团被认定为"公共法律团体"，拥有法律赋予的权利和在税务局允许范围内收取教会税的权利。天主教和新教的德国福音教会是德国最有影响力的两大教会，居民中信奉罗马天主教和新教的各占约 30%。按信众人数，希腊东正教可排为德国第三宗教，此外 1.7% 的人信奉伊斯兰教，而其余 26.3% 无宗教信仰。

5. 政治与经济

1）德国政治

德国实行议会民主共和制下的总理负责制，总统为国家元首。《基本法》于 1949 年 5 月 23 日生效，确定了德国 5 项基本制度：共和制、民主制、联邦制、法治国家和社会福利制度。1956 年、1968 年《基本法》曾做过两次较大幅度修改。1990 年 8 月，两德统一条约对《基本法》某些条款又做了适应性修订，10 月 3 日起适用于全德国。

德国议会由联邦议院和联邦参议院组成。联邦议院行使立法权，监督法律的执行，选举联邦总理，参与选举联邦总统和监督联邦政府的工作等。每届任期 4 年。参加联邦议院的各党议员分别组成议会党团。第 19 届联邦议院于 2017 年 10 月组成，共有 709 席。各党席位分配为：联盟党（基民盟/基社盟）246 席，社民党 153 席，左翼党 69 席，联盟 90/绿党 67 席。议长沃尔夫冈·朔伊布勒（Wolfgang Schäuble，基民盟）。

联邦参议院参与联邦立法并对联邦的行政管理施加影响，维护各州的利益。按各州人口比例由各州政府指派 3～6 名州政府成员组成，共 69 席。参议长由各州州长轮流担任，任期 1 年，总统因故不能行使职权时代行总统职务。

德国行政区划分为联邦、州、市镇三级，共有 16 个州，13 175 个市镇。各州的名称是：巴登-符腾堡州、巴伐利亚州、柏林市、勃兰登堡州、不来梅市、汉堡市、黑森州、梅克伦堡-前波美拉尼亚州、下萨克森州、北莱茵-威斯特法伦州、莱茵兰-普法尔茨州、萨尔州、萨克森州、萨克森-安哈特州、石勒苏益格-荷尔斯泰因州和图林根州。其中柏林、不来梅和汉堡为市州。

联邦宪法法院是德国宪法机构之一，主要负责解释《基本法》，监督《基本法》的执行，并对是否违宪做出裁定。联邦宪法法院共有 16 名法官，由联邦议院和联邦参议院各推选一半，由总统任命，任期12年。正、副院长由联邦议院和联邦参议院轮流推举。此外设有联邦法院（负责民事和刑事案件）、联邦行政法院、联邦财政法院、联邦劳工法院、联邦社会法院等。

联邦和州法院相应设有检察院，但不受法院的管辖，不干预法院的审判工作，其任务主要是领导刑事案件的侦查并提起公诉。检察院受联邦或州政府司法部的领导，在行使职权时相对独立。联邦检察院由联邦总检察长和若干名联邦检察官组成。

德国实行多党制，主要有以下政党：

（1）德国基督教民主联盟：简称"基民盟"。主要执政党。1945年6月成立，曾于1949—1969年、1982—1998年执政。2005年至今为主要执政党，现有党员42.6万人（2017年），为德国第一大政党。

（2）基督教社会联盟：简称"基社盟"。执政党。1945年成立。根据与基民盟达成的协议，该党只在巴伐利亚州发展组织并开展活动，在联邦议院与基民盟组成联盟党议会党团。现有党员14.1万人（2017年12月）。

（3）德国社会民主党：简称"社民党"，主要执政党。1863年成立，是世界上成立最早的工人党之一。1878年，被俾斯麦政府宣布为非法，1890年重新获得合法地位。1933年，社民党被纳粹政权取缔，第二次世界大战后重建。1990年9月，联邦德国和民主德国的社民党合并。现有党员45.7万人（2017年12月）。

（4）左翼党：在野党。2007年6月16日由左翼党民社党和劳动与社会公平选举抉择党合并而成。现有党员6.2万人（2017年12月）。

（5）联盟90/绿党：简称"绿党"。在野党。德国西部的绿党成立于1980年1月。1993年5月与东部的联盟90/绿党合并。现有党员6.5万人（2017年12月）。

（6）自由民主党：简称"自民党"。1948年12月成立。现有党员5.4万人（2015年12月）。

（7）德国海盗党：2006年9月成立。现有党员9 079人（2017年）。

（8）德国共产党：1968年成立，前身为1956年被禁止的德国共产党，现有党员3 500人（2017年）。

（9）德国另外选择党：2013年2月成立，现有党员3万人（2018年5月）。

1972年10月11日，中华人民共和国与德意志联邦共和国建立外交关系。2007年，中德关系因涉藏问题出现重大波折。2008年，德国外交部通过信函方式向中国做出相关承诺，双边关系实现转圜。2010年，中德建立战略伙伴关系，2012年提升为展望未来的战略伙伴关系，2014年两国建立全方位战略伙伴关系。

2）德国经济

德国是高度发达的工业国，工业制造水平居世界前列。经济总量位居欧洲首位，世界第四。2017年外贸总额23 134亿欧元，其中出口额12 789亿欧元，同比增长6.2%，进口额10 345亿欧元，同比增长8.3%，顺差2 444亿欧元。2017年，国内资产投资6 627亿欧元，私人可支配收入18 752亿欧元，私人消费支出17 350亿欧元，公共支出6 387亿欧元。国民总收入33 235亿欧元。2017年，国家负债总额19 655亿欧元，占国内生产总值61%。公共财政总收入14 746亿欧元，总支出14 380亿欧元，财政盈余366亿欧元。

2017年德国经济主要数据如下：国内生产总值32 634亿欧元，人均国内生产总值39 470欧元，国内生产总值增长率2.2%。货币名称为欧元（Euro）。通货膨胀率1.8%，失业率5.8%。

德国是自然资源较为贫乏的国家，除硬煤、褐煤和盐的储量丰富之外，在原料供应和能源方面很大程度上依赖进口，约 2/3 的初级能源需进口。天然气储量约 3 820 亿立方米，能满足国内需求量约 1/4。硬煤探明储量约 2 300 亿吨，褐煤约 800 亿吨。其他矿藏的探明储量为：钾盐约 130 亿吨，铁矿石 16 亿吨，石油 5 000 万吨。东南部有少量铀矿。森林覆盖面积为 1 076.6 万公顷，约占全国面积的 30%。

2017 年，工业企业（不含建筑业）总产值 7 550 亿欧元，占国内生产总值的 23.1%。2017 年工业就业人数（不含建筑业）817 万，占国内总就业人数（4 429 万）的 18.5%。工业结构及特点：①侧重重工业。汽车和机械制造、化工、电气等部门是支柱产业，其他制造行业，如食品、纺织与服装、钢铁加工、采矿、精密仪器、光学以及航空航天业也很发达。②高度外向。主要工业部门的产品一半以上销往国外。③中小企业是中流砥柱。约 2/3 的工业企业雇员不到 100 名。众多中小企业专业化程度强，技术水平高，灵活性强。④垄断程度高。占工业企业总数 2.5% 的 1 000 人以上的大企业占工业就业人数 40% 和营业额的一半以上。

德国农业发达，机械化程度很高。2017 年德国共有农业用地 1 668.7 万公顷，约占德国国土面积的一半。德国农业企业以中小企业和家庭企业为主。2017 年拥有农业企业 26.8 万家，以中小企业和家庭企业为主，平均占有土地 61.4 公顷，其中生态农业企业 19 900 家。2017 年农林渔业就业人口 61.7 万，占国内总就业人数的 1.39%。2017 年农林渔业产值 208.3 亿欧元，约占国内生产总值 0.64%。

包括商业、交通运输业、电信业、银行业、保险业、房屋出租业、旅游业、教育业、文化业、医疗卫生业等部门在内的德国服务业提供了充沛的就业岗位。2017 年，服务业就业人数为 3 301.1 万，占总就业人口的 74.5%。

二、习俗礼仪

1. 节日庆典

德国是一个拥有丰富节日的国家，因为很多德国民众信仰基督教，所以德国的许多节日也与宗教有关，如圣诞节、复活节、感恩节等。此外，也有一些重要节日，如新年、劳动节、国庆日。另外，随着社会的发展与德国在世界影响力的扩大，一些具有地域特色、民族特色的节庆活动也逐渐出现，如柏林电影节、慕尼黑啤酒节。

1）法定节日

（1）新年：1 月 1 日。

（2）复活节：每年春分月圆之后第一个周日（3 月 21 日—4 月 25 日）。

（3）劳动节：5 月 1 日。

（4）国庆日：10 月 3 日（1990 年德国重新统一日）。

（5）圣诞节：12 月 25 日。

2）民间庆典

慕尼黑啤酒节也称"十月节"，起源于 1810 年 10 月 12 日，是慕尼黑的传统节日，因在节日期间主要的饮料是啤酒，所以人们习惯性称其为啤酒节。慕尼黑啤酒节于每年 9 月末到 10 月初在德国的慕尼黑举行，持续两周，到 10 月的第一个星期天为止，是慕尼黑一年中最盛大的活动。慕尼黑啤酒节与英国伦敦啤酒节、美国丹佛啤酒节并称世界最具盛名的三大啤酒节。每年节日期间，都会有超过 600 万的游客从各处涌来参加庆祝活动。在被称为"草地"的娱乐场，尤其是在慕尼黑老牌啤酒厂的帐篷内，人们每年都要喝掉 500 万升的啤酒，并且吃掉超过 50 万只鸡。近年来，啤酒节上新增了传统服饰游行，很多游客穿上传统的皮裤和紧身连衣裙盛装加入游行队伍。

2. 服饰、餐饮

德国服饰的总体风格是庄重、朴素、整洁的。德国人不喜欢花哨的服装，不太容易接受过于前卫的装扮。男士大多爱穿西装、夹克，女士则大多爱穿翻领长衫和色彩、图案淡雅的长裙。在赴宴或到剧院看文艺演出等正式活动时，男士经常穿深色礼服，女士则穿长裙，并略施粉黛。在东部地区，已婚者都要戴上金质戒指。

德国人对发型较为重视。在德国男士不宜剃光头，可以蓄胡须。德国少女的发式多为短发、披肩发，烫发的妇女都是已婚者。

德国服饰的民族色彩并不明显，但有几个地区在服饰方面却很有特点，如男的是小呢帽，帽上插一根羽毛。

德国人喜欢吃油腻食品，且口味偏重，香肠、火腿、土豆是他们常吃的食物。他们烹调肉食的方法有红烧、煎、煮、清蒸等，午餐的主食大多为炖的或煮的肉类，其肉食品以羊肉、猪肉、鸡、鸭为主，但他们大多数人不爱吃鱼，只有北部沿海地区少数居民才吃鱼。德国人种出来的土豆，味道之佳，有口皆碑，所以他们以土豆为主食。

德国人的早餐喜欢喝咖啡，吃小面包、黄油和果酱，或少许灌肠和火腿。午餐和晚餐稍丰盛，一般家庭都有备有各种盘子、碟子、杯子和刀叉。

3. 社交礼仪

历史上德国礼仪较为复杂，长期以来沿袭着相当严格、僵化的社交规矩和礼仪。最近二三十年来，同其他西方国家一样，德国的社交礼仪和应酬规范也发生了巨大的变化，总的发展方向是趋于简化，破除了一部分不符合现代社会生活风格的陈规陋俗，给礼仪准则和社交形式注入了时代气息和自由风格。

德国人勤勉矜持，崇尚理性，对待工作严谨认真，一丝不苟，重工作效率，时间观念较强，约定好的时间，无特殊情况，绝不轻易变动。他们不喜欢暮气沉沉、不守纪律和不讲卫生的坏习惯。凡是有明文规定的，德国人自觉遵守，随地乱扔纸屑或随地吐痰均被认为是不文明的行为。德国人不尚清谈，待人接物严肃拘谨，即使是对亲朋好友、熟人，见面时一般也行握手礼，只有夫妻和情侣见面时才行拥抱、亲吻礼。握手要用右手，伸手动作要大方。如果对方身份高，须得他先伸手，再与之握手。

德国人在交谈过程中很注重礼貌。他们比较看重身份，不喜欢直呼其名，特别看重法官、律师、医生、博士和教授一类有社会地位的头衔。对于一般德国人，应多以"先生""小姐""夫人"等称呼相称。

德国人通电话时，会首先告诉对方自己的姓名。请德国人进餐，事前必须安排好，在宴会上，一般男子要坐在妇女和职位高的人的左侧，女士离开和返回餐桌时，男子要站起来以示礼貌。与德国人交谈时，可谈有关德国的事情以及个人业余爱好。在谈论体育运动项目时，一般可谈如足球之类的运动，不要谈篮球、垒球和美式橄榄球。

如果应邀到德国人家中做客，通常宜带鲜花去，鲜花是送给女主人的最好礼物，但必须要单数，5朵或7朵均可。在五彩缤纷的万花丛中，德国人尤其喜欢矢车菊，并视它为国花。

4. 禁忌

德国人厌恶黑色、茶色、灰色，对于红色以及掺入有红色的颜色或红黑相间之色也不感兴趣。与德国人交谈时，不宜涉及纳粹、宗教与党派之争，他们非常忌讳在服饰或其他商品包装使用纳粹标志。在日常交往中，忌将带有公司标志的礼品送给德国人。在社交场合交叉握手或交叉谈话也被其视为是不礼貌的表现。

德国人极度厌恶13和星期五，要是13日碰巧又是个星期五，人们会特别小心谨慎。

郁金香在德国代表着无情，因此德国人很忌讳用郁金香作为馈赠品。在德国，不宜随意以玫瑰或蔷薇赠送他人，前者表示求爱，后者则专门用于悼念死者。

三、文化艺术

德国拥有悠久的历史文化，自中世纪以来，德国便被称为诗人、音乐家及思想家的国度。

在思想领域上，出现了马丁·路德、闵采尔、莱布尼茨、康德、费希特、黑格尔和人本学唯物主义代表费尔巴哈以及唯意志主义主要代表人物是叔本华和尼采。19世纪40年代，马克思和恩格斯创立了无产阶级革命的理论——马克思主义。

德国文化艺术受意大利文艺复兴的影响，德国文学在18世纪走向顶峰。歌德、海涅、席勒、莱辛和格林兄弟都是杰出的代表。20世纪最著名的作家有托马斯·曼、海因利希·曼和贝托尔特·布莱希特。作家海因里希·伯尔和贡特·格拉斯分别于1972年和1999年获得诺贝尔文学奖。德国有3 000多座博物馆，收藏内容十分丰富。

德国有"音乐之乡"的美誉。音乐是德国人生活中不可缺少的组成部分，在这片神奇的土地上诞生了享誉全球的著名音乐家，在世界音乐史上写下了重要的一页。柏林爱乐乐团更是享誉世界。巴赫和亨德尔是杰出的作曲家；"交响乐之王"贝多芬，将古典主义音乐推向了高峰；作为德国歌曲之王的舒伯特与舒曼，则是德国浪漫派音乐的杰出代表。

此外，德国每年都举行各种艺术节、博览会和影展等。柏林电影节享誉全球。法兰克福和莱比锡是德国图书出版业中心。教堂、宫殿和古堡是德国重要的文化遗产。

四、旅游业发展概况

（一）旅游业基本情况

德国拥有丰富的旅游资源，旅游业十分发达。每年有大量国内外游客在德国旅游，2017年，在德国旅游过夜的游客共4.6亿人次，在欧洲最受欢迎的旅行目的地国家位居第二。2016年，德国拥有各种旅馆50 728家，床位356.7万张。著名景点有科隆大教堂、柏林国会大厦、波恩文化艺术展览馆、罗滕堡、慕尼黑德意志博物馆、海德堡古城堡、巴伐利亚新天鹅堡和德累斯顿画廊等。

2002年7月，中德两国政府签署了《关于实施中国公民团组赴德国旅游的谅解备忘录》，中国公民赴德国旅游更加便捷，中国游客在德国旅游市场比重日益扩大。2003年2月，中国公民赴德旅游团首发团成行。2013年，中国和俄罗斯分别以32%和24%的市场份额成为德国免税购物最大的两个客源市场。2014 年，德国来华人数为 66.26 万人次，同比增长 2.05%。2014 年来自中国的入境游客首次超过百万，中国成为德国入境旅游最重要亚洲客源市场。

德国联邦统计局统计数据显示，2015 年赴德国中国游客数目破纪录，突破 139 万，同比增长 34.8%，中国游客在德国间夜数（即宾馆每间客房的入住天数）再创新高，达到 254 万间夜大关。作为远程客源国市场，中国在德国国外游客客源地中排名居于前列。德国 10 座大城市组成的魅力名城联盟统计数据显示，中国游客在魅力名城联盟城市中创造的间夜数占中国游客 2015 年在德国创造的总间夜数的 39%，共计 99 万间夜。

2017 年，中国游客在德国间夜数达到 285 万，同比增长 10.6%。其中，中国游客到访最多的城市是慕尼黑（间夜数达 28.8 万），紧随其后的是法兰克福（27.9 万），科隆和杜塞尔多夫分别以 8.08 万和 7.95 万位列第三位和第四位。其他六大城市排名为斯图加特（7.2 万）、汉堡（7.1 万）、纽伦堡（4.25 万）、汉诺威（2.05 万）以及莱比锡（1.15 万）。中国已成为德国旅游第二大海外市场（欧洲以外区域），排名仅次于美国。

（二）旅游资源

厚重的历史与现代工业文明的完美融合造就了德国丰富多彩的旅游资源。无论是内涵深厚的文化景点，还是田园牧歌的乡间景色，抑或是鲜为人知的山林自然风光，这一切都优美而和谐地融合在一起，使德国成为多姿多彩的旅游胜地。

1. 柏林

柏林是德国的首都，面积 882 平方千米，位于哈韦尔河及施普雷河畔的北德低地，拥有众多的湖泊。柏林的地势高低不同，海拔 30~115 米。人口 342 万。柏林位于易北河支流施普雷河注入哈弗尔河的河口处。柏林北距波罗的海约 180 千米，南距捷克共和国 190 千米，扼东西欧交通要道，不仅是全国交通中心，也是欧洲非常重要的交通枢纽之一。

（1）勃兰登堡门：位于柏林市中心，是柏林市区著名的游览胜地和德国统一的象征。普鲁士国王威廉一世定都柏林，下令修筑拥有 14 座城门的柏林城，此门坐西朝东，并以国王家族的发祥地勃兰登堡命名。1788 年，普鲁士国王威廉二世统一德意志，重建此门。此门顶端拥有一套青铜装饰雕像：四匹飞驰的骏马拉着一辆双轮战车，战车上站着一位背插双翅的女神，她一手执杖一手提缰，一只展翅欲飞的普鲁士飞鹰鹫立在女神手执的饰有月桂花环的权杖上。在各通道内侧的石壁上镶嵌着沙多创作的 20 幅描绘古希腊神话中大力神海格拉英雄事迹的大理石浮雕画。30 幅反映古希腊和平神话"和平征战"的大理石浮雕装饰在城门正面的石门楣上。此门建成之后曾被命名为"和平之门"，战车上的女神被称为"和平女神"。

每年的元旦，在勃兰登堡门前会举行迎新年盛大庆典。

（2）博物馆岛：位于柏林市中心，由新博物馆、国家画廊、佩加蒙博物馆、博德博物馆组成。因其位于施普雷河的两条河道的汇合处，故有博物馆岛之称。博物馆岛街道整洁，绿树成荫，空气清新，风景优美。岛上的主要建筑是博物馆，其中以佩加蒙博物馆最为著名。这里展出了许多古巴比伦、古埃及、波斯等时代的文物。

（3）柏林大教堂：建造于 1894—1905 年，位于柏林博物馆岛东端，菩提树大街上，是威廉二世时期建造的文艺复兴时期风格的新教教堂，也是霍亨索伦王朝的墓地，很多王室成员长眠于此。

(4)柏林墙遗迹：柏林墙始建于 1961 年 8 月，全长 155 千米。最初是以铁丝网和砖石为材料的边防围墙，后期加固为由瞭望塔、混凝土墙、开放地带以及反车辆壕沟组成的边防设施。柏林墙是德国分裂的象征，也是冷战的重要标志性建筑。柏林墙原址仅有少部分存留，其余几乎被拆除殆尽。现在柏林墙原址拥有柏林墙遗址纪念公园以及世界上最大的露天画廊——东边画廊。

(5)国会大厦：位于柏林市中心，体现了古典式、哥特式、文艺复兴式和巴洛克式的多种建筑风格，是德国统一的象征。德国国会大厦现在不仅是联邦议会的所在地，其屋顶的穹形圆顶也是最受欢迎的游览胜地。

2. 汉堡

汉堡是德国第二大城市，也是德国最重要的海港和最大的外贸中心、德国第二大金融中心，同时是德国北部的经济和文化大都市，有着"世界桥城"的美称。汉堡是德国北部重要的交通枢纽，是欧洲最富裕的城市之一，也已成为德国的新闻传媒与工业制造业中心。汉堡是世界大港，被誉为"德国通往世界的大门"。世界各地的远洋轮来德国时，都会在汉堡港停泊。汉堡市风光秀丽，文化古老，名胜众多，每年接待 300 多万游客，是国际著名的旅游城市。

(1)汉堡市政厅：位于风光秀丽的内阿尔斯特湖边，是汉堡著名景点之一。其内部装潢风格是文艺复兴、巴洛克和古典风格。步入市政厅，参观者最先看到的是由 16 根石柱支撑起的大厅，立在石柱上的 64 幅人像浮雕纪念各位汉堡名人。市政厅的二楼是权力机构所在地，德意志 20 位著名皇帝的雕像立在各窗之间。

(2)微缩景观世界：一个铁路模型博物馆，也是世界上第一大铁路模型场景，目前仍在建造中。通过房屋、铁轨、火车等模型，建立一个迷你铁路系统。这里的铁路模型系统，堪称世界之最。

在已完成的 8 个房间中，游客通过一条长长的甬道穿梭在各个房间之间。每个房间 100~300 平方米，各有一个主题。例如，以国家命名的奥地利、美国，以地貌风景命名的瑞士阿尔卑斯山、斯堪的纳维亚风光，以及以先进的交通系统命名的哈茨山高速铁路露台和虚构城市"Knuffingen"的机场监管系统。

3. 科隆

莱茵河畔的科隆市是德国第四大城市，莱茵地区经济文化和历史中心，也是德国内陆最重要的港口之一。科隆是一座古老而优雅的城市，也是一座现代化气息极强的大都市。公元前罗马人就在此建立城市，中世纪时又迎来空前的发展，成为德国一个重要的教会、艺术和教育中心。科隆城市内胜迹众多，风景优美，而最著名的科隆大教堂是科隆当之无愧的瑰宝。科隆的景点大部分集中在中央火车站和大教堂周围，步行即可参观主要的几座教堂和博物馆。

科隆大教堂是一座天主教主教座堂，是科隆市标志性建筑物，1996 年被列为世界文化遗产，是哥特式教堂建筑中最完美的典范。

科隆大教堂规模浩大，高塔直向苍穹，象征人与上帝沟通的渴望。教堂内收藏着许多珍贵的艺术品和文物，其中包括成千上万张大教堂的设计图纸、著名的大摆钟。教堂镀金的圣龛内存放有"东方三王"遗骸，这也使科隆成为重要的朝圣地。

4. 海德堡

海德堡位于斯图加特和法兰克福之间，城市面积 109 平方千米，人口 15 万（2013 年）。海德堡坐落于内卡河畔。著名的海德堡城堡位于高出内卡河 200 米的山上，俯视狭长的海德堡老城。在许多人的心目中，海德堡是浪漫德国的缩影。19 世纪德国浪漫主义在海德堡发源和发展，海德堡成为德国浪漫主义的象征地和精神圣地。

海德堡城堡是建于 13 世纪的一座红褐色古城堡。城堡坐落于国王宝座山顶上，名胜古迹非常多，历史上曾经过几次扩建，是哥特式、巴洛克式及文艺复兴式 3 种风格的混合体。古堡的正门雕有披着盔甲的武士，中央庭院有喷泉以及四根花岗岩柱，四周则为音乐厅、玻璃厅等建筑物。

5. 慕尼黑

慕尼黑位于德国南部巴伐利亚州的上巴伐利亚高平原，距离阿尔卑斯山北麓只有约 45 千米，是巴伐利亚州的首府。慕尼黑是德国重要的经济、文化、科技和交通中心之一，制造业、软件及服务业均很发达，宝马、西门子、安联保险等公司总部均位于此，也是德国第二大金融中心；同时，它也是一座历史文化名城，保留着原巴伐利亚王国都城的古朴风情，拥有许多巴洛克和哥特式建筑，它们是欧洲文艺复兴时期的典型代表，城市中各种雕塑比比皆是。正是这座别具风格的城市，把历史与现代完美结合。畅游老城与新城间，体验时空交换的错觉，激发游客无限的想象力。

（1）玛利亚广场：玛利亚是巴伐利亚的守护神，竖立着玛丽亚圆柱的玛利亚广场则是内城最古老的中心广场、步行街的中心、大型活动的舞台，以及探索这座城市的理想出发点。新哥特式风格的新市政厅及其突出的外立面在广场上格外引人注目，市政厅钟楼里神奇的报时钟声悦耳洪亮。

（2）宝马博物馆：位于宝马全球总部慕尼黑宝马品牌体验中心，是宝马品牌体验中心的核心组成部分。博物馆总面积 5 000 平方米，为"碗形"造型设计，它的旁边就是宝马"四缸大楼"总部。宝马博物馆的展厅设计为环绕式空间，按照不同年代和时期展示历年生产的各类宝马汽车、宝马摩托车、轻骑和一些特殊用途的车辆样品，并运用现代声、光、电、多媒体等高科技手段及图片音像资料，提升产品展示的艺术空间，全面演绎了宝马汽车公司的成长与发展史。

（3）新天鹅城堡：19 世纪晚期的建筑，建于 1869 年，是德国的象征，被视为迪士尼城堡的原型，也有人称其为白雪公主城堡。这座城堡是巴伐利亚国王路德维希二世的行宫之一，是最受欢迎的旅游景点之一。

（4）慕尼黑王宫：为昔日巴伐利亚国王的王宫，位于慕尼黑市中心，由 10 个庭院和博物馆组成，共有 130 个展室，展示其建筑、室内装饰和皇家收藏。王宫从 1385—1918 年一直作为巴伐利亚统治者的家族建筑，从中可窥见 500 多年建筑史的发展。主要部分分别是靠近马克斯-约瑟夫广场的国王殿、朝向王宫大街的老宫殿，以及面临王宫花园的宴会厅、老王宫剧院、珍宝馆等。除这座宫殿本身，王宫博物馆还拥有 100 多个收藏有无数珍宝和艺术品的房间，藏品包括移动圣坛、匈牙利皇后的金十字架、鸡血石雕刻的杯子，以及来自土耳其、伊朗、墨西哥、印度的手工艺品。同时，宫殿内还有珍宝馆，展示有珠宝、王冠和黄金装饰品等各种王室珍品。

第三节 法 国

一、国情概况

1. 地理气候

法国位于欧洲西部,本土呈六边形,三面临水。与比利时、卢森堡、德国、瑞士、意大利、西班牙、安道尔、摩纳哥接壤,西北隔拉芒什海峡与英国相望。濒临四大海域:北海、英吉利海峡、大西洋和地中海。边境线总长为 5 695 千米,其中海岸线为 2 700 千米,陆地线为 2 800 千米,内河线为 195 千米。国土面积 55 万平方千米(不含海外领地),是欧盟面积最大国家。法国地势东南高、西北低。平原占总面积的 2/3。主要山脉有阿尔卑斯山脉、比利牛斯山脉、汝拉山脉等。法国与意大利边境的勃朗峰海拔 4 810 米,为欧洲最高峰。河流主要有卢瓦尔河(1 010 千米)、罗纳河(812 千米)和塞纳河(776 千米)。

法国的气候特点是海洋性、大陆性、地中海型和山地气候并存。法国西部属温带海洋性气候,南部属亚热带地中海气候,中部和东部属大陆性气候。1 月平均气温,北部为 1~7℃,南部为 6~8℃;7 月平均气温,北部为 16~18℃,南部为 21~24℃。总体来说,气候较为舒爽宜人。

法国首都巴黎位于东 1 时区,巴黎当地时间比北京时间晚 7 个小时。每年从 3 月最后一个星期天至 10 月最后一个星期天实行夏令时,比北京时间晚 6 个小时。

2. 发展简史

法国古称高卢,1 世纪被罗马人占领,5 世纪法兰克人移居到这里,843 年建立西法兰克王国,成为独立国家。10—14 世纪卡佩王朝统治时期改称法兰西王国,17 世纪下半叶波旁王朝国王路易十四统治时期达到鼎盛。1789 年 7 月 14 日爆发资产阶级大革命,发表《人权宣言》,废除君主制,1792 年建立第一共和国。此后历经拿破仑建立的法兰西第一帝国、波旁王朝复辟、七月王朝、法兰西第二共和国、法兰西第二帝国、法兰西第三共和国。1871 年 3 月巴黎人民武装起义,建立世界上第一个无产阶级政权——巴黎公社,当年 5 月被镇压。第一次世界大战中,法国参加协约国,对同盟国作战获胜。第二次世界大战期间遭到德国入侵,戴高乐将军组织了反法西斯的"自由法国"运动,1944 年 8 月解放巴黎。1946 年 10 月,法兰西第四共和国成立,进入政坛不稳定时期,12 年间更迭了 20 多届政府。1958 年,法兰西第五共和国成立,戴高乐出任首任总统。此后,蓬皮杜、德斯坦、密特朗、希拉克、萨科齐、奥朗德先后出任总统。法国为欧盟创始国之一,是联合国安理会常任理事国及北约成员国。

3. 国名、国旗、国徽、国歌、国花、国鸟、首都

(1)国名:全称法兰西共和国,又称法兰西。
(2)国旗:为蓝白黑三色旗。1789 年法国大革命时期,巴黎国民自卫队就以蓝、白、红三色旗为队旗。白色居中,代表国王,象征国王的神圣地位;红、蓝两色分列两边,代表巴

黎市民；同时，这三色又象征法国王室和巴黎资产阶级联盟。三色旗曾是法国大革命的象征，后来三色代表着法国的国家格言自由、平等和博爱。

（3）国徽：椭圆形，上绘有大革命时期流行的标志物束棒，是古罗马高级执法官用的权标，是权威的象征（同时，束棒也是"法西斯"的原型）。束棒两侧饰有橄榄枝和橡树枝叶，其间缠绕的饰带上用法文写着"自由、平等、博爱"。整个图案由带有古罗马军团勋章的绶带环饰。

（4）国歌：《马赛曲》。

（5）国花：鸢尾花。其寓意有三种说法：一说象征古代法国王室的权力；二说象征光明和自由，象征民族纯洁、庄严和光明磊落；三说象征宗教上的圣灵。

（6）国鸟：高卢鸡。

（7）首都：巴黎，市区人口224万，所在巴黎大区人口约1 200万，是欧洲大陆最大的城市。年平均气温11℃，较为湿润，年均降雨量600毫米。

4. 人口、居民、语言与宗教

法国现有人口6 719万（2018年1月，含海外领地），其中本土人口6 450万。法国在欧盟各国中人口数量仅次于德国，居第二位。巴黎大区是法国人口最多的地区，居民总数1 200万人，其次为罗纳-阿尔卑斯大区，居民总数794万人。法国人口最多的城市有巴黎、马赛、里昂、图卢兹。根据法国国家统计和经济研究所（Institut national de lastatistique et des études éconorniques，INSEE）2016年公布的调查研究，在法国有570万移民，占总人数的8.5%。其中，非洲移民占43.3%，欧洲移民占36.8%，亚洲移民为14.3%，来自北美洲和拉丁美洲的移民为5.6%。2/3的中国移民也选择居住在巴黎及巴黎郊区。

法国通用语言为法语。英语在知识分子阶层和大企业界较为普及。目前，全世界讲法语的国家和地区共47个，其中8 500万人将其作为母语。

法国是一个世俗国家，一切宗教信仰都受到尊重。法国居民中64%信仰天主教，3%信奉伊斯兰教，1%信奉犹太教，28%自称无宗教信仰。法国是伊斯兰教徒、犹太教徒和佛教徒人数最多的欧洲国家。

5. 政治与经济

1）法国政治

根据1958年制定的第五共和国宪法，法国政体为半总统制，即介于总统制和议会制之间的一种国家政权形式。

法国宪法规定，总统为国家元首和武装部队统帅，任期5年，由选民直接选举产生。总统任免总理并批准总理提名的部长；主持内阁会议、最高国防会议和国防委员会；有权解散议会，但一年内不得解散两次；可不经议会而将某些重要法案直接提交公民投票表决；在非常时期，总统拥有"根据形势需要采取必要措施"的全权。在总统不能履行职务或空缺时，由参议院议长暂行总统职权。

法国实行国民议会和参议院两院制，拥有制定法律、监督政府、通过预算、批准宣战等权力。国民议会共577席，任期5年，采用两轮多数投票制，由选民直接选举产生。参议院共348席，由国民议会和地方各级议会议员组成选举团间接选举产生，任期为6年，每3年改选 1/2。

法国司法管辖体系分为两个部分，即负责审理民事和刑事案件的普通法院与负责公民与政府机关之间争议案件的行政法院。

普通法院系统纵向分为初审法院、高等法院、上诉法院和最高法院四级。最高法院是最高一级司法机关，负责受理对 35 个上诉法院所做判决的上诉。

行政法院是最高行政诉讼机关，下设行政法庭。行政法院对行政法令的合法性做最后裁决，并充当政府在制定法律草案方面的顾问。行政法院院长名义上由总理担任，后者委托副院长行使管理权。

法国的检察机关没有独立的组织系统，其职能由各级法院中配备的检察官行使。检察官虽派驻在法院内，但职能独立于法院，其管理权属于司法部。最高法院设总检察长 1 人，检察官若干人；上诉法院设检察长 1 人，检察官若干人；高等法院设检察官 1 人，代理检察官和助理检察官若干人。

法国实行多党制，主要政党有：

（1）社会党：执政党和国民议会第一大党，左翼政党。前身是 1905 年成立的"工人国际法国支部"，1920 年发生分裂，多数派另组共产党，少数派则保留原名。1969 年改组成立社会党，1971 年与其他左翼组织合并，仍用现名。党员约 20 万人，多为公职人员和知识分子。该党对内注意体现左翼政党色彩，主张维护劳工利益，同时采取务实的经济政策；对外主张维护法国独立核力量，推动欧洲一体化建设，并加强南北对话。

（2）共和国人党：主要反对党和参议院第一大党、国民议会第二大党，属右翼传统政党。原人民运动联盟党，2015 年 5 月更名共和国人党。前身系 2002 年总统大选中的竞选联盟，核心为原保卫共和联盟（戴党），并吸收了自由民主党和法兰西民主联盟的主要力量。党员约 20 万人，多为职员、官员、自由职业者、商人、农民和工人等。

（3）国民阵线：极右翼政党，成立于 1972 年 10 月。党员约 7.5 万人，多为中小工商业者。1986 年议会选举中首次进入国民议会。代表极端民族主义思潮，强调"要把法国从欧洲控制和世界主义中拯救出来"。

（4）民主与独立派联盟：中间派政党，成立于 2012 年 9 月。党员 5 万人。该党定位为"开放、富有建设性的反对派"，"平和、可信的替代力量"，欧洲一体化建设、绿色增长和经济竞争力是其首要关切，提出建设"人性化的自由主义"。

（5）法国共产党：现有党员 7 万～8 万，多为工人、雇员、教员、手工业者等。1920 年 12 月成立。第二次世界大战后初期达到顶峰，最多时拥有党员 80 多万，曾是法国第一大党。但此后在法国经济结构发生深刻变化和国内外政治风云变幻的背景下，法国共产党应对乏力，力量和影响不断下降，逐渐沦为边缘政党。

（6）其他政党：

① 右翼：保卫法兰西运动、保卫法兰西联盟。
② 左翼：左翼共和联盟、共和与公民运动、左翼激进党。
③ 中间派：公民运动-共和之极。
④ 极右：全国共和运动。
⑤ 极左：工人斗争党、革命共产主义同盟、劳动党。

1964 年 1 月 27 日，中华人民共和国和法兰西共和国建立大使级外交关系。

2）法国经济

法国是发达的工业国家之一，是世界第六大经济体。在核电、航空、航天和铁路方面居世界领先地位。法国工业产值约占 GDP 的 11.2%。主要工业部门有汽车制造、造船、机械、纺织、化学、电子、日常消费品、食品加工和建筑业等，钢铁、汽车和建筑业为法国三大工业支柱，核能、石油化工、海洋开发、航空和宇航等新兴工业部门近年来发展较快。核电设备制造能力、石油和石油加工技术仅次于美国，居世界第二位；航空和宇航工业仅次于美国和俄罗斯，居世界第三位。钢铁、纺织业居世界第六位。

法国是欧盟最大的农业生产国，也是世界主要农产品和农业食品出口国，拥有 29 家全球 500 强企业。法国农业部资料显示，2016 年农业产值 718 亿欧元，同比上升 3.2%。农业人口约 90 万。本土农业用地 2 884 万公顷，约占本土面积的 54%。法国已基本实现农业机械化，农业生产率很高。食品加工业是法国对外贸易的支柱产业之一。

服务业在法国国民经济和社会生活中占有举足轻重的地位，自 20 世纪 70 年代以来发展较快。连锁式经营相当发达，已扩展至零售、运输、房地产、旅馆、娱乐业等多种行业。据法国国家统计和经济研究所数据，2016 年服务业用工占总就业人口的 75.8%。法国大型零售超市众多，拥有家乐福、欧尚等世界著名品牌。

2017 年主要经济数据包括国内生产总值 2.57 万亿欧元，经济增长率 2%，通货膨胀率 1.2%，本土失业率 8.9%。

二、习俗礼仪

1. 节日庆典

法国的节日较多，大体上可分为两类：一类是民众性节日，另一类是宗教性节日。大部分节日是有固定日期的，但有的宗教性节日则会变动。比较重要的民众节日和宗教节日有元旦（1 月 1 日）、国庆节（7 月 14 日）、复活节（每年春分后第一次月圆之后的第一个星期日）、万圣节（11 月 1 日，法国人习惯在这一天到墓地献花，缅怀祖先）、圣诞节（12 月 25 日）。

除以上比较重要的民众节日和宗教节日外，还有解放日（5 月 8 日）、耶稣升天节（复活节后第六个星期日）、圣灵降灵节（复活节后第七个星期日）、圣蜡节（2 月 2 日）等。此外，法国还有一些富有特色的地方性节日，如奥尔良市的圣女贞德节（5 月 8 日）等。

1）法定节日

（1）元旦节：1 月 1 日。这一天，法国人喜欢聚在凯旋门狂欢。新年钟声敲响时，所有来往汽车即刻停下鸣笛，男女老幼互致"新年好"。法国人认为元旦这天的天气预示着这一年的收成。

（2）复活节：亦称"耶稣复活瞻礼"或"主复活节"，是为纪念耶稣复活的节日。三四月间的复活节节期不固定，随春分月圆的变化而变化，为每年春分（3 月 20 日或 21 日）那个月月圆之后的第一个星期天，介于 3 月 22 日—4 月 25 日，次日星期一放假。复活节的主要特征是彩色锡纸包裹的复活节彩蛋。传统通常是家长把彩蛋藏在花园里，孩子们在复活节的早上到花园里找彩蛋。

（3）圣灵降临节：复活节后第 50 天，亦译为"圣神降临瞻礼"，基督教重大节日之一。教会规定每年复活节后第 50 日为"圣灵降临节"，又称"五旬节"（犹太教）。该节法国放假两天。

(4) 耶稣升天节：复活节后第 40 日（5 月 1 日—6 月 4 日），又叫"耶稣升天瞻礼"或"主升天节"，是基督教纪念耶稣"升天"的节日。这个节日大多是在星期四，法国人放假一天。

(5) 国庆节：7 月 14 日。1880 年议会立法确认，1789 年法国资产阶级大革命攻占巴士底狱日为国庆节。这一天会在巴黎举行盛大的阅兵式，法国的标志埃菲尔铁塔上也会上演烟火表演庆祝法国国庆节。

(6) 圣诞节：12 月 25 日。圣诞节是一年最重要的节日，也是法国一家人团聚的日子。圣诞节前一个月各大商场、超市以及街上的店铺，都开始为圣诞节人们采购礼物做促销准备。城市的街道和店铺橱窗也都装饰得美轮美奂，树上挂满五颜六色的彩灯，广场上和商场门口立起巨大的圣诞树，到处充满了浓浓的节日气氛。圣诞前夜，一家人围坐一堂，品尝圣诞大餐，传统菜肴有火鸡、鹅肝、牡蛎、甜点等，佐以香槟和葡萄酒。家里的圣诞树经过精心装饰，下面堆满了礼物。

2) 民间庆典

(1) 圣蜡节：2 月 2 日。圣蜡节是一个宗教及美食的双重节日。根据宗教礼拜仪式，圣蜡节是圣母玛利亚行洁净礼，也是带初生的耶稣到主堂瞻礼的节日。

(2) 圣女贞德节：5 月 8 日。在圣女贞德节上，人们装扮成中世纪人们的形象来缅怀历史上这位英雄，缅怀自己的祖先。这个传统的节日，如今不单单是一个纪念圣女贞德的节日，也成了一个颇具影响力的国际民间艺术节。每年的圣女贞德节期间，主办者都会邀请来自世界各地的民间艺术家来到这里，展示世界各地不同的民间歌舞。

(3) 音乐节：6 月 21 日。这天在法国各处都能见到人们自发组成的乐队在尽情演奏。当然他们是以业余的音乐爱好者和年轻的学生为主。这一天无论是职业的音乐人还是非职业的音乐人都可以在街上演出，而且游客还可以有幸见到自己喜欢的音乐家、著名的歌星、音乐界名人，他们都将在音乐节上免费为人们演唱。

(4) 戛纳国际电影节：世界五大电影节之一，每年 5 月在法国东南部海滨小城戛纳举行，它是世界上最早、最大的国际电影节之一，为期两周左右。1956 年最高奖为"金鸭奖"，1957 年起改为"金棕榈奖"。

(5) 圣喀德琳节：11 月 25 日。圣喀德琳节是一个地道的巴黎地方节日，这一天尚未婚嫁的年轻姑娘们梳妆成圣喀德琳，在位于与其同名的大街上的圣女雕像前献花圈。这一天，姑娘们会做许多新颖的黄色和绿色的小帽子。

2. 服饰、餐饮

法国人的衣着十分讲究，尤其巴黎人以服装优美和高雅精致而享誉世界。法国高级服饰和化妆品世界驰名。

法国饮食十分讲究，且颇具特色。法国的烹调技术在西餐中首屈一指。法国的名菜有煎蜗牛、马赛鱼羹、鹅肝冻、巴黎龙虾等。法国人喜肥浓、鲜嫩，配料爱用大蒜头、丁香、香草、洋葱、芹菜、胡萝卜等。法国人烹调以煎、炸、烤、熏为主。法国人爱吃面食，法国的面包种类之多令人难以计数。法国的干鲜奶酪世界闻名，是法国人午餐、晚餐必不可少的食品，故法国又有"奶酪之国"的美誉。在肉食方面，法国人爱吃牛肉、猪肉、鸡肉、鱼子酱、蜗牛、鹅肝，但肉类不要烧得太熟，如牛排三四成熟即可，有的肉最多七八分熟。他们不吃肥肉、肝脏之外的动物内脏、无鳞鱼和带刺带骨的鱼。

法国人喜欢喝饮料，如啤酒、葡萄酒、牛奶、咖啡、红茶等。法国所产的白兰地、香槟与红葡萄酒是独一无二的。法国人特别善饮，他们几乎每餐必喝，而且讲究在餐桌上要以不同品种的酒水搭配不同的菜肴。例如，餐前要喝开胃酒，吃鱼要喝白葡萄酒，吃红肉要喝红葡萄酒，餐后才适合喝白兰地。此外，法国人还很讲究酒具，例如，用镂花大口半球形的鹭鸶脚空杯喝香槟酒，用小口鼓腹的高脚杯喝白兰地。

法国人的宴会十分考究，饭前先喝威士忌或罗姆酒等开胃酒。上菜时，第一道是汤；第二道是冷盘，多为肉肠、火腿肉配小哈密瓜之类的菜；第三道是正菜，通常是煎牛排、烤羊肉、烤鸡、海鲜等；第四道是蔬菜，多为生菜、番茄配以佐料的沙拉，或是其他青菜与火腿肉拌成；第五道是各式各样的奶酪；第六道是蛋糕、巧克力等甜食和冷饮；第七道是水果和咖啡，席间配备有各色葡萄酒和长面包；最后还有一道白兰地之类的烈酒或香槟酒。

3. 社交礼仪

法国人讲究浪漫、宽容、热情、幽默，热爱舞蹈，追求自由、平等、理想和法治。

法国人所采用的见面礼主要有握手礼、吻面礼和拥抱礼。法国人所行的吻面礼，不但使用得最多、最广泛，而且在做法上也有一定的特点。在行礼的具体过程中，他们往往彼此在对方双颊上交替互吻三四次，而且还讲究亲吻时一定要连连发出声响。

法国通行握手礼，与客人相见一般都要握手。当进入法国人的办公室时，必须与所有在场者一一握手，临走时还要重复一遍。但男女见面时，男子要待女子先伸出手后才能与之相握。男子与女子握手时应脱去手套，女子则不必。如女子无握手之意而不主动伸出手，男子点头鞠躬致意即可。同法国女士接触交往时，一定要将男士介绍给女士；同女士握手时，一定要等女士先伸手。无论在何处，男士都要让女士先行；行走时男士要让女士走在里边。被法国人邀请吃饭，离开之前不要忘记谢谢这家的女主人。

法国人十分注重谈话的礼貌，与人交谈时，态度热情大方，语气自然和蔼。听别人讲话时，眼睛平视对方，不轻易打断别人的话。

4. 禁忌

法国人忌讳墨绿色，因为第二次世界大战期间纳粹德国的军服是墨绿色的；他们也讨厌紫色，因为它是西方公认的属于同性恋者的颜色。

信奉天主教的法国人不喜欢13、星期五，认为是非常不吉利的数字。因此，他们往往以"14（A）"或"12（B）"代替13。

在法国，与人交流时，绝对不要过问别人的隐私，不要询问对方的年龄、家庭生活、婚姻状况、有无子女等，更不要打听对方的收入和家庭财产等。

法国人不喜欢黑桃图案，认为不吉祥；也忌讳仙鹤图案，认为仙鹤代表蠢汉和淫妇。

给法国妇女送花时，宜送单数，但要记住避开"1"与"13"这两个数字。法国人忌送黄色鲜花，他们认为黄色代表不忠诚；忌送香水和化妆品给女人，因为它们有过分亲热或图谋不轨之嫌。

三、文化艺术

法国有着独特的文化底蕴和丰富的文化遗产。法国文学、音乐、戏剧、绘画等艺术门类是人类文化宝库中的瑰宝，在世界文化中占有重要的地位。

自 17 世纪开始，法国的古典文学迎来了自己的辉煌时期，相继诞生了莫里哀、司汤达、巴尔扎克、大仲马、维克多·雨果、福楼拜、小仲马、左拉、莫泊桑、罗曼·罗兰等文学巨匠。他们的许多作品成为世界文学的瑰宝。其中的《巴黎圣母院》《红与黑》《高老头》《基督山伯爵》《悲惨世界》和《约翰·克利斯朵夫》等，已被翻译成世界文学作品，在世界广为流传。侦探小说方面有莫里斯·勒布朗的《侠盗亚森·罗平》和乔治·西姆农的《梅格雷探长》。

法国的戏剧也很出名，著名浪漫主义代表作家雨果的代表作《巴黎圣母院》就曾改编为话剧搬上舞台。《巴黎圣母院》是雨果最富浪漫主义的小说。小说的情节曲折离奇，紧张生动，变幻莫测，富有戏剧性和传奇色彩。戏剧版本的改编也严格依据原著，剧情的变化顺其自然，演员的台词也都形象生动地诠释了剧中人的性格特征，并且刻画得淋漓尽致。

现代，法国的艺术在继承传统的基础上颇有创新，产生了雕塑艺术大师罗丹。在绘画领域，也出现了印象派大师和野兽派代表人物马蒂斯。

从 17 世纪开始，法国在工业设计、艺术设计领域的世界领先地位早已有目共睹。实用美术、建筑、时装设计、工业设计等专业学校早已凭借其"法国制造"的商业硕果而闻名海外。

四、旅游业发展概况

（一）旅游业基本情况

法国是世界上第一大旅游接待国，2017 年，旅游产值占国内生产总值 8%左右，直接或间接创造就业岗位约 200 万个。2017 年，法国本土接待外国游客 8 700 万人。旅游从业人员约 110 万人，旅行社 6 396 家。全国有 18 172 家酒店和 11 727 家各类小旅店、野外宿营地、青年之家等。据法国国际旅游统计数据显示，2014 年欧洲游客赴法旅游人数下降了 1.7%，而亚洲游客赴法旅游人数增加了 16%，其中中国游客占主流。2015 年，法国接待外国游客 8 450 万人次，其中中国游客达 220 万人次。

受难民涌入、恐怖袭击、恶劣天气及罢工等因素的影响，自 2016 年年初以来，前往法国的外国游客下降了 7%，同比减少 100 万人。

（二）旅游资源

法国气候宜人，风光如画，浪漫气息浓厚，加上悠久的历史和深厚的文化底蕴，以及别具特色的风俗人情，使其成为全球最受欢迎的旅游目的国之一。法国旅游业在欧洲乃至全世界享有极高的声誉。

1. 巴黎

巴黎是法国首都，也是法国最大城市、欧洲第二大城市，是法国的政治、经济、文化、商业中心。巴黎建城已有1 400多年的历史,它不仅是法国,也是西欧的政治、经济和文化中心。巴黎是历史之城、美食之都和创作重镇,还是著名的世界艺术之都、印象派美术发源地、芭蕾舞的诞生地、欧洲启蒙思想运动中心、电影的故乡、现代奥林匹克运动会创始地。巴黎又是世界公认的文化之都,大量的科学机构、研究院、图书馆、博物馆、电影院、剧院、音乐厅分布于全市的各个角落。

(1)巴黎圣母院:位于巴黎市中心、西堤岛上的教堂建筑,也是天主教巴黎总教区的主教座堂。巴黎圣母院属于典型的哥特式建筑,著名作家维克多·雨果曾在小说《巴黎圣母院》中对巴黎圣母院做过最充满诗意的描绘。

(2)凯旋门:即雄狮凯旋门,位于法国巴黎的戴高乐广场中央,香榭丽舍大街的西端,为纪念1805年打败俄奥联军而修建。在凯旋门两面门墩的墙面上,有4组以战争为题材的大型浮雕,分别是"出征""胜利""和平"和"抵抗",其中有些人物雕塑高达五六米。凯旋门的四周都有门,门内刻有跟随拿破仑远征的386名将军和96场胜利战役的名字,门上刻有1792—1815年的法国战争史。巴黎市区12条大街都以凯旋门为中心,向四周放射,气势磅礴,为欧洲大城市的设计典范。

(3)埃菲尔铁塔:于1889年建成、位于巴黎战神广场上的镂空结构铁塔,是为隆重纪念法国1789年资产阶级革命100周年在国际博览会举行之际而修建的,高300米,天线高24米,总高324米。它是法国文化的象征,是巴黎城市地标之一。

(4)卢浮宫:位于巴黎市中心的塞纳河北岸,是世界著名博物馆之一。卢浮宫始建于1204年,原是法国的王宫,居住过50位法国国王和王后,是法国文艺复兴时期最珍贵的建筑物之一,以收藏丰富的古典绘画和雕刻而闻名于世。卢浮宫藏有被誉为"世界三宝"的断臂维纳斯雕像、《蒙娜丽莎》油画和胜利女神石雕,拥有的艺术收藏达40万件以上,不但有古埃及、古希腊、埃特鲁里亚、古罗马的艺术品,还有东方各国的艺术品,以及数量惊人的王室珍宝以及绘画精品等。

(5)凡尔赛宫:位于巴黎西南,是欧洲最宏大、最豪华的皇家宫苑,是法国国王路易十四至路易十六时期法国国王的居所。宫殿建筑以东西为轴,南北对称。凡尔赛宫是西方古典主义建筑最杰出的代表。1979年凡尔赛宫及其园林被联合国教科文组织列为世界文化遗产。

由大运河、瑞士湖和大小特里亚农宫组成的凡尔赛宫花园是典型的法国式园林艺术的体现,园内有雕像、喷泉、草坪、花坛、柱廊等。凡尔赛宫与世界许多重大历史事件有关:美国独立战争后,英国、美国于1783年在此签订了《巴黎和约》;法兰西共和国于1815年在此宣告成立;结束第一次世界大战的《凡尔赛和约》于1919年6月28日在此签订;第二次世界大战期间,盟军总部曾设立于此。凡尔赛宫除供参观游览之外,法国总统和其他领导人常在此会见或宴请各国国家元首和外交使节。

2. 马赛

马赛是法国的第二大城市和最大海港,景色秀丽,气候宜人。马赛东南濒地中海,水深港阔,无急流险滩,万吨级货轮可畅通无阻;西部有罗纳河及平坦河谷与北欧联系,地理位置得天独厚。全港由马赛、拉韦拉、福斯和罗纳圣路易四大港区组成,年货运量1亿吨,为法国对外贸易最大门户。在马赛旧港的伊夫岛上曾有过关押政治犯的监狱,法国著名作家大仲马曾以此为素材。在大仲马的小说《基督山伯爵》中,基督山伯爵被关押的地方便是伊夫岛上的伊夫堡。马赛主要的旅行景点有伊夫岛、贾尔德圣母院、马赛美术馆、马赛旧港。马赛属于地中海气候，全年气候较为宜人。

3. 蓝色海岸

蓝色海岸地区又称为里维埃拉地区，是滨海阿尔卑斯省和摩纳哥公国的总称，位于法国东南部的边境地带，毗邻意大利，是现代首批发展起来的度假胜地。得天独厚的地理位置使这一地区呈现出了两种截然不同的地貌特征，海洋与山脉共存，景致独特。这里风景优美，景色独特，吸引了慕名而来的众多游客，被认为是最奢华和最富有的地区之一，世界上众多富人、名人多在此。夏纳、尼斯和邻近的康城是法国蓝色海岸一带最有名的度假区。据蓝色海岸地区经济发展署统计，每年该区域迎来的超级游艇船队占到全球总数的50%，而90%的超级游艇其一生中至少游览该区域一次。

第四节 意 大 利

一、国情概况

1. 地理气候

意大利位于欧洲南部，包括亚平宁半岛及西西里岛、撒丁岛等岛屿。由于地形狭窄，宛如一只长靴子插入地中海，故又被称为"靴国"。意大利北部以阿尔卑斯山为屏障与法国、瑞士、奥地利、斯洛文尼亚接壤，东、南、西三面分别临地中海的属海亚得里亚海、爱奥尼亚海和第勒尼安海。国土面积301 333平方千米，海岸线长7 200多千米，山地和丘陵面积占国土面积的80%。意大利、法国边境的勃朗峰海拔4 810米，居欧洲第二。意大利有著名的维苏威火山和欧洲最大的活火山——埃特纳火山。意大利最大河流是波河，较大湖泊有加尔达湖、马焦雷湖等。意大利境内还有两个独立的国家：一个是地处东北部的圣马力诺共和国，它是欧洲最古老的共和国，也是世界最小的共和国；另一个是梵蒂冈，它位于意大利的首都罗马，是罗马天主教会的中心。

意大利大部分地区属于地中海气候，夏季干旱少雨，冬季湿润多雨。1月平均气温为2～10℃，7月平均气温为23～26℃，年平均降水量为500～1 000毫米。

意大利首都罗马属于东1时区，与北京有7小时的时差。每年3—10月执行夏令时，其间与北京有6小时时差。

2. 发展简史

意大利半岛在史前就有人类活动迹象，最早可追溯到旧石器时代早期。公元前2000—前1000年，不断有印欧民族迁入。公元前9世纪伊特鲁里亚人曾创造灿烂的文明。公元前754年罗马建城。古罗马先后经历王政（公元前753—前509年）、共和（公元前509—前27年）、帝国（公元前27—476年）3个阶段，存在长达1 000多年。共和时期，罗马基本完成疆域扩张；帝国时期，罗马帝国成为以地中海为中心，跨越欧、亚、非三大洲的大帝国。395年，罗马帝国分裂为东罗马帝国和西罗马帝国。西罗马帝国于476年灭亡，东罗马帝国（即拜占庭帝国）于1453年灭亡。962年至11世纪，意大利北部和中部成为"日耳曼民族神圣罗马帝国"的一部分，而南部则为拜占庭帝国领土，直至11世纪诺曼人入侵意大利南部并建立王国。12—13世纪，在意大利的神圣罗马帝国统治瓦解，分裂成许多王国、公国、自治城市和小封建领地。随着经济实力增强，意大利的文化艺术空前繁荣。15世纪，人文主义和文艺复兴运动在意大利应运而生，16世纪在欧洲广泛传播。15世纪末，法国和西班牙争夺亚平宁半岛斗争激化，导致了持续数十年的意大利战争。16世纪起，意大利大部分领土先后被法国、西班牙、奥地利占领。18世纪意大利民族精神觉醒。19世纪意大利民族复兴运动兴起。1861年3月，意大利王国成立。1870年，意大利王国军队攻克罗马，完成领土统一。此后，意大利同其他欧洲列强进行殖民扩张竞争，曾先后占领了厄立特里亚（1885—1896年）、索马里（1889—1905年）、利比亚和爱琴群岛（1911—1912年），并在中国天津取得一块商业租界（1902年）。第一次世界大战期间意大利获得了东北部特伦蒂诺、上阿迪杰、威尼斯·朱利亚和多德卡尼索斯等地区。1922年10月31日，墨索里尼上台执政，实行长达20余年的法西斯统治，其间包括入侵埃塞俄比亚（1930—1936年）、帮助佛朗哥在西班牙进行内战和与德国结成罗马—柏林轴心（1938年）、随后卷入第二次世界大战（1939—1945年）。1943年7月，墨索里尼政权被推翻。同年9月3日，意大利与同盟国签订停战协定，宣布无条件投降。1946年6月2日，意大利举行全民公投，废除君主立宪制政体，同年7月12日组成共和国第一届政府。第二次世界大战后，意大利参加马歇尔计划，签署《北大西洋公约》并积极参加欧洲一体化进程，系欧盟创始国之一。

3. 国名、国旗、国徽、国歌、国花、国树、国鸟、首都

（1）国名：全称意大利共和国。

（2）国旗：呈长方形，长与宽之比为3∶2。旗面由3个平行相等的竖长方形相连构成，从左至右依次为绿、白、红三色。1946年意大利共和国建立，正式规定绿、白、红三色旗为共和国国旗。

（3）国徽：呈圆形。中心图案是一个带红边的五角星，象征意大利共和国；五角星背后是一个大齿轮，象征劳动者；齿轮周围由橄榄叶和橡树叶环绕，象征和平与强盛。底部的红色绶带上用意大利文写着"意大利共和国"。

（4）国歌：《马梅利之歌》。

（5）国花：雏菊。

（6）国树：五针松。

（7）国鸟：红胸鸲。

（8）首都：罗马，人口约436万。最热的月份为7月，气温一般在20～32℃；最冷月份为1月，气温一般在1～10℃。

4. 人口、居民、语言与宗教

意大利拥有人口6 050万（2018年1月），居欧洲第六位，人口密度约为200人/平方千米。罗马为第一大城市，人口约436万；那不勒斯和米兰都是人口较为集中的城市，人口300万以上。目前在意大利华人人数官方统计数据为31.9万，主要集中于普拉托、米兰、罗马和佛罗伦萨等地。根据意大利国家统计局数据，多年来，意大利人口变化趋势中女性略高于男

性，劳动人口比例下降，人口结构趋于老化。目前，意大利人口老龄化现象严重，2014年，65岁以上老年人口占总人口的21.7%，14岁以下青少年人口占总人口比例下降至13.8%。2014年，意大利新生儿50.9万人，比2013年减少5 000人，创历史新低。意大利人均寿命较长，男性平均寿命为80.2岁，女性平均寿命为84.9岁。城市人口占72%，农村人口占28%，主要集中在现代化大城市、平原和沿海地区。

在意大利人口构成中，意大利人居主体地位，约为94%，少数民族有法兰西人、拉丁人、弗留里人、日耳曼人和斯拉夫人等。意大利语是官方语言，属于印欧语系新拉丁语族（或称为罗曼语族）。意大利语还是圣马力诺、梵蒂冈的官方语言，也是瑞士4种正式语言之一。西北部的瓦莱·达奥斯塔、东北部的特伦蒂诺-上阿迪杰和弗留利-威尼斯·朱利亚等少数民族地区分别讲法语、德语和斯洛文尼亚语。

意大利是一个信奉天主教的国家，90%以上居民信奉天主教，只有少数人信仰基督教新教、犹太教、东正教和伊斯兰教。

5. 政治与经济

1) 意大利的政治

意大利实行议会共和制。总统为国家元首和武装部队统帅，代表国家的统一，由参议院、众议院两院联席会议选出。总理行使管理国家职责，由总统任命，对议会负责。

意大利现行宪法于1947年12月22日由立宪会议通过，1948年1月1日颁布。2001年10月7日，全民公决通过修改后的宪法。

议会是意大利最高立法和监督机构，实行两院制，由参议院和众议院组成。参、众两院分别普选产生315名（不包括终身参议员）和630名议员，任期5年。总统有权在任期内任命5位终身参议员。议会的主要职能是：制定和修改宪法和法律，选举总统，审议和通过对政府的信任或不信任案，监督政府工作，讨论和批准国家预算、决算，对总统、总理、部长进行弹劾，决定战争状态和授予政府必要的政治决定权力等。两院权力相等，可各自通过决议并相互关联，这被认为是长期以来意大利政府更迭频繁、议会效率低下的结构性原因。目前，意大利政府全力推动议会改革，削弱参议院部分权力。

全国划分为20个行政区、107个省、7 978个市镇。20个行政区包括15个普通自治行政区，即皮埃蒙特、伦巴第、威内托、利古里亚、艾米利亚-罗马涅、托斯卡纳、翁布里亚、拉齐奥、马尔凯、阿布鲁佐、莫利塞、坎帕尼亚、普利亚、巴西利卡塔、卡拉布里亚，以及5个特别自治行政区，即瓦莱·达奥斯塔、特伦蒂诺-上阿迪杰、弗留利-威尼斯·朱利亚、西西里岛及撒丁岛。

最高司法委员会是意大利最高司法权力机构，拥有独立司法体制以及任命、分配、调遣、晋升法官等权力。该委员会由33人组成，总统任主席，最高法院院长和总检察长为当然成员。其他成员由议会选举的10名委员（律师和司法教授）和全体法官选出的20名法官组成，任期4年，不得连任和兼职。宪法法院负责处理法律法规的合宪性审查，协调并解决中央政府各部门、中央与地方、地方与地方之间权力划分的争议，并依据宪法处理对总统和内阁部长的指控。宪法法院由15名法官组成，任期9年，不得兼职，享有豁免权。此外，还设有地方调解法官、初审法院、上诉法院、审计院（主管公共账目和养老金）等机构。

意大利实行多党制，各主要政党或党派联盟大部分属于中左和中右两大阵营。

（1）民主党：中左翼最大政党，主要执政党之一。2007年10月成立，由雏菊党、左翼民主党等多个左翼党派联合组建。

（2）力量党：中右翼最大政党。2013年，意大利自由人民党在是否支持大联合政府的问题上产生内部分歧，形成反对大联合政府的"鹰派"和支持大联合政府的"鸽派"。2013年11月，意大利前总理西尔维奥·贝卢斯科尼及其"鹰派"支持者宣布解散自由人民党，成立意大利力量党。

（3）五星运动：近年来迅速崛起的非传统政党，2009年10月成立，起源于"格里洛朋友运动"，擅长通过街头演讲、微博、脸书等形式进行联络、宣传和开展活动。

（4）新中右：中右翼政党，主要执政党之一。2013年自由人民党分裂后组建。

（5）意大利公民选择党：支持欧洲主义的中间派政党，执政党之一。2013年1月成立，曾支持意前总理马里奥·蒙蒂竞选连任。

（6）北方联盟：中右翼政党。1989年12月成立，前身是意大利中北部6个自治运动联盟。

（7）左翼生态自由党：左翼政党，2009年3月成立。

1970年11月6日，意大利与中华人民共和国建立外交关系。

2019年3月，习近平主席访问意大利期间，意大利与中国签署了关于共同推进"一带一路"建设的谅解备忘录。意大利由此成为"七国集团"中第一个正式加入"一带一路"倡议的西方发达国家。

2）意大利的经济

意大利是发达工业国，实体经济发达，是欧洲第四大、世界第八大经济体，是欧盟内仅次于德国的第二大制造业强国。贸易是意大利经济的重要支柱，2017年进出口总额9 588.4亿美元，且连续五年保持顺差。意大利的各类中等技术含量消费品和投资产品在世界市场上占有相当份额，但高技术产品相对较少。主要工业部门有石油化工、汽车制造、家用电器、电子仪器、冶金、机械、设备、纺织、服装、制革、家具、食品、饮料、烟草、造纸、出版、印刷、建筑等。意大利的中小企业专业化程度高，适应能力强，传统上以出口为导向，在制革、制鞋、服装、纺织、家具、厨卫、瓷砖、丝绸、首饰、酿酒、机械、大理石开采及机械工业等领域具有较强的国际竞争力。意大利中小企业发达，被誉为"中小企业王国"，中小企业数量占企业总数的99.8%以上。意大利地区经济发展不平衡，南北差距明显，北方工商业发达，南方以农业为主，经济较为落后。

2017年主要经济指标如下：国内生产总值1.72万亿欧元，人均国内生产总值28 290欧元，国内生产总值增长率1.5%，出口总额增长率5.4%，进口总额增长率5.3%，财政赤字率1.9%，失业率10.9%。

意大利自然资源贫乏，仅有水力、地热、天然气等能源和大理石、黏土、汞以及少量铅、铝、锌和铝矾土等矿产资源。本国石油和天然气产量仅能满足4.5%和22%的国内市场需求，能源和主要工业原料供给依赖进口。

农、林、渔业产值占意大利GDP的比例为2.4%。农业可用土地1 780万公顷，其中已利用土地1 270万公顷，农业企业约160万家。意大利是欧盟内仅次于法国的第二大农业国，农产品质量享誉世界，239种农产品获得欧盟最高认证，是欧盟国家中拥有该级别认证最多的国家。2014年意大利农业附加值293亿欧元，约占GDP的1.8%。2010年，意大利葡萄酒产量超过法国，成为世界最大葡萄酒生产国，主要出口德国、美国和英国。

意大利的服务业发展速度较快,始终保持上升势头,在国民经济中占有重要地位,产值占 GDP 的 2/3,多数服务业与制造业产品营销或供应有关。

二、习俗礼仪

1. 节日庆典

意大利全年有大约 1/3 的日子是节日。意大利节日和宗教有着密切的联系,因此可分为宗教性节日与非宗教性节日。除了全国性公共节日外,也有许多地方性节日。

1)法定节日

(1)元旦:1 月 1 日。元旦这天夜幕降临时,意大利人纷纷涌向街头,燃放鞭炮焰火,载歌载舞,直至午夜时分。有些地方还鸣枪放炮。此时,各家各户开始清除旧物、酒瓶等,并将其一一打碎,然后抛到大街上。继之,各家各户都燃起炉火,通宵不熄。

(2)主显节:1 月 6 日。这天是纪念耶稣显灵的节日,如今也是意大利的儿童节。相传,东方三贤士见到一颗代表耶稣的明亮的星星,于是,在 1 月 6 日那天来到伯利恒拜见诞生不久的耶稣,这就是宗教上所说的耶稣显灵和三贤朝圣。

(3)复活节:日期并不固定,是春分后第一次月圆之后的第一个星期日。传说耶稣受难三天后复活。蛋、兔子和小鸡是这个节日的象征,代表着新生命的诞生。于是,人们要购买这些形象的装饰品并食用壳为巧克力、内包小礼物的复活节彩蛋。复活节一般放假一星期,意大利人习惯利用这个假期外出旅游。

(4)解放日:4 月 25 日。第二次世界大战期间,1945 年 4 月 25 日,意大利北方人民举行起义,解放了被纳粹德国控制的米兰、都灵、热那亚等大城市,驱逐了德国占领军,逮捕并处决了墨索里尼。第二次世界大战结束后,为纪念这一胜利,意大利政府将这一天定为解放日,每年的这一天都将举行市民游行,庆祝解放日。

(5)国庆日:6 月 2 日。国庆日又称意大利共和国日,纪念意大利在 1946 年 6 月 2—3 日以公民投票形式废除君主政体并建立共和政体。

(6)圣母升天节:8 月 15 日。圣母升天节又叫八月节,是古罗马时代沿袭下来的节日,庆祝圣母升天。现在意大利国家公务人员和各单位职员,8 月份都要休假,一般分两批,7 月底至 8 月 15 日为第一批,8 月 15 日至 8 月底为第二批。这期间机关不办公,学校放假,商店也轮休。人们一般都要到外地去度假。

(7)万圣节:11 月 1 日。意大利人在这一天祭奠亡人、扫墓,一般要献上一些黄色或白色的菊花。

(8)胜利日:11 月 4 日。

(9)圣母受胎节:12 月 8 日,纪念圣母纯洁怀胎。耶稣是因着圣灵成孕,由童贞女玛利亚所生的。

(10)圣诞节:12 月 25 日。每年圣诞节,罗马教宗都要在梵蒂冈举行一系列盛大的宗教仪式进行庆祝。

2)民间庆典

(1)米兰时装周:国际著名时装周之一,如今已聚集了时尚界顶尖人物,上千家专业买手,来自世界各地的专业媒体和风格潮流,这些精华元素所带来的世界性传播远非其他商业活动可以比拟。作为世界级时装周,米兰时装周一直被认为是世界级时装设计和消费的"晴雨表"。

(2)锡耶纳赛马节:每年在意大利托斯卡纳大区古城锡耶纳市中心的田野广场举行。在赛马节上,骑士身着代表各自教区颜色的节日盛装,驾驭无鞍赛马进行比赛,吸引了来自世界各地的观众前来观看。锡耶纳赛马节始于1656年,现今于每年7月2日和8月16日举行。

(3)威尼斯赛船节:每年9月份第一个星期日举行。届时身穿传统服饰的威尼斯人将在大运河上展开激烈的划船比赛。赛船会先进行表演的节目,表演船上的乘客都化妆成达官贵人、外国的国王和皇后,就连桨手也会身着色彩绚丽的外国民装服饰。

2. 服饰、餐饮

意大利人喜欢吃面食,爱吃牛、羊、鸡、鸭、鱼、虾等肉类,意大利人早晨喜欢喝咖啡和酸牛奶,吃烩水果。意大利人是一个嗜酒的民族,不论男女几乎每餐都要喝酒,甚至在喝咖啡时,也要掺上一些酒,以增加其香味。若有人来做客,更是以酒相待。不过,他们经常饮用的是一种度数不大的葡萄酒,叫作"维诺"。这种酒颜色紫红,稍带酸味,价格低廉,深受一般意大利人所喜爱。

在正式宴会上,意大利人对饮酒更为考究。往往上一道菜便有一种不同的酒,不仅酒的颜色不同,而且味道也不同。在比较隆重的场合,还要开香槟酒。开香槟酒需要先轻轻地撬动瓶塞,让瓶内的气慢慢推动瓶塞,最后发出"砰"的一声响,瓶塞被弹得飞了出去,客人以此为吉利的预兆,鼓掌庆贺,开怀畅饮。

3. 社交礼仪

在意大利,对老人、地位高者和不太熟悉的人,要称呼他的姓,再加上"先生""小姐""太太"或荣誉职衔。和意大利人谈话要注意掌握分寸,他们比较喜欢谈论工作、新闻、体育方面的话题;在比较隆重的社交场合,意大利人对服装的总体要求是朴素、大方、整洁、得体,衣服要熨平整,裤子熨出裤线,衣领袖口要干净,皮鞋要上油擦亮。

在家里或饭店里接待临时来访的意大利宾客,只穿内衣、睡衣、短裤是不礼貌的。表现在日常生活中,男士如果穿西服可不打领带,并可以解开衬衫的第一粒扣子。出席庆典仪式、正式宴会时,则穿着西服或民族服装。意大利人参加各种活动时,进入室内场所都要摘帽、脱掉大衣、风雨衣以及套鞋。无论在什么时候,男士在室内都不可戴帽子和手套;而女性则允许在室内戴帽子、手套和面罩。无论男士,女士都不得穿短裤、短裙或无袖衬衫到教堂或天主教博物馆参观。

意大利的商店有在门口插葡萄枝的习惯。意大利是盛产葡萄酒的国家,许多小城镇甚至乡村农户也会酿酒。过去,有些农民家里酿了许多酒,自给有余,便打算出售一些。他们将葡萄枝挂在自家门口,过路人一看便知道这家有酒卖。一旦酒已售完,葡萄枝就被取下。这一风俗延续至今,有些商店门口仍然挂起葡萄枝。

在意大利,朋友间聚会时多在餐馆一起吃饭,一般实行AA制。意大利人如请客人到家里吃饭,表明视客人为尊贵客人,客人可带酒、甜点或者鲜花。客人携带的酒和甜点会当场一同食用。另外,意大利人习惯当场打开礼物,以表示对客人的尊重。

4. 禁忌

在意大利，菊花盛开的季节，正是他们扫墓祭奠亡灵的时候。意大利在祭奠亡人、扫墓时，一般要献上一些黄色或白色的菊花。菊花在意大利被认为是葬仪之花，不可赠予活着的人。因此，意大利人非常忌讳菊花。意大利人送礼物时，千万不可送手帕，尤其是带菊花图案的手帕，他们认为手帕是亲人离别时擦眼泪用的不祥之物。同意大利人交谈的时候，意大利人忌讳别人用目光盯视他们，认为这是对人的不尊重，还可能有不良企图；此外，给意大利人倒酒时，切忌反手倒，因为这在他们的观念中意味着"势不两立"。

意大利人忌数字13，视13为不吉利数字。凡居住房号、座位号等都不准有13的字样。在人前挖鼻孔、挖耳朵是意大利社交场合的大忌。

三、文化艺术

意大利是古罗马文明和欧洲文艺复兴的发源地，拥有大量文物古迹的艺术瑰宝。公元前8世纪形成的罗马文明至今有着重大影响。意大利悠久的历史和文明为世界进步做出了贡献，涌现了众多的科学家、艺术家。

14—15世纪，意大利文艺空前繁荣，成为文艺复兴运动的发源地，但丁、达·芬奇、米开朗琪罗、拉斐尔、伽利略等文化与科学巨匠对人类文化的进步做出了巨大贡献。如今，在意大利各地都可见到精心保存下来的古罗马时代的宏伟建筑和文艺复兴时代的绘画、雕刻、古迹和文物。

意大利拥有丰富的天主教文化，特别是许多天主教圣人、烈士和教皇都是意大利人。意大利的罗马天主教艺术，特别在中世纪、文艺复兴时期及巴洛克时期蓬勃发展，出现许多艺术家，如米开朗琪罗、达·芬奇、拉斐尔、卡拉瓦乔、济安·贝尼尼、波提切利、提香与乔托等。罗马天主教建筑同样丰富，且令人印象深刻，如圣伯多禄大大教堂、圣母百花圣殿与圣马可大教堂。

意大利歌剧闻名世界，米兰更是世界歌剧的中心，最为著名的斯卡拉大剧院代表着歌剧艺术的最高峰，世界有400多部著名歌剧在此首演，包括《图兰朵》《蝴蝶夫人》等。历史上第一部歌剧《达芙妮》于文艺复兴末期诞生于意大利。罗马、威尼斯、那不勒斯是意大利重要的歌剧中心。

四、旅游业发展概况

（一）旅游业基本情况

意大利旅游业发达，是世界第五大旅游国。其主要旅游城市有罗马、威尼斯、佛罗伦萨等。旅游从业人员约32万人。据统计，2014年，外国旅游者在意大利平均逗留6.6天，人均日消费99欧元，同比增长6.4%；意大利人境外旅游平均5.8天，人均日消费74欧元。意大利的旅馆多为中小型，包括宾馆、露营地、旅游村和农业旅游住所等在内，全国共有11.5万处。

2013年，意大利旅游业顺差128亿欧元，拉动意大利GDP增长0.8%。其中，外国人赴意大利消费约329.9亿欧元，同比增长2.9%；意大利人出境旅游消费降至201.6亿欧元左右，同比减少1.7%，受经济危机影响较大。赴意大利旅行者以德国游客、美国游客和法国游客居多。

根据意大利国家统计局公布的调查数据显示,2015年意大利的入境游客人数(住宿登记)同比增长2.7%,为2012年以来的最快增速,达到1 093.81万。根据世界旅游组织提供的最新数据,2016年意大利入境旅游人次位列世界第五,国际旅游收入位列世界第六。

(二)旅游资源

意大利文物古迹很多,气候湿润,风景秀丽,旅游资源丰富。截止到2018年7月,第42届世界遗产大会结束,意大利共计拥有54项世界遗产,遗产包括49项文化遗产和5项自然遗产,是世界历史文化遗产最丰富的国家。

意大利丰厚的文化艺术遗产既是国家的瑰宝,也是发展旅游业取之不尽、用之不竭的资源。得天独厚的地理位置和气候条件、四通八达的海陆空交通网、与旅游资源配套的服务设施以及渗透在民众生活各个层面的文化内涵每年都吸引数千万外国游客前往意大利。旅游业因此成为意大利国民经济的支柱。

1. 罗马

罗马是意大利的首都,与佛罗伦萨一样都曾是文艺复兴的中心,也是罗马帝国首都,被称为永恒之城。城中拥有众多珍贵的古罗马历史遗迹,如古罗马斗兽场、万神殿、西班牙广场等。罗马城的重要标志性雕塑是母狼哺婴,在罗马城随处可见。罗马作为天主教的世界中心,拥有大量天主教堂、修道院,还有7所天主教大学。1980年,罗马的历史城区被列为世界文化遗产。1990年,这个世界遗产地的范围扩大到了罗马八区的城墙。

(1)古罗马斗兽场:又称为圆形竞技场,始建于公元72年,是罗马地标。此场曾是猛兽相斗、人兽相斗供贵族取乐的地方。这里也是斯巴达克奴隶起义的地方。从外观上看,它呈正圆形;俯瞰时,它是椭圆形的。它的占地面积约为2万平方米,长轴长约为188米,短轴长约为156米,圆周长约527米,围墙高约57米。

(2)圣保罗大教堂:罗马四大圣堂之一,4世纪君士坦丁大帝下令在圣保罗墓上建造而成。教堂内部,有11世纪铸于拜占庭的铜门,1285年由阿诺比福·迪坎比奥所做的哥特式祭坛天盖,由彼得罗·卡瓦利尼所雕的一座14世纪木刻基督像,以及被誉为罗马最美的回廊。教堂内部长131.66米,宽65米,高29.7米,共有80根独石花岗岩石柱。大殿共有5个通廊平均宽度为245.6米。四边形柱廊庭院是卡尔代里尼于1928年修建,长70米。门廊正面有10根独石红花岗岩石柱,高10米,两侧面柱廊有两行石柱,而向着台伯河的柱廊,则有3列石柱。整个柱廊庭院总共有146根石柱;大殿内部上方有36幅描绘圣保罗生平的壁画,下方是从圣保罗宗徒到约翰·保罗二世共265位教皇的画像。

(3)许愿池:又称幸福喷泉,是罗马境内最大的也是知名度最高的喷泉。相传如果有人背对着喷泉,右手拿硬币从左肩上方向后投入水中,就能实现自己的愿望。电影《罗马假日》曾在此取景。

(4)西班牙广场:位于罗马三一教堂所在的山丘下,因靠近附近的西班牙大使馆而得名。广场最著名之处当属137级阶梯。西班牙阶梯因曾是电影《罗马假日》外景地而闻名遐迩。阶梯下左侧的墙壁上记载着:1821年诗人济慈于此亡故。广场周边咖啡馆富有特色,是济慈、拜伦、雪莱等文人最爱去的场所。

（5）万神殿：万神殿位于罗马市中心，是至今完整保存的唯一一座罗马帝国时期建筑，被米开朗琪罗赞叹为"天使的设计"。万神殿始建于公元前27—前25年，由罗马帝国首任皇帝屋大维的女婿阿戈利巴建造，用以供奉奥林匹亚山上诸神。神殿是古罗马精湛建筑技术的典范。它是一个宽度与高度相等的巨大圆柱体，上面覆盖着半圆形的屋顶，正中有直径8.92米的采光圆眼，成为整个建筑的唯一入光口。包括拉斐尔在内的许多著名艺术家就葬在这里，葬在这里的还有部分意大利君主。

（6）威尼斯广场：位于意大利罗马市中心，是罗马最大的广场。广场的正面是绰号为"结婚蛋糕""打字机"的白色大理石建造的新古典主义建筑——维克多·埃曼纽尔二世纪念堂。广场左侧是威尼斯宫，这是一座文艺复兴时期的哥特式建筑，在威尼斯共和国繁荣时期是威尼斯大使馆所在地。墨索里尼曾在此办公。现在这里已经成为汇集意大利文艺复兴时期艺术品的博物馆。

（7）君士坦丁凯旋门：建于315年，是为了纪念君士坦丁大帝统一罗马帝国而建的。凯旋门上方的浮雕是当时从罗马其他建筑上直接取来的，主要内容为历代皇帝的生平业绩。

（8）真理之口：位于科斯梅丁圣母教堂。其原本是刻成河神的下水道盖，17世纪安放在现在的位置。相传，说谎者将手放入河神嘴里就会被咬断。此种说法也因为电影《罗马假日》而名声大噪，吸引了众多游客来此一睹真容。

2. 米兰

米兰是意大利第二大城市，因建筑、时装、设计、艺术、绘画、歌剧、经济、足球、商业、旅游、媒体、制造业、金融等闻名于世。曾作为前西罗马帝国首都、伦巴第王国首都、米兰公国都城，现为世界最为著名的国际大都市之一、世界时尚与设计之都和时尚界最有影响力的城市、世界历史文化名城、世界歌剧圣地、世界艺术之都。

在米兰，游客可以欣赏到世界最为著名的斯卡拉剧场的歌剧。夏天则举办音乐会或者上演芭蕾舞剧。著名的景点有被马克·吐温称为"一首用大理石写成的诗歌"的米兰主教大教堂、绘有《最后的晚餐》的圣玛丽亚感恩教堂和以文艺复兴时代的绘画作品为主的布雷拉画廊。米兰也是著名的足球之城，拥有AC米兰和国际米兰两支意甲球队。

（1）米兰主教大教堂：世界上最大的哥特式建筑，也是世界上最大的教堂之一，规模雄踞世界第二，仅次于梵蒂冈的圣彼得大教堂。米兰主教大教堂在宗教界的地位极其重要，著名的《米兰敕令》就从这里颁布，使基督教合法化，成为罗马帝国的国教。教堂内的中央屋顶是圣母玛利亚的雕像。拿破仑曾于1805年在米兰主教大教堂举行加冕仪式。米兰主教大教堂外观极尽华美，主教堂用白色大理石砌成，是欧洲最大的大理石建筑，有"大理石山"之称。

（2）圣玛利亚感恩教堂和多明戈修会修道院：位于意大利米兰的斯福查堡以西，是米兰中部的一座完整的建筑群，始建于1460年，1492年由布拉曼特扩建，精巧的回廊也是他的作品。隔壁的温恰诺餐室曾经是多明戈修会修道士的餐厅，文艺复兴时期的大艺术家兼科学家达·芬奇传世佳作《最后的晚餐》就绘在该建筑南面的墙壁上，被视为米兰的骄傲。整幅画约44平方米，高4.97米，宽8.85米，被称为"所有伟大画卷中的最佳珍品"，"欧洲艺术的拱顶之石"。作品取材于《新约全书·马太福音》第26章犹大出卖耶稣的故事。

（3）布雷拉画廊：米兰市的一座著名画廊，1809年由拿破仑创办。最初展出的是米兰美术学院收藏的名画,以后展品陆续增加,以文艺复兴时代的绘画作品为主,另有荷兰和佛兰德斯画家的一些作品。拉斐尔的《圣母的婚礼》陈列于此。整座建筑呈四方形庭院,共两层,均有柱廊。庭院中有一座拿破仑的高大铜像,右手握有胜利的象征,左手拿着权杖。四周有许多科学家、艺术家的石像。

3. 威尼斯

威尼斯是意大利北部威尼托大区首府、威尼斯省省会,曾经是威尼斯共和国的中心,世界著名的历史文化名城,威尼斯画派的发源地,其建筑、绘画、雕塑、歌剧等在世界有着极其重要的地位和影响,被称作"亚得里亚海明珠"。威尼斯市区涵盖意大利东北部亚得里亚海沿岸的威尼斯潟湖的118个岛屿和邻近一个半岛,更有177条水道纵横交叉,桥梁和水街纵横交错,四面贯通,人们以舟代车,以桥代路,是一座典型的水上之城。桥与小艇是这个城市的文化符号。圣马可大教堂和圣马可广场是威尼斯最著名的名胜古迹。诞生于1932年的威尼斯电影节是世界上第一个电影节,它比戛纳电影节早14年,比柏林电影节早19年。每年的8月底9月初的两周里,意大利水城威尼斯是世界影坛的焦点。

(1)圣马可大教堂:矗立于威尼斯市中心的圣马可广场上,它曾是中世纪欧洲最大的教堂,是威尼斯建筑艺术的经典之作,它同时也是一座收藏着丰富艺术品的宝库。圣马可大教堂由于其中埋葬了耶稣门徒圣马可而得名。圣马可是《新约全书·马可福音》的作者,被威尼斯人奉为护城神,其坐骑是狮子。当威尼斯成为一个城市共和国后,元老院决定将圣马可作为城市的新守护神,以代替狄奥多尔,所以威尼斯的城徽是一只巨大的狮子抱着福音书。圣马可大教堂的众多藏品中,金色铜马与真马同大,神形毕具,惟妙惟肖,教堂又被称为"金色大教堂"。

(2)圣马可广场:又称威尼斯中心广场,一直是威尼斯的政治、宗教和传统节日的公共活动中心。圣马可广场是由公爵府、圣马可大教堂、圣马可钟楼、行政官邸大楼、连接两座大楼的拿破仑翼大楼、圣马叮大教堂的四角形钟楼和圣马可图书馆等建筑与威尼斯大运河所围成的长方形广场,长约170米,东边宽约80米,西侧宽约55米,总面积约1万平方米,呈梯形。广场入口有两个高高的柱子,一个上面雕刻有威尼斯的代表"飞狮",另一个雕刻有威尼斯最早的守护神圣狄奥多,这里是威尼斯城的迎宾入口。

(3)叹息桥:是游客在威尼斯的必访景点之一。叹息桥造型属于早期巴洛克式风格,桥呈房屋状,上部穹隆覆盖,封闭得很严实,只有向运河一侧有两扇小窗。叹息桥两端联结着总督府和威尼斯监狱,是由法院向监狱押送死囚的必经之路。此桥因死囚被押赴刑场时经过这里,常常会发出叹息声而得名。

第五节 俄罗斯

一、国情概况

1. 地理气候

俄罗斯横跨欧亚大陆,东西最长9 000千米,南北最宽4 000千米,国土面积约1 638万平方千米，居世界第一位。俄罗斯位于欧洲东部和亚洲北部，欧洲部分占国土面积的1/4，亚洲部分占3/4。俄罗斯北邻北冰洋，东濒太平洋，西接大西洋。邻国西北面有挪威、芬兰，西面有爱沙尼亚、拉脱维亚、立陶宛、波兰、白俄罗斯，西南面是乌克兰，南面有格鲁吉亚、阿塞拜疆、哈萨克斯坦，东南面有中国、蒙古国和朝鲜。东面与日本和美国隔海相望。海岸线长33 807千米。境内伏尔加河被俄罗斯人誉为"母亲伏尔加"，全长2 600千米，是欧洲第一长河。通过运河，伏尔加河与波罗的海、白海、黑海、亚速海、里海相通，称为"五海通航"。贝加尔湖是世界最深的湖泊，总容积23 600立方千米，占全球淡水湖总蓄水量的1/5，是全世界最深也是蓄水量最大的淡水湖。

俄罗斯乌拉尔山脉以西的欧洲部分以平原为主，大部分地区处于北温带，以大陆性气候为主，但北极圈以北属于寒带气候。温差普遍较大，1月平均气温为-40～-5℃，7月平均气温为11～27℃。冬季长而寒冷，夏季短而温暖。降水较少，略集中在夏季。年降水量平均为150～1 000毫米。西伯利亚地区纬度较高，气候寒冷，冬季漫长，但夏季日照时间长，气温和湿度适宜，利于针叶林生长。

从西到东，大陆性气候逐渐加强，冬季严寒漫长；北冰洋沿岸属苔原气候（寒带气候）或称极地气候，太平洋沿岸属温带季风气候。从北到南依次为极地荒漠带、苔原带、森林苔原带、森林带、森林草原带、草原带和半荒漠带。

俄罗斯横跨11个时区，最东端的白令海峡的拉特马诺夫岛、阿纳德尔河和堪察加半岛位于东12区，最西端的加里宁格勒位于东2区。俄罗斯联邦委员会通过法案，确定从2014年10月26日开始，莫斯科时间将比格林尼治时间早3个小时，即为东3区时。莫斯科当地时间比北京时间晚5个小时。

2. 发展简史

俄罗斯人的祖先为东斯拉夫人罗斯部族。6世纪时，东斯拉夫人进入封建社会。9世纪末以基辅为中心形成基辅罗斯。15世纪末16世纪初，以莫斯科大公国为中心，逐渐形成多民族的封建国家。1547年，伊凡四世（伊凡雷帝）改大公称号为沙皇，其国号称俄国。1721年，彼得一世（彼得大帝）改国号为俄罗斯帝国。1861年废除农奴制。1917年3月（俄历2月），资产阶级革命推翻了沙皇专制制度。1917年11月7日（俄历10月25日）爆发十月社会主义革命，建立世界上第一个社会主义国家政权——俄罗斯苏维埃联邦社会主义共和国。1922年12月30日，俄罗斯联邦、外高加索联邦、乌克兰、白俄罗斯成立苏维埃社会主义共和国联盟（后扩至15个加盟共和国）。1990年6月12日，俄罗斯苏维埃联邦社会主义共和国最高苏维埃发表《国家主权宣言》，宣布俄罗斯联邦在其境内拥有"绝对主权"。1991年9月6日，苏联国务委员会通过决议，承认爱沙尼亚、拉脱维亚、立陶宛3个加盟共和国独立。12月8日，俄罗斯联邦、白俄罗斯、乌克兰3个加盟共和国领导人在别洛韦日签署《独立国家联合体协议》，宣布组成"独立国家联合体"。12月21日，除波罗的海三国和格鲁吉亚外的苏联11个加盟共和国签署《阿拉木图宣言》和《关于建立独立国家联合体协议的议定书》。12月26日，苏联最高苏维埃共和国院举行最后一次会议，宣布苏联停止存在。至此，苏联解体，俄罗斯联邦成为完全独立的国家，并成为苏联的唯一继承国。1993年12月12日，经过全民投票通过了俄罗斯独立后的第一部宪法，规定国家名称为"俄罗斯联邦"。

3. 国名、首都、国旗、国徽、国歌、国花、国树、国鸟

(1) 国名：全称俄罗斯联邦。

(2) 首都：莫斯科（Moscow），面积约为 2 560 平方千米，常住人口约 1 230 万，1 月平均气温为-8℃，7 月平均气温为 21℃。

(3) 国旗：呈横长方形，长与宽之比约为 3∶2。旗面由 3 个平行且相等的横长方形相连而成，自上而下分别为白、蓝、红三色。俄罗斯幅员辽阔，国土跨寒带、亚寒带和温带 3 个气候带，用三色横长方形平行相连表示。白色代表寒带一年四季白雪茫茫的自然景观；蓝色既代表亚寒带气候区，又象征俄罗斯丰富的地下矿藏和森林、水力等自然资源；红色既是温带的标志，也象征俄罗斯历史的悠久和对人类文明的贡献。

(4) 国徽：盾徽。1993 年 11 月 30 日，俄罗斯决定采用十月革命前伊凡雷帝时代的、以双头鹰为图案的国徽：红色盾面上有一只金色的双头鹰，鹰头上是彼得大帝的三项皇冠，鹰爪抓着象征皇权的权杖和金球。鹰头分别注视东方和西方。鹰胸前是一枚红色盾牌，上面绘有一名骑士和一匹白马。双头鹰于 15 世纪传入俄罗斯境内，后成为沙皇皇室标志。

(5) 国歌：《俄罗斯，我们神圣的祖国》。

(6) 国花：向日葵。

(7) 国树：白桦树。在俄罗斯的神话传说中，白桦树是一种神奇的树木；在俄罗斯民间口头创作中，经常用白桦树比喻苗条美丽的姑娘、害羞的新娘和纯洁的爱情。

(8) 国鸟：铁翅。

4. 人口、居民、语言与宗教

俄罗斯人口约 1.44 亿（2017 年），是欧洲人口最多的国家。俄罗斯是一个多民族的国家，民族 194 个，其中俄罗斯族占 77.7%，主要少数民族有鞑靼族、乌克兰族、巴什基尔族、楚瓦什族、车臣族、亚美尼亚族、阿瓦尔族、摩尔多瓦族、哈萨克族、阿塞拜疆族、白俄罗斯族等。俄罗斯共有 150 种语言，境内的民族语言分为四大语系，即印欧语系、阿尔泰语系、高加索语系、乌拉尔语系。俄语是俄罗斯联邦全境内的官方语言，各共和国有权规定自己的国语，并在该共和国境内与俄语一起使用。

俄罗斯人口分布极不均衡，主要集中于东欧平原的中心城市。欧洲部分人口约占全国人口的 4/5，东部地区人口密度每平方千米不足 1 人。城市人口约占全国人口的 3/4。男性占 46%，女性占 54%。

首都莫斯科位于东欧平原中部，是有 860 余年历史的国际大都市，也是全俄最大的城市和经济、文化、金融、交通中心。截至 2018 年 1 月 1 日，俄罗斯人口超过 100 万的城市有 15 座，人口在 50 万～100 万的城市有 22 座，人口在 10 万～50 万的城市有 134 座。

俄罗斯主要宗教为东正教，其次为伊斯兰教和犹太教等。根据全俄民意研究中心的调查结果，50%～53%的俄罗斯民众信奉东正教，约有 5 000 万信众；10%的俄罗斯民众信奉伊斯兰教；信奉天主教和犹太教的各为 1%；0.8%的人信奉佛教。

5. 政治与经济

1）俄罗斯政治

1993 年 12 月 12 日，俄罗斯通过独立后的第一部宪法，规定俄罗斯是共和制的民主联邦

国家，确立了总统制的国家领导体制。俄罗斯联邦政府是最高国家执行权力机关。

俄罗斯联邦会议（议会）由联邦委员会（上院）和国家杜马（下院）组成。

俄罗斯联邦委员会由每个联邦主体的代表权力机关和执行权力机关各一名代表组成，主要职能是批准联邦法律、联邦主体边界变更、总统关于战争状态和紧急状态的命令，决定境外驻军、总统选举及弹劾、中央同地方的关系问题等。

俄罗斯国家杜马共450名代表（议员），代表任期5年，主要职能是通过联邦法律、宣布大赦、同意总统关于政府首脑的任命等。

俄罗斯联邦由83个联邦主体组成，包括21个共和国、9个边疆区、46个州、2个联邦直辖市、1个自治州、4个民族自治区。2014年3月，克里米亚、塞瓦斯托波尔通过全民公投决定加入俄罗斯联邦。同月，俄罗斯批准克里米亚、塞瓦斯托波尔加入俄罗斯联邦的条约。

中华人民共和国和苏联于1949年10月2日建立外交关系。苏联解体后，1991年12月27日，中华人民共和国与俄罗斯联邦签署会谈纪要，解决了两国关系的继承问题。

2）俄罗斯经济

2015年，受国际能源市场行情的变化和自身经济结构的影响，俄罗斯经济发展速度明显放慢，西方国家因乌克兰危机对俄罗斯实施的制裁使本来就陷入困境的俄罗斯经济雪上加霜。物价上涨，居民生活水平明显下降，社会不满情绪有所增加。2018年，俄罗斯全年GDP约合1.63万亿美元，比2017年增长3.31%。俄罗斯联邦海关署发布消息称，2018年，俄罗斯外贸总额为6926亿美元，同比增长17.6%。其中，出口额为4521亿美元，同比增长25.6%；进口额为2405亿美元，同比增长5.1%。外贸顺差2116亿美元，比上年同期增加806亿美元。截至2018年，俄罗斯外汇储备约3565亿美元。

俄罗斯自然资源十分丰富，种类多，储量大，自给程度高。森林覆盖面积880万平方千米，占国土面积的51%，居世界第一位。木材蓄积量821亿立方米。天然气已探明蕴藏量为48万亿立方米，占世界探明储量的35%，居世界第一位。石油探明储量109亿吨，占世界探明储量的13%。煤蕴藏量2016亿吨，居世界第二位。铁蕴藏量556亿吨，居世界第一位。铝蕴藏量4亿吨，居世界第二位。铀蕴藏量占世界探明储量的14%。黄金储量1.42万吨，居世界第四位。此外，俄罗斯还拥有占世界探明储量65%的磷灰石和30%的镍、锡。

中国和俄罗斯互为最大邻国，资源和产业结构互补性强，开展经贸合作领域众多、前景广阔。中国是俄罗斯第一大贸易国，俄罗斯是我国第九大贸易国。2017年中俄贸易额为840.7亿美元，同比增长20.8%。中国对俄罗斯的出口产品主要是机械、电子、鞋类、纺织服装、皮革、家具、汽车等产品，俄罗斯向中国出口的产品主要是原油、成品油、铁矿砂及其精矿、原木和煤炭、木材和化工产品等。

二、习俗礼仪

1. 节日庆典

1）法定节日

（1）公历新年：1月1日。

（2）圣诞节：1月7日。俄罗斯东正教徒一般按照儒略历法，在1月6日夜间至7日凌晨庆祝圣诞节。按照东正教教规，圣诞节前是圣诞斋戒，在斋戒期40天里，虔诚的教徒只食用浸泡和煮熟的小米、大米、豆类和蔬菜。圣诞节是东正教十二大节日之一，是仅次于复活节的第二重要节日。

（3）祖国保卫者日：2月23日。2月23日原为红军节，现在则是俄罗斯的"祖国保卫者日"。该节日起源于苏联建军节，近些年来节日里一般会举行游行、阅兵和音乐会等活动。妇女们视其为"男人节"，在节日当天会向丈夫赠送礼物。

（4）国际妇女节：3月8日。属国际性节日，是世界各国劳动妇女为争取和平、民主、妇女解放而斗争的庆祝日。每逢这一节日，各单位一般都要举行庆祝活动。男人要为妇女准备礼物。女职工通常能享受一天的假期。而在家里，丈夫通常把做饭等家务劳动包下来，让妻子休息。

（5）春天与劳动节（原苏联劳动者团结日）：5月1日。从1992年起，5月1日改为"春天和劳动节"，放假两天。官方一般不举行庆祝活动，各地政府有时组织群众性的娱乐活动，如游园和街头表演。俄罗斯共产党、工会和其他一些左派组织则保留了在红场向列宁陵墓敬献鲜花、举行集会和游行的传统。

（6）胜利节：5月9日。胜利节是苏联人民纪念1945年打败德国法西斯的纪念性节日。俄罗斯独立之后保留了这个节日，并改称为胜利节。每年这一天，莫斯科都要举行隆重的集会和阅兵式庆祝胜利，国家领导人前往红场的无名烈士墓前敬献花圈，并在莫斯科的无名战士墓长明火旁设立固定哨位进行哀悼。夜晚，莫斯科和各英雄城市鸣放礼炮，纪念死难者，并燃放焰火庆祝反法西斯战争取得的伟大胜利。

（7）独立日：6月12日。独立日又称国庆日。1991年6月12日，以叶利钦为主席的俄罗斯最高苏维埃（议会）通过了关于俄罗斯联邦国家主权的声明，宣告俄罗斯独立。叶利钦当选为俄罗斯总统，宣布这一天为俄罗斯独立日，全国放假一天。

（8）民族团结日：11月4日。该节日是为了纪念俄罗斯军民17世纪初将莫斯科从波兰和立陶宛军队占领状态下解放出来，这一事件成为俄罗斯历史上混乱时代（俄罗斯16世纪末17世纪初长年战乱的时期）的转折点，随后俄罗斯全国实现了解放。为了纪念这一历史事件，同时彰显民族团结的重要性，俄罗斯于2005年设立了民族团结日。

（9）俄罗斯英雄日：12月9日。俄罗斯英雄日也称祖国英雄日，是俄罗斯法定的第六个纪念日。这项纪念日源于沙皇时代一枚表彰有战功英雄的"圣乔治勋章"。圣乔治勋章由叶卡捷琳娜女沙皇于1769年12月9日创立。普京主政后重新恢复，用以提倡爱国主义。

2）民间庆典

（1）主显节：1月18日。主显节又称主领洗节，是东正教庆祝"耶稣诞生"的节日之一。按照传统，教徒会在主显节来临这天向上帝忏悔并领取圣餐。节日从教堂中举行的各种活动开始，之后牧师会为水池中的水赐福。得到赐福的水被视为圣水，人们相信圣水能带来好运，大家会将水带回家中。这一天，东正教徒也会跃入冰冷刺骨的水中以求"净化"灵魂。

（2）谢肉节：复活节前的第八周，又称送冬节。谢肉节是俄罗斯传统节日里的重要节日，为期一周，每天内容均不相同。第一天是迎春日；第二天是娱乐日；第三天是美食日；第四天是醉酒日；第五天是岳母晚会日，又称新姑爷上门日；第六天是小姑子相新嫂子日，这天未婚女子要拜访未婚夫的姐妹们；第七天是送冬和宽恕日，人们互相串门，请求对方宽恕自己的过错。

随着时代的发展，人们如今用自己喜爱的方式欢度送冬节，欢庆春天和春耕的到来。全国各地的节日时间也不一致，一般在 2 月的最后一个星期日或 3 月的第一、第二个星期日。

（3）复活节：纪念耶稣"复活"的节日。一般是在 3 月底或 4 月初，在春分月圆后的第一个星期日举行。复活节前夕的星期六晚上，教徒们要在耶稣像前点起油灯，供上柱状的鸡蛋面包和染上各种颜色的鸡蛋。

最隆重的复活节仪式在莫斯科举行。仪式由莫斯科和全俄东正教大牧首主持。

（4）莫斯科日：1987 年 9 月 19 日，在庆祝莫斯科建城 840 周年的时候，莫斯科市政府决定，每年 9 月的第一个周末为"莫斯科日"。这一天莫斯科将举行盛大游行庆祝活动。

此外，俄罗斯还有俄罗斯旧历年元旦、海军节、建筑工人节、桦树节、春耕节、夏至节等多种节日。军界、警界还有"边防节""克格勃节"。

2. 服饰、餐饮

如今俄罗斯人服装与欧洲其他国家已无多大差别，但其传统服装却别具一格。俄罗斯人传统的男服是斜襟长袖衬衣，穿时在衬衣外面系一根腰带。衬衣一般用麻纱布、白棉布制作，也有用色彩鲜艳的花布制作的。裤子稍肥，是用白布或染色的花布做成的。家境富裕的人，还穿一种较肥大的灯笼裤。在寒冷的季节，人们一般穿厚呢子外衣或毛皮外衣，头戴毡帽，脚穿高筒皮靴。在农村，有些人用布裹足，再穿上用树皮做的鞋。

女子的传统服装，一般是用麻布做的有垫肩的长袖衬衣。在俄罗斯的北部和中部地区，已出嫁的女子在衬衣外面要穿一件无袖长衣，在南部地区则穿一种手工编的带有方格图案的毛料裙子。姑娘不戴头巾，或仅用头巾盖住头的一部分，但已婚女子必须戴头巾，以便把头部盖住。在冬季，女子一般穿厚呢子或毛皮大衣。

俄罗斯人的主食为面包，大多喜食黑面包。他们将面包和盐作为迎接客人的重要礼物。作为迎客的象征，他们将面包和盐放在餐桌显著的位置，以此表示对来客的欢迎。俄罗斯面包种类不仅很多，而且风味俱全。普通面包被称为"列巴"，销售量大，其次是黑面包。

土豆也是俄罗斯人的重要食品。正如俄罗斯谚语所说："土豆是面包的助手。"土豆的做法五花八门、名目繁多。煎土豆条配餐，是俄罗斯烹饪的一大特点。另外，还有咖喱土豆、土豆烧牛肉，土豆还可制成沙拉、土豆泥等。

俄罗斯汤的品种也很多，红菜汤在俄罗斯久负盛名。黄油、酸牛奶、酸黄瓜、鱼子酱、咸鱼、蜜糖饼干也是俄罗斯人所偏爱的食品。

在俄罗斯人的饮食构成中，肉与奶占重要比例。俄罗斯人一日三餐肉与奶较多，究其原因是肉和奶含有丰富的能量，能帮助俄罗斯人抵御严寒。

由于气候原因，俄罗斯人喜欢饮酒，尤其对烈性酒伏特加青睐有加。伏特加被视为俄罗斯的国酒。俄罗斯人最喜欢的热饮料是红茶，他们习惯在茶中放入柠檬与糖，一边喝茶一边吃果酱、蜂蜜、糖果和甜点心等。

3. 社交礼仪

俄罗斯人在为客人举办隆重的欢迎仪式时，要捧出面包和盐献给客人，以示崇高的敬意和热烈的欢迎。客人可掰一小块面包，撒上盐品尝一下表示感谢。

拥抱、亲吻和握手是俄罗斯人的重要礼节。国家领导人在隆重场合相遇，行拥抱亲吻礼，即吻面颊两次，先右后左。男女在比较隆重的场合相遇，常常是男子弯腰吻女子的手背。在日常生活中，人们相遇表示疼爱、亲切、尊重时，一般是长辈吻晚辈的面颊3次，先右后左再到右，也有吻额头的；晚辈则吻长辈面颊两次；女子之间一般拥抱，也可接吻；男子之间只拥抱；亲兄弟姐妹久别重逢或长时间分离时，既拥抱也接吻。在行握手礼时，下级或晚辈遇到上级或长辈时，不能先伸手。男子要等女子先伸手。若是男子初次与女子见面，则以鞠躬代握手。同女士握手时，男士手要轻，不可用力摇晃。

尊重女子是俄国的社会风尚。无论乘车还是出入房间，男士都要为女士开门，请她们先行。在剧院通常是男士请女士入座后自己再坐。与女士跳舞后，要向其致谢并送其回到原位置。在宴会上男士要照顾自己右边的女士。

到俄罗斯人家做客，最好按约定的时间或稍晚一点到达，不要早到。进屋前要敲门。进屋脱衣帽后先要向女主人问好，然后向男主人和其他人问好。要坐在主人让给的位置上，千万不可坐床上。

4. 行为禁忌

俄罗斯人认为"13"这个数字不吉利，是凶险和死亡的象征。数字"7"则被俄罗斯人看作吉祥数字，认为它象征着幸福和成功。

俄罗斯人认为黑色表示肃穆和不祥；不喜欢黑色的猫。

镜子被俄罗斯人看作神圣的物品，千万不可打碎。打碎镜子意味着将出现疾病、灾难等不幸。

在俄罗斯，打翻盐瓶盐罐是家庭不和的预兆，至今民间有这样的俗语流传："打翻盐罐，引起争端。"相反，如果打碎了碟、盘等餐具，则被认为是富贵和幸福的象征。因此，俄罗斯人在喜筵、寿筵等场合特意摔碎一些碟盘，以示庆贺。

古希腊和古罗马都有左凶右吉的观念，受这些观念的影响，俄罗斯人有"每个人都有两个神灵——左方为凶神，右方为善良的保护神""左主吉，右主凶"的说法。因此，不能伸出左手握手问好或者传递物品；早晨起床不可左脚先着地。

俄罗斯人尊重他人隐私，与俄罗斯人初次交谈不宜谈论收入、年龄和婚姻等生活私事。在任何情况下都不可当面询问女子年龄，这会被视为不礼貌行为。

三、文化艺术

俄罗斯的文化艺术是极其辉煌灿烂的，留下了大量不朽的作品。

俄罗斯文学源远流长，在世界上享有盛誉。19世纪，俄国批判现实主义文学在欧洲和世界文学史上占有十分重要的地位，名家辈出。例如，普希金是浪漫主义诗歌主要代表，也是俄罗斯近代文学的奠基人和俄罗斯标准语的创建者，他的《自由颂》《青铜骑士》《叶甫盖尼·奥涅金》《黑桃皇后》等作品广受欢迎。伟大的批判现实主义作家列夫·托尔斯泰的作品《战争与和平》《复活》《安娜·卡列尼娜》等对世界文学产生了巨大影响，被列宁称为"俄国革命的镜子"。被誉为跨越俄苏两代的无产阶级作家、苏联社会主义文学奠基人的高尔基，其代表作有《海燕》《童年》《在人间》《我的大学》《母亲》等。

俄罗斯的美术源远流长，绘画有着悠久的历史，著名的艺术大师有列维坦、列宾、苏里科夫、克拉姆斯科伊等。

俄罗斯的宗教音乐和民间音乐有着悠久的历史传统，歌剧、交响乐和室内音乐具有鲜明的民族气质，奔放豪迈。19世纪下半期俄罗斯音乐家柴可夫斯基创作了举世闻名的芭蕾舞曲《天鹅湖》《睡美人》《胡桃夹子》，以及歌剧《叶甫盖尼·奥涅金》《黑桃皇后》和交响幻想曲《罗密欧与朱丽叶》等。

俄罗斯的戏剧艺术体裁和形式多样，最早出现在宫廷里，19世纪进入繁荣时期。果戈里的《钦差大臣》等社会戏剧充满强烈的时代气息，具有鲜明的民族特色，同时期涌现出了许多杰出的艺术大师。亚·尼·奥斯特罗夫斯基是19世纪50年代以后俄罗斯杰出的戏剧作家，被称为"俄罗斯戏剧之父"。俄罗斯芭蕾舞艺术在世界上享有很高声誉，著名剧目有《天鹅湖》《罗密欧与朱丽叶》《吉赛尔》等。

马戏在俄罗斯也很受人们的欢迎，马戏团团员训练有素、技艺精湛。俄罗斯拥有卓越的民间艺术，实用装饰艺术有金属、兽骨和石头的艺术加工，有木雕、壁画、刺绣、带花纹的纺织品、花边编织等。最有名的工艺品有木制套娃、木刻勺、木盒、木盘等木制品。

四、旅游业发展概况

（一）旅游业基本情况

旅游作为俄罗斯的新兴产业，近年来显示出蓬勃的活力和巨大的发展前景，产值约占GDP的1.24%。俄罗斯政府十分重视旅游业，旅游署加快了符合世界标准的旅游基础设施建设，以此带动优质旅游产品的发展。

2012年3月，时任俄罗斯总统梅德韦杰夫指出，俄罗斯有能力使游客流量翻番，将名列世界第59位的游客流量名次大幅提前，每年接收至少7 000万国内外游客，努力将旅游业收入提升至世界水平，即占GDP的10.4%左右。为此，俄罗斯政府采取了一系列政策措施，大力发展本国旅游产业。截至2015年12月，俄罗斯境内注册登记的国际旅行社超过4 000家，与2014年同期相比，新增了540家。2014年索契冬奥会就是一个成功的案例，在2015年新年假期，索契因拥有现代化的基础设施等而成为全俄最受欢迎的度假城市，入住率几乎达到100%。

外国赴俄游客依然以莫斯科、圣彼得堡以及伏尔加河沿岸等城市为中心，80%游客是到莫斯科和圣彼得堡，20%游客去其他地区。

2012年和2013年，中国和俄罗斯曾共同举办"旅游年"，以此为契机，两国游客互访的数量逐年大幅攀升，2012年中国访俄游客达24.3万人次，增长47%，俄罗斯已经成为中国游客境外游的热门选择。2017年中国赴俄旅游人数逾150万人次，成为俄罗斯入境游的最大客源国。

2014年起，俄罗斯旅游业的结构发生了重大改变。2015年，5 000万人次选择在本国旅游，国内游人数增长18%，出境游人数下降约20%，而来俄旅游人数增长约150万人次，至2 000万人次。其中，来自中国、德国、美国、英国、法国的游客数量最多，伊朗、西班牙、印度来俄旅游人数有所增加。

旅游休闲业占俄罗斯经济的比例相对较小。根据世界旅游理事会提供的数据，2017年其对俄罗斯GDP的直接贡献率为1.24%，高于2016年的1.23%。该行业在2017年直接雇佣了854 500名员工，仅占俄罗斯劳动力总数的1.2%。

2017年，俄罗斯旅游人数连续第二年下降，同比下降0.7%至2 440万人次。然而，下降幅度远远低于2016年8.5%的下降幅度。与入境旅游不同，出境旅游业在2017年出现复苏，此前两年出现下滑。2017 年，出国旅游的俄罗斯游客数量同比增长 25.2%，扭转了 2016 年下降 7.9% 的趋势。出境游的复苏得益于经济转好和卢布走强，以及家庭收入的提升。

（二）旅游资源

俄罗斯因其广阔的领土、众多的民族著称，这也使它拥有丰富的自然景观、人文景观。

1. 主要旅游城市

1）莫斯科

莫斯科始建于 1147 年，分布在 7 个山丘上，莫斯科河自西北向东南流经全市，是一座有山有水、树木苍郁、风景优美的园林式古城。莫斯科面积约为 2 560 平方千米，常住人口约 1 230 万，是俄罗斯最大的城市和政治、经济、金融、文化、交通中心，是一座国际化大都市。莫斯科拥有众多名胜古迹，是历史悠久的克里姆林宫所在地。莫斯科城市规划优美，掩映在一片绿海之中，故有"森林中的首都"之美誉。

（1）红场：位于莫斯科市中心，占地 9.1 万平方米。"红场"名称系沙皇阿列克谢一世 1658 年确认。俄语中，"红色的"含有"美丽"之意，"红场"意为"美丽的广场"。它的西面是克里姆林宫的红墙及 3 座高塔，南面是圣瓦西里大教堂，北面是红砖银顶的俄罗斯国家历史博物馆。红场是重大历史事件的见证场所，也是俄罗斯重要节日举行群众集会、大型庆典和阅兵活动的地方。

（2）列宁墓：位于红场西南方，初建时为木结构，1930 年改用石建。陵墓一半埋在地下，一半露出地面。墓前刻有"列宁"字样的碑石，净重 60 吨。墓顶是平台，平台两侧是观礼台，每当重要仪式时，领导人就站在列宁墓上观礼指挥。沿黑色大理石台阶而下，可进入陵墓中心的悼念大厅。距列宁墓不远有列宁博物馆，里面珍藏有列宁的遗物和传记等。在列宁墓和克里姆林宫墙之间，是苏联领导人的墓地。红场西北有无名战士纪念碑，碑顶火焰日夜不息。

（3）克里姆林宫："克里姆林"是指一种带城墙的建筑群，在俄罗斯的许多地方都有克里姆林，但唯有莫斯科的克里姆林宫规模最大、最宏伟、最古老，集政治、历史、艺术、宗教价值于一身。克里姆林宫是俄国历代帝王的宫殿，位于俄罗斯首都莫斯科中心，与红场毗连，它们一起构成了莫斯科最有历史文化价值的地区，被列入世界遗产名录。十月革命后的 70 余年间克里姆林宫成了党和国家政治活动的中心及党政机关所在地。俄罗斯谚语曾这样形容克里姆林宫："莫斯科大地上，唯见克里姆林宫高耸；克里姆林宫上，唯见遥遥苍穹。"克里姆林宫建筑群内拥有著名的炮王、钟王、伊万大帝钟楼、大克里姆林宫、十二圣徒教堂、圣母升天大教堂和安放沙皇灵柩的天使报喜教堂等景点。

（4）救世主基督大教堂：位于莫斯科河西岸，距红场约 1.5 千米。原是为纪念 1812 年俄国对拿破仑战争胜利而建的，是一座集宗教性和历史性于一身的纪念建筑物，是俄罗斯最大的东正教教堂，可同时容纳一万人。十月革命后，莫斯科政府于 1931 年炸毁了这座珍贵的古建筑，计划在原地建造一座 200 米高的苏维埃宫，顶部建立 40 米高的列宁雕像。后来发现设计上有重大问题，不得不放弃苏维埃宫的建设计划，在这个地方盖了一座露天游泳池。苏联解体后，莫斯科政府重建救世主大教堂。

（5）莫斯科大彼得罗夫剧院：简称"大剧院"，始建于 1776 年，是俄罗斯历史悠久的剧院,坐落在莫斯科斯维尔德洛夫广场,曾被焚毁。大剧院是一座淡黄色的俄罗斯古典建筑,正门上方三角形的墙上,矗立着古希腊神话人物的浮雕,风格雄伟壮丽、朴素典雅,内部设备非常完善,具有极佳的音响效果。该剧院拥有世界一流的歌剧团、芭蕾舞团、管弦乐团和合唱团。

(6)克洛门斯克耶:世界文化遗产,距离莫斯科市中心只有几公里,是皇家离宫与教堂建筑群。这座离宫包括7座建筑,全部由石头和木头建造,没有使用一根钉子,有约250个房间。

(7)谢尔盖圣三一修道院:世界文化遗产,距离莫斯科70千米,是具有军事要塞性质的建筑群。这里的主教堂,也称为圣母升天大教堂,与克里姆林宫的主要教堂名称一样。这座建筑群建于15—18世纪。由于莫斯科的周围无险可守,一旦出现危险,沙皇和大牧首就躲避在这里据守。现在,这里是全俄罗斯大牧首的官方正式宅邸。

(8)新圣女修道院:一座极其典型的东正教修道院,是15—18世纪发展起来的带有军事特征的修道院。拉夫拉教堂是谢尔盖圣三一教堂的主教堂,是圣母升天的主要场所,与克里姆林宫大教堂同名。在大教堂众多的珍品中,比较有名的是著名画家安德烈·鲁比洛夫的壁画《三圣图》。托尔斯泰的《战争与和平》和《安娜·卡列尼娜》也提到这座教堂。修道院内埋葬有果戈里、契诃夫、法捷耶夫、奥斯特洛夫斯基、赫鲁晓夫和王明等历史名人。

2)圣彼得堡

圣彼得堡由彼得大帝主持兴建,被普希金誉为俄罗斯"通往欧洲的窗口"。该城市也是世界少数具有极昼现象的城市。圣彼得堡是俄罗斯第二大城市,历史上曾一度作为俄罗斯首都,又被称为俄罗斯的"北方首都"。圣彼得堡由40多座岛屿组成,水域面积占全市面积的1/10,风景优美。圣彼得堡历史中心区及有关建筑于1990年列入世界遗产名录。

(1)冬宫:圣彼得堡的象征,原为沙皇的皇宫,现为艾尔米塔什博物馆的一部分,是18世纪中叶俄国巴洛克式建筑的杰出代表。艾尔米塔什博物馆与伦敦的大英博物馆、巴黎的卢浮宫、纽约的大都会艺术博物馆并称为世界四大博物馆。冬宫占地9万平方米,共有大小宫厅和房间1 000多间。宫墙为浅绿色,宫殿四周各有两排柱廊,宫顶雕塑千姿百态,回廊甬道转折相通,装饰豪华,金碧辉煌。在冬宫宽敞明亮的展厅里,共有各类文物270万件,其中绘画约1.5万幅,雕塑1.2万件,版画和素描约62万幅,出土文物约60万件,实用艺术品约26万件,钱币和纪念章约100万枚。

(2)夏宫:又称彼得宫,位于芬兰湾南岸的森林中,距圣彼得堡市约30千米,占地近千公顷,是历代俄国沙皇的郊外离宫,现辟为民俗史博物馆。夏宫已成为包括18世纪和19世纪宫殿花园的建筑,以花园、雕塑、喷泉闻名,喷泉约有64个,雕塑约有218个。由于建筑豪华壮丽,被人们誉为"俄罗斯的凡尔赛宫"。

(3)涅瓦大街:圣彼得堡最著名的历史街区,是圣彼得堡社会、文化中心,它建于1710年,是连接市区和涅瓦河的主要干道之一。这条路长4.5千米,道路两边集中了18—20世纪最杰出的建筑。在街道两侧和毗邻的广场有很多歌剧院、图书馆、博物馆、音乐厅和电影院等。这里的建筑依旧保持18—19世纪的风貌,每一幢建筑都精雕细刻。此外,涅瓦大街还是一个信仰宽容的地方,这里有东正教的喀山大教堂、新教的圣彼得和保罗教堂、天主教的圣凯瑟琳教堂、荷兰教堂、亚美尼亚教堂等。这条街道横贯3条著名的河流。

（4）皇村：又称"普希金城"，是被誉为"俄国诗歌的太阳"的普希金学习的地方。皇村全面展示了各种园林的艺术风格，巴洛克式的华美、古典主义的自然、浪漫主义的伤感以及中国风格精巧的异国情调，共同编织成一个结构完整、丰富多彩的园林建筑综合体。

2. 主要旅游名胜

1）贝加尔湖度假区

贝加尔湖是世界上最深和蓄水量最大的淡水湖，中部最深达1 620米，蓄水量23.6万亿立方米，约占世界淡水总量的1/5。该湖是地壳断裂，陷落而成的。

贝加尔湖在中国古代称为"北海"，曾是中国古代北方民族的主要活动地区，汉代苏武牧羊即在此。湖形狭长，从东北向西南延伸，长636千米，平均宽48千米，最宽处约79千米，面积约3万平方千米。贝加尔湖狭长弯曲，宛如一弯月牙，又称"月亮湖"。由于湖水澄清，含杂质极少，透明度深达40.5米，享有"西伯利亚明眸"之美称。

湖滨夏季气温比周围地区约低6℃，冬季约高11℃，相对湿度较高，具有海洋性气候特征，是俄罗斯东部地区最大的疗养中心，建有多处旅游基地，每年接待数十万人。

2）索契

索契位于俄罗斯的黑海东北岸，是俄罗斯冬季最温暖的地方，也是地球上最北端唯一一块属于亚热带气候的地区。索契的气候温暖湿润，四季如春，夏季不超过30℃，冬天在8℃左右，被誉为俄罗斯最好的疗养胜地。2014年冬季奥运会曾在索契举行。苏联作家尼古拉·奥斯特洛夫斯基的《钢铁是怎样炼成的》就是在这里完成的。

索契的旅游资源非常丰富，最受欢迎的是克拉斯纳亚波良纳雪山，它距市区只有85千米，是滑雪和体验高山伞降的好地方。市内的登德拉里植物园，不仅能够观赏珍奇植物，还能饱览意式和英式园林的风采。2018年的俄罗斯世界杯足球赛在索契举行。

第六节 西 班 牙

一、国情概况

1. 地理气候

西班牙位于欧洲西南部伊比利亚半岛，西邻葡萄牙，东北与法国、安道尔接壤，北濒比斯开湾，南隔直布罗陀海峡与非洲的摩洛哥相望，东和东南濒临地中海，扼大西洋和地中海航线的咽喉，被称为通往欧洲、非洲、中东和拉丁美洲的"桥梁"。海岸线长约7 800千米。本土面积500 210平方千米，是仅次于俄罗斯、法国的欧洲第三大国。西班牙的领土还包括地中海的巴里阿利群岛、非洲西北大西洋上的加那利群岛以及非洲北部的休达、梅利利亚两座城市。

西班牙境内多山，是欧洲高山国家之一。全国35%的地区海拔1 000米以上，平原仅占11%，主要山脉有坎塔布连山脉、比利牛斯山脉等。南部的木拉散峰海拔3 478米，为全国最高峰。中部高原属大陆性气候，北部和西北部沿海属海洋性温带气候，南部和东南部属地中海型亚热带气候。西班牙四季分明，最冷月份是1~2月，东部、南部平均气温为8~13℃，北部平均气温为2~10℃。最热月份是8月，东部、南部平均气温为24~36℃，北部平均气温为16~21℃。北部和西北部沿海一带雨量充沛、气候湿润，其他大多数地区干燥、严重缺水。年降水量：西北沿海地区为800毫米，中部及东部沿海地区为600毫米，南部地区为300毫米。

首都马德里位于东1时区，比北京晚7个小时；每年3月最后一个星期日到10月最后一个星期日实行夏令时，夏令时期间时间比北京晚6个小时。加那利自治区比马德里时间晚1个小时。

2. 发展简史

伊比利亚半岛是人类发祥地之一。研究证明，50万年前，就有人类居住在伊比利亚半岛。从大约公元前3000年开始，外来民族开始向伊比利亚半岛大规模移民。公元前1100年，腓尼基人在半岛上建立了殖民地，创建了加迪尔城。腓尼基人与西班牙建立了贸易关系。为进一步开发半岛资源，腓尼基人在地中海沿岸建立了永久居留地。公元前9世纪，凯尔特人从中欧迁入。公元前8世纪起，伊比利亚半岛先后遭外族入侵，长期受罗马人、西哥特人和摩尔人的统治。西班牙人为反对外族侵略进行了长期斗争。1492年"光复运动"胜利后，统一的西班牙封建王朝建立。同年10月12日，哥伦布抵达西印度群岛。此后西班牙逐渐成为海上强国，在欧洲、美洲、非洲、亚洲均有殖民地。1588年"无敌舰队"被英国击溃，西班牙开始衰落。1873年，西班牙爆发资产阶级革命，建立第一共和国。1874年12月，王朝复辟。在1898年的美西战争中，西班牙失去在美洲和亚太的最后几块殖民地——古巴、波多黎各、关岛和菲律宾。在第一次世界大战中西班牙保持中立。1931年，西班牙建立第二共和国。1936—1939年，西班牙爆发内战。1947年，佛朗哥宣布西班牙为君主国，自任终身国家元首。1975年11月，佛朗哥病逝，胡安·卡洛斯一世国王登基。1976年7月，胡安·卡洛斯一世国王任命原国民运动秘书长阿·苏亚雷斯为首相，西班牙开始向西方议会民主政治过渡。1982年，工人社会党首次在大选中获胜组阁，上台执政长达14年。1996—2004年，人民党连续执政。2004—2011年，工人社会党重新上台执政。2011年11月，工人社会党在大选中失利，人民党重掌政权。西班牙于1986年加入欧盟，也是北约成员国之一。

3. 国名、首都、国旗、国徽、国歌、国花

（1）国名：全称西班牙王国。
（2）首都：马德里。
（3）国旗：呈长方形，长与宽之比为3∶2。旗面由3个平行的横长方形组成，上下均为红色，各占旗面的1/4；中间为黄色。黄色部分偏左侧绘有西班牙国徽。红、黄两色是西班牙人民喜爱的传统颜色，并分别代表组成西班牙的4个古老王国。
（4）国徽：中心图案为盾徽。盾面上有6组图案：左上角是红底上黄色城堡，右上角为白底上头戴王冠的红狮，城堡和狮子是古老西班牙的标志，分别象征卡斯蒂利亚和莱昂；左下角为黄、红相间的竖条，象征东北部的阿拉贡；右下角为红底上金色链网，象征位于北部的纳瓦拉；底部是白底上绿叶红石榴，象征南部的格拉纳达；盾面中心的蓝色椭圆形中有3

朵百合花,象征国家富强、人民幸福、民族团结。盾徽上端有一顶大王冠,这是国家权力的象征。盾徽两旁各有一根海格立斯柱子,亦称大力神银柱,左、右柱顶端分别是王冠和帝国冠冕,缠绕着立柱的饰带上写着"海外还有大陆"。

(5) 国歌:《皇家进行曲》。

(6) 国花:石榴花。鲜艳的石榴花代表富贵吉祥、繁荣昌盛,也象征着西班牙人火热的性格。

4. 人口、居民、语言与宗教

西班牙人口4 657万(2017年)。人口最多的4个自治区分别为安达卢西亚、加泰罗尼亚、马德里和瓦伦西亚。西班牙有20多个民族,主要是卡斯蒂利亚人(即西班牙人,约占总人口的73%),加泰罗尼亚人(约占总人口的15%)、加里西亚人(约占总人口的7%)和巴斯克人(约占总人口的5%)是最重要的3个少数民族。

西班牙官方语言和全国通用语言为卡斯蒂利亚语,即西班牙语。此外,在巴斯克、加泰罗尼亚和加利西亚等地区还有地区级官方语言。西班牙人在经贸往来中一般使用本国官方语言。

西班牙96%的居民信奉天主教。

5. 政治与经济

1) 西班牙政治

西班牙全国划分为17个自治区、50个省、8 000多个市镇,在非洲摩洛哥境内另有休达和梅利利亚两块飞地。

宪法规定,西班牙是社会与民主的法治国家,实行议会君主制。王位由胡安·卡洛斯一世及其直系后代世袭。国王为国家元首和武装部队最高统帅,代表国家。议会由参议院、众议院组成,行使国家立法权,审批财政预算,监督政府工作。立法权以众议院为主,参议院为地区代表院。议员由普选产生,任期4年。政府负责治理国家并向议会报告工作。

西班牙的司法领导机构是司法总委员会,由20名成员组成,最高法院院长兼任主席。司法机构分司法法院和行政法院两大系统。

西班牙最高检察机构是国家总检察院,下辖各级检察院及派驻各司法部门的检察官。

西班牙实行多党制,主要政党有以下几个:

(1) 人民党:原名人民同盟,1977年创立,1989年易名为人民党。奉行"中间改良主义"路线。现有党员约86万人。该党成立后不久便在国家的政治舞台上崭露头角,力量不断扩大。1996年5月首次上台执政。2000年3月蝉联执政。

(2) 西班牙工人社会党:成立于1879年,现有党员约62万人。该党在1982—2011年,曾六度执政。

(3) "我们能"党:2014年1月成立,已成为西班牙第三大政治力量,在2015年地方选举中赢得马德里市和巴塞罗那市的执政权。注册党员约50万人。

(4) 公民党:成立于2006年,原系加泰罗尼亚自治区地方性政党,在2015年12月全国大选中赢得40个众议院席位,成为议会第四大党。注册党员约2.5万人。

1973年3月9日,西班牙与中华人民共和国建交。

2）西班牙经济

西班牙是中等发达资本主义工业国，经济总量居欧盟第五位。20 世纪 80 年代初，西班牙开始实行紧缩、调整、改革政策，采取了一系列经济自由化措施。以 1986 年加入欧共体为契机，西班牙经济发展出现高潮。90 年代初，由于出现经济过热现象，西班牙经济增长速度放慢并陷入衰退。90 年代中期以来，在西班牙政府采取的宏观调控政策的作用下，经济开始回升并持续稳步增长。1998 年 5 月，西班牙成为首批加入欧元区国家后，经济持续快速增长，年增幅高于欧盟国家平均水平。

2017 年西班牙主要经济数字如下：GDP 为 1.16 万亿欧元；GDP 年增长率为 3.1%。

2014 年，西班牙工业产值产占 GDP 的 16%，主要工业部门包括食品加工、汽车、冶金、化工、能源、石油化工、电力等行业。纺织、服装和制鞋业是西班牙的重要传统产业。汽车工业是西班牙的支柱产业之一。2017 年，西班牙汽车产量为 284 万辆，位居欧盟第二，世界第八。

西班牙农业用地面积占国土面积的 13.8%，居欧盟第二位。农作物种植种类丰富，主要有葡萄、橄榄、柑橘等。猪和牛是西班牙农民饲养的主要畜类，存栏量分别占畜类总数的 41.5% 和 28.1%。猪肉、羊肉产量均居欧盟第二位。葡萄的种植面积居世界首位，达 95 万公顷，占世界总种植面积的 13%。

二、习俗礼仪

1. 节日庆典

西班牙的节日丰富多彩，除了国庆节、元旦、圣诞节、复活节等一些重要的传统节日，每个地区都有自己带有浓郁地方色彩的节日。

1）法定节日

（1）国庆节：10 月 12 日。国庆节是为纪念哥伦布 1492 年奉西班牙统治者伊萨伯拉和斐迪南之命所进行的发现美洲大陆的航行。史载，1492 年 10 月 12 日哥伦布的船队登上所见第一块陆地——巴哈马群岛的华特林岛。

（2）宪法日：12 月 6 日。

（3）国王胡安·卡洛斯一世命名日：6 月 24 日。1975 年 11 月 20 日，佛朗哥病逝。同月 22 日，胡安·卡洛斯继西班牙王位。1976 年 6 月 24 日正式命名，这一天被称作"国王胡安·卡洛斯一世命名日"。

（4）格拉纳达日：1 月 2 日。格拉纳达日也称西班牙独立日。公元 8 世纪，阿拉伯人侵入并统治伊比利亚半岛，西班牙人为收复失地进行了长达 800 年的斗争，终于在 1492 年 1 月 2 日收复了摩尔人在半岛的最后一个据点——格拉纳达城，实现了西班牙的独立。为纪念这一事件，西班牙设此节日。

（5）建军节：5 月 27 日。

（6）新年：1 月 1 日。在西班牙，有除夕之夜喝蒜瓣汤、新年吃葡萄祈福的习俗。当教堂的钟在 12 点敲响时，伴随钟声吃下 12 颗葡萄，象征新年每个月都事事如意。

2）民间庆典

（1）奔牛节：西班牙是世界上著名的"斗牛王国"，斗牛是西班牙的传统节庆活动。鉴于西班牙多数地方为温带大陆性气候，部分地区为地中海气候，所以只能在每年3—11月进行斗牛。除了斗牛，西班牙还有奔牛节。位于西班牙东北部的潘普洛纳市是西班牙著名的奔牛节举行地。每年的7月举行，为期9天，7月14日是最后一天。奔牛节的正式名称叫"圣费尔明节"，传说圣费尔明是潘普洛纳市的保护神。每年奔牛节期间都有成千上万的外国游客前往潘普洛纳观看早晨的奔牛和下午的斗牛。这个节日因美国作家海明威的著作《太阳照常升起》描写过奔牛活动而传遍全球。

（2）瓦伦西亚法雅节：每年3月15—19日举行，历时近一周。这段时间，城市的大街小巷摆满用木料、纸板和泡沫塑料做成的玩偶，创意独特、形态各异、栩栩如生，这些玩偶被称作法雅。节日期间有烟花爆竹秀、游行、向圣母献花等活动，以午夜焚偶达到高潮。这个节日又因以焚烧人偶的方式迎接春天而被称为火节。此外，法雅小姐的风采也是节日的一大亮点，她们是法雅节的代言人，也是法雅节文化和精神的传播者。

西班牙富有民族风格的节日还有塞维利亚的四月节、马德里的圣体节、潘普罗那市的圣地亚哥节、西红柿节、圣皮拉尔节等。西班牙人在节日期间举行露天音乐会、化装舞会、宗教游行、施放烟花、歌舞表演等活动，全民出动，尽情狂欢。

2. 服饰、餐饮

西班牙人的传统服装，与其宗教、舞蹈和斗牛等有着密切的关系。受各种不同文化、气候和地理条件的影响，各地的传统服装也千差万别、独具色彩。从风格上讲，北方地区比较朴素，色调以、灰、黑白为主，南方地区则艳丽夸张、热情奔放。

西班牙人女子的衬衣，大多是在边缘上饰以白细布制成的折裥花边，女子头发上也装饰着带花边的头饰或是鲜花。披肩是西班牙妇女特有的传统服饰，至今仍流行。它讲究面料，且大多绣花，图案典雅美观，色调亮丽。披肩可长可短，一般没有袖子和领子，但披风左右侧有口袋。

斗牛是西班牙的传统习俗活动。斗牛士一般头戴三角帽，身穿白衬衣，外罩长及腰际的坎肩或带袖上衣；下身穿斗牛裤（又称紧身裤），裤腿很短。古时的斗牛裤大多为黑色或深蓝色，现时的斗牛裤则带有刺绣的多色花边，做工讲究，结实耐磨，有红色、白色、蓝色等，款式多样。

随着时代的发展，西班牙人的衣着习惯和观念发生了重大的变化，几乎没人在平时穿这些传统服饰，只在一些节庆活动中穿戴。上班时，男士穿西装，女士着西装套裙。西班牙人平时穿着比较随意，追求自然和舒适，青睐纯棉和纯丝制品，喜欢突出个性。

西班牙人的主食以面食为主，也吃米饭，喜食酸辣味的食品，一般不吃过分油腻和咸味太重的菜。早餐习惯吃酸牛奶、水果，午餐和晚餐通常要喝啤酒、葡萄酒或白兰地酒，饭后则喝咖啡及吃水果。早餐一般在8点左右，以简单快捷为主，主要是牛奶、酸牛奶、面包、黄油、奶酪、果汁、水果、咖啡等。午餐大约在下午2点，不大讲究，常常是一份饭，外加一杯饮料或啤酒。晚餐通常在晚上10点，比较丰盛，也比较讲究，有开胃汤、主菜和主食，还必备葡萄酒。主菜主要有煎牛排、煎猪排、烤牛肉、烤羊肉、炸鸡腿、烤鱼、焖火鸡、焖兔肉、火腿及炸虾、炸土豆等。西班牙最有特色的餐馆，一是海鲜馆。西班牙海鲜很多，特别是巴斯克风味的"盐包烤鱼"，让人回味无穷。二是牛肉馆。西班牙是斗牛之乡，是盛产牛肉的国家，烤牛肉闻名四海，其特点是嫩、鲜。三是"塔巴"小吃店。西班牙有三大特色小吃，即"哈蒙"（生火腿）、"托尔大"（鸡蛋土豆煎饼）、"巧里索"（肉肠），其中"哈蒙"最为出名。西班牙菜肴融合了地中海和东方烹饪的精华，独具特色。最具代表性的是火腿、海鲜饭、卡斯提亚汤，中部地区的烤乳猪、烤乳羊，西北地区的海鲜汤。

3．社交礼仪

西班牙人的姓名常有三四节，前一二节为本人姓名，倒数第二节为父姓，最后一节为母姓，通常口头称呼称父姓。

西班牙人的见面礼节一般采取握手、亲吻和拥抱3种方式。握手是最常见的礼节，两人初次相识，边握手边问候，如对方无握手之意，可点头说"你好"致意。在日常交往中，熟人之间、朋友之间、同事之间，以亲吻、拥抱为主。

西班牙人性格开朗，待人热情，肢体语言丰富。西班牙人吃东西时，通常会出于礼貌邀请周围的人与他分享，不宜贸然接受。餐桌上不劝酒，也无相互敬烟的习惯。

西班牙人喜欢谈论政治，但不要把西班牙政治和他国政治进行比较；喜欢谈体育和旅行，但避免谈论宗教、家庭和工作等个人隐私。

在西班牙做客，无论是熟人、朋友还是亲属，都必须事先约定。迟到被视为失礼行为，来得太早会使人措手不及。西班牙人做客要带礼品，如酒或鲜花等。在圣诞节前有相互送礼的习惯，赠送礼品很注重包装，并有当面拆包赞赏的习惯。如送花，最好送石榴花。

4．行为禁忌

西班牙人注重个人隐私权，一般不能询问别人年龄、收入、婚否、宗教信仰、政治派别。不能询问对方的物品价格，也不许询问主人请客的花费。路上与朋友相遇，不应打听对方的去向、做什么事。西班牙习俗容许男士当面赞美女士容貌美丽或衣着优雅。西班牙人忌讳送大丽花和菊花，赠送朋友以玫瑰花为宜，送花时间应避开每月的13日。

大多数西班牙人信仰天主教，许多禁忌与天主教国家相同。他们认为13为不吉利数字、星期五为不祥之日。忌用象征疾病和嫉妒的黄色、教会专用"神社颜色"的紫色和象征死亡的黑色，忌讳菊花等。

三、文化艺术

西班牙是南欧文明古国之一，拥有丰富灿烂的文化。其文化源远流长，有着2 000年的历史。诞生于西班牙的文学和艺术巨匠为丰富世界艺术宝库做出了杰出贡献。

中世纪西班牙诞生了世界著名史诗《熙德之歌》，它揭开了西班牙文学史的第一页，是世界著名史诗之一。文艺复兴时期的主要作家为米格尔·德·塞万提斯。巴洛克时期的剧作家洛佩·德·维加被称为"戏剧之父"，他的《羊泉村》在西班牙戏剧舞台上演过数千场而经久不衰，可谓家喻户晓。19世纪下半叶，现实主义小说占上风，如贝尼托·佩雷斯·加尔多斯的巨著《西班牙历史插曲》。

西班牙美术家在世界美术史上占有重要的地位。17世纪的西班牙画坛令人瞩目，涌现出了一大批著名画家和作品。例如，绘画奇才格雷科，《酷刑》是他的代表作之一。而"神来之笔"贝拉斯克斯，是近代西班牙和世界美术史上最伟大的画家之一，他的三幅佳作是《布雷特的归降》《宫女群》《醉汉们》。西班牙在现代国际画坛最有影响力的大师为毕加索、达利和米罗。其中，毕加索创作了近 2 万件作品，是西班牙伟大的现代派画家。毕加索在绘画艺术上的成就为创作了《亚威农少女》《和平鸽》等具影响力的作品。

当代西班牙也是一个声乐强国。著名歌唱家普拉西多·多明戈和何塞·卡雷拉斯与意大利的帕瓦罗蒂齐名，并称为当代"世界三大男高音"。胡利奥·伊格莱西斯是国际著名的通俗歌曲演唱家。

弗拉门戈舞与斗牛并称为西班牙两大国粹。弗拉门戈是西班牙的一种综合性艺术，它融舞蹈、歌唱、器乐于一体，源于传统吉卜赛人居住的地方。如今，弗拉门戈俨然成为西班牙的代表性艺术之一。秉持了吉卜赛人的自由随性、融合了欧洲的高贵华丽以及美洲的奔放热情的弗拉门戈早已享誉世界，被越来越多的人接受和喜爱。斗牛是西班牙的一项传统活动，在世界上拥有巨大的影响力，这使西班牙成为世界上独一无二的"斗牛王国"。西班牙斗牛已有 2 000 多年的历史，是一项娱乐性很强的民族体育活动。西班牙每年的斗牛活动都吸引着来自世界各地的游客。

在西班牙，足球文化深入人心，成为生活的一部分，渗透至政治、经济、教育等社会领域，给人们带来快乐，给生活以启迪和教益，从而达到潜移默化的效果，让西班牙人对足球有深深的认同感。同时，足球也成为西班牙的"形象大使"。巴萨和皇马都是世界顶级足球俱乐部。

四、旅游业发展概况

（一）旅游业基本情况

西班牙旅游业发达，素有"旅游王国"之称。以阳光、沙滩、海水和海鲜著名的西班牙是全球重要的旅游目的地。高度发达的旅游业为西班牙带来了丰厚的收入，已是国民经济重要的支柱之一，约占其 GDP 的 11%。2015 年 5 月，世界经济论坛发布的《旅游业竞争力报告》综合考量全球 141 个国家的 14 项指标，西班牙首次位列全球旅游竞争力第一，西班牙获选 2014 年最具旅游竞争力国家。

2017 年，西班牙入境旅游人数为 8 178 万人次，仅次于法国居世界第二，同比增长 8.13%。入境旅游收入达 734.3 亿美元，同比增长 10.1%，位列世界第二。旅游总收入占西班牙 GDP 的 11.2%。加泰罗尼亚是吸引外国游客最多的自治区。

（二）旅游资源

阳光、沙滩和海水是西班牙的三大特色旅游项目，主要旅游区有太阳海岸旅游区、布拉瓦环岸旅游区、巴利阿里群岛旅游区和加里群岛旅游区。著名的旅游城市和旅游景区有马德里、巴塞罗那、塞维利亚、格拉纳达、科尔多瓦历史区等。联合国旅游组织总部设在马德里。

1. 主要旅游城市

1）马德里

马德里是西班牙的首都，第一大城市，市区人口 340 万，地处海拔 670 米的山间盆地上，是欧洲地势最高的首都。它既是一座名胜古迹荟萃的古城，又是一座文化气息浓郁和城建环境优美的现代化城市，是西班牙的政治、经济、金融和文化中心。

马德里是一座古老的城市，早在 2 000 多年前，它便是曼萨那雷斯河畔的一座小镇，先后被罗马人、西哥特人统治过。马德里的名字来自公元 10 世纪阿拉伯人在这里修建的要塞马吉里特。11 世纪，阿方索六世占领马德里，从此成为卡斯蒂利亚王国的一个重镇。1561 年，费利佩二世在马德里定都，至今已有 400 多年历史。无数名胜古迹遍布马德里全城，它是一个融合了传统艺术与开放观念的城市，是欧洲音乐、歌剧、舞蹈、电影、绘画、建筑及设计的先锋。市内有 60 多个广场、50 座博物馆、18 家图书馆和 100 多个雕塑群，这座 1992 年被评为"欧洲文化名城"的古城洋溢着浓郁的历史气息。这里有索菲亚王后当代艺术博物馆、蒂森博物馆、太阳门、西班牙广场、大广场（马约尔广场）、哥伦布广场、欧洲门等。

（1）马德里皇宫：建在曼萨莱斯河左岸的山冈上，是仅次于凡尔赛宫及维也纳皇宫的欧洲第三大皇宫。皇宫建于 18 世纪中叶加尔曼斯三世时，是波尔梦王朝的代表性文化遗迹。自建立以来，一直是西班牙历代国王的皇宫。它是世界上保存较完整、较精美的宫殿，也是一座艺术宝库，珍藏着大量油画、壁毯画、钟表、金银首饰、瓷器和古家具乐器及其他皇室用品等。1975 年，卡洛斯国王登基后对市民开放，现在辟为博物馆，但一些重要典礼活动仍在此举行，如国王宴请来访的外国元首、举行国内最高规格的官方活动、接受外国大使的国书等。

皇宫的对面是西班牙广场，它的正中央竖立着文艺复兴时期著名的西班牙文学大师、《堂吉诃德》作者塞万提斯的纪念碑。纪念碑的下面是堂吉诃德骑着马和仆人桑丘的塑像。

（2）普拉多画宫：又称普拉多博物馆。它是西班牙的艺术殿堂和宝库，也是世界一流的艺术宫殿，还是收藏西班牙绘画作品最全面、最权威的美术馆，素有"欧洲古典艺术宝库"之称。

2）托莱多

托莱多为欧洲历史名城。历史上，托莱多曾为异族占领和统治，不同的民族和文化为托莱多留下了弥足珍贵的艺术和历史遗产，也使其成为西班牙民族融合的缩影。从被摩尔人占领起，托莱多的莫扎拉布人（摩尔人统治时期的西班牙基督教徒）、摩尔人和犹太人即友善和平地共居此城，基督教、伊斯兰教和犹太教在此并存共容，托莱多由此成为"三种文化之都"。

托莱多于 1987 年被联合国教科文组织宣布为人类遗产城市，其古建筑群保存完好，是西班牙最负盛名的旅游古城，有哥特式、穆迪哈尔式、巴洛克式和新古典式各类教堂、寺院、修道院、王宫、城墙、博物馆等古建筑 70 多处。

（1）古城堡：气势雄伟的城堡坐落在托莱多的制高点上，16 世纪中叶时是查理五世国王的王宫。城堡呈正方形，四角有 4 个方形尖顶塔楼，登塔楼极目四望，远近景物一览无余。数百年来，这座城堡刻画着西班牙民族盛衰史的各种印记。这里也曾是重要的战场之一，城堡四周的累累弹痕，至今依稀可辨。

（2）比萨格拉门：为托莱多城的正门，建于 16 世纪中叶，是唯一能进入古城的一道城门。门上刻有西班牙国王查理一世帝徽——帝国皇鹰。在城墙上刻有西班牙文学大师塞万提斯给托莱多的题词："西班牙之荣，西班牙城市之光。"

（3）太阳门：建于 13 世纪，具有典型的阿拉伯风格——高大、宏伟、挺拔。之所以叫太阳门，有两种说法：一是称门上有太阳、月亮的图案；二是称阿方索十世时代星象测量结果，此门位居子午线零度上，从日出到日落，日光总照着此门。

（4）大教堂：建于 1227—1493 年，内部装饰完成于 18 世纪，主体为哥特式建筑，内部装潢吸收了穆迪哈尔等其他风格，可以说是一座各种建筑艺术风格相结合的庞大建筑群，是西班牙最大教堂之一，也是西班牙首席红衣大主教住地。教堂正门左侧钟楼高90米，上挂一口17 515公斤重的大钟（铸于1735年）。主堂长112米，宽56米，高45米，由88根大石柱支撑。大教堂的唱诗室位于主堂中央，唱诗班的两排座椅为西班牙木雕艺术之珍宝，下排为哥特式，上排为文艺复兴式，两种艺术风格完美融合。下排座椅上方刻有54幅连环画，生动地记载了光复战争中收复格拉纳达的历史场面。

（5）圣多美教堂：14世纪住在托莱多的阿拉伯人所建的穆迪哈尔风格的建筑。其名声主要来自珍藏在此的格列柯的名画《奥尔加斯伯爵的葬礼》，被认为是世界名画之一。此画为纪念已逝世200年、曾为各教堂奉献大笔资财的托莱多贵族奥尔加斯伯爵。该画明显分成上下两部分，上指天堂、下喻人间，把当时最显赫的贵族、教士及社会名流均列在其内，作者的儿子也在其中。画面上，16世纪的人居然出现在14世纪死者的葬礼中等一些令人费解的笔触，显示了作者的绘画绝技。

托莱多不仅以丰富多彩的文化和风格迥异的建筑闻名于世，刀、剑等冷兵器和金丝镶嵌画等也是这座城市独具的手工艺品。

3）巴塞罗那

巴塞罗那是加泰罗尼亚自治区首府和巴塞罗那省省会，为西班牙第二大城市和最大港口。位于伊比利亚半岛的东北面，濒临地中海，人口约162万，拥有9处世界遗产。

巴塞罗那属于地中海气候，冬季温暖潮湿而夏季炎热干燥。1—2月最寒冷，平均温度为10℃。7—8月最热，平均温度为25℃。

巴塞罗那海岸线总长4.5千米，分为7块海滩，其中巴萨罗内塔滩和圣塞巴斯蒂亚滩是最大、最著名、游客最多的两个，均约长1.1千米。

近百余年来，巴塞罗那成功举办了1888年万国博览会、1929年国际博览会、1992年奥运会、2004年环球文化论坛。

巴塞罗那滋养天才和灵感，崇尚自由和创造，孕育了毕加索、米罗、达利、高迪等现代派艺术大师，成为世界前卫艺术的圣地和开放的现代艺术馆。

巴塞罗那的很多著名建筑集中在老城区的中心哥特区，这里有很多中世纪甚至罗马人统治时期的建筑。19世纪中期至20世纪中期修建的众多现代主义风格的建筑为巴塞罗那增添了许多亮点，特别是以高迪设计的建筑作品最有特色，有8栋现代主义建筑被列为世界遗产。巴塞罗那的主要景点有加泰罗尼亚艺术博物馆、毕加索博物馆、米罗博物馆、圣家教堂、米拉公寓、桂尔公园、西班牙村、兰布拉大街、蒙锥克公园等。

4）塞维利亚

塞维利亚位于西班牙西南部，为西班牙第四大城市和南部第一大城市，也是一座具有2 000年历史的文化古城，在历史上有"小罗马"之称。塞维利亚以其节日的庄严仪式、款式新颖的服饰、优美的吉卜赛音乐舞蹈和热烈的斗牛而著称。塞维利亚老城区的面积在欧洲城市中位列第二位，其建筑仍然保留着摩尔人统治过的痕迹。塞维利亚又称"花园之城"，有阿拉伯式、文艺复兴式和现代式各种花园，还有罗马水道和罗马城墙遗迹等。塞维利亚大教堂、皇家阿尔卡萨城堡和西印度档案馆等被联合国教科文组织确定为世界遗产。其主要景点有西班牙广场、圣克鲁斯区、大教堂、皇家阿尔卡萨城堡、黄金塔等。

（1）黄金塔：有"金塔"之称的砖塔，体现出浓郁的阿拉伯建筑风格，由12个等边的砖塔构成，每一个砖塔代表一个方位。这座建筑之所以名为黄金塔，是因为建筑的四周涂有一层金粉，闪闪发光，好似黄金。

（2）皇家阿尔卡萨城堡：建于古罗马时期。由于绵延千年的战争，该城堡几度被毁，但又及时得到修复。现存的城堡扩建于阿拉伯人统治时期。城堡修筑在塞哥维亚城边，地势险要。城堡为历代国王的行宫，也曾经一度成为炮兵学校和关押重要囚犯的监狱。城堡建筑风格独特，造型别致，气势恢宏，因此，美国迪士尼动画片里的城堡样式也多以此为参照。

2. 主要旅游名胜

1）阳光海岸

阳光海岸位于西班牙南部的地中海沿岸，长 200 多公里。这里气候温和，阳光充足，全年日照 300 多天，故称"太阳海岸"，被誉为世界六大完美海滩之一，也是西班牙著名的旅游区，是欧洲最受欢迎的旅游度假胜地之一。

2）巴利阿里群岛

巴利阿里群岛位于西班牙本土东 80~300 千米，由马约卡岛、梅诺卡岛和伊比萨与福门特拉岛 3 座大岛和许多小岛屿组成，其中最有名的小岛是卡布雷拉岛，已被宣布为国家海陆公园。巴利阿里群岛是著名的旅游胜地，也是西地中海主要的旅游目的地。这里的小海湾和海滩相辅相成，形成了一处处迷人的夏季度假中心，而隐藏在各岛屿内陆地区的景点也以其特殊的魅力吸引着众多的游客。巴利阿里群岛有着典型的地中海气候特征，气候温和，而较大的湿度也使四季温度变化更加突出。巴利阿里群岛全年的平均气温在 17℃，各岛屿的平均温度差别不大，适宜全年游览。

第七节 荷 兰

一、国情概况

1. 地理气候

荷兰位于欧洲西北部，东邻德国，南接比利时，西、北濒北海，地处莱茵河、马斯河和斯海尔德河三大河流入海口。海岸线长 1 075 千米。境内河流纵横，主要有莱茵河、马斯河。西北濒海处有艾瑟尔湖。其西部沿海为低地，东部是波状平原，中部和东南部为高原。

荷兰属温带海洋性气候，沿海地区平均气温，夏季为 16℃，冬季为 3℃；内陆地区平均气温，夏季为 17℃，冬季为 2℃。年平均降水量 797 毫米。本土面积 33 690 平方千米，其中 1/4 低于海平面，素有"低地之国"之称。海外领地均位于加勒比海地区，总面积为 980 平方千米。

2. 发展简史

荷兰于 1463 年正式成为国家，16 世纪前长期处于封建割据状态。16 世纪初接受西班牙统治，1568 年爆发持续 80 年的反抗西班牙统治的战争。1581 年，北部七省成立荷兰共和国

（正式名称为尼德兰联省共和国）。1648年《威斯特伐利亚和约》的签署使西班牙正式承认荷兰独立。17世纪，荷兰是当时世界上的海上霸主，曾被誉为"海上马车夫"，是海上殖民强国，经济、文化、艺术、科技等各方面均非常发达，17世纪被誉为该国的"黄金时代"。18世纪后，荷兰的殖民体系逐渐瓦解，国势渐衰。1795年，法国军队入侵荷兰。1806年，拿破仑之弟任荷兰国王。1810年，荷兰并入法国。1814年，荷兰脱离法国。1815年，荷兰王国成立。1848年，荷兰成为君主立宪国。第一次世界大战期间荷兰保持中立。第二次世界大战初期荷兰宣布中立。1940年5月，荷兰遭德军入侵，王室和内阁成员流亡英国，成立流亡政府。第二次世界大战后荷兰放弃中立政策，加入北约和欧共体（欧盟）。

3. 国名、国旗、国徽、国歌、国花、国鸟、首都

（1）国名：全称尼德兰王国。因其北荷兰省和南荷兰省最为出名，故又称荷兰。

（2）国旗：呈长方形，长与宽之比为3∶2。自上而下由红、白、蓝3个平行相等的横长方形相连而成。蓝色表示国家面临海洋，象征人民的幸福；白色象征自由、平等、民主，还代表人民淳朴的性格特征；红色代表革命胜利。

（3）国徽：奥伦治·拿骚王室的王徽，为斗篷式。顶端带王冠的斗篷中有一盾徽，蓝色盾面上有一只头戴三叶状王冠的狮子，一爪握着银色罗马剑，一爪抓着一捆箭，象征团结就是力量。盾徽上面有一顶王冠，两侧各有一只狮子，下边的蓝色饰带上写着威廉大公的一句格言"坚持不懈"。

（4）国歌：《威廉颂》。

（5）国花：郁金香。

（6）国鸟：琵鹭。

（7）首都：阿姆斯特丹。

4. 人口、居民、语言与宗教

荷兰人口为1 726万（2018年）。近76.9%为荷兰族，摩洛哥人、土耳其人、苏里南人、华人为较大的少数族裔。海外领地总人口约30.84万。官方语言为荷兰语，弗里斯兰省讲弗里斯语，海外领地还通用荷兰语、英语、西班牙语、帕皮阿门托语。荷兰人外语水平很高，尤其是英语语言能力在非英语国家名列前茅。接受过高等教育的荷兰人一般能讲两三种外语。

荷兰人口主要分布在大中型城市及城市周边地区。2015年统计，荷兰人口最多的10个城市及其人口数目分别为：阿姆斯特丹74.16万人，鹿特丹59.82万人，海牙47.43万人，乌特勒支29.05万人，埃因霍温20.96万人，蒂尔堡19.96万人，格罗宁根18.12万人，阿尔梅勒17.64万人，布雷达16.77万人，奈梅亨15.87万人。据荷兰移民局统计，2017年，荷兰华人总人口约为12.5万，约占荷兰人口总数的0.7%。华人在荷兰并无大规模集中居住地，荷兰大部分地市均有华人居住。

荷兰宪法规定宗教信仰自由。对荷兰社会影响最大的是罗马天主教和荷兰新教。荷兰本土人口中，20%的民众信奉天主教，16%的民众信奉新教，11%的民众信奉佛教和伊斯兰教等其他宗教，53%的民众无宗教信仰。海外领地居民近80%信仰天主教。荷兰还拥有一些印度教徒，主要是来自前殖民地国家苏里南的移民。

5. 政治与经济

1）荷兰的政治

荷兰是世袭君主立宪王国。立法权属于国王和议会，行政权属于国王和内阁。枢密院为最高国务协商机构，主席为国王本人，其他成员由国王任命。荷兰由本土，圣俄斯塔休斯、博纳尔、萨巴3个海外特别行政区，以及阿鲁巴、库拉索、荷属圣马丁3个自治国组成。荷兰本土划分为12个省，下设403个市镇。

荷兰议会由一院和二院组成。两院议员任期均为4年，但改选不在同一年进行。一院（参议院）无立法权，有权同意或拒绝批准法案。议员75名，由省议会间接选举产生。二院（众议院）主要职责是立法和监督内阁执政。立法权体现在可自行提出法案、批准或否决内阁提案和修改法案。监督权体现在二院具有预算核准权、独立调查权和质询权。议员150名，按比例代表制通过直接普选产生。

全国设62个基层法院（市镇法院）、19个中级法院（地区法院）、5个上诉法院和1个最高法院。此外还设有军事法庭、行政法庭等若干特别法庭。各级法院法官均系高等院校法律专业毕业，由国王任命，任期终身（实际到70岁）。

基层法院负责审理一般性民事与刑事案件，中级法院负责审理较重大的民事及刑事案件（上述两级法院均为初审法院）。上诉法院专门负责审理上诉、抗诉案件。最高法院有26名成员，作为最高司法机构，对下级法院的判决有否决权。

荷兰主要政党有自由党、工党、新自由党、社会党、基督教民主联盟、六六民主党、基督教联盟、左翼绿党。荷兰政党实行领导人负责制，党主席负责日常党务工作。

1954年11月19日，荷兰与中华人民共和国建立代办级外交关系，1972年5月18日升格为大使级外交关系，1981年5月5日降格为代办级，1984年2月2日恢复大使级外交关系。

2）荷兰的经济

荷兰是发达的资本主义国家，以外向型经济为主。荷兰领土狭小，国内自然资源贫乏，80%的原料靠进口，60%以上的产品供出口。对外贸易的80%在欧盟内实现。商品与服务的出口值约占GDP的55%。电子、化工、水利、造船及食品加工等领域技术先进，金融服务和保险业发达；陆、海、空交通运输十分便利，是欧洲大陆重要的交通枢纽；农业高度集约化，农产品出口额居世界前列。

2017年荷兰主要经济指标如下：GDP为9 152亿美元；人均国民收入为53 600美元；GDP增长率约为3.1%。

荷兰工业发达，主要工业部门有食品加工、石油化工、冶金、机械制造、电子、钢铁、造船、印刷、钻石加工等，是世界主要造船国家之一。鹿特丹是欧洲最大的炼油中心。自20世纪80年代以来，荷兰政府积极鼓励发展新兴工业，特别重视发展空间技术、微电子和生物工程领域中的高技术产业。

荷兰农业高度集约化，农业产值约占其GDP的1.6%，从业人员17.38万。农业总产值中，畜牧业产值占52.6%，园艺业产值占33.4%，种植业产值占14%。荷兰花卉产业发达，是世界上最大的花卉生产和出口国，2016年花卉出口额为57亿欧元。

服务业是荷兰国民经济的支柱产业，产值占GDP的73.2%，主要集中于物流业、银行业、保险业、旅游业和法律服务业等。

荷兰著名的跨国公司有以下几个:

(1) 荷兰皇家壳牌集团:荷兰最大的工业公司,2012年、2013年均为《财富》杂志全球500强首位,2014年降至第二位,2018年降至第五位。1907年,荷兰皇家壳牌集团由荷兰皇家石油公司与英国壳牌运输和贸易公司合并而成,实行两总部控股制,其中荷兰资本占60%,英国资本占40%,两总部分别设在荷兰鹿特丹和英国伦敦。集团公司下设14个分部,分别经营石油、天然气、化工产品、有色金属、煤炭等,其中石油、石化燃料的生产和销售能力居世界第二位。

(2) 飞利浦电子公司:成立于1891年,在60多个国家设有营业机构。其股票在9个国家的16个交易所上市。主要生产视听产品、照明、电子元件、半导体、医疗设备、小家电、工业电子及商业电子等,其中照明设备、彩色显像管、电动剃须刀、X光分析仪及音响设备在国际市场居领先地位。总部设在阿姆斯特丹。

(3) 联合利华:英国、荷兰合资企业,成立于1930年,世界著名日用及食品化工集团。

二、习俗礼仪

1. 节日庆典

荷兰的公共节假日众多,除了复活节、国王节、耶稣受难日、圣诞节、元旦等传统节日外,各地方每年还会举行带有浓郁地方特色的节庆活动。

1) 法定节日

(1) 国王节:4月27日。国王节为荷兰一年中最受关注的一个盛大节日,是荷兰的国王威廉·亚历山大的生日。庆祝活动从4月26日晚上就开始了。第二天,国王及其家人会参观荷兰王国的一个小镇或者城市,了解当地的历史和传统,与当地人亲切交流。全国上下所有的社区都会举办街道聚会、集市、跳蚤市场、流行音乐节和其他节日庆典活动。因为橙色象征荷兰王室,街上的人都穿橙色的衣服。

(2) 全国解放日:5月5日。庆祝第二次世界大战中荷兰从德国占领中解放。

(3) 圣灵降临日:复活节后第七周。荷兰会放假两天。

(4) 圣诞节:12月25—26日。荷兰会放假两天。

2) 民间庆典

(1) 北海爵士音乐节:每年7月第二个周末。北海爵士音乐节是闻名遐迩的国际爵士音乐节。届时将会有1 000多位著名的及崭露头角的爵士乐音乐家参加。从2006年起舞台从海牙搬到鹿特丹的AHOY体育馆。

(2) 阿姆斯特丹国际时装周:创办于2004年,从当年仅有3场秀的小规模时装周,发展为如今时尚大师和新秀们一展才华的大型舞台。2016年的阿姆斯特丹国际时装周从1月14日持续至1月18日。

(3) 阿姆斯特丹运河音乐节:于每年8月中旬举行,持续10天。每年都有6万多名荷兰以及来自其他国家的游客慕名而来。节日期间,阿姆斯特丹从运河房屋沙龙到露天场地,或城市水道沿岸,或隧道,或酒店,超过200场演唱会将上演。运河音乐节不局限乐器或音乐流,这种自由的方式使得年轻音乐人可任意发挥自己的音乐天赋。

(4) 荷兰郁金香节:荷兰人把每年接近5月15日的星期三定为"郁金香节"。在这一天里,人们用五颜六色的鲜花装饰成各种各样的花车,在乐队的伴奏下,浩浩荡荡地穿街过市。

节日期间还将选出郁金香女王。人们头戴花环,挥舞花束,簇拥着"郁金香女王"游行,一条条街道成了一道道流光溢彩的花的河流。

2. 服饰、餐饮

身穿多层裙或宽腿裤、脚踏木鞋是荷兰人的典型装束。荷兰人穿木鞋是为了适应冬天寒冷潮湿、地面结冰的环境。过去,贫穷的农民买不起鞋子,又不能赤脚在结冰的地上走,于是就把木头雕空,制成鞋底厚实、鞋头上翘的船形鞋,鞋内填充稻草,用以御寒。木鞋在荷兰流行已有几百年的历史,至今许多荷兰人,尤其是农民、渔民仍有穿木鞋的习惯。在荷兰,木鞋还是定情信物。

荷兰人习惯吃西餐,但对中餐也感兴趣,荷兰中餐馆数量居欧洲之首。每逢节假日,很多荷兰人喜欢到中餐馆品尝中国菜。荷兰人的早餐多吃冷餐,通常有面包、黄油、火腿、奶酪。荷兰人不太爱喝茶,但牛奶是不可或缺的饮料。午餐简单,晚餐才是正餐。荷兰人把由胡萝卜、土豆和洋葱混合烹调而成的菜作为他们的"国菜",每年10月3日,家家户户都要吃这种"国菜"。

3. 社交礼仪

在拜会荷兰政府部门、企业或其他机构时,应事先预约,按时抵达。初次见面时,主客双方通常会互换名片,名片的一面应印有荷兰文或英文。

在荷兰,主人在见面和告别时一般会通过握手向客人表示欢迎或惜别。熟人相见和告别时,男士一般握手或拥抱,男士与女士或女士之间行贴面礼。爬楼梯时,一般男士在前,女士在后。

荷兰人时间观念较强,一般情况下会准时出席活动。若因特殊原因无法准时到达,也会及时电话通知主人,见面时再做出解释。荷兰人一般会在节假日及周末举行家人、朋友间的私人聚会,一般不安排公务接待活动。此外,荷兰人在每年夏季有外出休假旅游的习惯,因此,在公共节假日或荷兰人休假期间安排公务访问活动是十分困难的。为便于接待方安排日程,应避免在荷兰公共节假日期间访问荷兰,访问时间应尽量避开每年的12月下旬至1月上旬的圣诞节、新年假期,以及7—8月的集中休假时段等。

荷兰人见面时有相互赠送礼品的习惯,一般赠送画册、图书、工艺品等。荷兰人喜爱具有中国元素或东方文化的礼品,可赠送中国工艺品、书籍、画册、音乐CD、DVD、领带、丝巾等。如果应邀去荷兰人家中做客,可视情况给女主人带一两件礼物,如鲜花、巧克力、丝巾、葡萄酒等。荷兰人注重礼品包装,在交换礼品时,荷兰人通常当面打开礼品包装,欣赏所赠礼品并表示感谢。此外,在送礼品前一定要确保礼品(特别是易碎物品)完好。

4. 禁忌

荷兰以社会风气宽容开放著称。通常,荷兰的形象与对外贸易、郁金香、风车、木鞋、奶酪和白蓝彩釉瓷器等相联系。

荷兰人一般喜爱谈论政治、体育(如足球、网球、高尔夫球)、鲜花、旅游、天气、工作、业务等。在与荷兰人交谈时,忌询问对方工资收入、私人财产、衣物价格、年龄(特别是女士年龄)、婚姻家庭等个人隐私事务。在交谈时,注意避免高谈阔论、出言不逊、随意插话、打断对方等。荷兰人忌讳数字13和星期五,还特别忌讳别人对他们拍照。

三、文化艺术

荷兰拥有品位高雅、灿烂辉煌的文化艺术。戏剧、音乐、绘画领域表现范围宽广、内容丰富多彩。

荷兰文学同世界各国文学一样，随着时代变化而发生改变。在文艺复兴运动以前，荷兰文学多集中于道德与哲学的对话，此外还有寓言和宗教神话传说。16世纪人文主义文学出现，荷兰的主要代表人物是伊拉谟斯，他的作品《愚人颂》对教会和社会进行了讽刺，后被译成多种语言文字。而荷兰在17世纪获得独立后，资产阶级革命促进了文学、艺术的发展，斯宾诺莎的哲理故事是17世纪文学精粹之一。荷兰文学在这一时期处于繁荣阶段。到了19世纪，荷兰文学则充满了宗教思想，但也出现了一些现实主义的文学作品。19世纪末和20世纪初，由于荷兰垄断资本主义的发展，文学开始衰落。

经典音乐方面，荷兰拥有大量的管弦乐团，分布在全国各地，其中最负盛名的是阿姆斯特丹皇家音乐厅管弦乐团，该团经常在国外演出。著名的小型乐团有18世纪管弦乐团、阿姆斯特丹巴洛克管弦乐团以及阿姆斯特丹的斯宏伯格乐团。荷兰的歌剧界非常繁荣，尤其是阿姆斯特丹的荷兰歌剧院蜚声国内外。荷兰歌剧院每年推出约10个剧目，主要在阿姆斯特丹上演。现代歌剧在演出剧目中占有重要地位。在首都阿姆斯特丹之外，也有一些剧团演出歌剧。

荷兰各大城市都有国际知名的音乐中心，如阿姆斯特丹的毕姆音乐室。北海爵士音乐节每年在海牙举办，是欧洲规模最大和知名度最高的爵士音乐节。从年初到年末不断地有大型流行音乐演唱会，其中最有名的是圣灵降临节流行音乐会、公园流行音乐会和地拿摩露天流行音乐会。

荷兰有大量的职业剧团，其中包括专门上演传统保留剧目的小型剧团，后者注重追求音乐技巧、模拟表演和各种新式声光技术的融合。阿姆斯特丹每年都举办喜剧艺术节。艺术节期间会将一年来的重要剧目呈献给观众。国际上遐迩闻名的剧目如《猫》《歌剧魅影》《悲惨世界》被翻译成荷兰语版，上演后座无虚席。

荷兰的绘画在世界上享有盛名，并造就了一批世界著名画家。15世纪凡·艾克兄弟的《根特祭坛画》，反映的虽是宗教生活，但其对生活、风景和人物性格真实、生动的描写体现了人文主义思想，是欧洲油画史上首幅重要作品。16世纪鲁斯本的《智者朝圣画》《劫夺利西普斯的女儿》《亚马孙之战》等画作，气势磅礴，色彩富丽，对后来的欧洲绘画产生了重大影响。17世纪，现实主义画家伦勃朗的《夜巡》《戴金盔的人》《磨坊》等作品，则运用复杂的浓淡衬托和鲜明的色调，含蓄而深刻地表现了人物的心理活动，具有独特的艺术风格，深受人民的喜爱。19世纪中叶，荷兰出现了世界著名画家凡·高，这位印象派画家所画的《向日葵》和《农民》等均成为传世佳作。凡·高之后的荷兰画家蒙德里安是抽象派画家的创始人之一，他的作品多由垂直线、水平线、长方形和正方形的各种格子组成，完全摒弃了艺术的客观形象和生活内容，形成了他自己特有的风格。在荷兰许多博物馆里，都有凡·高、伦勃朗和蒙德里安等画家的珍品，到荷兰访问和旅游的外国人大都要去博物馆观赏这些画家的作品，以一饱眼福。

四、旅游发展概况

（一）旅游业基本情况

荷兰以其优美的环境吸引了来自世界各国的游客。2017年，荷兰旅游业收入达82亿欧元，同比增长 6.9%。2016 年，荷兰入境旅游人数约为 1 583 万，比 2015 年增长 5.47%；出境旅游人数约为 1 794 万，比 2015 年下降 0.73%。

在外国游客的总数上，德国占据首位，2017 年有近 380 万人次的德国游客来到荷兰；英国游客的人数上升了 11%，达到 190 万人次，排名次席；比利时排名第三。

此外，近百万人次的游客来自美国，欧元汇率的持续下跌是吸引美国游客来荷兰旅游的主要原因。

（二）旅游资源

荷兰是一个著名的旅游国度，风景秀丽，文物古迹众多，拥有举世闻名的大坝、风车、木鞋和郁金香四大旅游景点及产业。荷兰被称为风车王国、花卉之国，其首都阿姆斯特丹是有名的水城，有"北方的威尼斯"之美誉。荷兰还是世界博物馆密度最大的国家，全国共有 600 多座博物馆。

1. 阿姆斯特丹

阿姆斯特丹是荷兰的首都，位于荷兰西部须德海西南岸。它是荷兰最大的城市，全国第二大港口，又是一座具有 700 多年历史的世界名城。

阿姆斯特丹大部分城区低于海平面 1~5 米，是一座"水下城市"，全靠坚固的堤坝和抽水机，才使城市免遭海水淹没。"到处都是水，无处不通船"是阿姆斯特丹城市的真实写照。据统计，阿姆斯特丹有运河 165 条，桥梁 1 281 座。以中央车站为中心，城区依次有辛格、赫雷、皇帝、王子几条骨干运河。在几条运河之间还有几十条放射性的小运河相连接，它们把城市分割成众多"小岛"，"小岛"之间连接着上千座桥梁，共同构成多姿多彩的独特水城风光。主要景点有达姆广场、王宫、须德教堂、国家音乐厅、植物园、唐人街、莱克斯博物馆、伦勃朗故居、凡·高博物馆、安妮·弗兰克故居等。

（1）达姆广场：位于市中心，是全市最热闹的地方，也是游人必去之地。它是这座古城的发轫点，全国性的庆典仪式都在此举行。广场中央矗立的战争纪念碑是为两次世界大战的牺牲者建立的，对面是富丽堂皇的王宫。广场是用 30 万块石头铺成的，显得非常古朴和典雅，在广场上逗鸽是一项其乐无穷的活动。

（2）王宫：位于达姆广场，它是 1648 年阿姆斯特丹市政府兴建起来的市政厅，现为王室迎宾馆。它建在 13 659 根树桩之上，人们曾从中取出一根检测，发现整座建筑毫无下陷的危险。这些树桩是当初打入地下的原件。王宫里珍藏了许多艺术珍品。

2. 海牙

海牙位于荷兰西海岸，面积 68.2 平方千米，人口 45.8 万。13 世纪以来，海牙一直是荷兰的政治中心。19 世纪，荷兰将首都迁往阿姆斯特丹后，议会、首相府和中央政府各部仍设在这里，所以，阿姆斯特丹虽然是首都，但荷兰实际上的政治中心却在海牙。各国大使馆也聚集在海牙。海牙以整洁、美丽的市容和幽雅的环境闻名于世，整个城市就是一座公园。

（1）和平宫：国际法院所在地，位于海牙市郊，1907 年奠基，1913 年竣工，命名为和平宫。和平宫是一座长方形的宫殿式建筑，棕红色，两层。屋顶有 3 个尖顶塔楼，左边塔楼最高最大。正门是由 9 个大拱门组成的走廊，底层的拱顶大厅全部采用大理石修建，并饰以金色的浮雕。地面由乳白色和浅蓝色大理石组成图案。宫内有各国政府捐赠的各种礼品。和平宫的国际法图书馆是一家公共图书馆，它是世界上最大的收藏法学书籍的图书馆。

（2）马杜罗丹小人国：位于海牙与海滨避暑胜地斯维宁根之间，是一座面积仅 1.8 万平方米的微型"城市"，数以千计的"居民"都是寸把高的"小人"，建筑物按 1：25 的比例缩制而成，最高的达 2 米。它是荷兰历史和文化的高度浓缩，城内汇集了国内 120 多座著名建筑和名胜古迹。马杜罗丹小人国建于 1942 年，是为纪念在第二次世界大战中牺牲的荷兰青年乔治·马杜罗丹中尉而建的，并以其姓氏命名。1972 年，马杜罗丹小人国被荷兰城市联盟接纳为正式成员，成为世界上最小的城市，它有自己的城徽，市长由荷兰前女王贝娅特丽克丝担任，市议会议员由海牙 30 名小学生组成。

此外，鹿特丹也是荷兰重要的商业和金融中心，世界大港之一。

本 章 小 结

本章主要介绍欧洲地区我国主要旅游客源国的自然环境状况、社会概况以及旅游业发展概况，涉及英国、法国、德国、俄罗斯、意大利、西班牙、荷兰七国。欧洲地区是世界上最重要的国际旅游客源产生地，也是世界最重要的旅游目的地，英国、法国、德国、意大利为欧洲重要的四国，经济高度发达，居民生活水平很高，文化底蕴丰厚。西班牙旅游业非常发达，奔牛节和斗牛活动极具民俗特色。荷兰位于欧洲西部，经济发达。俄罗斯是世界上国土面积最大的国家，地形复杂，资源丰富，在服饰、饮食、节庆习俗方面极具特色。

复习思考题

1. 概述英国的历史沿革并列举其主要的人文旅游景点。
2. 以事实说明法国是工农业都很发达的资本主义国家。
3. 德国为何能成为最大的旅游消费国之一？
4. 在旅游接待服务中，针对英国、德国、俄罗斯、西班牙客人应注意哪些风俗习惯？

案 例 分 析

德国旅游资源丰富，经济发达，是世界主要客源国国家，它为旅游者提供了丰富多彩的城市与自然风光。宁静的世外桃源或生机勃勃的都市都能在这里找到。德国漫长而丰富的历史，为今天留下了为数众多的历史名城、文物建筑、图书馆、博物馆与艺术品收藏、花园与剧场等供人们参观和游览。

思考：
德国成为世界主要旅游客源国的原因，其旅华市场的现状如何？

第四章

美洲地区主要客源国

导　言

美洲是南美洲和北美洲的合称，也是"亚美利加洲"的简称，又称"新大陆"。从1492年开始，意大利航海家哥伦布3次西航。他到达了现在的美洲的巴哈马群岛，以为自己到了印度，就把自己发现的岛屿称为"西印度群岛"，并称那里的土著居民为"印第安人"，意即印度人。

"亚美利加"是由一位探险者的名字演变而来的。1499—1504年，意大利探险家亚美利哥到美洲探险，到达了南美洲北部地区。他证明了1492年哥伦布发现的这块地方只是欧洲人所不知道的"新大陆"，而不是印度。后来意大利历史学家马尔泰尔在他的著作中首先用"新大陆"称呼美洲。德国地理学家华尔西穆勒在他的著作中以"亚美利加"的名字称这块大陆为"亚美利加洲"，并一直沿用到今天。

【学习目标】
- 熟悉美洲地区主要客源国的地理气候、发展历史、人口和经济发展状况。
- 了解美洲地区主要客源国的旅游业的发展概况。
- 掌握美洲地区主要客源国的人文习俗和著名旅游景点。

第一节　美　国

一、国情概况

1. 地理气候

美国位于北美洲南部，东临大西洋，西濒太平洋，北邻加拿大，南靠墨西哥和墨西哥湾。领土面积为914.7万平方千米，仅次于俄罗斯、加拿大和中国，居世界第四位。由本土48个州、一个直辖特区（首都华盛顿所在的哥伦比亚特区）和阿拉斯加州（位于北美洲西北部）、夏威夷州（位于太平洋中部）两个州组成。此外，美国还拥有关岛、东萨摩亚群岛、波多黎各岛和美属维尔京群岛等海外领地。海岸线全长 22 680 千米。

美国本土地形特点是东西两侧高，中间低。西部是科迪勒拉山系，是世界上最长的山系，从北美洲的阿拉斯加一直延伸到南美洲最南端的火地岛。在美国境内以落基山脉为主体，其海拔在 4 000 米以上，高耸入云，白雪覆顶，极为壮观，被称为"北美洲的脊骨"。美国中部为大平原，地势平坦，土壤肥沃，是美国最重要的农业地区。美国东部是山势较为低缓的阿巴拉契亚山脉和大西洋沿岸低地。

五大湖位于北美大陆中部，美国和加拿大之间。它们自西向东依次是苏必利尔湖、密歇根湖、休伦湖、伊利湖、安大略湖。其中，苏必利尔湖是世界面积最大的淡水湖。位于伊利湖和安大略湖之间的尼亚加拉大瀑布，堪称大自然奇观，是北美洲著名风景名胜，附近旅游业甚为发达。

美国几乎有着世界上所有的气候类型（地跨寒、温、热三带，本土处于温带），大部分地区属于温带大陆性气候，南部属亚热带气候，西部沿海地区分布有温带海洋性气候和地中海气候。中北部平原（中央大平原）温差很大，芝加哥 1 月平均气温为-3℃，7 月平均气温为 24℃；墨西哥湾沿岸 1 月平均气温为 11℃，7 月平均气温为 28℃。在主要农业地带少有严重的干旱发生，洪水泛滥也并不常见，并且有着温和又能取得足够降雨量的气候条件。

2. 发展简史

美国原为印第安人聚居地。15 世纪末，西班牙、荷兰、法国、英国等开始向北美移民，英国后来居上，到 1773 年，英国已建立了 13 个殖民地，1775 年爆发了北美人民反对英国殖民者的独立战争。1776 年 7 月 4 日 13 个殖民地代表在费城通过了《独立宣言》，正式宣布建立美利坚合众国。1783 年独立战争结束，1787 年制定联邦宪法，1788 年乔治·华盛顿当选为第一任总统。1812 年后美国完全摆脱英国统治。1860 年反对黑奴制度的共和党人亚伯拉罕·林肯当选总统。1862 年 9 月宣布《解放黑奴宣言》后，南部奴隶主发动叛乱，爆发了南北战争。1865 年，战争以北方获胜而结束，从而为资本主义在美国的迅速发展扫清了道路。

3. 国名、首都、国旗、国徽、国歌、国花、国树、国鸟

（1）国名：全称美利坚合众国，简称美国。美国是以洲名为国名的国家，在英语中，"美利坚"与"亚美利加"为同一词，"美利坚"指美国，"亚美利加"指全美洲。1961 年美国国会通过决议，将出自漫画家之手的一个白发、蓄有山羊胡子、头戴星条高帽的瘦高老头"山姆大叔"定为美国的象征。

（2）首都：华盛顿。

（3）国旗：星条旗。旗面左上角为蓝色星区，区内有 9 排 50 颗白色五角星，以一排 6 颗、一排 5 颗交叉排列，代表美国 50 个州。星区外是红白相间的 13 条条纹，代表北美最初 13 块殖民地。旗帜上的红色象征强大和勇气，白色象征纯洁和清白，蓝色象征警惕、正义和坚忍不拔。

（4）国徽：一只胸前带有盾形图案的白头海雕，双翼展开，右爪握一束橄榄枝，左爪握 13 支利箭，尖嘴中叼着一条飘带，上写"合众为一"。白头海雕象征着至高无上的统治权，橄榄枝和利箭象征决定和平与战争的权力。

（5）国歌：《星光灿烂的旗帜》。

（6）国花：玫瑰花。

（7）国树：橡树。

（8）国鸟：白头海雕。

4. 人口、居民、语言与宗教

美国人口 3.26 亿（2017 年）。美国是一个移民国家，有"民族熔炉"之称，其中白人占 64%，拉美裔占 16.3%，黑人占 12.6%，亚裔占 4.7%，印第安人占 0.3%。

美国通用语言为美式英语。

美国居民中，信奉基督教新教的占 56%，信奉天主教的占 28%，信奉犹太教的占 2%，信奉其他宗教的占 4%。

5. 政治与经济

美国为联邦制共和国政治体制，实行三权分立，国会、总统、法院分别行使立法权、行政权、司法权，相互制约。各州拥有较大的自主权。总统为国家元首、政府首脑和武装部队总司令，拥有很大的权力，不对国会负责。政府内阁由各部部长和总统指定的其他成员组成，内阁实际上只起总统助手和顾问团的作用，没有集体决策的权力。国会为最高立法机构，由参议院和众议院联合组成。设联邦最高法院、联邦法院、州法院及一些特别法院。联邦最高法院由首席大法官和大法官组成，终身任职。联邦最高法院有权宣布联邦和各州的任何法律无效。美国主要政党有共和党和民主党。

美国是世界上最发达的资本主义国家，有高度发达的现代市场经济，经济发展水平居世界领先地位，GDP 和对外贸易额均居世界首位。美国自然资源丰富，煤、石油、天然气、铁矿石、钾盐、磷酸盐、硫黄等矿物储量均居世界前列；石油储量丰富，是石油生产大国。工农业生产门类齐全，集约化程度高。汽车工业、建筑业和金融业为美国经济的三大支柱。主要的工业产品有汽车、航空设备、计算机、电子和通信设备、钢铁、石油产品、化肥、水泥、塑料、新闻纸、机械等。农业高度发达，机械化程度高，粮食总产量占世界的 1/5，是世界上最大的农产品出口国，第三产业在国民经济中的比重为 67%。

2018 年美国主要经济数据：GDP 为 20.51 万亿美元（按当年价格计算）；人均 GDP 为 62 914 美元（按当年价格计算）；美国法定货币为美元，1 美元＝100 美分。

二、习俗礼仪

1. 节日庆典

美国主要传统节日种类丰富，大多数与其他欧美国家的节庆日一致，如愚人节、复活节、万圣节、感恩节、情人节、圣诞节。除此以外，林肯纪念日、独立日、劳动节、哥伦布日等也属于美国的节日。

（1）新年：1 月 1 日。

（2）马丁·路德·金诞辰纪念日：1 月第三个周一。

（3）林肯纪念日：2 月 12 日。

(4) 圣瓦伦丁节（情人节）：2月14日。

(5) 华盛顿诞辰日：2月22日。

(6) 圣帕特里克节：3月17日。

(7) 愚人节：4月1日。

(8) 复活节：一般指春分月圆后第一个星期日。

(9) 植树节：5月的第二个星期五。

(10) 母亲节：5月的第二个星期日。

(11) 阵亡将士纪念日：5月的最后一个星期一。

(12) 美国国旗日：6月14日。

(13) 父亲节：6月的第三个星期日。

(14) 美国独立日：7月4日。

(15) 劳动节：9月的第一个星期一。

(16) 哥伦布日：10月12日。

(17) 退伍军人节：10月的第四个星期一。

(18) 万圣节：11月1日。

(19) 感恩节：11月的第四个星期四。

(20) 圣诞节：12月25日。

2. 服饰、餐饮

美国人平时穿着随意，其整体特征是：崇尚自然，偏爱宽松，讲究着装体现个性。一般场合穿T恤衫、牛仔服、运动衫，以及其他风格的休闲装，少见穿着正式，但不能穿背心到公共场所或穿睡衣出门。在正式社交场合则按礼仪要求着装。如果参加宴会、集会和其他社交活动，一定要根据请柬上的服装要求着装，以免失礼。

美国食物主要结构是一二三四制，一是牛肉，二是鸡鱼，三是羊猪虾，四是面包、土豆、玉米、蔬菜。美国人用餐不求精细，但追求快速和方便，因此汉堡包、炸鸡、热狗等快餐风靡美国。美国人的主要饮料是咖啡，茶在美国也大受欢迎。他们习惯喝加冰的饮料、啤酒、葡萄酒，大型宴会喝鸡尾酒，一般不喝烈性酒。美国人口味比较清淡，不爱吃蒜和过辣食物，也不爱吃清蒸菜肴和红烧菜肴。忌食动物内脏，不喜欢蛇一类的异常食物。

美国有各式餐馆，自助餐价格较便宜，也无须付小费。在正式餐馆就餐要付小费，数额为就餐费的15%。在美国乘坐出租车、住旅馆也要给司机和宾馆服务人员适量的小费，但永远不要给剧院售票员小费。

3. 社交礼仪

握手礼是美国人最普通的见面礼。握手时应注视对方，并摘下手套。如果因故来不及脱掉手套，一定要向对方说明原因并表示歉意。人多时不可以交叉握手。女性彼此见面时可不握手。朋友之间通常不拘礼节地打招呼。美国盛行女士优先的原则，在社交场合，男士处处谦让女士，爱护女士。

美国人业务交往讲究守时,但社交活动往往迟到。他们喜欢直呼对方名字,并将之视为亲切友好的表示。

4. 行为禁忌

美国人忌讳涉及个人私事,如年龄、婚姻状况、收入、宗教信仰等话题;忌讳过分谦虚和客套;忌讳谈话时距离太近;忌讳称呼长者加"老"字;忌讳说"白""胖";忌讳冲他人伸舌头,认为这种举止是污辱人的动作;忌讳赠送带有明显标志的礼物。

美国人忌讳数字13和3,忌讳星期五,认为这些数字和日期都是厄运和灾难的象征;忌讳黑色,认为黑色是肃穆的象征,是丧葬用的色彩;讨厌蝙蝠,认为它是吸血鬼和凶神的象征;黑猫被视为不吉利的动物。

三、文化艺术

美国文化艺术表现为平民化、多元化,富于阳刚之气,热爱自由,追求以个人幸福为中心的美国梦。19世纪中期至20世纪初,美国文学进入繁荣时期,涌现一批文学巨匠,如长篇小说《红字》的作者纳撒尼尔·霍桑,小说《汤姆叔叔的小屋》的作者哈里叶特·比切·斯托夫人,小说《哈克贝里·费恩历险记》的作者马克·吐温,小说《太阳照样升起》的作者海明威。

美国是世界上最著名的电影王国,好莱坞是美国电影业中心。

美国现代艺术最大的特点可归纳为以下3点:一是与时俱进,贴近生活;二是海纳百川,兼收并蓄;三是与时尚、世俗的紧密结合。纽约现代艺术馆号称"全球现代艺术的第一圣殿"。从波士顿的建筑流派到波普主义的风行一时,从好莱坞大片的风靡全球到流行古典乐登上大雅之堂,美国现代艺术一直披着时尚的闪亮外衣。

四、旅游业发展概况

(一)旅游业基本情况

美国现代旅游业发展较早,目前已成为世界旅游业最发达的国家之一,其规模、设施、旅游经济总量和国际竞争力均列世界首位。美国的旅游基础设施十分庞大,而且比较完善,接待旅游者的能力很强。旅游业在美国经济发展中至关重要。2017年,美国旅游业对GDP贡献1.5万亿美元。

在入境旅游方面,2017年全年,赴美旅游的国际旅客达7 690万人次,较2016年的7 640万人次同比增长0.7%。这一增长主要来自加拿大、中国、韩国、巴西、阿根廷和爱尔兰6大市场。在此期间,6个国家的旅客数量分别同比增长4.8%、4.1%、17.8%、10.8%、10%、9.2%,很大程度上抵消了墨西哥和中东地区赴美人数各减少6.1%与12%的影响。其中,墨西哥赴美旅客人数仅次于加拿大,是美国的第二大入境旅游市场。2017年,墨西哥赴美旅客数量由1 900万减少至1 780万人次。

在出境旅游方面,与近年来赴美旅客数量增速放缓形成对比,美国出境旅游人数增长则强劲得多。2017年,美国居民出境旅客创造了历史新高,达8 770万人次,同比2016年增长9%。出境旅客中,前往海外国家旅客合计3 830万人次,同比增长9%;前往墨西哥旅客达3 510

万人次，是美国的最大出境旅游国家，同比增长12%，创下墨西哥市场历史最高增速；前往加拿大旅客达1 430万人次，同比增长3%。美国是中国第三大旅游客源国。

（二）旅游资源

美国丰富的自然资源和多样的民族文化使它成为极具吸引力的旅游国家。在西部大山区，有著名的大峡谷国家公园和黄石国家公园；靠太平洋的西海岸地区有风光旖旎、阳光灿烂的加利福尼亚州、旧金山和洛杉矶。在北部与加拿大边界附近，有著名的五大湖游览区，其中最壮观的景点是尼亚加拉大瀑布。此外，位于太平洋上的夏威夷群岛也是全球闻名的度假胜地。还有适于冒险者的科罗拉多大峡谷。

美国共有23项世界文化与自然遗产（其中2项与加拿大共有），其中包括10项世界文化遗产，12项世界自然遗产，1项双重遗产。

1. 主要旅游城市

1）华盛顿

华盛顿全称"华盛顿哥伦比亚特区"，位于马里兰与弗吉尼亚州之间。华盛顿是美国的政治中心，是世界上少有的为政府驻地和国际组织所建的首都城市之一。华盛顿有众多人文景观，如美国华盛顿国家广场有美国国会大厦、白宫、华盛顿纪念碑、杰斐逊纪念堂、林肯纪念堂、富兰克林·罗斯福纪念碑、国家第二次世界大战纪念碑、朝鲜战争老兵纪念碑、越南战争老兵纪念碑、哥伦比亚特区第一次世界大战纪念碑和爱因斯坦纪念碑，和特区内的博物馆一样，大多免费开放。华盛顿纪念碑可乘电梯到顶，并能观赏到特区的景色。

（1）白宫：美国总统的办公室和住处所在地，位于首都华盛顿中心区宾夕法尼亚大街1600号。根据18世纪末英国乡间别墅风格设计，因外墙是白色砂岩而得名。占地7万多平方米，主楼高26米，宽52米，共计3层，有东西两翼楼，共130多个房间，主要包括图书馆、地图室、陈列室、外交接待大厅、国家宴会厅、东大厅、绿厅、蓝厅、红厅等。其中有十余个房间星期二到星期五对外开放，是世界上唯一定期向公众开放的国家元首官邸，吸引了大批的游客前往参观。南草坪是美国总统欢迎国宾的场所，东侧是肯尼迪花园，西侧有玫瑰园。"白宫"现在已成为美国政府的代名词。

（2）国会大厦：坐落于国会山。1793年华盛顿亲自为大厦奠基，是华盛顿市的象征。乳白色的建筑有一个圆顶主楼和相互连接的东、西两翼大楼。美国国会参众两院都在这里办公。

（3）华盛顿纪念碑：为纪念美国首任总统乔治·华盛顿而建造，1848年动工，直到1884年才完工。纪念碑位于华盛顿市中心，是一座大理石方尖碑，高169米，其内墙镶嵌着188块由私人、团体及全球各地捐赠的纪念石，其中一块刻有中文的石碑是清政府赠送的。华盛顿纪念碑四周是个大草坪，碧草如茵，那里经常举行聚会和游行。

（4）杰弗逊纪念堂：为纪念美国第三任总统托马斯·杰弗逊而建。1938年在罗斯福主持下开工，至1943年落成。纪念馆按杰弗逊喜爱的罗马万神殿式圆顶建筑风格设计，是一座高约30米的白色大理石建筑。

（5）林肯纪念堂：华盛顿最受欢迎的景点之一。纪念堂气氛庄严，鼓舞人心，每天都有不少游客乘车来此参观。林肯可能是最受尊敬的美国总统之一，人民不会忘记他为美国做出的贡献——解放奴隶和维护美国统一。他看出奴隶制的丑恶，揭穿"人人生来平等"的虚伪面纱。虽然他被残忍暗杀，但他的精神将永存。一座大理石雕刻的林肯雕像放置在纪念馆正中央，双手安放于椅子扶手两边，神情肃穆。雕像上方是一句题词——林肯将永垂不朽，永存人民心里。林肯纪念馆不仅是对这位已故总统的称颂，也是对整个国家人民的称颂。

2）纽约

纽约是美国最大、最繁华的城市，位于哈德逊河口，全市由曼哈顿、布朗克斯、布鲁克林、昆斯和斯塔滕岛5个区组成，面积约1 214平方千米，人口800多万。纽约是世界金融中心，拥有世界最大的股票交易所，纽约股市的涨落几乎成了西方经济兴衰的晴雨表。纽约也是美国服装业、出版业、新闻业、文化艺术的中心。美国电影明星的服装和首饰几乎全部来自纽约。美国最有影响的报纸是《纽约时报》，美国最大的三家广播电台电视公司——美国广播公司（ABC）、哥伦比亚广播公司（CBS）和国家广播公司（NBC）的总部都设在纽约。纽约有众多的艺术博物馆、珍藏品，纽约交响乐团堪称世界一流。

（1）自由女神像：位于纽约市哈德逊河口附近，是法国在1876年赠送给美国独立100周年的礼物。正式名称是"自由照耀世界之神"，是美国国家纪念碑。自由女神像高46米，加基座为91米，重200多吨，为金属铸造，置于一座混凝土的台基上。自由女神像仪态端庄，身穿宽大的长袍，右手高擎火炬，左手捧美国的《独立宣言》，俯视着纽约海湾，为美国东海岸门户象征。底座表面刻有著名犹太女诗人艾玛·拉扎鲁斯为雕像写的诗作《新的巨人》，底座内为美国移民史博物馆。

（2）华尔街：纽约市曼哈顿区南部从百老汇路延伸到东河的一条大街道的名字，全长仅536.4米，宽仅11米，是英文"墙街"的音译。街道狭窄而短，从百老汇到东河仅7个街段，却以"美国的金融中心"闻名于世。美国摩根财阀、洛克菲勒石油大王和杜邦财团等开设的银行、保险、航运、铁路等公司的经理处集中于此。著名的纽约证券交易所也在这里，至今仍是几个主要交易所的总部，如纳斯达克、美国证券交易所、纽约期货交易所等。"华尔街"一词现已超越这条街道本身，成为附近区域的代称，也可指对整个美国经济具有影响力的金融市场和金融机构。

（3）都会艺术博物馆：建于1880年，占地13万平方米，共收藏展品300万件。它是世界四大博物馆之。馆内的明轩，仿中国苏州网师园而建，颇具苏州园林的艺术神韵。

（4）中央公园：坐落在曼哈顿岛的中央，是大都市中的城市公园，面积340万平方米。公园内有池、湖、喷泉，还有动物园、运动场、美术馆、剧院等各种设施。园内还栖息着250多种鸟类。

（5）洛克菲勒中心：位于美国纽约州纽约市第五大道的一个由数座摩天大楼组成的复合设施。由4栋大楼组成，各大楼底层是相通的。其中最大的是奇异电器大楼，高259米，共70层。它号称20世纪最伟大的都市计划之一，这块区域占地22英亩，是由19栋建筑围塑出来的活动区域，对于公共空间的运用也开启了城市规划的新风貌，完整的商场与办公大楼让其继华尔街之后，成为纽约第二个市中心。

（6）帝国大厦：位于美国纽约市的一栋著名的摩天大楼，共有102层，由Shreeve, Iamb, and Harmon建筑公司设计，它的名字来源于纽约州的别称帝国州，所以英文原意实际上是"纽约州大厦"，而"帝国州大厦"是以英文字面意思直接翻译的，但因帝国大厦的译法已广泛流传，故沿用至今。

3）洛杉矶

洛杉矶位于美国西海岸加利福尼亚州南部，是仅次于纽约的美国第二大城市，人口约380万。洛杉矶除拥有发达的工业和金融业，还是美国的文化娱乐中心，是举世闻名的电影城和旅游城。

洛杉矶大量的移民使其成为一个多民族、多文化色彩的国际性城市，少数民族占全市人口的一半，并拥有众多移民社区，各色人种聚居的地区形成了各自的"城"。洛杉矶也是美国华人的主要聚集地之一，约有40万。中国城为一新一老的"唐人街"，新唐人街建于20世纪中期，位于北百老汇区附近。

（1）迪士尼乐园：位于洛杉矶市区东南，是世界上最大的综合游乐场。1955年，美国动画片大师沃尔特·迪士尼创办了这个主题游乐公园，主要有主街、冒险乐园、新奥尔良广场、动物王国、拓荒者之地、米奇卡通城、梦幻乐园、未来王国8个主题公园。

（2）好莱坞：位于洛杉矶市区西北郊，是世界最大的电影工业中心。20世纪初，一些制片商开始在这里拍片，30年代成为美国的一个文化中心。

4）旧金山

旧金山又称圣弗朗西斯科，位于美国加利福尼亚州西海岸圣弗朗西斯科半岛，面积21.73平方公里，三面环水，环境优美，是一座山城。

旧金山是一个地道崇尚"多元化"的城市，在这里，各色人种和谐共处，唐人街连着北滩的拉丁区，日本城直通联合广场；在这里，游客可以看到专以造型取胜的街头艺人，有的把全身漆成五彩色，有的扮成巫婆、小丑甚至黑色幽灵；在这里，游客可以看到头顶红绿头发的年轻人招摇过市。在这片土地上，任何的标新立异都不会招来旁人的侧目，每个人都是特立独行的楷模。正是这种兼容并包的城市精神，孕育了33位诺贝尔奖获得者，创造了硅谷千千万万个奇迹般的成功故事。也是这座城市，出现了"垮掉的一代"、"嬉皮士"革命、同性恋的示威，还有雅皮士。

旧金山最有名的风景是缆车、金门大桥、海湾大桥、泛美金字塔（又译"传斯美国金字塔"或"全美金字塔"）和唐人街。旧金山全年都适合旅游，冬季一般比较潮湿，夏季多雾并且一天中可能出现多次天气变化，市区比加利福尼亚的其他地区要凉快得多。

5）芝加哥

芝加哥常见的别名为"第二城""风城""芝城"等。芝加哥也是全球最重要的金融中心之一，是美国第二大商业中心区，也是美国最大的期货市场，曾被评为美国发展最均衡的经济体。此外，芝加哥市区新增的企业数一直位居美国第一位。

芝加哥的建筑一般都各具特色，有着浓厚的欧美建筑风格，如西尔斯大厦、芝加哥大学、箭牌大厦、水塔广场大厦、瓦邦斯社区学院等。另外，芝加哥的公园也别具一格，芝加哥海军码头、芝加哥唐人街、格兰特公园、林肯公园动物园、旧水塔、云门、士兵体育场、六面旗美国主题公园、罗比之屋、杰·普利策克露天音乐厅、东方学院博物馆等都值得一游。

芝加哥每年都会在街头举行长达8天的美食节"Taste of Chicago"。在美食节上，游客可以吃到芝加哥80多家餐馆的美食。除了美食，游客还可以享受到美妙的音乐。

6）拉斯维加斯

拉斯维加斯是美国内华达州的最大城市，以赌博业为中心的庞大的旅游、购物、度假产业而著名，世界上10家最大的度假旅馆就有9家在这里，是世界知名的度假胜地之一，拥有"世界娱乐之都"和"结婚之都"的美称。从一个巨型游乐场到一个真正有血有肉、活色生香的城市，拉斯维加斯在10年间脱胎换骨，从100年前的小村庄变成一个巨型旅游城市。每年来拉斯维加斯旅游的约13 800万旅客中，购物和享受美食的占了大多数，专程来赌博的只占少数。内华达州这个曾经被人讽刺为"罪恶之城"的赌城，已经逐步成熟，并发展成为一个真正的城市。

7）夏威夷

夏威夷是美国在太平洋中部的一个州。由夏威夷群岛组成，共130多个岛屿，呈弧状横贯北太平洋。总面积1.67万平方千米，人口113.5万。首府和最大城市是檀香山。

夏威夷岛上的冒纳罗亚火山（海拔4 170米）、基拉韦厄火山（海拔1 247米）都是活火山，常常从山顶火山口和山腰裂隙溢出熔岩流。终年盛行东北信风，各岛迎风的东北坡降水丰富，多热带雨林，背风的西南坡干燥少雨，多热带草原。夏威夷经济以农业为主，甘蔗、菠萝、花卉、畜牧等为重要农产品。工业以制糖、菠萝罐头等食品加工为主。旅游业是其主要经济来源。

夏威夷也是美国重要的军事要地，有珍珠港等大型空军基地。

2. **主要旅游名胜**

1）黄石国家公园

黄石国家公园成立于1872年，是世界上第一座国家公园。位于中西部怀俄明州的西北角，并向西北方向延伸到爱达荷州和蒙大拿州，面积达8 956平方千米。全球一半以上的间歇泉都在这里，这些地热奇观是世界上最大的活火山存在的证据。园内有200多只黑熊、100多只灰熊。1978年黄石国家公园被列为世界自然遗产。

2）科罗拉多大峡谷

科罗拉多大峡谷位于亚利桑那州西北部，是科罗拉多河经过数百万年以上的冲蚀而形成的，色彩斑斓，峭壁险峻。大峡谷总长446千米，平均深度有1 600米，宽度从0.5千米至29千米不等。大峡谷国家公园1979年被列入世界自然遗产，是全美最受欢迎的国家公园之一，据统计，每年的参观人次约有400万。

3）奥林匹克国家公园

奥林匹克国家公园位于华盛顿州西北角的奥林匹克半岛上，濒临太平洋，离西雅图有3～4小时车程。公园由雪山、温带雨林和海滨三部分组成，从海边的温暖潮湿到高山上的严寒，游客可于同一次参观经历中体会一年四季的变化，以及相应的不同自然生态。1981年奥林匹克国家公园成为世界自然遗产。

4）尼亚加拉大瀑布

尼亚加拉大瀑布被称为世界著名七大奇景之一，以丰沛而浩瀚的水势和磅礴的气势与伊瓜苏瀑布和维多利亚瀑布并称为世界三大瀑布。尼亚加拉大瀑布位于加拿大和美国交界的尼亚加拉河上，地处纽约州西北部，由两个主流汇合而成：一是美国境内300米宽的"美国瀑布"，二是横介于美国、加拿大两国边境的"马蹄瀑布"。它以美丽的景色、巨大的水力发电能力和极具挑战性的环境保护工程而闻名于世，是非常受游客欢迎的旅游景点。

5）拉什莫尔山

全美闻名的拉什莫尔山，耸立在南达科他州巴登兰以西不远的地方，雕刻着美国 4 位总统的巨大头像。这 4 位总统为开国元勋华盛顿、《独立宣言》的起草者杰弗逊、奠定 20 世纪美国之基础的西奥多·罗斯福和解放黑奴的领导者林肯。4 座巨大头像与山峰浑然一体，雄伟壮观，石像的面部长达 18 米。头像艺术造型生动地反映了这 4 位伟大人物的性格和特征，令人肃然起敬。

第二节 加 拿 大

一、国情概况

1. 地理气候

加拿大位于北美洲北部（除阿拉斯加半岛和格陵兰岛外，整个北半部均为加拿大领土）。面积 998.467 万平方千米，居世界第二位。东临大西洋，西濒太平洋，南界美国本土，北靠北冰洋。西北与美国的阿拉斯加州接壤，东北隔巴芬湾与格陵兰岛相望。加拿大东部为丘陵地带，南部与美国接壤的大湖和圣劳伦斯地区，地势平坦，多盆地。西部为科迪勒拉山山区，是加拿大最高的地区，许多山峰在海拔 4 000 米以上。北部为北极群岛，多系丘陵低山。中部为平原区。最高峰洛根峰位于西部的落基山脉，海拔 5 951 米。加拿大是世界上湖泊最多的国家之一。

加拿大大部分地区属温带大陆性气候，北部为寒带苔原气候，北极群岛终年严寒。中西部最高气温达 40℃以上，北部最低气温低至-60℃。

2. 发展简史

"加拿大"一词出自美洲原住民语言休伦-易洛魁语，意为"村落、小房或棚屋"。1435 年法国探险家卡蒂埃到此，问印第安人此地名称，酋长答"加拿大"，意指附近的村落。卡蒂埃误认为是指整个地区，从此便称为加拿大。另一说法是，1500 年葡萄牙探险家科尔特雷尔到此，见到一片荒凉，便说"Canada!"意为"这儿什么也没有"。印第安人和因纽特人是加拿大最早的居民。

从 16 世纪起，加拿大沦为法国、英国殖民地。1756—1763 年，英国、法国在加拿大爆发"七年战争"，法国战败，将殖民地割让给英国。1848 年英属北美殖民地成立了自治政府。1867 年 7 月 1 日，英国议会通过《不列颠北美法案》，将加拿大省、新不伦瑞克省和诺瓦斯科舍省合并为一个联邦，成为英国最早的一个自治领，称加拿大自治领。1870—1949 年，其他省也陆续加入加拿大自治领。1926 年英国承认加拿大的"平等地位"，加拿大始获外交独立权。1931 年，加拿大成为英联邦成员国，其议会也获得了同英国议会平等的立法权。1967 年魁北克人党提出了要求魁北克独立的问题，1976 年该党在魁北克省选举中获胜。1980 年魁北克就独立一事举行了公民投票，结果反对者居多，但该问题并未最后解决。1982 年 3 月，英国上院和下院通过《加拿大宪法法案》，4月法案经女王批准生效，加拿大从此获得了立法和修宪的全部权力。

3. 国名、首都、国旗、国徽、国歌、国花、国树、国鸟

（1）国名：加拿大。

（2）首都：渥太华。

（3）国旗：呈横长方形，长与宽之比为 2∶1。旗面中间为白色正方形，内有一片 11 个角的红色枫树叶；两侧为两个相等的红色竖长方形。白色正方形代表加拿大辽阔的国土，加拿大很大面积的国土全年积雪期在 100 天以上，故用白色表示；两个红色竖长方形分别代表太平洋和大西洋，因加拿大西濒太平洋、东临大西洋；红色枫叶代表全体加拿大人民，加拿大素有"枫叶之国"的美誉，枫树是该国的国树，枫叶是加拿大民族的象征。

（4）国徽：图案中间为盾形，盾面下部为一枝 3 片枫叶；上部分有 4 组图案，分别为 3 头金色的狮子、1 头直立的红狮、1 把竖琴和 3 朵百合花，分别象征加拿大在历史上与英格兰、苏格兰、爱尔兰和法国之间的联系，盾徽之上有一头狮子举着一片红枫叶，既是加拿大民族的象征，也表示对第一次世界大战期间加拿大的牺牲者的悼念。狮子之上为一顶金色的王冠，象征英女王是加拿大的国家元首。盾形左侧的狮子举着一面联合王国的国旗，右侧的独角兽举着一面原法国的百合国旗。底端的绶带上用拉丁文写着"从海洋到海洋"，表示加拿大的地理位置是西濒太平洋，东临大西洋。

（5）国歌：《啊，加拿大》。

（6）国花：枫叶。

（7）国树：枫树。

（8）国鸟：加拿大黑雁。

4. 人口、居民、语言与宗教

加拿大共有人口 3 670.81 万（2017 年），其中 58%的人口集中居住在大湖三角洲及魁北克城一带。加拿大人主要为英国、法国等欧洲后裔，土著居民（印第安人、米提人和因纽特人）约占 3%，其余为亚洲裔、拉美裔、非洲裔等。来自印度、巴基斯坦和斯里兰卡的南亚移民人口达到 130 万。另有华人约 145 万，其中 25%的华人是在加拿大本土出生的。

加拿大是双语国家，官方语言是英语和法语，但是很多加拿大人的母语不是英语或法语，而是意大利语、汉语、德语、葡萄牙语、波兰语、乌克兰语、荷兰语、希腊语等。

加拿大居民中信奉罗马天主教的占 46.5%，信奉基督教新教的占 41.2%，信奉东正教的占 1.5%，信奉犹太教的占 1.2%，信奉伊斯兰教的占 0.4%，其他占 1.8%。

5. 政治与经济

加拿大的政体名义上为君主立宪制，实际上为议会民主制。英国女王是名义上的国家元首和武装部队总司令，实际上国家分别由议会、总理和法院行使立法权、行政权和司法权，军队的最高指挥官是国防军参谋长。女王任命总督为其代表。联邦总理为政府首脑。联邦议会是国家最高权力和立法机构，由参议院和众议院组成。众议院中占多数席位的政党组成内阁，内阁由总理、副总理和各部部长组成。参众两院通过的法案由总督签署后成为法律。主

要政党有保守党、自由党、新民主党、魁北克集团等。

加拿大工业化程度高，制造业和高科技产业较为发达，资源工业、初级制造业和农业是国民经济的主要支柱。加拿大以贸易立国，对外资、外贸依赖很大。加拿大森林、矿藏、能源等资源丰富，其中镍、锌、铂、石棉的产量居世界首位。每年出口大量木材、纤维板和新闻纸。工业以石油、金属冶炼、造纸为主。渔业很发达，75%的渔产品出口，是世界上最大的渔产品出口国。旅游业十分发达，旅游收入居世界前列。

二、习俗礼仪

1. 节日庆典

加拿大除宗教节日外，重要的国家节日有国庆日（又称独立日，7月1日）、公民日（8月第一个星期一）、加拿大阵亡将士纪念日（11月11日）、维多利亚日（5月24日）。另外，还有很多民间特色节日。

（1）加拿大国庆日（独立日）：7月1日。1867年7月1日，安大略省、魁北克省、新斯科舍省和新不伦瑞克省共同组成加拿大联邦。1879年将此日定为节日。1982年10月22日根据《加拿大法案》将此日定为"加拿大日"。

（2）郁金香节：始于1953年，原为渥太华地方节日，1995年升格为"加拿大郁金香节"。如今它已成为世界上最大规模的郁金香盛会，每年吸引全球数十万游客。从2007年起，组委会邀请各国驻加使团和各族裔社区参与，以多种形式展示各国和各民族风俗文化，同时决定不再收门票，将郁金香节打造成为没有围墙的节日。

（3）加拿大阵亡将士纪念日：也叫停战纪念日。主要是英联邦国家为纪念在第一次世界大战、第二次世界大战和其他战争中的死者。该节日定为每年的11月11日，因为第一次世界大战德国战败后，于1918年11月11日11时签署标志着战争结束的停战协议。

（4）国际爵士节：在蒙特利尔，这个为期仅10日的庆典向人们展示了爵士乐的魅力，每年的6月底7月初举行。

（5）奥佛饰：加拿大最负盛名的夏日音乐节之一。整个7月及8月山丘上处处回响着来自室内舞台或是户外舞台所演奏的古典乐、爵士乐以及流行乐。

（6）米罗米奇民俗音乐节：是北美最古老、典型的节日，每年8月举行，为期5天。特点是结合了上古世纪的热情歌舞。

（7）冬季狂欢节：加拿大民族特有的节日。每年2月上中旬举行，为期10天，是魁北克省居民最盛大的节日。狂欢节庆祝活动规模盛大，内容奇特丰富，具有浓郁的法兰西色彩，每年吸引近百万国内外游人。狂欢节前，人们把城市装饰一新，用雪筑起一座5层楼高的"雪的城堡"。节日期间，人们头戴红缨小绒帽，腰扎魁北克特有的红、绿、白三色巾，载歌载舞。市民们每年要推选一位"狂欢节之王"，作为魁北克的临时"统治者"。他身穿白衣、头戴白帽，市长把一把象征权力的金钥匙交给他。"狂欢节之王"坐在第一辆彩车上，在人们的簇拥下游览全天。市民们选出的"狂欢节女王"身穿纱裙，头戴王冠，坐在最后一辆彩车上向人们招手致意。狂欢节期间，还要在圣劳伦斯河破冰，举行"冰河竞舟"，在城郊的滑雪场举行轮胎滑雪比赛，还有雪雕、冰雕、狗拉雪橇、越野滑雪赛、冰上赛马等各种活动。

（8）枫糖节：加拿大民族的传统节日，每年 3 月份采集枫叶，熬制枫糖浆。生产枫糖的农场披上节日的盛装，向国内外游人开放。一些农场还在周末免费供人品尝枫糖糕和太妃糖，人们还热情地为游客们表演各种精彩的民间歌舞，请来宾欣赏繁茂、美丽的枫树。

2. 服饰、餐饮

由于加拿大是多民族、多元文化的移民国家，而各民族的服饰各异，因此，在加拿大穿着主要以舒服、方便为主。在加拿大，不同的场合有不同的装束。在教堂，男士着深色西装，打领结，女士则穿样式庄重的衣裙。在参加婚礼时，男士或着西装，或穿便装，穿便装时不打领带。女士则不宜打扮得过分耀眼，以免喧宾夺主，更不宜穿白色或米色系列的服装，因为象征纯洁的白颜色是属于新娘的。到朋友家做客或参加宴会，男士要穿整套深色西装；女士则应穿样式庄重的衣裙，可稍加化妆，不宜太浓。如是非正式的宴会，或彼此很熟悉，男士可穿不同颜色的上装和长裤；女士着整套衣裙或衫裙，服装颜色不宜太显眼，款式不能过于奇异。在加拿大参加葬礼，男士要着整套西装，打素色或黑色领带；女士则穿素色衣裙，款式要保守，不宜穿金戴银和过分化妆，以表现对死者的哀悼。

加拿大人在食俗上与英美人相似，由于气候寒冷的缘故，他们养成了爱吃烤制食品的习惯。一日三餐，早餐很简单，中餐一般吃快餐，晚餐比较讲究，主要有牛奶、鱼、鸡，并配以土豆、胡萝卜、豆腐等。日常蔬菜主要是生菜、青菜、洋葱、西红柿等。口味喜清淡，特别爱吃鲜嫩食品，习惯吃西餐。

加拿大人用刀叉进食，极爱食用烤牛排，尤其是八成熟的嫩牛排，习惯在用餐后喝咖啡和吃水果。在饮食上讲究菜肴的营养质量，偏爱甜味，以面食、大米为主食，副食喜吃牛肉、鸡肉、鸡蛋、沙丁鱼以及西红柿、洋葱、土豆、黄瓜等。调料爱用番茄酱、黄油等。饮酒不多，习惯在吃饭时饮用矿泉水、果汁之类的饮料。加拿大人有喝白兰地、香槟的嗜好，忌食虾酱、鱼露、腐乳以及怪味、血腥的食物和动物内脏。

3. 社交礼仪

加拿大一般行握手礼。其礼节大多与英国和法国相似。亲吻和拥抱礼虽然也是加拿大人的礼节方式，但仅适合于熟人、亲友和情人之间。在双方握手以后，他们会说"见到你很高兴""幸会"等。加拿大人的姓名同欧美人一样，名在前，姓在后。他们在做介绍时，一般遵循先少后长、先高后低、先宾后主的次序。

与加拿大人约会，要准时，如果不得已迟到，要先打电话通知，并告知将会到达的时间。加拿大人遵守先到先得的规则，讨厌插队，习惯于排队。

4. 行为禁忌

加拿大人忌讳说"老"字，年纪大的人被称为"高龄公民"，养老院被称为"保育院"。忌讳在公共场所吸烟。忌讳黑色，偏爱白色。送礼时忌讳白色的百合花和百合图案，忌讳数字 13 和星期五。

三、旅游业发展概况

（一）旅游业基本情况

旅游业是加拿大经济的重要组成部分，也是其重要的外汇收入来源。旅游基础设施具有较高的水平，交通发达，旅行机构和旅游饭店众多。国内旅游十分发达，旅游人数和收入约占国内外旅游总人数和收入的 75%。加拿大人多为节假日短期旅行，已趋成熟和稳定。入境旅游方面，加拿大是重要的旅游接待国，名列全球前十位。2017 年接待入境游客 2 080 万人次，旅游收入 856 亿加元，主要客源国是美国（约占 83%）。加拿大居民出国旅游的人数逐年增多，每年出境旅游人次、旅游外汇支出在世界排名中居第 9 位。2017 年，加拿大出境旅游 3 306 万人次，旅游消费 363.6 亿美元。加拿大出国旅游之所以如此发达，与其富裕的经济、充裕的假期和宽松的旅游政策等是分不开的，出国旅游已成为加拿大人生活中不可缺少的一部分，出国旅游的加拿大人中有 80% 以上去美国，其次是欧洲、南美洲、亚洲。加拿大人的主要旅游目的是度假旅游和探亲访友。来华旅游方面，加拿大游客平稳增长。2017 年加拿大来华旅游 80.6 万人次，是我国第十大旅游客源国。另外，旅加的华人不少，探亲访友的游客逐年增加。

（二）旅游资源

加拿大主要旅游城市有温哥华、渥太华、多伦多、蒙特利尔、魁北克市等。加拿大著名的风景名胜有哈利法克斯城堡、加拿大国家电视塔、卡博特之路、芬迪国家公园、白求恩故居、尼亚加拉瀑布等。

1. 主要旅游城市

1）渥太华

渥太华是加拿大的首都和政治文化中心，安大略省第二大城市，加拿大第四大城市。渥太华又称"郁金香城"，环境优美，是世界上最美丽的首都之一。渥太华坐落在安大略省东南部的渥太华河南岸，与渥太华河北岸的魁北克省加蒂诺一起构成了加拿大的首都地区。根据美世咨询的排名，渥太华是北美生活质量第一的城市，同时也是加拿大第二干净的城市和全球第三干净的城市。加拿大著名财经杂志 Money Sense 公布最新的加拿大最佳居住城市排名榜，首都渥太华在本国 190 个城市的排名中，连续 3 年排在第一位。其独特的文化个性、优美的城市风光、闲适的生活情调，不仅受到加拿大人民的钟情，而且成为世界人民旅游观光向往的城市之一。

加拿大国家美术馆位于渥太华市中心，是一个历史悠久的美术博物馆，成立于 1880 年。馆内藏有加拿大及欧洲最宝贵的艺术品。不仅如此，馆内还设有图书室，以便观光人士查阅一些有关艺术收藏品的资料。馆内还有专业人员亲自指导解说。馆藏设备和艺术品，可以让游客在参观完之后，有着意犹未尽、流连忘返的强烈感受。

2）多伦多

多伦多是加拿大最大城市、安大略省省会，也是加拿大的工业和商业中心。多伦多市地处安大略湖的西北岸，拥有超过 250 万的人口。多伦多位于大多伦多地区的中心地带，为加拿大在五大湖区的重要港口城市。作为加拿大的经济中心，多伦多是一个世界级城市，也是世界上最大的金融中心之一。多伦多在经济上的领先地位主要体现在金融、商业服务、电信、宇航、交通运输、媒体、艺术、电影、电视制作、出版、软件、医药研究、教育、旅游、体育等产业。此外，多伦多证券交易所是世界第七大交易所。

（1）多伦多电视塔：位于多伦多市中心，是这座城市的标志性建筑。作为当今世界第二高的通信塔，多伦多电视塔建于1976年，塔内拥有将近1 700多级的金属阶梯，塔高约等于100多层楼的高度。塔内装有多部高速外罩玻璃电梯，只需58秒就可以将游客从电视塔底层送至最高层，在塔顶可以远远眺望整个多伦多城市以及安大略湖周边的景色。同时在塔的335～365米处，悬挂着一座分为七层高的"空中楼阁"，楼阁中除安放电视发射信号台外，还设有可容纳600人的瞭望台及旋转餐厅。宽阔的空中瞭望台，一望无际的视野，使人仿佛置身云层，游客在欣赏风景的同时不妨来到环境优美的旋转餐厅中品味美酒，享受美食。

（2）多伦多的天顶大厦：世界上第一个拥有可全方位伸缩顶盖的体育馆，其顶盖主要由4个盖板构成，其中3个可以自由伸张或收缩，若需打开或关闭顶盖只需20分钟，其移动的速度为每分钟21米。多伦多天顶大厦还被赋予"空中巨蛋"的美誉，之所以被称为巨蛋，是因为其体积庞大，外形类似蛋壳。多伦多天顶大厦可以容纳8架波音飞机，同时也可以容纳600多只非洲大象。站在天顶大厦的楼层，游客不仅可以俯瞰整个多伦多城市，还可以欣赏繁华而美丽的多伦多夜景。

3）温哥华

温哥华位于加拿大不列颠哥伦比亚省南端，是一座美丽的城市。它三面环山，一面傍海，虽纬度和中国黑龙江省相近，但南面受太平洋季风和暖流影响，东北部有纵贯北美大陆的落基山脉作屏障，终年气候温和、湿润，环境宜人。温哥华连续多年被评为世界最适合人类居住的城市，是加拿大著名的旅游胜地。

（1）维多利亚：加拿大不列颠哥伦比亚省会，位于加拿大西南的温哥华岛的南端，是温哥华岛上最大的城市和不冻港。它气候温和，属海洋性气候。城市秀美宁静，素有"花园城市"之称，人口32万。1858年弗雷赛河淘金热后迅速发展，1862年建市，1868年省会迁此。通过胡安-德富卡海峡与太平洋相连。维多利亚有两个深水港：一个在市区，作为商港；另一个在西郊，为加拿大在太平洋沿岸重要的海军基地。

（2）斯坦利公园：世界知名的城市公园，是温哥华人的乐园。公园位于温哥华的市中心，是一个面积上千英亩由森林覆盖着的半岛，这里离温哥华市区只有15分钟的步行路程，围绕着9千米长的公园海傍小径，吸引了无数的骑车、跑步、溜冰人士及行人。公园内有海滩、湖泊、游乐园及野餐地点，人们可以远眺金融区毗连的高楼大厦和海湾、狮门桥、格罗斯山的360°美景，可以深入森林去欣赏古塘残莲，还可以到海边的露天游泳池尽情嬉戏。斯坦利公园入口有温哥华水族馆，是北美洲第三大水族馆，有8 000多种海洋生物，并以虎鲸著称。

4）蒙特利尔

蒙特利尔是加拿大第二大城市，位于魁北克省南部，圣劳伦斯河下游河岸，是全国最大的海港和金融、商业与工业中心，是全国铁路、航空总站所在地。有著名的蒙特利尔大学、麦吉尔大学等。蒙特利尔市是北美旅游区唯一以讲法语为主的大城市。蒙特利尔市承袭了较多的欧洲文化，具有很浓的欧洲色彩，有"北美小巴黎"之称，又被称为"设计之城""时尚之都"。

蒙特利尔地下城是加拿大最大、世界闻名的地下建筑，初建于20世纪50年代，后陆续开发与扩建，现已成为一个由地面六大中心组成的地下庞大建筑群，总长11千米，面积达81万平方米。内部约有1 000家大小商店、100家餐馆、3家大剧院、12家电影院、15家银行、1家股票交易所，还有可停近万辆汽车的汽车场。地下城最深有20米，通风设施良好，冬季是很好的避寒处。

5）魁北克市

北美第一批世界文化遗产城市。魁北克市是北美大陆上最著名的要塞，历来被认为是加拿大的战略要地。耸立于圣罗伦斯河断崖上的星形要塞，全长约4.6千米，一度被称为"北美的直布罗陀"。要塞由法军始建于1783年，后来英国军队为防御美军于1820年重建，当时魁北克要塞是加拿大的主要港口，英国军队在海角的山上建立起坚固的军营并且在上城周围建起了城墙。要塞历经30多年的时间才最终建成，扼守圣劳伦斯河道咽喉，被公认为大英帝国最坚固的要塞之一。星形要塞现仍为加拿大唯一讲法语的陆军22联队的指挥部。

2. 主要旅游名胜

1）班夫国家公园

班夫国家公园与美国的黄石国家公园同为世界上最早的一批国家公园，是加拿大第一个国家公园。1984年联合国教科文组织将其作为自然遗产列入了《世界文化与自然遗产名录》，是加拿大的避暑胜地。公园位于阿尔伯塔省西南部与不列颠哥伦比亚省交界的落基山东麓。1885年建立，面积约6 666平方千米，内有一系列冰峰、冰河、冰原、冰川湖和高山草原、温泉等景观，其奇峰秀水，居北美大陆之冠。公园中部的路易斯湖风景尤佳，湖水随光线深浅，由蓝变绿，漫湖碧透，故又称"翡翠湖"。沿落基山脉，有多处这类冰川湖泊，它们犹如一串串珍珠，把静静的群山点缀得生气勃勃。园内植被主要有山地针叶林、亚高山针叶林和花旗松、白云杉、云杉等。另外还有500多种显花植物。主要动物有棕熊、美洲黑熊、鹿、驼鹿、野羊和珍稀的山地狮、美洲豹、大霍恩山绵羊、箭猪、猞猁等。公园建有现代化旅馆、汽车旅馆和林中野营地。

2）芬迪国家公园

芬迪国家公园是观赏明纳斯湾湖的最理想之处。公园位于新不伦瑞克省东南芬迪湾，临近阿尔马镇，风景秀丽。公园内的明纳斯湾潮是加拿大一著名景观，起潮后有排山倒海之势，潮差高达15米。退潮后海滩留下大量海螺、海贝，颇吸引游人。公园内除可观赏大潮汐外，还可游泳、海浴、垂钓、泛舟、游览森林和野生动物保护区。

3）白求恩故居

白求恩故居在加拿大安大略省的格赫文雷斯特镇。白求恩故居房屋矮小典雅，具有北美洲农村的古老风韵。小楼旁种有苍翠的松柏。1976年，白求恩纪念馆建成，馆内陈列着白求恩的实物和照片，记载着这位国际共产主义战士不平凡的一生。

4）哈利法克斯城堡

哈利法克斯城堡位于新斯科舍省哈利法克斯的城堡山上。这里历来是兵家必争之地，历史上曾3次建为要塞。现存的城堡建成于1856年，是北美最大的石头要塞之一。城堡内有新斯科舍博物馆和兵器军械博物馆。城堡山东麓的古钟楼建筑奇特、雄伟。

第三节 阿 根 廷

一、国情概况

1. 地理气候

阿根廷位于南美洲南部，东濒大西洋，南与南极洲隔海相望，西同智利接壤，北接玻利维亚、巴拉圭，东北部与巴西和乌拉圭为邻，面积 273.669 万平方千米（不包括与英国有主权争议的马尔维纳斯群岛、南乔治亚岛和南桑威奇群岛以及南极地区），领土居世界第 8 位，为拉丁美洲的第二大国，仅次于巴西。阿根廷陆上边界线长 25 728 千米，海岸线长 4 000 余千米。

阿根廷地势由西向东逐渐低平。西部是以绵延起伏、巍峨壮丽的安第斯山脉为主体的山地，约占全国面积的 30%；东部和中部的潘帕斯草原是著名的农牧区；北部主要是格兰查科平原，多沼泽、森林；南部是巴塔哥尼亚高原。主要山脉有奥霍斯·德萨拉多山、梅希卡纳山。阿空加瓜山海拔 6 959 米，为南半球和西半球最高峰。

阿根廷气候多样，四季分明。除南部属寒带气候外，大部分为温带和亚热带气候。年平均气温，北部为 21.6℃，南部为 6.3℃，首都布宜诺斯艾利斯为 17.7℃。年降水量很不均匀，东北部高达 1 000 毫米以上，中部和北部为 500～1 000 毫米，西部在 200 毫米以下，巴塔哥尼亚地区也在 200 毫米以下。

2. 发展简史

阿根廷在 16 世纪前居住着印第安人。1535 年西班牙在拉普拉塔建立殖民据点。1776 年西班牙设立以布宜诺斯艾利斯为首府的拉普拉塔总督区。1810 年 5 月 25 日，布宜诺斯艾利斯人民掀起反对西班牙统治的"五月革命"，成立了第一个政府委员会。1812 年，阿根廷人民在民族英雄圣马丁的领导下，开展了反对西班牙殖民军的大规模武装斗争，终于在 1816 年 7 月 9 日宣告独立。1853 年制定第一部宪法，建立了联邦共和国，乌尔基萨当选为第一任总统。1862 年巴托洛梅·米特雷担任总统，结束了独立后长期的分裂和动乱。自 20 世纪 30 年代起，阿根廷出现军人与文人交替执政的局面。1983 年，阿方辛民选政府上台，恢复宪制，大力推进民主化进程。

3. 国名、首都、国旗、国徽、国歌、国花、国树、国鸟

（1）国名：阿根廷，全称阿根廷共和国，在西班牙语中，"阿根廷"与"拉普拉塔"两词意义相同，均为"白银"。

（2）首都：布宜诺斯艾利斯。

（3）国旗：阿根廷国旗长方形，长宽之比为 2∶1。旗面自上而下由天蓝、白色、天蓝 3 个平行相等的长方形组成，天蓝色象征正义，白色象征信念、纯洁、正直和高尚。白色中间是"五月的太阳"，太阳本体酷似一张人脸，是阿根廷发行的第一枚硬币的图案，沿太阳本体

圆周等距离分布着32根弯直相间的光芒线。"五月的太阳"象征自由、黎明和未来。阿根廷国旗分为两种：一种为简易版的国旗，国旗中只有白杠和蓝杠，没有国徽；另一种为正式版的国旗，国旗中间有国徽。

（4）国徽：椭圆形，之上有一轮"五月的太阳"，寓意同国旗。椭圆面上有两只手紧握着，象征着团结。手中握有"自由之竿"，象征权威、法令、尊严和主权。竿顶红色软帽称弗里吉亚帽，也称自由之帽。环绕椭圆周围的月桂树叶象征胜利和光荣，绿色象征忠诚和友谊。

（5）国歌：《祖国进行曲》。

（6）国花：木棉，又称赛波花。

（7）国树：赛波树。

（8）国鸟：棕灶鸟。

4. 人口、居民、语言与宗教

阿根廷人口4 427.1万（2017年）。主要种族是欧洲人和印第安人，其中白种人占97%，多属意大利和西班牙后裔，是南美洲各国白种人比例最高的国家。混血种人、印第安人及其他人种占3%。

阿根廷官方语言为西班牙语，部分人会说英语。

阿根廷居民87%信奉天主教，其余的信奉新教及其他宗教。

5. 政治与经济

阿根廷为联邦制国家，实行代议制民主。总统为国家元首和政府首脑，兼任武装部队统帅。总统通过直选产生，任期4年，可连选连任一次。全国划分为24个行政单位，由23个省和联邦首都（布宜诺斯艾利斯市）组成。

阿根廷是拉美地区综合国力较强的国家。工业门类较齐全，农牧业发达，是世界粮食和肉类重要生产和出口国，素有"世界粮仓和肉库"之称。全国大部分地区土壤肥沃，气候温和，适于农牧业发展。东部和中部的潘帕斯草原是著名的农牧业区。阿根廷还是世界上最大的马黛茶生产国，2016年共生产马黛茶69万吨，约占全球产量的一半以上。20世纪初，阿根廷经济总量曾位居世界前10名。2001年经济危机以来，阿根廷历届政府把偿还外债作为核心工作，由于国际融资艰难，被迫立足国内，强化政府干预，实施进口替代，通过刺激出口、限制进口确保外贸盈余，同时严格外汇管制，形成"阿根廷模式"，一度取得较好成效。2003—2011年，阿根廷经济实现较快增长。2014年7月，阿根廷政府与"秃鹫基金"债务谈判失败，阿根廷陷入技术性债务违约。2017年，阿根廷GDP为6 377.17亿美元，人均GDP为14 466美元。

二、习俗礼仪

1. 节日庆典

阿根廷法定节日有10多个，还有一些宗教节日。为了配合人们爱玩的特性，阿根廷政府1988年通过法律规定将全国性假日，除国庆节、五一节、圣诞节外，其他假日一律移到周一，这样双休日加上节假日就形成 3 天长周末，正切合喜爱旅游、玩耍的阿根廷人心意。

阿根廷的法定节日有新年、复活节、五一劳动节、国庆节（5 月 25 日）、哥伦布日、圣诞节（12 月 25 日）。每个民族都有自己传统的节日，而作为移民国家的阿根廷由于独特的历史文化际遇，节日更加名目繁多，除五月革命节、独立节、国旗日、马尔维纳斯日等以外，还有许多与当地社会经济生活密切相关的节日，这些在阿根廷人数百年曲折发展过程中形成的具有本民族特性的节日才是这个国家最有特色的、最具魅力的精华所在。

1）法定节日

（1）新年：1 月 1 日。阿根廷人过新年时，有一项十分文雅美妙的活动。他们认为水是最圣洁的。每年元旦这天，地处南半球的阿根廷正处于盛夏季节，全家人去江河中行"新年浴"，洗去身上的一切污秽。下水之前，先将一篮鲜花瓣撒在水面上，然后跳进"花水"中沐浴，并用鲜艳的花瓣揉搓全身，以求幸福吉利。

（2）劳动节：5 月 1 日。为国家法定假日，是世界上大多数国家的劳动节。在这天，阿根廷人在首都布宜诺斯艾利斯的五月广场举行集会，庆祝"五一"国际劳动节。

（3）国庆节：1810 年的 5 月 25 日，布宜诺斯艾利斯人民掀起反对西班牙统治的"五月革命"，成立了第一个政府委员会，5 月 25 日因此被定为阿根廷的国庆节。

（4）国旗日：6 月 20 日。1810 年，阿根廷爆发了著名的"五月革命"，开始了伟大的独立战争。为了鼓舞士气，指引部队作战，领导独立战争的贝尔格拉诺将军亲自设计并指导制作了一面浅蓝色和白色相间的旗帜。这两种颜色分别象征着纯洁和虔诚。1916 年 9 月 9 日，阿根廷共和国宣布成立时，升起的就是这面旗帜。从此，它被正式确定为阿根廷国旗。为了表示对贝尔格拉诺将军的敬意，把他逝世的日子 6 月 20 日定为国家节日——国旗日。

（5）独立日：7 月 9 日。自 1812 年开始，阿根廷人民进行了抗击西班牙殖民军的武装斗争。1816 年 7 月 9 日，拉普拉塔联合省宣告独立。

（6）圣马丁逝世纪念日：8 月 17 日。1950 年在圣马丁逝世 100 周年时，阿根廷在布宜诺斯艾利斯五月广场首都大教堂的墙壁上点燃了"阿根廷火焰"，以纪念这位伟大的解放者。在永不熄灭的火焰下方有一铜牌，上面写着"这里安放着圣马丁将军和独立战争中其他无名英雄的遗骨，向他们致敬！"

（7）哥伦布日：10 月 12 日。哥伦布 1492 年 10 月 12 日抵达美洲，被视为西方登陆美洲第一人。1492—1504 年，他 4 次航行到美洲，命名沿途众多加勒比海岛屿并绘制海图。哥伦布日是纪念探险家哥伦布首次登上美洲大陆。

（8）圣诞节：12 月 25 日。

2）民间节庆

（1）葡萄节：每年的 2 月 22 日—3 月 9 日，为阿根廷的传统节日。爱喝葡萄酒的阿根廷人都要举办盛大的"葡萄节"庆典，庆祝活动在盛产葡萄、清洁宁静的小城门多萨省省会门罗萨市举行。每当节日来临之际，人们都身着节日服装、载歌载舞，随着彩车游行。葡萄节的最高潮是全国选美比赛，每年都有 6 万名姑娘参加选美。经过多次预选，最后选出"葡萄女王皇冠"的获得者。选美结束后还要举行西班牙绘画、雕塑等艺术展览及盛大的探戈舞表演。

（2）牧犊节：阿根廷人对牛、羊等牲畜有着特殊的感情，特别在一些牧区，如阿亚库乔区，1970 年首创牧犊节后到现在，一直为全国牧犊节的中心。节日期间，要举行传统的赛马和骑术表演。晚上还要由全国最优秀的艺术团体表演传统戏剧和歌舞，节日期间还要召开全国农业发展形势圆桌会议。

2. 服饰、餐饮

在穿着打扮方面，阿根廷人的一个显著特点是喜欢以"衣帽"取人。换言之，着装是阿根廷人对他人进行评价的主要标尺。阿根廷人在社交场合通常穿西式服装，男子穿西装打领带还要配上马甲，女士则穿着各式西式裙服。阿根廷人十分讲究在公共场合保持体面。不论是乘车还是娱乐，衣冠不整者会令他人嗤之以鼻。在阿根廷乡间，人们着装相对自由。在一般情况下，人们主要穿衬衫、长裤。气温低时，通常穿一些自织的羊毛上装，这种上装无领无袖，印有彩色条纹，钉有纽扣，四周装着穗子，称为"穗饰披巾"。牧民穿这种服装在野外放牧，活动自如。

阿根廷人偏爱吃牛肉。他们在吃牛肉方面颇为考究，往往按牛肉的不同部位列有几十个品级，烹调出名目繁多的牛肉品种菜肴。

居住在潘帕斯草原地区的高卓人，利用他们固有的特殊条件，探索出一种奇妙的"马背捣焐"烹制菜肴的技术。马背焐肉片就是高卓人的代表菜肴。这道菜制作要从清晨牧人出发前开始。先把生肉切成薄片，然后放入马鞍座下。牧人一天的骑奔颠簸，使马背产生的热能足以把鞍下的肉片焐熟。牧人回到家后，取出肉片，再加入适合的调料拌匀，便是一道别有风味的佳肴。

阿根廷人爱喝马黛茶，但不是端着杯子喝，而是用银制的吸管吸饮。吸管的一端是吸嘴，另一端有一个略扁的带小孔的管头。饮茶时，将马黛茶放在瓢筒中，冲上开水，然后用吸管慢慢地吸。

3. 社交礼仪

阿根廷人在日常交往中所采用的礼仪与欧美其他国家大体上是一致的。人们热情奔放，见面都要热情问候，彼此握手，熟人朋友见面还要拥抱或亲吻。社会上广泛使用的称呼是"先生""夫人""太太"。对未婚青年男女分别称为"少爷"和"小姐"。在正式场合要在称呼前加行政职务或学术职称。

4. 行为禁忌

阿根廷人大多信奉天主教，另有少部分人信奉新教、犹太教、东正教、万灵论。他们忌讳 13 和星期五，认为这是令人懊丧和不吉利的数字和日期。他们对着装很重视。男子出门时都要西装革履；在公共场合脱掉上衣会被视为行为不雅，若在火车上这样做，还会受到列车员的警告。

阿根廷人不喜欢灰色，因为一般人都看不惯这种色彩。他们不喜欢别人送衬衫、领带之类的贴身物品。他们忌讳菊花，认为菊花是在丧礼上专用的，是令人悲伤的妖花。他们忌讳送手帕，因为送手帕会招致悲伤。他们不愿谈论有争议的宗教、政治问题。

到阿根廷人家中做客可给女主人送上一束鲜花或一些糖果，也可带进口威士忌。宾主相见，与男士行握手礼，对女士轻吻脸颊，以示亲切与礼貌。

在阿根廷，商务活动以 5—10 月为最佳时间，最好不要安排在圣诞节与复活节前后两周内。

三、旅游业发展概况

（一）旅游业基本情况

旅游业是阿根廷国家收入的主要来源，近年来旅游业产值约占 GDP 的 7%。在 2002—2012 年，阿根廷成为最受欢迎的旅游目的地之一，其吸引到的国际游客和游客消费分别占南美洲的 27.1% 和 25.1%。2012 年之前，阿根廷旅游业年均创汇 11.7 亿美元，但比索汇率高估导致国民境外消费和旅游支出大幅增加，2012 年阿根廷旅游服务业贸易逆差高达 30 亿美元。受国际金融危机的影响，特别是国内通胀高企等因素影响，阿根廷旅游业受到冲击，来阿根廷的外国游客，特别是巴西游客人数减少，外汇收入骤降。据阿根廷国家统计局报告，2012 年 5 月阿根廷旅游饭店入住率与 2014 年同期相比下降 12%，前 5 个月同比下降 8.2%，同期游客消费同比减少 7.5%。

2018 年，阿根廷成为南美洲旅游业的明星国家，其独特的文化和民族品牌在该地区独树一帜。此外，阿根廷丰富的自然资源和农业水平助力其成为拉美第二大经济体，政府对旅游业抱有很高的期待。世界旅游理事会（World Travel & Tourism Council）数据显示，2016 年，到访阿根廷的国际游客花费达 44 亿美元，仅次于墨西哥和巴西，位列拉美第三。同年，该国为旅游业投入大约 60 亿美元的资金，预计到 2027 年旅游业投资金额再增长 3%。2018 年阿根廷增设廉价航线，落实签证互惠系统。

目前，巴西是阿根廷的主要海外游客来源国。美国是仅次于巴西和智利以外的阿根廷旅游业第三大重要市场。

（二）旅游资源

阿根廷是南美洲最早独立的国家，古迹名胜众多，伊瓜苏瀑布最宽处达 4 000 多米，为世界上最宽的瀑布；阿空加瓜山是世界最高的死火山；乌斯怀亚是世界最南端的城市，被称为"世界尽头"。探戈是世人皆知的舞蹈形式，它作为阿根廷的国粹享誉世界。

旅游业一向是阿根廷重要的经济部门。世界驰名的伊瓜苏大瀑布蔚为壮观；安第斯山雪景诱人；位于世界最南端的城市乌斯怀亚风景如画；东北部的圣伊格纳西奥米尼遗址和南部的莫雷诺冰川均被联合国教科文组织列入《世界遗产名录》；南大西洋沿岸的许多海滨城市是避暑度假的胜地。这些传统的旅游景点和名胜，吸引着众多的国内外游客。早在 20 世纪 90 年代初，阿根廷就已经成为南美接待外国游客最多的国家。经过多年开拓市场的努力，旅游业已成为近年来阿根廷增长最为迅速的产业。阿根廷大力开发非传统旅游项目，推出了具有乡土气息的乡村旅游计划，并将它同促进农村经济和社会发展相结合，使之成为本国经济发展中的新亮点。阿根廷官方最新统计数字显示，目前，阿根廷的旅游业收入已经超过 70 亿美元，为 38 万人提供了就业机会，成为阿根廷四大支柱产业之一。

1. **主要旅游城市**

1）布宜诺斯艾利斯

布宜诺斯艾利斯是阿根廷的首都和政治、经济、文化中心，享有"南美洲巴黎"的盛名。

在西班牙语中意为"好空气"。海拔25米,地处南回归线以南,气候温暖,终年无雪。年平均气温16.6℃,最热月(1月)平均气温为23.6℃,最冷月(6月)平均气温为10.8℃;年平均降水量970毫米,且季节分配均匀。城市绿化好,绿化面积约占市区面积的15%,景色宜人。

(1) 科隆大剧院:于1889年始建,1908年建成,是仅次于纽约大都会歌剧院和米兰拉·斯卡拉剧院的世界第三大歌剧院。剧场大厅呈马蹄形,面积为7050平方米,并围绕着7层包厢,拥有观众座位3200个。科隆大剧院在街头浓密的月桂树的掩映下,既显示出文艺复兴时期意大利的建筑风格,又具有德国建筑宏伟坚固和法国建筑装饰优美的特征。厅内设有世界最大的舞台,长35.25米,深34.5米。红色的天鹅绒帷幕绣满了典雅的图案。大厅的穹顶还装饰着阿根廷著名画家乌尔·索尔迪的51幅音乐舞蹈题材的绘画。世界第一流的剧团、芭蕾舞团及著名的歌唱家、钢琴家、芭蕾舞大师和歌剧明星都以能到这座艺术之宫演出为荣。

(2) 五月广场:布宜诺斯艾利斯的心脏。广场中心矗立着13米高的金字塔尖型纪念碑,是为纪念在1810年"五月革命"中献身的爱国志士而修建的。1815年5月25日揭幕时,在纪念碑前通过了拉普拉塔联合省(阿根廷的前身)独立公约。1816年7月9日在这里宣布了拉普拉塔联合省《独立宣言》。最初,这座纪念碑的基座是两层的,碑顶装饰着花瓶。1856年,阿根廷著名画家、建筑师普利里蒂阿诺·普列伊顿对此加以改建,塔尖上竖起一座自由女神塑像。纪念碑四周有绿茸平整的草坪、四季怒放的花卉、清澈晶莹的喷泉和往来啄食的群鸽。

(3) 玫瑰宫:即总统府,因整座建筑呈玫瑰色,故而得名。玫瑰宫位于五月广场东侧,跨度很大,占据了整个广场东侧底线。这是一座意式风格的建筑,建成于18世纪末,曾是邮政总局,后来扩建成总统府。

(4) 纳韦尔瓦皮湖国家公园:阿根廷第一座国家公园,著名的自然保护区和游览区。园内的卡特德拉尔山是阿根廷著名的滑雪中心,每年6—9月,这里大雪纷飞、银装素裹,成为天然的滑雪胜地,大批欧美滑雪爱好者蜂拥而至。为服务滑雪爱好者,这里修有完好的旅店设施,并建有空中缆车,直接把游人载到山顶。

(5) 莫雷诺冰川:位于南美洲南端,南纬52°附近,在阿根廷圣克鲁斯省境内,是地球上冰雪仍在向前推进的少数活冰川之一。1988年之前,每4年才发生一次"崩溃"现象,现在因为全球变暖,气温上升,每20分钟就"崩溃"一次,有人说它是全球变暖的警钟。夏天气温平均为10~17℃。冬天最冷可至-17℃。适宜造访时间为11月至来年2月。

(6) 马德普拉塔:意为"银海",位于布宜诺斯艾利斯以南40千米处,为世界上颇负盛名的海滨避暑胜地,自然风光绮丽动人。葱茏的山冈、湖泊连绵起伏的茸茸草场充满诗情画意。市内西班牙式的建筑与高楼大厦交相辉映,是古朴美与现代美的和谐统一。这里旅游设施完备,有900多家旅馆、500多家餐厅、30多家电影院和剧院,以及设备优良的马球、足球、网球和高尔夫球场。临海的岸边有80千米长,其中有42千米是细洁的沙滩。形成大片望不到边的天然浴场。每当旅游高峰时,这里人头攒动,各式各样遮阳伞和身着各色泳装的人们将这里装扮得五彩缤纷。

(7) 巴里洛切风景区:坐落在阿根廷西部安第斯山麓,这里依山傍水,风景秀丽,自然环境酷似欧洲的阿尔卑斯山地区,居民以德国、瑞士、奥地利移民后裔为主,建筑风格也沿袭了欧洲各国的传统，因而有"小瑞士"的美称。巴里洛切同时也是滑雪胜地，每年8月，这里会举行盛大的冰雪节，其间举办滑雪比赛、冰球比赛、火炬游行等活动，最有趣的是巧克力晚会，还要评选出巧克力皇后。

（8）阿根廷湖：坐落于阿根廷南部圣克鲁斯省的冰川湖，面积1 414平方千米，以冰块堆积景观而闻名于世。该湖接纳来自周围150多条冰河的冰流和冰块。巨大的冰块互相撞击，缓缓向前移动，有时形成造型奇特的冰墙，高达80米。最后全部汇积到阿根廷湖，组成了洁白玉立的冰山雕塑。湖畔雪峰环绕，山下林木茂盛，景色迷人，为阿根廷最引人入胜的旅游景点。

2）罗萨里奥

罗萨里奥是阿根廷第二大城市，地处阿根廷东部巴拉那河下游西岸，是圣菲省东南部和巴拉那河上的重要河港。人口约100万，平均海拔22米，气候温和湿润，年平均气温为17℃，年平均降水量为944毫米。始建于17世纪末，1852年设市，1852—1861年为拉普拉塔联合省最大的贸易中心。在阿根廷的独立战争中遭受破坏，后随铁路向内地延伸，地区经济开发及当地港口的建设使城市得以迅速发展，并成为全国重要的经济贸易中心和工业城市。著名的革命家格瓦拉和足球巨星梅西都出生于罗萨里奥。

（1）景观楼：地处阿根廷平原。它的设计目的是让住户享受周围的风景，同时保护他们的隐私。内饰采用了螺旋式楼梯，通向屋顶甲板。建筑采用大窗户，交叉通风，建筑师的目标是尽量降低电力成本。

（2）国旗纪念碑：位于罗萨里奥的巴拉那河畔，这里被誉为阿根廷"国旗的摇篮"。国旗的设计者曼努埃尔·贝尔格拉诺将军长眠于此。这样专门为国旗竖立一座纪念碑，并将它作为历史文物保护，在世界上是独一无二的。人们可以乘坐电梯到达顶部，俯瞰河流及周边的景致。

3）拉普拉塔

拉普拉塔是阿根廷大西洋沿岸港口和工业城市，布宜诺斯艾利斯省首府。城市位于拉普拉塔河口南岸，人口60万，原为小城镇，1882年仿照美国华盛顿特区规划扩建为市，并定为省会。1952—1955年曾改名埃娃·庇隆。东北8千米有外港恩塞纳达，有圣地亚哥岛屏蔽，为大型的人工深水港，有运河连通拉普拉塔河口，共有11个泊位，可停泊吃水9米的大型海轮，主要输出小麦、玉米、牛、羊等农畜产品。工业以面粉、肉类加工和炼油为主，此外还有钢铁、造船、化学、电子、纺织等工业，工厂多在港区附近。市区以莫雷诺广场为中心，街道整齐美观，多为现代建筑，有1897年创设的拉普拉塔国立大学及博物馆、图书馆等，其自然博物馆以富藏古生物化石著名。市区北部海滨的拉腊角为旅游胜地。

（1）莫莱诺广场：处在市中心两条斜街的交叉点上，精雕细琢，具有欧洲王宫风范的白色市政厅与庄严肃穆的哥特风格大教堂隔广场相望。花园草坪遍布广场，姿态优雅的美女雕像和古雅的灯柱点缀其间。与首都布宜诺斯艾利斯的繁华喧嚣截然不同的是，这里幽静闲适，没有密林般的高楼大厦。

（2）自然博物馆：位于拉普拉塔郊外的树林中，是一座新古典主义的高大建筑，该博物馆建于1884年，是南美洲同类博物馆中规模最大的，也是世界著名的博物馆之一，以收藏古生物化石著称。博物馆入口处两侧有两尊早已绝迹的潘帕斯美洲豹的复原石像，底层前厅的天花板上悬挂着一副完整的鲸鱼骨架。这里展出的有南美大陆和海洋古生物化石，有印第安人的陶器、弓箭、独木舟等，也有出土的装在陶瓮中印第安人的遗骸，反映了他们的殡葬习俗。

（3）佩雷拉·伊拉奥拉森林公园：位于首都布宜诺斯艾利斯到拉普拉塔的公路附近，公园占地 15 万英亩[①]，内有设施配备齐全的免费宿营地。每到周末，城市居民驾车来此，支起帐篷，拾点木头，点燃自带的木炭，就可以在现成的烤肉架上烧烤牛肉，充分享受野炊的乐趣。当地人都十分注意防火事宜，人去火灭，连垃圾都装入塑料袋拿走，所以尽管到这里野炊烤肉者极多，却从未因林中烤肉引起火灾。

2. 主要旅游名胜

1）火地岛国家公园

阿根廷的火地岛，是世界上除南极大陆以外的最南端的陆地，也是南美洲大陆最南端的岛屿。火地岛国家公园是世界最南端的国家公园，是世界最南部的一个自然保护区，雪峰、湖泊、山脉、森林点缀其间，极地风光无限，景色迷人，到处充满着奇妙色彩。岛上的动植物资源保存较好，有不怕人的海豹和企鹅，有优良品种的羊和众多的野兔，茂盛的山毛榉树构成了森林的主体。在岛南面的比格尔海峡一带，还时常有巨大、珍稀的蓝鲸出没。另外，火地岛的奥那族人的流浪式生活和风俗也独具特色。他们在地上插几根木棍，再搭上几张驼马皮，就搭成了自己的房子。特殊的地域、神奇的自然和人文景观，吸引了世界各地的旅游者来此观光。阿根廷于 1960 年在岛上建立了国家公园。

（1）乌斯怀亚港：乌斯怀亚是火地岛地区的首府，也是火地岛上位于世界最南端的城市。这里洋溢着奇妙的色彩，如今已成了迷人的风景点。乌斯怀亚在印第安语中是"观赏落日的海湾"之意，当黄昏日落时，登上山冈，眺望晚霞中的海湾，水天一色，云霞似锦，美不胜收。

（2）冰川风光：火地岛的冰川风光别具一格。冰川奇形怪状，雪山重峦叠嶂，湖泊星罗棋布。最大的法尼亚诺冰川湖方圆数百平方千米。周围群山环抱，森林密布，湖水清静，风光秀美。

（3）火车站：火地岛国家公园里，还保留有小火车和火车站，是过去犯人伐木时运输木材用的，也是世界最南端的火车站了。火车站现改作博物馆，不过里面的服务员，都是一副当时犯人穿的囚服装扮，很热情，也很滑稽。

2）国会广场

国会广场位于阿根廷国会大厦正前面，约占 10 个街区的面积。它是布宜诺斯艾利斯最大的广场，是全国象征性地理中心，广场上有一块"零千米"里程碑，它是各条国家公路的起点，广场西端就是宏伟壮丽的国会大厦及纪念 1813 年制宪大会和 1816 年议会的两会纪念碑。纪念碑由比利时人设计，其主体是一尊象征阿根廷共和国的雕塑：一名亭亭玉立的妇女手持一束橄榄枝，面前一名少男赶着一群马，马群站立在一处寓意拉普拉塔河及其支流巴拉那河和乌拉圭河的水边。广场四周还散布着许多雕塑作品，其中最著名的是罗丹的《思想者》，是用作者的原模浇铸的，因此可以视为原作或"真迹"。成群的和平鸽时而在广场上空盘旋飞翔，时而落下啄食游人撒下的谷物，处处透着一派闲散自适。

[①] 1 英亩=4 046.856 422 4 平方米。

3）七月九日大道

七月九日大道简称"七九大道",这条南北走向的大街于 1937 年 10 月正式投入使用,整个 20 世纪 80 年代,这条公路一直处于不断扩张状态。七九大道模仿法国香榭丽舍大道,是世界上宽度最大的街道。七九大道因纪念阿根廷 1816 年 7 月 9 日独立而命名,长 4.6 千米,宽 148 米,共有 18 条车道。车道被两条隔离带平均隔离,每段各有往返 6 车道。每个十字路口都有红绿灯包括行人红绿灯,无论是车辆行驶还是行人穿过,都十分方便。大道北部与东西走向的考林特斯大道的交叉口广场矗立着一个高大的白色大理石方尖碑——独立纪念碑,高 79 米,标志着国家独立日 7 月 9 日。南部耸立着一座高大的白色大楼,那是阿根廷劳工部大楼,是深受阿根廷人民爱戴的贝隆夫人曾经工作的地方。为了尊重人民的意愿纪念她,把它保留了,七九大道的拓宽因此到这里不得不终止。"七九大道"东距拉普拉塔河不远,周围分布着五月广场、玫瑰宫、布宜诺斯艾利斯大教堂、布宜诺斯艾利斯大学、市政厅、政府大厦、国家图书馆、圣马丁广场和最繁华的步行街佛罗里达大街。

第四节 巴 西

一、国情概况

1. 地理气候

巴西位于南美洲东南部,北邻法属圭亚那、苏里南、委内瑞拉和哥伦比亚,西邻秘鲁、玻利维亚,南接巴拉圭、阿根廷和乌拉圭,东濒大西洋。国土面积 835.814 万平方千米,是拉丁美洲面积最大的国家,排世界第 5 位。海岸线长 7 400 多千米,领海宽度 12 海里[①],领海外专属经济区宽 188 海里。

巴西的地形主要分为两大部分,一部分是海拔 500 米以上的巴西高原,分布在巴西的南部,另一部分是海拔 200 米以下的平原,主要分布在北部的亚马孙河流域和西部。全境地形分为亚马孙平原、巴拉圭盆地、巴西高原和圭亚那高原,其中亚马孙平原约占全国面积的 1/3。有亚马孙河、巴拉那河和圣弗朗西斯科河三大河系。

巴西 80%的国土位于热带地区,最南端属亚热带气候。北部亚马孙平原属赤道雨林气候,年平均气温为 27~29℃。中部高原属热带草原气候,主要分旱季和雨季。南部地区平均气温为 16~19℃。

2. 发展简史

古代巴西为印第安人居住地。1500 年 4 月 22 日,葡萄牙航海家佩德罗·卡布拉尔抵达巴西。他将这片土地命名为"圣十字架地",并宣布归葡萄牙所有。16 世纪 30 年代葡萄牙派远征队在巴西建立殖民地,1549 年任命总督。其后整个殖民地在葡萄牙统治下,顺着大西洋沿岸结成一体。1555 年法国入侵,占领了相当于今天里约热内卢的地方,打算在南美洲设立一个法属殖民地的据点。然而由于法国无法自欧洲吸引移民者前来,终于在 1565 年被葡萄牙

---

① 1 海里=1.852 千米。

人逐出里约热内卢。

1807年拿破仑入侵葡萄牙，葡萄牙王室迁往巴西。1820年葡萄牙王室迁回里斯本，王子佩德罗留在巴西任摄政王。1822年9月7日巴西宣布完全脱离葡萄牙独立，建立巴西帝国。佩德罗接着加冕称帝，称佩德罗一世。1824年巴西颁布宪法。1825年，葡萄牙承认巴西独立。

1888年5月13日，巴西政府被迫宣布废除奴隶制。1889年11月15日，丰塞卡将军发动政变，推翻帝制，成立巴西合众国。1964年巴西军人政变上台。1967年改国名为巴西联邦共和国。1985年3月，军政府还政于民。

3. 国名、首都、国旗、国徽、国歌、国花、国树、国鸟

（1）国名：巴西，全称"巴西联邦共和国"。"巴西"之名，源于当地的一种著名红木的名称。1500年，葡萄牙人抵达南美时，发现这块无名大陆，便竖起一块刻有葡萄牙王室徽章的十字架，并为其取名"圣十字架地"，同时宣布归葡萄牙所有。后来发现一种纹路细密、坚固耐用、色彩鲜艳，既可做家具又可制染料，与东方红木类似的树木，把它取名为"巴西"。因此，"巴西"一词便逐渐代替了"圣十字架地"这一名字，以后沿用下来成为国名。

（2）首都：巴西利亚。

（3）国旗：绿色长方形，中央是黄色菱形，菱形中央是深蓝色圆形天球仪。圆形白色绶带上，书以葡萄牙文"秩序与进步"。圆形上有白色五角星，象征国家的26个行政区。绿色和黄色是巴西的国色，绿色象征森林，黄色象征矿藏和资源。

（4）国徽：巴西国徽图案中间突出一颗大五角星，象征国家的独立和团结。大五角星内的蓝色圆面上有5个小五角星，代表南十字星座；圆环中有22个小五角星，代表巴西各州和联邦区。大五角星周围环绕着用咖啡叶和烟草叶编织的花环，背后竖立一把剑，剑柄在五角星下端。绶带上用葡萄牙文写着"巴西联邦共和国"和"1889年11月15日"。

（5）国歌：《听，伊匹兰加的呼声》。

（6）国花：毛蟹爪兰。

（7）国树：巴西木。

（8）国鸟：金刚鹦鹉。

4. 人口、居民、语言与宗教

人口约2.09亿（2017年），白种人占53.74%，黑白混血种人占38.45%，黑种人占6.21%，黄种人和印第安人等占1.6%。官方语言为葡萄牙语。73.6%的居民信奉天主教。

5. 政治与经济

巴西实行总统联邦共和制政体。总统是国家元首和政府首脑兼武装部队总司令，直接选举产生，国民议会由参议院和众议院组成，行使立法权，为国家最高权力机构。内阁为政府行政机构，内阁成员由总统任命。巴西主要政党有劳工党、巴西民主运动党、巴西工党、民主工党、社会主义人民党、巴西共产党、进步党、巴西社会民主党、民主党等。

巴西是拉美第一大经济体。矿产资源丰富，主要有铁、铀、铝矾土、锰、石油、天然气和煤等。有较为完整的工业体系，钢铁、汽车、造船等行业在世界享有盛誉。核电、通信、电子、飞机制造等领域的技术水平已跨入世界先进国家行列。农牧业发达，是世界第一大咖

啡生产国和出口国，有"咖啡王国"之称，甘蔗和柑橘的产量居世界之首，大豆产量居世界第二位，玉米和糖果产量居世界第三位，被誉为"21世纪的世界粮仓"。巴西的旅游业久负盛名，为世界十大旅游创汇国之一。2017年巴西GDP总量为2.06万亿美元，人均GDP约为9 821美元。

巴西法定货币为雷亚尔，1雷亚尔＝100分。

二、习俗礼仪

1. 节日庆典

巴西的节日有很多，主要有元旦、狂欢节、国际劳动节、圣体节、独立日（即巴西国庆）、共和国成立日（1889年）、圣诞节、复活节、民族独立运动日、圣母显灵节、万圣节。

（1）元旦：1月1日（国定假日）。自除夕夜至天明，全国各地通宵达旦举行庆祝活动。

（2）圣诞节：12月25日。这一天，巴西随处可见眼花缭乱的圣诞树。在12月24日举行的水上圣诞树亮灯仪式庆典，至今已经举办15届，是里约热内卢市迎接圣诞节的重要活动之一，也成为该市的传统。这就是巴西的圣诞节，里约的圣诞节，虽没有皑皑的白雪、熊熊的火炉，但暖暖的温情依旧。

（3）复活节：2—3月（机动性的国定假日），也称耶稣受难日。在这一天，在黑金市有丰富多彩的游行活动。

（4）狂欢节：巴西人民的传统节日，相当于我国的春节，属里约热内卢、萨尔瓦多和累西腓、奥林达最为盛大的节日，被称为世界上最大的狂欢节，有"地球上最伟大的表演"之称。每年2月的中旬或下旬举行3天。

2. 服饰、餐饮

在一些正式场合里，巴西人不仅讲究穿戴整齐，而且主张在不同的场合人们的着装应当有所区别。在重要的政务、商务活动中，巴西人主张一定要穿西装或套裙。而在一般的公共场合，男士至少要穿短衬衫、长西裤，女士则最好穿高领带袖的长裙。巴西女性的着装较为时髦。她们爱戴首饰，爱穿花衣裳，并且喜欢色彩鲜艳的时装。巴西黑人女性的着装很独特，她们一般爱穿短小紧身的上衣，宽松肥大的花裙，并且经常身披一块又宽又长的披肩。

巴西人的主要食物是玉米、大米、牛肉、猪肉、家禽、蛋、海味、蔬菜、水果等。由于巴西居民多来自欧洲、亚洲和非洲，因而形成了不同的饮食风味，有德国风味、意大利风味等，但最受欢迎的还是巴西的传统风味。巴西人平常主要吃欧式西餐，食物中肉类所占的比重较大，其中最爱吃的是牛肉，尤其是烤牛肉。烤肉是巴西的传统食品，它历史悠久，风味独特，是名气大而大众化的一道巴西菜。许多巴西人家里都有烤炉，以备宴请宾客或自家享用。巴西人最爱吃里脊肉，大多数人喜欢辣味菜肴。

黑豆是巴西人每天必不可少的主食品，用以做黑豆饭。巴西的国菜脍豆，就是用猪蹄、杂碎和黑豆做原料，放在砂锅内一起炖制的。

巴西人爱喝咖啡，他们不仅自己天天离不开咖啡，而且以之待客。巴西人还喜饮红茶和葡萄酒。在巴西，人们饮酒时提倡饮而不醉，喝醉酒被巴西人认为是粗俗至极的事情。

3. 社交礼仪

巴西最常用的礼节是微笑和握手礼，也有行拳礼相互表示问安和致敬（行此礼要先握紧拳头，然后向上空伸出拇指）。与亲朋好友相见时，大多习惯施拥抱礼或亲吻礼。妇女之间最常用吻礼（在施礼时要脸贴脸发出接吻的吻声，但她们虽吻嘴却不接触脸）。

巴西人对时间和工作的态度比较随便，和巴西人打交道时，通常要比约定的时间迟到10分钟或15分钟。如果对方迟到，哪怕是1~2个小时，也应谅解；而且，对方不提工作时，不要抢先谈工作。比较适合谈论的话题有足球、笑话、趣闻、孩子等。

巴西人在初次介绍时，专业头衔有时冠在名前，对于没有专业头衔的商界人士来说，"先生"加上姓更合适。巴西的谈判进度较慢，谈判前，应充分做好各方面的技术准备。

4. 行为禁忌

巴西人忌用拇指和食指连成圆圈并将其余手指向上伸开形成的"OK"手势，认为这是一种极不文明的行为。忌食奇形怪状的水产品和用两栖动物肉制作的菜品。应回避谈论政治、宗教以及其他有争议的话题。送礼忌讳送手帕，认为送手帕会引起吵嘴和不愉快。忌讳数字"13"。忌讳紫色，认为紫色是悲伤的色调，另外，黄色表示绝望，深咖啡色被认为会招来不幸，所以，在巴西送礼物时，应该非常慎重地避免选择禁忌颜色。

三、旅游业发展概况

（一）旅游业基本情况

巴西旅游资源丰富，旅游业久负盛名，但是由于巴西出现严重的经济衰退，2014年货币大幅贬值使许多巴西人放弃了国外旅行。巴西失业率上升、通货膨胀率高企、居民实际收入下降也让巴西人的消费能力降低，在国内出行的情况也有所减少。近年巴西旅游业的发展也不容乐观。2017年，巴西旅游业产值由2016年的6.61亿美元减少至6.18亿美元，对国民经济产生了直接影响。

（二）旅游资源

巴西的旅游业久负盛名，为世界旅游创汇国之一，主要旅游点有里约热内卢、圣保罗、萨尔瓦多、巴西利亚、黑金城、伊瓜苏大瀑布、伊泰普水电站、玛瑙斯自由港等。

1. 主要旅游城市

1）里约热内卢

里约热内卢（葡萄牙语意为"一月的河"），在1960年以前为巴西首都，是巴西第二大城市，也是世界著名的旅游中心，坐落在美丽的瓜纳巴拉海湾，依山傍水，风景优美，是巴西和世界著名的旅游观光胜地。主要名胜有耶稣山、甜面包山、尼特罗伊大桥、马拉卡纳体育场，还有巴西最大的公园、植物园等。里约热内卢的海滩举世闻名，其数目和延伸长度为世界之最，全市共有海滩72个，其中较有名的是科帕卡巴纳海滩和依巴内玛海滩。最佳旅游月是每年的6月和7月。

(1) 耶稣雕像：雕像中的耶稣身着长袍，双臂平举，深情地俯瞰山下里约热内卢市的美丽全景，预示着博爱的精神和对独立的赞许。耶稣像面向着碧波荡漾的大西洋，张开着的双臂从远处望去，就像一个巨大的十字架，显得庄重、威严。耶稣基督的身影与群山融为一体，一些云团不时飘浮在山峰之间，使耶稣像若隐若现，显得更加神秘圣洁。巨大的耶稣塑像建在这座高山的顶端，无论白天还是夜晚，从市内的大部分地区都能看到，成为巴西里约热内卢最著名的标志。

(2) 科帕卡巴纳海滩：呈新月形，海岸线长达 4.5 千米，宽百余米，海水蔚蓝，浪花雪白，沙滩洁净松软，加上终年气温适宜戏水，游人络绎不绝。五彩缤纷的太阳伞和五颜六色的游泳衣，把沙滩点缀得绚丽多姿。海滩上建有数十个小酒吧，充满异域风情。

(3) 糖面包山：位于瓜纳巴拉湾入口处，是里约热内卢的象征之一。甜面包山高 394 米，登上山顶可将里约全景尽收眼底。印第安人称它为保安打古瓜，原意为高大挺拔的独立山峰，其发音近似葡萄牙文中的糖面包，再加上山的外形又使葡萄牙人想起制成圆锥形方糖的一种土制模具，所以就叫它"糖面包山"。

2）圣保罗

圣保罗是南美洲最大的城市，高楼大厦鳞次栉比，宽阔的马路上车水马龙，繁花似锦。如同巴黎、纽约等世界各大城市一样，各式商品应有尽有，但贫富分化及治安等问题在此也很严重。圣保罗除为巴西最大的经济城市外，也为南北交通重镇，道路四通八达。主要旅游景点有圣保罗主教堂、圣保罗独立公园、伊比拉普埃拉公园、东方街等。

圣保罗主教堂始建于 1913 年，直到 1954 年，为庆祝建市 400 周年才仓促完工。它的前身是殖民时代的大教堂，整个工程由英国著名设计大师和建筑家克托弗·雷恩爵士（Sir Christopher Wren）设计。在艺术特点上，教堂融合了哥特式和文艺复兴时期的风格。教堂的地下墓室安放着包括原印第安酋长在内的名人的灵柩。每扇玻璃窗上都反映着圣经里不同的宗教主题。里面还有多达 10 000 个声管的意大利管风琴以及包含 65 个小钟的大套钟。教堂前面的广场从 16 世纪开始，就一直是每次盛大宗教游行的出发点，正中央的"零起点"是测量圣保罗和其他城市距离的起点。

3）巴西利亚

巴西利亚又译巴西里亚，是巴西的首都，位于巴西高原海拔 1 158 米处。1956 年，由巴西总统儒塞利诺·库比契克力主张，耗费巨资历时 41 个月建成。该城市以新市镇、城市规划方式规划兴建，也以飞机状的大胆设计及快速增长的人口而著名。巴西利亚气候宜人，四季如春，人均绿地面积 100 平方米，是世界上绿地最多的城市。自 1960 年 4 月 21 日巴西将首都从里约热内卢迁至巴西利亚后，其发展一直受到政府严格的控制，并把繁荣带到了巴西中西部，贯通了巴西南部与北部，带动了整个国家共同发展进步。

巴西利亚是城市设计史上的里程碑，从居民区和行政区的布置到建筑物自身的对称，它表现出城市和谐的设计思想，其中政府建筑表现出惊人的想象力，故有"世界建筑艺术博物馆"的美称。主要的标志性建筑设计有国会大厦、巴西利亚大教堂、巴西利亚电视塔及多姿多彩的现代派建筑物三权广场。

4）黑金城

黑金城是巴西东南部以矿产丰富著称的米纳斯吉拉斯州前州政府所在地，由于金矿的开发而于 1698 年建立。据说，因为黄金是从黑沙中筛选的，因此得名"黑金城"。这座面积约

1平方千米的山城海拔约1 100米,城中建筑多为巴洛克风格,窄小的街道随城市的地形高低起伏,虽经200多年风雨至今仍保存完好,古老的建筑和高大的教堂错落有致,在周围青山绿树的衬托下,呈现出一片古朴优美的风景。1980年,黑金城被联合国教科文组织确定为世界文化遗产。

2. 主要民俗旅游资源

1) 巴西足球文化

巴西人对足球的热爱举世皆知,在街头、海滩上,随处可见一群群足球少年。每当联赛或重大国内国际比赛进行时,巴西人常常举家前往观战,而赛场上人山人海。在巴西,几乎人人都是球迷,巴西人笑称"不会足球、不懂足球的人是当不上巴西总统的,也得不到高支持率"。巴西人认为,巴西足球理所当然位列世界文化遗产之林。巴西人把足球称为"大众运动",即使在贫民窟,穷人家的孩子也把袜子塞满纸当球踢。

里约人会自豪地告诉你,济科、罗纳尔多、小罗纳尔多、里瓦尔多、罗马里奥、贝贝托、扎加洛、托斯唐……这些世界级球星均出自里约。里约有世界上最大的足球场——马拉卡纳体育场。此前能容纳15万人的球场看台,在经过改装之后仍能容纳10.5万人,球场入门处有济科、罗纳尔多、小罗纳尔多、里瓦尔多等球星留下的大脚印。马拉卡纳体育场曾举办多次重大比赛,并诞生了足坛上的许多辉煌时刻。其中,球王贝利1969年11月19日在该足球场踢进他本人的第1 000个进球。

2) 巴西狂欢节

巴西狂欢节被称为世界上最大也是最奔放的狂欢节,是巴西最大的节日,它对女性化的狂热程度举世无双,每年吸引数百万国内外游客。在巴西各地的狂欢节中,最负盛名的是里约热内卢狂欢节,它是世界上最著名、最令人神往的盛会。

3) 桑巴舞

非洲人带来了桑巴舞,在热情奔放的音乐节奏中剧烈地抖动身体,双脚飞快地移动、旋转,身着炫彩服饰的桑巴舞者曼妙的舞姿让人眼花缭乱。葡萄牙人又带来了狂欢节,狂欢节里跳桑巴、看桑巴,是巴西人生活中必不可少的一部分。

3. 主要旅游名胜

1) 亚马孙河

亚马孙河浩浩荡荡,千回百转,孕育了世界上最大的热带雨林,在这个被称为"大地之肺"的地方,造就了一个神秘的"生命王国"。亚马孙森林树木种类繁多,估计达上万种,其中4 000余种是高大的乔木;此外,上万种动物,含3 000多种鱼类,而其中有相当部分种类是巴西独有的。

从马瑙斯市乘船来到热带雨林边缘地带,沿河两岸是绵延数百千米,浓绿中带着神秘但又保持着洪荒状态的大林莽。各种各样的动物,目光里或带着好奇,或带着敌意,看着闯入这片净土的游客们。

2) 伊瓜苏大瀑布

伊瓜苏大瀑布是世界上最宽的瀑布,位于阿根廷与巴西边界的伊瓜苏河与巴拉那河合流点上游23千米处,为马蹄形瀑布,高82米,宽4 000米。1984年,伊瓜苏大瀑布被联合国教科文组织列为世界自然遗产。

许多单个的瀑布在中途被突出的岩石击破，使水流偏转而水花飞溅升腾，产生如彩虹幔帐般的景色。从瀑布底部向空中升起近152米的雾幕与彩虹辉映，蔚为壮观。

伊瓜苏大瀑布在伊瓜苏河上，沿途集纳了大小河流30条之多，到了大瀑布前方，已是一条大江河了。伊瓜苏河奔流千里来到两国边界处，从玄武岩崖壁陡落到巴拉那河峡谷时，在总宽约4 000米的河面上，河水被断层处的岩石和茂密的树木分隔为275股大大小小的瀑布，跌落成平均落差为72米的瀑布群。由于河水的水量极大，在这里汇成了一道气势磅礴的世界最宽的大瀑布，其水流量达到了1 700立方米/秒。这一道人间奇景，在30千米外就能听到它的飞瀑声。

3）伊瓜苏国家公园

伊瓜苏国家公园处于玄武岩地带，跨越阿根廷和巴西两国界，伊瓜苏大瀑布产生的云雾滋润着葱翠植物的生长。许多小瀑布成片排开，层叠而下，激起巨大的水花。周围生长着有200多种维管植物的亚热带雨林，许多稀有和濒危动植物物种在公园中得到保护，这里是南美洲有代表性的野生动物貘、大水獭、食蚁动物、吼猴、虎猫、美洲虎和大鳄鱼的快乐家园。

4）伊泰普水电站

伊泰普水电站位于巴西与巴拉圭之间的界河——巴拉那河（世界第五大河，年径流量7 250亿立方米）上，伊瓜苏市北12千米处，是目前世界第二大水电站，由巴西与巴拉圭共建，发电机组和发电量由两国均分。目前共有20台发电机组（每台70万千瓦），总装机容量1 400万千瓦，年发电量900亿千瓦时，其中2008年发电948.6亿千瓦时，是当时世界上装机容量第二大、发电量第二大的水电站。此外，伊泰普水电站还设有游园公交车。

本 章 小 结

本章主要介绍了美洲地区主要客源国家的国情概况、文化艺术、习俗礼仪和旅游业概况。美国位于北美洲南半部，国土面积位居世界第四，人口名列世界第三，为移民国家，文化和生活受欧洲影响较深，自然资源丰富，经济发达，现为世界头号经济强国。美国旅游资源丰富，旅游设施、国际竞争力均列世界首位。加拿大位于北美洲的北半部，国土面积居世界第二位，地广人稀，资源丰富，是发达国家之一，出境旅游人口所占比例较高。阿根廷位于南美洲南部，领土居世界第八位，为拉丁美洲的第二大国，文化灿烂，旅游资源丰富。巴西位于南美洲东南部，面积位居世界第五，人口居拉丁美洲首位。巴西自然资源丰富，其咖啡、甘蔗、柑橘产量居世界第一，生活各方面受移民国影响很大，旅游业发展水平较高。

复习思考题

1. 在旅游接待服务中，对美国、加拿大客人应注意哪些禁忌？

2. 试描述美洲地区各主要客源国的地理位置以及国旗、国歌和国花。
3. 巴西、阿根廷的民俗风情有何独特之处?

案例分析

　　国内某专门接待外国游客的旅行社准备送给阿根廷游客一件小礼品。该旅行社订购了一批真丝手帕,是杭州知名丝绸厂生产的。手帕上面绣着花草图案,显得美观大方。旅行社工作人员想中国丝织品闻名于世,肯定会受到阿根廷游客的喜欢。旅行社接待人员带着盒装的真丝手帕,到机场迎接阿根廷游客。在车上,接待人员代表旅行社发表热情得体的欢迎词,并赠送给每位阿根廷游客两盒手帕。令接待人员始料未及的是,车上一片哗然,阿根廷游客显得很不高兴。特别是一位女士,大声用西班牙语叫喊,表现极为气愤,还有些伤感。阿根廷接待人员心慌了,自己好心好意送人家礼物,怎么得不到感谢,还出现这般景象?

思考:
为什么赠送礼品会引起风波?

第五章

中东和非洲地区主要客源国

导 言

"中东"或"中东地区"是指地中海东部与南部区域，从地中海东部到波斯湾的大片地区。"中东"在地理上也是非洲东北部与亚洲大陆西南部的地区。中东地区扼欧洲、亚洲、非洲三大洲的要道，是世界文明的两大发源地之一，是基督教、伊斯兰教和犹太教的发源地和圣地。本章所涉及的以色列、沙特阿拉伯均属于中东地区。

非洲全称阿非利加洲，赤道横穿非洲大陆，面积约3 020万平方千米，约占世界陆地总面积的20%，是世界第二大洲，总人口约为12亿。埃及和南非分别地处非洲大陆的北、南两端，两国各不相同的旅游资源吸引了大量的游客，都是世界重要的旅游大国。

【学习目标】
- 掌握中东和非洲地区的基本情况。
- 了解以色列、沙特阿拉伯两国的旅游宗教文化，熟知伊斯兰教文化和民俗。
- 了解埃及的金字塔文化以及南非的海滨和动植物文化。

第一节 以 色 列

一、国情概况

1. 地理气候

以色列位于中东地区，地中海东海岸，恰好处于欧洲、亚洲和非洲大陆的交汇之处，与黎巴嫩、叙利亚、约旦和埃及为邻国。以色列地形狭长，南北距离为470千米，东西最宽处约为135千米。尽管面积狭小，而且大约45%面积的土地为半干旱地区，以色列各地却拥有迥然不同的地理和气候特征：从森林覆盖的高地到土地肥沃的峡谷，再到干涸的沙漠丘陵；从海滨平原到亚热带气候的约旦河谷，再到世界上的最低点——死海。南部的内盖夫沙漠面积大约1.2万平方千米，约占以色列国土面积的一半。北部的戈兰高地和加利利群山植被丰富，冬季下雪，有众多的村镇和历史遗迹。加利利湖面积164平方千米，是以色列最主要的淡水湖。以色列海岸线长度198千米。根据1947年联合国关于巴勒斯坦分治决议的规定，以色列国的国土面积为1.49万平方千米。1948—1973年，以色列在四次中东战争中占领了大片阿拉伯国家领土，20世纪80年代以后陆续撤出部分占领土地。

以色列夏季炎热干燥，冬季温和湿润。各地气候差异较大，地中海沿岸平原为地中海式气候；山区温差较大；埃拉特（红海沿岸城市）和死海地区气候炎热干燥，日照时间长，很少下雨。大部分地区夏季平均气温为20~32℃，最高气温39℃；冬季平均气温则为7~17℃，最低气温4℃左右。北部地区年均降水量708毫米，南部荒漠地区年均降水量220毫米，埃拉特附近仅39毫米。

2. 发展简史

犹太人远祖是古代闪族的支脉希伯来人，以色列最初是指一个民族而非地名。最早可查的记载出现在公元前1211年。公元前13世纪末开始从埃及迁居巴勒斯坦地区。公元前11世纪，建立了以色列联合王国。经历过亚述、巴比伦、波斯、希腊、罗马、拜占庭等古国的统治，犹太人在这一地区逐渐衰落并遭到驱逐，散布于全球各地。19世纪末，犹太复国主义运动兴起，犹太人开始大批移居巴勒斯坦。第一次世界大战结束后，英国对巴勒斯坦实行委任统治。1917年，英国政府发表《贝尔福宣言》，表示赞成在巴勒斯坦为犹太人建立民族家园。1947年11月29日，联合国大会通过决议，决定在巴勒斯坦地区分别建立阿拉伯国和犹太国。1948年5月14日，以色列国正式成立。1949年5月11日，以色列取得联合国的席位，成为其成员国。

3. 国名、首都、国旗、国徽、国歌、国鸟

（1）国名：全称以色列国。以色列国名来源于《圣经》，犹太人祖先雅各布和天使角力并取胜，上帝给雅各布改名为"以色列"。

（2）首都：耶路撒冷。1980年7月30日，以色列议会通过法案，宣布耶路撒冷是以色列"永恒的与不可分割的首都"。

（3）国旗：呈长方形，长与宽之比约为3:2。白色为底，上下各有一条蓝色宽带。蓝白两色来自犹太教徒祈祷时用的披肩颜色。白色旗面正中，是一颗蓝色的六角星，那是古以色列国王大卫王之星，象征国家权力。

（4）国徽：为长方形盾徽。蓝色盾面上有七盏金灯台。据记载，此烛台为耶路撒冷圣殿中点燃祭坛的物件。烛台两旁饰以橄榄枝，象征犹太人对和平的渴望。烛台下方是希伯来文"以色列国"。

（5）国歌：《希望之歌》。歌曲采用犹太民族传统曲调谱成。这首歌原为犹太复国主义者的颂歌，在1897年第一届世界犹太复国主义者大会上首唱。

（6）国鸟：戴胜。

4. 人口、居民、语言与宗教

以色列总人口884.2万人（2017年），其中犹太人共637.7万人，约占74.9%，是世界上唯一以犹太人为主体民族的国家，其余为阿拉伯人、德鲁兹人等。希伯来语和阿拉伯语均为

官方语言，通用语言为英语。

以色列以犹太教为国教，居民中约有 85%信奉犹太教，约 13%信奉伊斯兰教，其余的信仰基督教和其他宗教。

5. 政治与经济

以色列实行立法、行政和司法三权分立。2014 年 11 月 23 日，以色列总理办公室发表声明，以色列内阁批准了将以色列定义为"犹太国家"的法案。以色列国家政治体制为议会制共和制，但没有正式的成文宪法，仅有《议会法》《国家土地法》《总统法》《政府法》《国家经济法》《国防军法》《耶路撒冷法》《司法制度法》《国家审计长法》《人的尊严与自由法》《职业自由法》等 11 部基本法。鲁文·里夫林于 2014 年 7 月就职，为以色列第 10 任总统，任期 7 年。

以色列全国分为 6 区，分别是北部区、海法区、中央区、特拉维夫区和南部区，共有 75 个市、265 个地方委员会、53 个地区委员会，主要城市为耶路撒冷、特拉维夫、海法、里雄莱锡安、阿什杜德、贝尔谢巴、佩塔提克瓦、内坦亚、霍隆等。以色列政党繁杂，且不断变化，主要有利库德集团、"我们的家园以色列"党、"未来"党、以色列工党、"犹太家园"党、沙斯党等。

以色列经济为混合型，工业化程度较高，总体经济实力较强；以知识密集型产业为主，高附加值农业、生化、电子、军工等部门技术水平较高，特别是电信、高科技以及农业科技产业等都极具国际竞争力。除此之外，以色列也是中东地区经济发展程度、商业自由程度、新闻自由程度和整体人类发展指数最高的国家。以色列是世贸组织和经合组织成员，与美国、加拿大、土耳其、墨西哥及欧盟、欧洲自由贸易联盟、南方共同市场签订自由贸易协定。欧盟是以色列最大贸易伙伴，美国是最大单一贸易伙伴国。以色列主要经济数据如下（2018年）：GDP 为 3 693.79 亿美元；人均 GDP 约 4.16 万美元，GDP 增长率为 3.3%。

二、习俗礼仪

1. 节日庆典

1）法定节日

（1）犹太新年：犹太历元月 1 日，约公历 9 月。节日期间，教堂里吹起羊角号，取意与上帝通话，期望得到上帝的祝福。

（2）国庆日：5 月 14 日。国庆日又叫独立日，以色列于 1948 年 5 月 14 日宣布独立。节日的前一天晚上 8 点，以色列议会在耶路撒冷赫茨尔山举行正式庆祝仪式。节日当天的活动有国防军列队游行、飞行表演、总统为外交使团及优秀将士举行招待会、国际圣经比赛及"以色列奖"颁奖仪式等。以色列虽然在日常生活中采用公历，但是民族节日均采用犹太历。因此，每年的独立日不一定是公历的 5 月 14 日。

2）民间庆典

（1）安息日：每周五日落到周六日落。安息日是犹太教每周的休息日，来源于《圣经·创世纪》（上帝在 6 天内完成创造世界，第七天休息）。安息日人们吃三顿饭，即周五晚餐，周六午餐（早餐午餐合二为一）和安息日结束餐。周五晚餐应是一周中最为丰盛的。安息日所有商店停业，公共汽车也停止运行。严格来讲，安息日还不准开关电器，如果要用电灯、电视等须在安息日到来之前打开并一直开到安息日结束。

（2）赎罪日：犹历元月10日，约公历10月。赎罪日是犹太新年后的第十天，是为了向上帝忏悔，请求宽恕。当天人们要禁食，并到教堂祷告、思过。

（3）住棚节：犹历元月15—22日，约公历10月。住棚节又叫收获节、结茅节，此节日用于为纪念犹太教先祖摩西带领犹太人出埃及后，流落西奈40年期间住草棚的生活。节日期间，家家户户都要搭草棚，国防军通常在特拉维夫市政广场上举办坦克展览。

（4）光明节：犹历3月25日—4月2日。犹太人的节日，为纪念马加比家族反抗塞琉古王朝时期在耶路撒冷重建圣殿（第二圣殿）。光明节从希伯来历基斯流月25日开始，持续8天，可能在公历11月下旬到12月下旬的任何时间。它也被称为灯节和奉献精神的盛宴。节日期间，一个独特的枝状大烛台上的火种灯被点燃。火种灯有9支灯台，每个节日的夜晚多点燃一支，直到第8天灯台全部被点亮。典型的烛台由8个在视觉上不同的分支组成。另外一支，也就是用来点燃其他8支的那一支，被称为"沙玛什"（即服务员），它摆放位置很独特，通常高于或低于其他灯台。光明节的其他庆祝活动包括玩陀螺和食用油炸食品，如甜甜圈和马铃薯饼。

（5）大屠杀纪念日：犹历3月27日，约公历5月。该节日用于纪念1933—1945年惨遭纳粹屠杀的600万犹太人。节日期间，全世界的正统犹太教徒要禁食一天，家家点燃蜡烛，诵读犹太经卷《卡迪什》。在以色列国内，犹太人则要举行集会或游行，悼念受害者，庆祝犹太民族的生存。当天上午10时，全国鸣笛2分钟，国民停止一切工作，并起立向死难者默哀。

（6）普珥节：每年犹历亚达月的14日。普珥意为抽签。传说一名恶官因痛恨曾得罪过他的一个犹太人而以抽签方式确定了一个杀害所有犹太人的日子。后来，有一位做了王后的犹太女子巧妙周旋，处死了恶官，拯救了犹太人。节日期间，剧院通常上演相关剧目。晚会上，人们常吃一种特殊的三角甜饼，这甜饼象征恶官的耳朵或帽子。基于《以斯帖记》的记载，普珥节应该大摆筵席数日，开怀畅饮，互换礼物，施舍穷人。因此，犹太人庆祝普珥节时，会交换食物和饮料作为礼物，接济穷人，诵读《以斯帖记》，享美食，品美酒，戴面具，穿盛装。普珥节是一个非常欢快的节日，大众齐庆祝。很多小孩子喜欢这个节日，因为可以穿盛装。

（7）逾越节：犹历7月15—21日，约公历4月。该节日源于圣经《出埃及记》。摩西带领犹太人出埃及走至红海时，举起手杖，使红海分开一条路，犹太人因此顺利走出红海，追击的埃及军队则被淹没在海水中。节日前，人们要清除家中所有的发酵面食。节日期间，禁止出售和食用发酵食品，只能吃一种被称为Matsa的死面饼，以纪念犹太人出埃及时因时间紧迫而吃不上发酵面饼的日子。

（8）七七节：又叫五旬节，犹太历9月6日。

2. 服饰、餐饮

大部分以色列人在衣着遵守犹太教教规，男士戴小帽，女士着长裙，且传统犹太家庭的妇女不穿短裙及裤子，只穿长裙。

Pita饼是以色列的当家主食，往往代表着一餐的开始。它是一种圆形面饼，类似于新疆的烤馕，中间是空心的，仿佛一个口袋，所以也有地方把它称为"口袋面包"。吃的时候可根据个人喜好填入牛肉、鸡肉、蔬菜、各种酱料等。Challah面包是犹太人的传统节日面包，个头比较大,并且具有不同的编织造型,有点类似中国的大麻花。Challah 面包口感松软,是犹太人的日常吃食,但是又承载着美好的蕴意。三股的 Challah 象征着真理(Truth)、和平(Peace)和美好(Beauty)。在安息日或节日前,餐桌上必会出现完整的 Challah 辫子面包。Couscous 形似小米,黄灿灿的就像以色列的金色沙漠,被人们称为小粒的意大利面。它由一种叫作"Semolina"的硬质小麦制作而成,吃起来口感顺滑,嚼劲十足,同时伴有香甜的味道,除了做主食,还可以做配菜。

一些毫无犹太特色的菜和烹饪传统作为国菜和传统被以色列人保留了下来。Falafel 是一种著名的素食(由鹰嘴豆制成),外形是一个个金黄色的小丸子,稍带一些辣味。口感最好的 Falafel 外焦里嫩。品尝 Falafel 的方法,可以是把它们塞入 Pita 饼,再配上多种自选的新鲜蔬果,如黄瓜、洋葱、番茄、盐渍橄榄等,或将它单独作为食品直接品尝。对于素食爱好者,Falafel 绝对是不二之选。Hummus 是一种在任何一家以色列餐馆都能找到的酱料,可以说是以色列食品中的精华。它是用鹰嘴豆煮熟捣烂后加入不同调料加工而成的。一盘可口的 Hummus 酱一般会撒少许辣椒粉、一撮西芹末和几勺橄榄油,用它配上热腾腾的 Pita 饼,便成了一道美味。

以色列人只食用某些特定种类的肉类和鱼类,有翅膀和用四足爬行的动物都可以吃,而猪肉、兔肉以及贝壳类是不吃的。以色列人大多信奉犹太教,对于可食用的肉类有严格的规定,只有反刍并可分蹄的哺乳动物才可食用,所以猪肉和兔肉是不允许吃的。因此,以色列传统烤肉 Shishlik 也不同于一般的街头烤肉,它所选用的肉以牛肉、羊肉、鸡肉为主,要精心腌制一晚,在烧烤的过程中要烤到似焦非焦的程度,再撒上各式调味料,肉香四溢。

加利利湖是以色列景色最美的地方,除了湖水澄碧、山色秀丽之外,还盛产彼得鱼。彼得鱼的名字来源于《圣经》:耶稣让他的使徒彼得将加利利湖中的每种鱼各捉一条,彼得竟捕获了 153 条。因此,后人将加利利湖出产的鱼称为"彼得鱼"。彼得鱼是烤制而成的,外焦里嫩,肉质鲜美。吃彼得鱼一定要在加利利湖湖畔的餐厅,既可以享受新鲜的美味和湖光山色,还能远眺以葡萄酒而闻名全球的戈兰高地。

Malabi 是牛奶和蜜糖的完美组合。它在以色列是一道非常有名的甜品,在牛奶布丁之上浇一些粉红色的玫瑰糖浆,再撒一些坚果碎末,搭配简单但可口无比,入口即化。

以色列拥有沿海的平原地带、北部的山区高原和南部的沙漠地区,得天独厚的地理环境和早晚温差大的气候很容易孕育出甜度高的葡萄。以色列葡萄品种丰富多样,有赤霞珠、雷司令、长相思、琼瑶浆等。由它们酿成的酒,有的混合着果味的清新,有的则非常醇厚。以色列著名的葡萄酒产区有加利利产区、珊隆产区、耶路撒冷产区、内盖夫产区、锡姆松产区等。

以色列人在安息日当天是不允许烹饪的,只能把事先准备好的食物用小火慢炖。

3. 社交礼仪

以色列人待人接物讲究分寸,恪守犹太教教规。见面以握手为礼,如果关系甚好而且双方都是男性,也可行拥抱、贴面礼;拥抱以后,还应接着握手一次。

在以色列如果犯了什么错误,光说一句"抱歉"往往不能就此了事,必须思路清晰地说出犯错的原因,不然会招来对方的轻视。

4. 行为禁忌

进入犹太教的圣地或教堂，男性必须戴着一种叫作"Kipa"的圆帽；进入清真寺时，必须脱鞋赤足；进入基督教教堂时，必须脱下帽子。

犹太人忌食猪肉、兔肉、血制品，以及贝壳类、无鳞的鱼类等，也忌肉和奶制品一起食用。奶制品的餐具必须与肉制品的餐具分开使用、清洗和存放。

牛必须有犹太教牧师在场才能宰杀。

在安息日，耶路撒冷市内的一切交通机关全都停止工作，饭店也悉数关门。

三、文化艺术

以色列既是一个拥有古老传统的国家，又是一个新兴的国家，民族众多，文化活跃。以色列文化是由犹太教和犹太人数千年以来的历史经验所交织构成的，极具艺术创造力。

以色列的特拉维夫、海法和耶路撒冷等城市都建有完善的美术博物馆，许多城镇农场也有类似的博物馆或古迹景点。位于耶路撒冷的以色列博物馆藏有古老的死海古卷，以及其他大量有关犹太教和犹太人艺术的珍藏品。以色列的许多城镇还建有艺术村。

以色列绘画和雕塑在国际上有很高的知名度，尤其是一些抽象派画家，他们的作品已成为国际收藏家争相收购的对象。此外，以色列还有一大群颇具才华的工艺匠人，如陶瓷艺人、金银匠、书法家、吹玻璃艺人等，他们专门以现代手段制作犹太教仪式使用的用品。

以色列作家萨缪尔·约瑟夫·阿格农在1966年获得诺贝尔文学奖。

以色列的音乐混合了西方音乐与东方音乐的精华，以色列音乐家通常采取折中主义，并深受散落世界各地的犹太人的影响。以色列传统的民间音乐通常与锡安主义的理想和愿景有关。以色列的古典音乐管弦乐团以及由祖宾·梅塔指挥的以色列爱乐管弦乐团也在国际上赫赫有名。

虽然足球和篮球被视为最受以色列人欢迎的运动，但许多以色列人喜欢一些非竞争性的运动，如游泳、远足以及在沙滩上玩Matkot（一种类似网球的球类）。现代以色列人在足球和篮球上面的热情不输于欧洲人。另外，以色列人在柔道、皮划艇、帆板等项目上都曾赢过大赛奖牌。

以色列对于科技的发展贡献相当大。自从建国以来，以色列一直致力于科学和工程学的技术研发，以色列科学家在遗传学、计算机科学、光学、工程学以及其他技术领域都有突出的贡献。

四、旅游业、旅游资源

（一）旅游业基本情况

以色列虽然只拥有25 740平方千米的实际控制区，但是旅游资源魅力无穷。北部有白雪皑皑的荷尔蒙山，南部有一年350天晴空万里的红海沙漠，西部现代城市特拉维夫濒临地中海东岸，东部是世界陆地海拔最低点死海，更有被伊斯兰教、基督教、犹太教视为"圣城"的耶路撒冷。旅游业在以色列经济中占重要地位，是外汇的主要来源之一。尽管政局不稳定等因素对以色列旅游业的发展产生了不利影响，但近年来入境游客人数基本呈逐年上升趋势。

90%以上的游客来自欧洲和美洲,另外还有通过约旦河桥和埃以边境进入以色列境内的阿拉伯国家的游客等。

近年来,以色列入境旅客人数波动较大,2008年为257.2万人次,2010年为280.3万人次,2015年为279.9万人次,2016年为290万人次,2017年达到360万人次;2008年以色列入境旅游收入为52.71亿美元,2010年为56.21亿美元,2015年为65.74亿美元,2016年为65.87亿美元,2017年为75.72亿美元。

(二)旅游资源

以色列的旅游资源既包括围绕圣地的各种历史和宗教景点,也包括现代的度假海滩,以及各种考古学观光、古迹观光以及生态旅游资源。因此,不管是从耶路撒冷到死海,从哭墙到万国教堂,从苦路到加利利湖,还是从历史古城到灯火辉煌的现代都市,以色列以丰富的历史遗址、众多的自然美景吸引着全球游客。

1. 主要旅游城市

1)耶路撒冷

作为伊斯兰教、基督教和犹太教三大宗教的圣城,耶路撒冷具有极高的象征意义。耶路撒冷既古老又现代,是一个多样化的城市,其居民代表着多种文化和民族的融合,既有严守教规者,又有人过着世俗的生活方式。耶路撒冷位于犹地亚山区顶部,海拔790米,是古代宗教活动中心之一。伊斯兰教、基督教和犹太教分别根据本宗教的传说,奉该城为圣地。据统计,耶路撒冷市内拥有1 204座犹太会堂、158座教堂和73座清真寺。耶路撒冷城区面积约1平方千米,划为4个区。耶路撒冷东部为穆斯林区,包括著名的神庙区,神庙区的圣地有摩利亚山的岩顶及岩顶上的圣殿(伊斯兰教)、阿克萨清真寺、哭墙(犹太教);西北部为基督教区,有基督教的圣墓教堂;西南部为亚美尼亚区;南部为犹太教区。城西南的锡安山为犹太教又一重要圣地。城东的橄榄山有基督教与犹太教圣地。拥有众多的著名宗教圣址和历史文化遗迹的耶路撒冷已成为世界闻名的旅游城市之一。

(1)哭墙:又称西墙,是犹太教的圣迹。公元前961年,以色列国王所罗门决定在耶路撒冷的锡安山上修建神庙,存放犹太人的圣物"诺亚方舟"。4年后,神庙竣工,后世称之为第一圣殿。在历经毁坏与重建之后的公元前1世纪末,犹太人重建并扩建了这个神庙,后世称之为第二圣殿。公元70年和135年,第二圣殿两次被罗马人所毁,犹太人被迫流落各地,圣殿再也没有恢复,残留下来的就是庭院西边的这段围墙。犹太教徒到哭墙按惯例必须哭,以表示对古神庙的哀悼并期待将其恢复。哭墙是犹太人心中最深沉的地方,是古国不灭、民族长存的象征。哭墙高约20米、长50米,中间以屏风相隔,祈祷时男女有别进入哭墙前,男士必须戴上传统帽子,女士在哭墙不用蒙头。许多徘徊不去的祈祷者,或以手抚墙面,或背诵经文,或将写着祈祷字句的纸条塞入墙壁石缝间。历经千年的风雨和朝圣者的抚触,哭墙石头也闪闪发光,如泣如诉一般。

(2)萨赫来清真寺:圣殿山区最美丽的建筑。萨赫来清真寺呈八角形,外观以花瓷砖拼贴成阿拉伯风格的图案,上写《古兰经》经文,圆顶由金箔贴成。相传穆罕默德在沉睡中被天使唤醒,同天使乘飞马从麦加、麦地那来到这里。穆罕默德所踏的岩石成为圣石,那是形状不规则的蓝色岩石,位于寺内圆顶下方,以银、铜镶嵌,用铜栏杆围护供信徒朝拜。

（3）圣墓教堂：位于《圣经》所述的耶稣受难之地——各鲁各达的山丘上。公元335年，罗马皇帝君士坦丁大帝在耶稣受难地修建了这座雄伟的教堂。现在的建筑是在经过多次战乱毁坏之后重建的。

（4）岩石圆顶寺：建于公元7世纪，其外墙装饰有许多美丽的几何图案和植物图案，图案美轮美奂，引人注目。

（5）以色列国家博物馆：建于1965年，位于吉瓦特拉姆区的山丘上，是以色列国内最大也是最有名的博物馆。该博物馆由工艺美术品展馆、犹太人与人种史展馆和美术品展馆等部分组成。这座博物馆的建筑面积达80 000平方米。博物馆包括多个艺术机构，主要收藏了来自全世界考古学、雕塑和传统的50多万件艺术品。在这里保存着包括著名的"死海古卷"（亦称"死海古羊皮纸卷""死海书卷"）在内的极为珍贵的《圣经》手稿。1988年建立的耶路撒冷历史大卫塔博物馆，收藏着第一圣殿时期以来的文物，是自迦南人开始至今4000余年的耶路撒冷城历史的再现。

2）特拉维夫

特拉维夫是以色列的艺术和文化荟萃之地，各类歌舞剧院、艺术中心鳞次栉比。特拉维夫北起维尔贡河下游，南到雅法湾，面积约50平方千米，人口38.25万，是一座典型的欧美式城市。特拉维夫临近蓝色的地中海，沿海岸边有狭长平坦的沙滩，四周为密集的柑橘园所环抱。在城市的扩建过程中，不断挖掘出古犹太人聚居的遗址，一座座颇具特色的博物馆相继建成。1948年，特拉维夫被定为以色列首都，绝大部分政府机关设在这里。

（1）特拉维夫白城：现代的特拉维夫以两种建筑风格闻名于世，其中最具国际知名度的特拉维夫白城，拥有大约2 500座包豪斯学派或国际风格建筑，形成大片白色外墙的景观。特拉维夫白城在2003年被联合国教科文组织列入《世界遗产名录》。这些建筑主要建于20世纪30—50年代，是欧洲现代主义艺术运动到达的最远地点，由许多在德国包豪斯学校接受教育的犹太建筑师所设计。

（2）雅法古城：特拉维夫的全称其实是特拉维夫-雅法，它是两个相邻的城市合并而成的。雅法是一个具有4 000多年历史的港口城市，也是世界上最古老的城市之一。有人认为，"雅法"是希伯来语"美丽"一词的谐音，因为这里风景绝佳，秀丽如画。雅法古城于2003年被联合国教科文组织列入《世界遗产名录》。

（3）特拉维夫艺术博物馆：建于1932年，其中赫莲娜·鲁宾斯坦现代艺术展览馆于1959年开放，2011年10月新馆赫塔和保罗埃米尔展馆建成。馆内收藏了丰富的古典艺术品和当代艺术品，尤其是以色列艺术品。特拉维夫艺术博物馆的藏品代表了20世纪上半叶的一些著名艺术家以及这一时期许多重大的现代艺术运动，其中包括野兽主义、德国表现主义、立体主义、未来主义、俄罗斯的构成主义、风格派运动、超现实主义、法国艺术，从印象派画家到后印象派画家再到巴黎画派，包括柴姆·苏丁的作品、毕加索从蓝色和新古典主义时期到晚期阶段的主要作品，以及胡安·米罗的超现实派作品。雕塑作品在博物馆入口广场和内部的雕塑公园展出。

（4）霍隆设计博物馆：位于霍隆小镇新文化区的东部，是以色列第一家专注于设计的博物馆。博物馆馆体的设计和规划是由以色列建筑和工业设计师罗恩·阿拉德与布鲁诺·亚撒合作完成的。博物馆内有媒体图书馆（中央图书馆、剧院和影片馆），附近是霍隆理工学院的设计系。霍隆设计博物馆于2010年3月3日开放。博物馆内并没有常设展览，以设计为主题的各种展览在这里举行。霍隆设计博物馆被旅游杂志《悦游》称作全新的世界性奇迹之一。

（5）苏珊娜德拉尔艺术中心：坐落于纳瓦·泽德克区中心地带，是以色列首屈一指的国家级艺术殿堂。在以色列有一个有趣的说法："在耶路撒冷学习，在海法工作，在特拉维夫跳舞。"这是特拉维夫最热门的旅游景点，每年的参观者达 50 多万人次。建于 1989 年的苏珊娜德拉尔艺术中心拥有 4 个表演厅、众多的排练室，以及户外广场。艺术中心聚集了巴切瓦舞蹈团、茵芭·平托舞蹈团等世界知名的一流现代舞蹈团。这里全年无休地上演着 700 场各种类型的演出活动。这里不仅有最出色的以色列现当代舞蹈，来自世界各地的演出团体也会选择在这里进行表演。自建成以来，苏珊娜德拉尔艺术中心已举办了数以千计的首演活动。

3）海法

海法位于以色列北部，西濒地中海，是以色列第三大城市，也是以色列重要的商业中心及工业重镇。海法在希伯来语中有"美丽的海岸"之意。当犹太人移民到海法之后，这里便成为一座现代化的城市。

巴哈伊空中花园是海法的知名景点。该花园依山而建，背靠有"上帝之山"盛名的卡梅尔山麓，迎面吹来地中海温暖、湿润的海风，以金色穹顶的主建筑为中心发散，形成 19 级巨大的平台式阶梯，自山脚至山顶绵延近千米。垂直高度约 225 米，最大坡度约 63°。花园中心是巴孛陵寝，金色半球形穹顶位于 40 米高的乳白色圣殿之上，一条由白色大理石砌成的阶梯位于花园的中轴线上，沿线树木、水池、花盆、雕塑等景观则对称地分布在两侧，距中轴线稍远处，各种景观便不再严格对称，而是融合多种园林风格。巴哈伊空中花园 2008 年被联合国教科文组织列入《世界遗产名录》。巴哈伊花园是巴哈伊教的第二圣地，也正是因为这个原因，只有巴哈伊教徒才能自下而上地登上花园，而一般的游客只能在花园顶部"一览众山小"，之后从上至下地参观花园。

2. 主要旅游名胜

（1）耶路撒冷旧城及其城墙："耶路撒冷"在希伯来语中意为"和平之城"。耶路撒冷面积只有 126 平方千米，被一圈城墙围绕的耶路撒冷老城的著名景点有犹太教的哭墙和圣殿山、穆斯林的圆顶清真寺和阿克萨清真寺，以及基督徒的圣墓教堂和苦路。这里的建筑物集东西方建筑艺术之精华，具有跨越几个历史时代的建筑风格。众多的历史文物、宗教遗址和各种古迹，经历代文人墨客的渲染，给耶路撒冷抹上了浓厚的宗教色彩，似乎这里的一石一砖一墙一柱都在向过往的游人诉说着已逝去的久远年代的故事。1981 年，耶路撒冷作为文化遗产被联合国教科文组织列入《世界遗产名录》。

（2）阿卡古城：位于以色列西北部，是世界最古老的城市之一。自腓尼基时代起就一直有人类定居在这里，现在的城市是土耳其人 18—19 世纪建成的，拥有完好的城堡、清真寺、商栈和土耳其浴室等建筑，生动地再现了中世纪耶路撒冷的城市规划和城市结构。2001 年，阿卡古城作为文化遗产被联合国教科文组织列入《世界遗产名录》。

（3）马萨达：该地为犹太人的圣地，位于犹地亚沙漠与死海谷地交界处。公元 73 年，马萨达被围攻数年的罗马军队攻破，城中最后一批居民全部自杀。马萨达是 2 000 多年前的犹太人在这片土地上陷落的最后一个城堡，使它扬名的并不是高山上的城堡，而是犹太人以坚毅与勇气写成的宁为玉碎、不为瓦全的惨烈历史。2001 年，马萨达作为文化遗产被联合国教科文组织列入《世界遗产名录》。

（4）圣地——米吉多、夏琐和别是巴：位于以色列北部加利利的米吉多和夏琐，以及南部内盖夫沙漠最大的城市别是巴，是《圣经》时代的经济、政治及军事中心。这些地区留存大量的古代战争、商业及民众日常生活的遗迹，有些是《圣经》中提到的原型。2005 年，米吉多、夏琐和别是巴作为文化遗产被联合国教科文组织列入《世界遗产名录》。

（5）香料之路——内盖夫沙漠城市：香料之路起始于南阿拉伯半岛最东端，结束于西奈半岛的北端，总长度超过 2 000 千米，其中约 100 千米穿过以色列南部内盖夫沙漠地区。内盖夫沙漠地区的一些城市与地中海端的香料之路相连接。作为这个庞大贸易网的一部分，当时以色列骆驼队跨越阿拉伯沙漠，行走于沿南阿拉伯海岸港口城市，因此这一地区在公元前 3—公元 2 世纪商客云集，极其繁荣。2005 年，香料之路——内盖夫沙漠城市作为文化遗产被联合国教科文组织列入《世界遗产名录》。

（6）死海：内陆盐湖，位于以色列和约旦之间的约旦谷地。西岸为犹太山地，东岸为外约旦高原。约旦河从北侧注入。约旦河每年向死海注入 5.4 亿立方米水，另外有 4 条不大但常年有水的河流从东面注入，由于夏季蒸发量大，冬季又有水注入，但无出口，且进水量大致与蒸发量相等，为世界上盐度最高的天然水体之一。死海湖中及湖岸均富含盐分，在这样的水中，鱼儿和其他水生物都难以生存，水中只有细菌没有生物；岸边及周围地区也没有花草生长，故称为"死海"。

第二节　沙特阿拉伯

一、国情概况

1. 地理气候

沙特阿拉伯位于阿拉伯半岛，在亚洲的西南端，东濒波斯湾，西临红海，同约旦、伊拉克、科威特、阿联酋、阿曼、也门等国接壤，并经法赫德国王大桥与巴林相接。自古以来，这里就是东西方交往的必经之道。国土面积为 225 万平方千米，海岸线长 2 448 千米。西部的红海沿岸是一条狭窄的平原，平原的东边是一系列的山脉，再往东是高原、平原、沙丘和盐碱地，只有几条季节性短河流。南部的鲁卜哈利沙漠是全国最大的沙漠，面积达 65 万平方千米。整个地势由西向东倾斜，呈阶梯状，沙漠约占全部国土面积的一半。

沙特阿拉伯的西部高原属地中海气候，受印度洋季风的影响，终年有雨。其他地区基本属于热带沙漠气候，每年初夏，沙暴以 40～50 千米/时的速度向南吹来，有时可持续几昼夜。夏季炎热干燥，最高气温超过 50℃。冬季温暖宜人。年平均降雨不超过 200 毫米，南部鲁卜哈利沙漠地带几乎终年无雨。

2. 发展简史

公元 7 世纪，伊斯兰教创始人穆罕默德的继承者建立了阿拉伯帝国，8 世纪为鼎盛时期，版图横跨欧洲、亚洲、非洲。16 世纪，这片土地被奥斯曼帝国统治。19 世纪英国入侵，并把这片土地分为汉志和内志两部分。1924 年，内志酋长阿卜杜勒·阿齐兹·沙特兼并汉志，次年自称为国王。经过多年征战，阿卜杜勒-阿齐兹·沙特终于统一了阿拉伯半岛，于 1932 年 9 月 23 日宣告建立沙特阿拉伯王国，这一天被定为沙特国庆日。

3. 国名、首都、国旗、国徽、国歌、国花、国树、国鸟

（1）国名：沙特阿拉伯王国。"沙特"取自阿拉伯王国的创始人阿卜杜勒-阿齐兹·沙特之名。在阿拉伯语中为"幸福"之意。"阿拉伯"一词为"沙漠"之意。"沙特阿拉伯"即为"幸福的沙漠"。由于石油储量和产量均居世界首位，所以沙特阿拉伯又被称为"石油王国"。

（2）首都：利雅得。王宫所在地是阿拉伯半岛中部内志高原的哈尼法、艾桑和拜萨汗宰三条干涸的河谷，海拔 520 米。附近是一片绿洲，有广阔的枣椰林，利雅得因此而得名（利雅得在阿拉伯语中是"花园"的复数）。面积 1 600 平方千米，人口 400 万。

（3）国旗：沙特阿拉伯的国旗为绿色，其中间书以取自《古兰经》的白色阿拉伯文，意即"万物非主，唯有真主，穆罕默德是真主的使者"。这是伊斯兰教的信条。下面是一把与经文平行的出鞘长剑。

（4）国徽：呈绿色，由两把交叉着的宝刀和一颗枣椰树组成。绿色是伊斯兰国家喜爱的颜色。宝刀表示圣战和武力，象征捍卫宗教信仰和保卫祖国的决心和意志；枣椰树代表农业，象征沙漠中的绿洲。另外，沙特阿拉伯人民最喜爱枣椰树，并把它作为捍卫宗教信念的象征。

（5）国歌：《敬爱的国王万岁》。

（6）国花：乌丹玫瑰。

（7）国树：枣椰。

（8）国鸟：横斑沙鸡。

4. 人口、居民、语言与宗教

沙特阿拉伯人口 3 255 万（2017 年）。沙特阿拉伯的居民基本为阿拉伯人，信仰伊斯兰教，官方语言为阿拉伯语，通用英语。

伊斯兰教为沙特阿拉伯的国教。其中，逊尼派占 85%，分布在全国各地；什叶派占 15%，主要居住在东部地区。伊斯兰教徒一天必须祷告 5 次，祷告时当地人必须去清真寺做礼拜，女人必须穿黑袍。

5. 政治与经济

沙特阿拉伯是政教合一的君主制王国，无宪法，禁止政党活动。《古兰经》和先知穆罕默德的《圣训》是国家执法的依据。国王既是国家元首，又是教长。1992 年 3 月 1 日，法赫德国王颁布《治国基本法》，规定沙特阿拉伯王国由其缔造者阿卜杜勒-阿齐兹子孙中的优秀者出任国王。萨勒曼·本·阿卜杜勒-阿齐兹·阿勒沙特 2015 年 1 月 23 日于继位，为沙特第七任国王，兼任首相。

沙特阿拉伯分为 13 个省：利雅得省、麦加省、麦地那省、东部省、卡西姆省、哈伊勒省、阿西尔省、巴哈省、塔布克省、北部边疆省、吉赞省、纳季兰省、焦夫省。省下设一级县和二级县，县下设一级乡和二级乡。

沙特阿拉伯实行自由经济政策，石油和石化工业是其经济命脉。近年来，沙特阿拉伯大

力推行经济多元化政策,努力扩大非石油生产,发展采矿业和轻工业,同时重视发展农业。沙特阿拉伯在重视发展对美国贸易的同时开展多元化对外贸易关系,加强同中国、欧盟、俄罗斯、日本、韩国等国家和地区的对外贸易,积极发挥石油资源的作用。2017年沙特阿拉伯的主要经济数据如下:GDP为6 838亿美元;人均GDP为2.1万美元;GDP增长率为0.5%。

二、习俗礼仪

1. 节日庆典

1)法定节日

(1)国庆日:又叫独立日,9月23日。

(2)开斋节:伊斯兰教历10月第一天。开斋节休假7天,每年伊斯兰教历的9月为斋月。在斋月的30天内,除病人、孕妇、喂奶的妇女和日出前踏上旅途的人以外,人们从日出到日落禁止饮水、进食。

(3)宰牲节:又称古尔邦节,伊斯兰教历12月10日。相传易卜拉欣受安拉"启示",要他宰杀自己的儿子伊斯玛仪奉祭,当他遵命欲宰杀时,安拉遣天使送来一只羊,以代替伊斯玛仪献祭。以后伊斯兰教把传说中的这一天规定为宰牲节以示纪念。宰牲节长达两星期,来自世界各国的数百万穆斯林涌向沙特,到圣城麦加和麦地那朝觐。

2)民间庆典

(1)圣纪节:太阴年3月12日,纪念穆罕默德的生日。节日活动有诵经、赞圣以及讲述穆罕默德的历史等。

(2)盖德尔夜:伊斯兰教历9月27日,相传这夜《古兰经》降世。穆斯林每逢这一日都要"坐夜""守夜",做礼拜,念祷词。

(3)阿舒拉日:伊斯兰教历1月10日,被称为神圣的日子,因为此日是真主造人、天堂和地狱的日子。同时,阿里之子侯赛因也于公元680年的此日被杀,故该日成为什叶派穆斯林的哀悼日,现已发展成为什叶派穆斯林最大的节日。

(4)拜拉特夜:伊斯兰教历8月15日之夜。相传此夜真主安拉决定人们一年的生死祸福,并降临天堂最下层,赦免将死者之罪,所以穆斯林在当夜要为死者诵经、祈祷,并放烟火庆祝。当日,白天斋戒,以示忠诚;晚上礼拜、念祷词,祈求真主赐予好运。

(5)登霄夜:伊斯兰教历7月27日。据《古兰经》第十七章,先知穆罕默德在此夜从麦加到耶路撒冷,在从那里"登霄"遨游七重天,见到了古代先知和天堂、地狱,黎明时回到了麦加。

(6)法蒂玛忌日:伊斯兰教历6月15日,此日为伊斯兰教先知穆罕默德之女法蒂玛逝世日。穆斯林妇女这一天要去清真寺聆听关于法蒂玛德行的讲述,并捐赠财物。

2. 服饰、餐饮

沙特阿拉伯人崇尚白色和绿色,白色象征纯洁,绿色象征生命。忌用黄色,因为黄色象征死亡。国王身着土黄色长袍,象征神圣和尊贵。

面纱一直是伊斯兰服饰文化中具有代表性的女性服饰。面纱的穿戴方法因其面积大小而不同。比较普遍的有两种形式：一种是头部包裹一块黑纱，再在头上披块黑布，从头至脚裹住全身；另一种是分头部、上身和下身三部分，头顶黑纱至脖子，上身黑布披肩垂至腰部，在胸前系牢，下身穿黑裙子盖住脚面。

沙特阿拉伯大袍分为男式和女式两种。黑大袍是阿拉伯妇女的传统服装，做工简单，式样和花色因地而异。男式阿拉伯大袍多为白色，衣袖宽大，袍长至脚，做工简单，无尊卑等级之分。它既是平民百姓的便装，也是达官贵人的礼服。

在阿拉伯人看来，披风是节日盛装，男人在大袍外加件披风，显得神采奕奕，有男子汉气概。

沙特阿拉伯男人的头巾是沙漠环境的产物，可以起到帽子的作用，夏季遮阳防晒，冬天御寒保暖。这种头巾是块大方布，颜色多为白色。

沙特阿拉伯男子，从亲王到平民百姓，都穿传统的白色宽松大袍，外罩一种毛料制作的拖地披风；头巾多为白色，有的是彩色，用黑箍固定在头上；脚上多穿凉鞋。沙特妇女始终保持着伊斯兰教的传统习惯，不接触陌生男人。妇女在家身着西方流行服装，但外出时要头蒙黑纱，身穿黑色拖地斗篷，并且绝对不许袒胸露背或穿超短裙。

在沙特阿拉伯，男子不允许戴黄金饰品，妇女则可以穿金戴银。

沙特阿拉伯人饮食讲究菜肴色彩悦目，食物要保持新鲜，一般口味喜清淡，喜好甜食。普遍喜欢米饭，爱吃大饼、面条等面食。辅食以牛肉、羊肉、鸡肉、鸭肉、黄瓜、土豆、洋葱、西红柿等为主。偏爱烤、炸、煎等烹饪方法。沙特阿拉伯人每日习惯两餐：早餐主要是"弗瓦勒"（一种高粱糊糊）浇奶油；晚餐为正餐，通常吃烙饼，食用时抹上奶油、蜂蜜等，这是沙特人最爱吃的主食。"泡馍"也是沙特阿拉伯人常吃的主食，即将高粱面饼用手掰碎，浇上鲜牛奶或再加上奶油、糖一起进食。

沙特阿拉伯阿西尔人以小麦、奶油为主要食品，高粱面也是他们常食用的粮食，肉食一般都在节假日或宴请宾客时食用。

沙特阿拉伯贝都因人常把饮红茶或喝咖啡当成是娱乐，每天必饮。主食以驼奶和椰枣为主。有时也宰羊，把肉和米煮在一起抓食。

3. 社交礼仪

沙特阿拉伯人见面时，习惯首先互相问候"撒拉姆阿拉库姆"（你好），然后握手并说"凯伊夫哈拉夫"（身体好）。有的沙特阿拉伯人习惯伸出左手放在对方的右肩上并吻对象的双颊，这是一种吻礼。沙特阿拉伯贝都因人问候方式很特别，男人见面时要用鼻子碰对方的额头，再互相拥抱，表示友好和亲密。沙特阿拉伯人在外多以握手问候为礼。

伊斯兰教提倡诚实和谦虚，认为诚实使人行善，善行引导人上天国；谎言使人行恶，恶行使人下火狱；伊斯兰教律禁止撒谎、爽约、隐瞒、诬蔑、做伪证、逸言等。教律还规定：同他人谈话时不能看不起对方而别转脸去，走路时不能趾高气扬、目中无人。伊斯兰教提倡语言文明、优美，规定说话要低声，待人和颜悦色，切忌粗暴，不能对人讥讽、攻击、以恶语诽谤。

沙特阿拉伯人讲究男女有别，男性和女性隔离严格，有专门由女人掌管的为女人开设的银行、学校和娱乐场所；公园分男区和女区；餐馆里也分"男性单身区"和"家庭区"。到动物园参观时，男女也有别，女人安排在星期一、三、五，男人安排在星期二、四、六。

沙特阿拉伯人热情好客，应邀去主人家做客时可以带些小礼品，如糖果、工艺品等。但不能单独给女主人送礼，也不能送东西给已婚女子。忌送妇女图片及妇女形象的雕塑品。与阿拉伯人初次见面就送礼，可能被认为是行贿。切勿把用旧的东西送给他们。

在沙特阿拉伯人看来，事先约会是必要的，准时赴约更受欢迎。如被邀请到阿拉伯人家里吃饭，吃得越多就越表示对主人款待的赞赏。

4. 行为禁忌

沙特阿拉伯人大多信奉伊斯兰教，忌讳左手递送东西或食物，认为这种举动带有污辱的含义。

谈话时应回避涉及中东政治和国际石油政治等话题。

沙特阿拉伯人严禁崇拜偶像，在他们的心目中真主只有一个，所以不允许商店橱窗中有模特及出售小孩玩的洋娃娃，而且任何人还不得携带人物雕塑等偶像进入公共场所。

沙特阿拉伯人很忌讳男女接触。女性用房和男性用房是严格区分开来的。男性不准随便进入女性房间，女性一般也不准在生人面前露面。男人间即使至亲好友聊天，也绝不可提及对方老婆，否则会被认为存心不良。

在沙特阿拉伯，不可随意照相，严禁对女人、宗教设施和皇室建筑等拍照。宗教界特别禁止在报纸和刊物上登载妇女照片。不少沙特阿拉伯人至今反对照相，尤其禁止妇女照相。

在沙特阿拉伯，禁止下象棋，沙特阿拉伯人认为按照国际象棋的规则，车、马、象，甚至兵卒，都可以进攻和消灭国王和王后，含有煽动意味。

沙特阿拉伯对罪犯仍实行传统的严刑，扒手窃贼要被砍去手脚，通奸者被处以重刑，这些处罚同样适用于外籍犯罪者。

在沙特阿拉伯，穆斯林每天按时做5次礼拜，届时所有的商店都必须停止营业。

禁酒为沙特阿拉伯严格的法律行为。饮酒者如被抓获，要被当众鞭打80下，或者被监禁6个月到1年，另外还要处以罚款。买酒、私酿酒或酒后开车者，均要处以重刑，最严厉的斩首示众。

沙特阿拉伯禁止吸毒、贩毒，违者处以死刑。禁食猪肉及一切外形丑陋和不洁之物，如甲鱼、螃蟹等。

沙特阿拉伯禁止男性与来自孟加拉国、巴基斯坦、缅甸、乍得四国的女性结婚。

三、文化艺术

沙特阿拉伯艺术主要表现在建筑上，而建筑艺术又集中体现在清真寺的建筑结构和装饰上。同时，在长期的发展过程中，沙特阿拉伯不断吸收古希腊、波斯、古印度、两河流域和古埃及的建筑特色，逐渐形成了阿拉伯-伊斯兰建筑艺术。许多清真寺采取以交叉的弓架结构和可见的相互交叉的弯梁为基础的圆顶体系，凹壁、宣礼塔以及主体建筑的通道上，多用镶嵌细工和装饰图案装饰起来，显得既雄伟壮观、华丽多彩，又不失庄严肃穆。

沙特阿拉人民喜爱足球，全国各地修建了大量的运动场所供人民运动。

四、旅游资源

（一）旅游业基本情况

沙特阿拉伯有着丰富独特的历史宗教遗迹，加之特殊的气候、独特的旅游胜地和众多的名胜古迹，使得沙特阿拉伯成为旅游胜地，每年吸引数以百万计的游客游览观光。旅游业在沙特阿拉伯经济中占重要地位，是主要的外汇来源之一。麦加和麦地那是伊斯兰教圣地，90%以上的游客被沙特阿拉伯的宗教文化吸引而来，主要是来自欧洲、美洲、亚洲和其他阿拉伯国家的游客。

（二）旅游资源

沙特阿拉伯有着全世界穆斯林的朝觐圣地麦加和圣城麦地那，麦加和麦地那也是沙特阿拉伯的两张著名的旅游名片，两地都拥有著名的清真寺。另外，沙漠也是外国游客非常喜欢的旅游胜地。外国游客钟情于在茫茫沙漠中骑着骆驼，漫游在"天方夜谭"中的古堡断墙和反映阿拉伯游牧生活的帐篷之间，享受别致的情趣。除了沙漠瀚海中的骆驼旅游之外，沙特阿拉伯西南部的阿什尔山地，因地势较高，受印度洋季风的影响，终年有雨，气候凉爽，年平均气温只有19℃而成为国内游客度假休闲的好去处，其他如玛甸沙勒考古遗址的雕刻墓群等也值得一游。

1. 主要旅游城市

1）利雅得

利雅得是沙特阿拉伯的首都，它坐落在阿拉伯半岛中部哈尼法谷地平原上，海拔520米。城中心为纳绥里耶区，占地8平方千米是国王与王室居住的特区，由数十幢宫殿、数百所别墅和花园组成。经过半个世纪的建设，现在的利雅得已是沙特阿拉伯商业、文教和交通中心。

（1）王国中心大厦：位于沙特阿拉伯首都利雅得市中心，建造于20世纪90年代。由沙特王子出资建造，被美国著名旅游杂志《旅游者》列为现代化建筑的"新世界七大奇观"之一。王国中心大厦占地面积96 000平方米，包括宽敞的零售空间、一家四季酒店、在中东地区独一无二的婚礼和会展场地和王国财产公司的综合办公大楼。登上这座高楼，整个利雅得的风景尽收眼底。为避免与穆斯林的教义和习俗相冲突，大厦内专设有妇女区。

（2）德拉伊耶遗址：沙特王朝的第一任首都所在地，位于阿拉伯半岛中部，利雅得西北部，始建于15世纪。这里仍然可以看到阿拉伯半岛中部特有的纳吉迪风格建筑。该遗址包括了许多宫殿遗迹和一处在德拉伊耶绿洲边缘兴建的城市区域，具有重要的历史文化价值，对了解当时沙特阿拉伯的生活提供了依据。

2）麦加

麦加的全称为"麦加·穆卡拉玛"，意为"荣誉的麦加"，是伊斯兰教第一圣城。麦加位于沙特阿拉伯西部峡谷中，四周群山环抱，气候酷热。麦加是伊斯兰教先知穆罕默德的出生地，是每一个穆斯林在一生中必须朝圣的宗教中心。城中有伊斯兰教第一大圣寺——麦加大清真寺，寺内"克尔白"（天房）为世界穆斯林礼拜的朝向；清真寺周围被划为禁地，禁止非穆斯林入内和狩猎、杀生、斗殴等行为；附近有与朝觐仪礼有关的萨法和麦尔卧山、阿拉法特山、米纳山谷以及与穆罕默德事迹有关的希拉山洞、骚尔山洞等遗迹。世界最有影响的伊斯兰教组织——伊斯兰世界联盟于 1962 年在此成立，它利用全世界穆斯林朝觐的机会召开各种会议和讲座，使麦加成为当代伊斯兰教的中心。麦加在伊斯兰世界被誉为"诸城之母"，圣地只对穆斯林开放，非穆斯林一律谢绝入内。

（1）大清真寺：伊斯兰教著名圣寺，位于麦加城中心，是世界各国穆斯林去麦加朝觐礼拜的主要圣地。据《古兰经》经文，在此禁止凶杀、抢劫、械斗，因此这里也称禁寺。大清真寺规模恢宏，经过几个世纪以来的扩建和修葺，总面积已经扩大到 16 万平方米，可容 30 万穆斯林同时做礼拜。寺有精雕细刻的 25 道大门和 7 座高耸云端、高达 92 米的尖塔，24 米高的围墙将大门和尖塔连接起来。大清真寺从围墙、楼梯、台阶以及整个地面都用洁白大理石铺砌，骄阳之下光彩夺目，气势磅礴。

（2）克尔白天房：阿拉伯语意为"方形房屋"。沙特阿拉伯麦加城圣寺中央的高大石殿，为世界穆斯林做礼拜时的正向。原为始建于公元前 18 世纪的宗教建筑物，后多次重修。天房大门高于地面约 2 米。大门对面的墙上有两个标记，表明穆罕默德曾在该处做礼拜。至今穆斯林入天房亦在两个标记之前下拜。

（3）阿拉法特山：位于沙特阿拉伯麦加以东 40 千米处，为一座小山。山下平原约 7 千米宽、13 千米长，亦名阿拉法特平原。相传阿丹和哈娃（即《古兰经》中所载的人类始祖）因犯禁被安拉处罚离开天国后失散，后在此山重逢。在阿拉伯语中，"阿拉法特"含"相认"之意，此山因而得名。

3）麦地那

麦地那地处沙特阿拉伯西部，四面环山，海拔 620 米，系山区高原城市，是伊斯兰教第二大圣地，原称叶斯里卜，穆罕默德到来后改为"麦地那-纳比"，意思是"先知之城"，简称"麦地那"。麦地那是继海吉拉（即出走麦加）之后穆罕默德传教活动的重要场所。公元 622 年，穆罕默德在麦加受当地人排挤迫害而被迫迁徙来到麦地那，并在这里建立最早的伊斯兰教政权（乌玛），麦地那遂成为伊斯兰国家的第一个首都。麦地那还被穆斯林冠以"被照亮之城""和平之城""胜利之城"等美名。

（1）先知寺：坐落在麦地那的白尼·纳加尔区，是伊斯兰教历史上继库巴清真寺之后第二座清真寺。先知寺始建于公元 622 年，是伊斯兰教创始人穆罕默德亲自参与建造。哈里发瓦利德一世时期重建，将穆罕默德与伊斯兰教前两任哈里发阿布和欧麦尔的陵墓合并于先知寺，大体形成了今天的建筑格局。后经多次扩建，先知寺已成为一座庞大的建筑群，占地面积为 1.632 6 万平方米，可容纳 100 万人，成为全世界规模最大的清真寺之一。

4）吉达

吉达位于沙特阿拉伯王国西部、红海东海岸的中部，行政上隶属于麦加地区，是红海乃至中东地区历史最悠久、规模最大的港口城市之一，被誉为"红海新娘"。1869 年，苏伊士运河开通后，这里成为红海地区的贸易中心，林林总总的小商铺、传统的白石灰石墙壁和凸出的木结构窗棂建筑群构成了吉达老城区的独特景观。

（1）吉达老城区：最典型的 19 世纪沙特阿拉伯民居，它的建筑风格受埃及影响较大。老城区的楼房一般为三四层高，平顶，正门上部呈拱形或者尖拱形，门户则用木材制成，上面雕有沙特阿拉伯传统图案；建筑物外墙绝大部分涂成白色。这些楼房最主要的特点是所有的窗户和阳台都用以木条拼成的屏风遮挡，没有玻璃。这种窗户既通风又遮光，还能保护主人的隐私。房屋的主人，特别是女主人可以自由地站在窗前向外眺望，而不必担心被外面的人看到。为了保护吉达地区这些独有的建筑物，沙特阿拉伯政府规定即使产权属于私人，任何人不许私自拆毁，并且政府会定期拨款分批进行修缮。

（2）吉达喷泉：全名法赫德国王喷泉，是一个很特别的喷泉。它不在王宫里，也不在广场上，而是建在海里。这是因为法赫德国王喜欢大海，所以将在吉达的行宫建于海边，称为和平宫。和平宫建好后，设计师为了让和平宫和大海连为一体，把宫殿中的喷泉建在海里。吉达喷泉是国际公认的建筑杰作，如今也成为吉达的象征。吉达喷泉喷出的水高达312米，是世界上最高的喷泉，整个城市都能看到。夜晚，500支聚光灯衬托下的吉达喷泉更加妩媚多姿。

2. 主要旅游名胜

（1）鲁卜哈利沙漠：又称阿拉伯大沙漠，意为"空旷的四分之一"，由于其面积占据阿拉伯半岛约四分之一而得名，覆盖了整个沙特阿拉伯南部地区和大部分的阿曼、阿联酋和也门领土。鲁卜哈利沙漠是许多追逐大漠情怀爱好者的天堂，放眼望去，茫茫沙海广阔无边，令人顿生许多情愫。此生态区的生物多样性较差，许多物种，如条纹鬣狗、胡狼及蜜獾等动物都已因狩猎、栖息地被破坏等原因而绝种，现在弯角剑羚及沙漠瞪羚都受到保护。

（2）石谷（玛甸沙勒）考古遗址：曾被称为黑格拉，是约旦佩特拉城南部的纳巴泰文明保留下来的最大一处遗址。遗址上有保存完好的巨大墓葬，墓葬正面有纹饰，可以追溯到公元前1—公元1世纪。石谷（玛甸沙勒）考古遗址中还有约50件纳巴泰文明之前就已存在的铭文和一些洞穴绘画，是纳巴泰文明独一无二的证明。该遗址上有111座巨大墓葬，其中94座都有纹饰，而且还有多处水井，它凸显了纳巴泰文明的建筑成就和水利技术水平。

（3）哈巴拉：沙特阿拉伯境内一处绝佳的旅游目的地，以前是一座美丽的小村庄，而现在遗留下来的一排排僻静的房屋受到了许多旅游者的青睐。哈巴拉的意思是指悬挂的村庄，实际上这座小村庄坐落在一处高300多米的悬崖的顶部，使用缆车作为交通工具。哈巴拉村落房子门廊上刻有精美的雕刻，而站在悬崖边上俯瞰整个山谷，自然美景和悬崖下错落有致的梯田引人注目。

（4）骚尔山洞：伊斯兰教圣迹之一，位于麦加北部骚尔山麓，为一岩洞，洞口小，洞内大。据圣训学家传述，在麦加古莱什贵族加紧对穆斯林迫害的情况下，穆罕默德为使伊斯兰教传播顺利发展，在组织、领导麦加穆斯林分批迁徙到麦地那后，于622年9月中旬一个夜晚，在挚友艾布·伯克尔陪同下离开麦加，行至骚尔山附近，为避开古莱什多神教徒的追击捕杀，曾进入此山洞暂做隐避。当麦加敌人追至洞前时发现，洞口布满蜘蛛网，山鸽在周围栖息鸣叫，未发现可疑踪迹，遂返回麦加。10月24日，穆罕默德和艾布·伯克尔安全抵达麦地那，与先期到达的穆斯林会合。所以，穆斯林将此山洞视为圣迹。穆斯林为纪念此事件，绘制有骚尔山洞"先知避难图"。

第三节 埃 及

一、国情概况

1. 地理气候

埃及位于亚洲、非洲、欧洲的交界处，地跨非洲和亚洲，处于阿拉伯世界的中心地带，它的大部分位于非洲东北部，只有苏伊士运河以东的西奈半岛位于亚洲西南角。北濒地中海，西连利比亚，南接苏丹，东临红海并与巴勒斯坦、以色列接壤。国土面积100.1万平方千米，海岸线长约2 900千米。全境地势平坦，沙漠占国土面积的96%，耕地面积占国土面积的3.57%。尼罗河纵贯南北，在埃及境内长1 530千米。按自然地理，埃及可分为4个区：尼罗河谷和三角洲、西部利比亚沙漠、东部阿拉伯沙漠和西奈半岛。开罗以南通称上埃及，以北为下埃及。

埃及全国干燥少雨，气候炎热。南部属热带沙漠气候，夏季气温较高，昼夜温差较大。尼罗河三角洲和北部沿海地区，属地中海气候，相对温和，其余大部地区属热带沙漠气候。白尼罗河发源于南半球的热带草原气候区，青尼罗河发源于北半球的热带草原气候区，两河汛期不同。1月平均气温为12℃，7月平均气温为26℃；全境干燥少雨，年均降水量为50～200毫米。

2. 发展简史

古埃及是世界四大文明古国之一，具有悠久的历史。公元前3200年，美尼斯统一埃及建立了第一个奴隶制国家，经历了早王国、古王国、中王国、新王国和后王朝时期，共30个王朝。后王朝时期势力逐渐衰微，一度被波斯人、罗马人、阿拉伯人占领。1517年，埃及沦为奥斯曼帝国的一个行省。1798年被法军占领。1882年成为英国殖民地。1914年成为英国的"保护国"。1922年2月28日，英国宣布埃及为独立国家。1953年6月18日，埃及正式宣布成立埃及共和国。1958年2月，埃及同叙利亚联合成立阿拉伯联合共和国。1971年9月1日，埃及改名为阿拉伯埃及共和国。

3. 国名、首都、国旗、国徽、国歌、国花、国鸟、国石、国兽

（1）国名：全称是阿拉伯埃及共和国。埃及之名来自英语，在阿拉伯语里，它的含义是"辽阔的国家"。在世界上，埃及有着"文明古国""金字塔之国""棉花之国"等美称。

（2）首都：开罗。开罗由开罗省、吉萨省和盖勒尤卜省组成，位于尼罗河三角洲的南端。

（3）国旗：整体呈长方形，长与宽之比为3∶2，由3个相等的横条组成，上面为红色，下面是黑色，中间呈白色，中央是金黄色的鹰。红色象征革命，白色象征纯洁和光明前途，黑色象征埃及过去的黑暗岁月。

（4）国徽：图案为一只金色的鹰，称萨拉丁雄鹰。金鹰昂首挺立、舒展双翼，象征胜利、

勇敢和忠诚。它是埃及人民不畏烈日风暴、在高空自由飞翔的化身。鹰胸前为盾形的红、白、黑三色国旗图案，底部座基饰带上写着"阿拉伯埃及共和国"。

（5）国歌：《我的祖国》。

（6）国花：睡莲。莲花与埃及文明是息息相关的，在一些古埃及的神庙建筑和壁画上往往绘有莲花图案。埃及古传说：托特（鹭头人身，埃及智慧与魔术之神）的妻子埃赫·阿慕纳，奉献给丈夫一束莲花，以表示她对丈夫的忠贞和爱情。后来忠贞与爱情便是莲花的花语，故埃及人对莲花特别喜爱。

（7）国鸟：雄鹰。

（8）国石：橄榄石。

（9）国兽：猫。埃及人认为，猫是神圣的精灵，是女子在人间的象征，同时是幸运的吉祥物。

4. 人口、居民、语言与宗教

埃及人口现约为 1.045 亿（2018 年 2 月），由阿拉伯人、科普特人、贝都因人、努比亚人等多个民族所构成。居民以阿拉伯人为主，占总人口的 84%；科普特人约占 10%，另有 800 万海外侨民。全国 94% 的人口集中在尼罗河两岸、苏伊士地峡区和沙漠中的少数绿洲中。

埃及的国语是阿拉伯语。中上层通用英语，法语次之。

埃及的主要宗教是伊斯兰教。埃及宪法规定伊斯兰教为国教，并且声明伊斯兰教的教义是立法的主要依据。伊斯兰教徒约占全国人口的 91%，以逊尼派为主。基督教徒占全国人口的 10%，埃及的基督教称科普特教，信徒大多数是科普特人，他们不受罗马天主教或东正教的领导，自成一体。全埃及约有 1 200 座教堂和 8 所修道院。另有少量的犹太教徒。

5. 政治与经济

2014 年 1 月，埃及新宪法草案以 98.1% 的支持率通过全民公投。宪法规定埃及实行"一院制"，统称议会。2011 年颁布新政党法，现有政党及政治组织近百个，其中经国家政党委员会批准成立的政党约 60 个，主要有萨拉菲光明党、新华夫脱党、埃及社会民主党、自由埃及人党和"埃及民族"政党联盟。2014 年 5 月底，埃及举行总统选举，前军方领导人塞西以 97% 的得票率当选总统（投票率为 47%）。6 月 8 日，塞西总统就职，2018 年 4 月 2 日成功连任。

埃及分为 27 个省，分别为亚历山大省、阿斯旺省、艾斯尤特省、布海拉省、贝尼苏韦夫省、开罗省、代盖赫利耶省、法尤姆省、杜姆亚特省、吉萨省、西部省、谢赫村省、伊斯梅利亚省、马特鲁省、明亚省、米努夫省、北西奈省、南西奈省、塞得港省、盖卢比尤省、基纳省、新河谷省、红海省、东部省、索哈杰省、苏伊士省和卢克索省。

埃及是一个非洲强国，是非洲第三大经济体，奉行开放型市场经济，拥有相对完整的工业、农业和服务业体系。埃及经济的多元化程度在中东地区名列前茅。埃及服务业产值约占 GDP 的 50%。工业以纺织、食品加工等轻工业为主。农村人口占总人口的 55%，农业产值约占 GDP 的 14%。石油天然气、旅游、侨汇和苏伊士运河是埃及的四大外汇收入来源。埃及同 120 多个国家和地区有贸易关系，主要贸易伙伴是美国、法国、德国、意大利、英国、日本、沙特阿拉伯、阿联酋等国。近年主要经济数据如下：2017 年 GDP 为 2 244.96 亿美元，2018 年 GDP 为 2 573 亿美元；2017 年外汇储备 367 亿美元，2018 年外汇储备 445 亿美元。

二、习俗礼仪

1. 节日庆典

埃及的节日大多与伊斯兰教有关，主要有开斋节、宰牲节、圣纪节，合称三大节。此外还有元旦节、国庆日、劳动节、建军节、惠风节等。

1）法定节日

（1）元旦节：1月1日。

（2）科普特圣诞节：1月7日。

（3）圣纪节：伊斯兰教历的3月上旬。圣纪节是伊斯兰教创始人穆罕默德的诞生纪念日，也是穆罕默德逝世的纪念日，又称"圣忌"和"圣祭"。穆斯林一般都将"圣纪"和"圣忌"合并纪念，俗称"圣会"。每年的圣纪节庆祝活动往往从伊斯兰教历的3月初开始，一直延续到3月12日的"圣纪大游行"时达到高潮。

（4）惠风节：又叫闻风节。闻风节距今已有5 000多年的历史。古埃及法老第三王朝后期，闻风节正式形成。古埃及人认为，每年春分那天是万物复苏的日子，由于它是人们用来感受春天来临的日子，因此又叫"春节"。其时间约在阳历的4月。这一天全国放假一天，人们披红挂绿，穿新衣，家家到户外踏青，感受春天的气息。而且要吃5种专门的食品：咸鱼、鸡蛋、生菜、洋葱和埃及豆，因为鸡蛋被看作生命的象征和起源，生菜象征春天的葱绿。

（5）科普特复活节：4月16日。

（6）西奈解放日：4月25日。

（7）国际劳动节：5月1日。

（8）伊斯兰教历新年：7月2日。

（9）国庆日：7月23日。1952年7月23日，埃及自由军官团发动革命，推翻封建王朝，建立埃及共和国，因此7月23日被定为国庆日。

（10）开斋节：伊斯兰教的三大节日之一。开斋节前的一个月是斋月，为伊斯兰教历的9月。据《古兰经》记载，真主在斋月里降示《古兰经》以指导世人，因此，穆斯林在这个月应斋戒。斋月的最后一晚，人们观察天上的新月，一旦出现，次日便是开斋节。开斋时，先喝水，然后吃上两三颗椰枣开胃，使干瘪的肠胃逐渐适应，接着是祈祷，然后进食，最后是喝加糖的红茶或者咖啡。每年开斋节，埃及要放假3天，其热闹情景犹如中国的春节。

（11）埃及建军节：10月6日。

（12）宰牲节：伊斯兰教历的12月10日。宰牲节亦称古尔邦节，意为"献祭""献牲"，为朝觐功课的主要仪式之一。宰牲节当天穆斯林举行盛大的会礼庆祝活动，会礼前戒食半日，会礼后进食；宰牲节前备好羊、牛、骆驼，宰牲之肉要分成3份，一份自用，一份馈友，一份施舍；宰牲典礼结束后，开始访亲问友，馈赠油香，主人按照传统礼节，摆出宴席，同食牛羊肉、糕点和瓜果等。

2）民间庆典

（1）尼罗河泛滥节：现称尼罗河最高水位节。尼罗河泛滥节当属埃及最古老的节日，在历史上，每年夏季尼罗河水泛滥，河水灌溉农田，冲积物肥沃了土地，意味着农业的丰收。届时，古埃及人便举行宗教活动，献给尼罗河一位美丽的少女，以表达他们对尼罗河的尊敬。

自从 1960 年阿斯旺水坝建成发电之后，农业灌溉系统日趋完善，尼罗河不再泛滥，但在一年一度的尼罗河涨水时，埃及人仍然举行祈祷活动，往尼罗河里扔五团六色的玩具娃娃，以替代姑娘。

（2）阿拉伯骏马节：5 月。每年都有来自阿拉伯国家、欧洲和美国的大批选手参加这项赛事。这项赛事享有很高的国际地位，大大促进了埃及的体育旅游，成了赛马运动的亮点。

（3）穆罕默德生日：伊斯兰教历 4 月 12 日，在这一天政府机关、学校、商店都放假，并举行纪念穆罕默德的活动。

2. 服饰、餐饮

在大城市，埃及人的着装打扮早已与国际潮流同步，然而普通百姓，尤其是上了年纪的人着装观念依旧保守。从总体上讲，埃及人的着装依旧是长衣、长裤、长巾为主。埃及城市的普通民众，主要穿着阿拉伯民族的传统服装——阿拉伯大袍，同时要头缠长巾，或罩上面纱。任何人都不能穿裸露肩膀的衣服，埃及男人上身穿上衣加坎肩，下着灯笼裤或长袍；女性裙子必须过膝盖。农村妇女未出嫁时穿花裙，结婚后多穿黑色长裙。另外，埃及人还喜欢梳辫子，并且习惯于将自己的发辫梳成单数。对于绘有星星、猪、狗、猫以及熊猫图案的衣服，埃及人是绝对不会穿的，因为有悖于他们的习俗。

在餐饮方面，埃及人十分讲究菜肴的香、脆，注重菜品的质量和花色。偏爱煎、烤、炸等烹调方法制作的菜肴。主食以面为主，有时也吃米饭。副食爱吃牛肉、羊肉、鸡、鸭、鸽及蛋品，喜欢生菜、豌豆、洋葱、黄瓜、茄子、西红柿、卷心菜等蔬菜。在埃及烤全牛、烤全羊是他们的佳肴。埃及人十分喜爱中国的鲁菜、京菜、川菜、粤菜。按照伊斯兰教规，埃及人忌饮酒，喜欢喝酸牛奶、咖啡、红茶、果汁、矿泉水、凉开水等饮料；忌食猪肉、狗肉、驴肉、骡肉、龟、鳖、虾、蟹、鳝，动物的内脏、血液，自死之物，未诵安拉之名宰杀之物。整条的鱼和带刺的鱼，埃及人一般也不吃。在饮食方法上，埃及人多用右手取食，在一些正式场合，他们也惯于使用刀、叉和勺子。

3. 社交礼仪

埃及人正直爽朗、热情好客。在公共场合一般不拥抱、接吻，见面行握手礼（忌用左手）或亲吻礼。埃及人称亲吻为"布斯"，即拥抱并亲吻对方左右面颊的一种礼节。嘴对嘴的接吻局限于情人和夫妇之间，而且在公开场合是禁止的。埃及人在社交活动中，与交往对象行过见面礼后，双方往往要互致问候，如"祝你平安""真主保佑你""早上好""晚上好"等。

埃及人喜欢在日落以后和家人一起共享晚餐，所以在这段时间内，有约会是失礼的。

在埃及人面前，不能把两手的食指碰在一起，他们认为这个手势是不雅的。

埃及人在人际交往中使用的称呼也有自己的特点。在埃及，老年人将年轻人称为"儿子""女儿"。学生称老师为"爸爸""妈妈"，穆斯林之间互称"兄弟"，这些称呼并不表示彼此具有血缘关系，而只是表示尊敬或亲切。与埃及人打交道，倘若能够酌情使用一些阿拉伯语的尊称，通常会令他们更加开心。

埃及人最喜欢被称为"吉祥之色"的绿色与"快乐之色"的红色，他们讨厌蓝色和黄色，在他们看来，蓝色是恶魔，黄色是不幸的象征，遇丧事都穿黄色衣服。

在数字方面，5 和 7 深得埃及人的青睐，在他们看来，5 会带来吉祥，7 则意味着完美。对信奉基督教的科普特人而言，13 是最令人晦气的数字。

埃及人在工作中对小费极为重视，并且将其作为日常收入的重要组成部分。在埃及不给人小费，往往会举步维艰。

到埃及穆斯林家庭做客时，主人会反复对客人说"你遇到的是亲人，欢迎你"，然后上茶，这时客人应把茶喝完，否则意味着主人的女儿嫁不出去。出席穆斯林家庭举行的宴会，客人要注意衣着整洁，而且要带点礼品。在埃及赴宴迟到一二十分钟是正常现象，早到反而不好。与埃及人交往时，避免谈论中东政治及宗教，可谈埃及古老的文明。宴席间如果有人因祈祷而中途退席，客人要耐心等待。

4. 行为禁忌

埃及人在用餐时，忌讳用左手触摸餐具和食品。喝热汤和饮料时禁止发出声响，食物入口后不可复出。用餐时，忌讳过多交谈，用餐之后，定要洗手。

埃及人认为左手是不干净的，因为他们"方便"和做脏活都用左手，所以用左手与他人握手或递东西被认为是极不礼貌的，甚至被视为污辱性的。埃及人认为"右比左好"，因此他们做事要从右手和右脚开始，握手、用餐、递送东西必须用右手，穿衣先穿右袖，穿鞋先穿右脚，进入家门和清真寺也要先迈右脚。

在埃及，"针"是贬义词，是"贫苦"和"灾祸"。农村妇女通常用该语进行对骂。因此每天到了下午 3~5 点时严禁买针和卖针。商人绝不卖针，人们也不买针，即使有人愿出 10 倍的价钱买针，店主也会婉言谢绝，绝不出售。

就餐时不要浪费食物，尤其是面饼，埃及人会认为是对安拉的冒渎。

拜访埃及人时应注意：斋月期间不宜进行拜访；穆斯林家中的女性，尤其是女主人是不待客的，切勿对其打听或问候；就座之后，切勿将足底朝外，更不要朝向对方。

与埃及人交谈时，应注意下列问题：一是男士不要主动找妇女攀谈；二是切勿夸奖埃及妇女身材窈窕，因为埃及人以体态丰腴为美；三是不要称道埃及人的物品，他们会认为你想索要；四是不要与埃及人讨论宗教纠纷和中东政局。

尽量不要在埃及人面前打哈欠或打喷嚏，如果实在控制不住，应转脸捂嘴，并说声"对不起"。埃及人讨厌打哈欠，因为他们认为哈欠是魔鬼在作祟。

在埃及，进清真寺时，务必脱鞋或者穿鞋套，而且应先迈右脚。禁穿有星星图案的衣服，除了衣服，有星星图案的包装纸也不受欢迎，更忌讳出现猪、狗、熊猫等动物图案，因为熊猫像猪。

三、文化艺术

埃及，阿拉伯语意为"黑色的土地"，是人类古代文明的发祥地之一，是世界四大文明古国之一，有着悠久的历史和灿烂的文化。埃及的文化是众多文化遗产经过了数千年传承之后的积累和沉淀。早在公元前 2600 年，埃及人就已经精通自然科学、文学和绘画雕塑艺术，并且开始了写作，埃及人不仅创造了象形文字、制定了历法，而且在数学、天文学、建筑学、医学等方面具有丰富的知识。

绘画、雕塑和石砌建筑是古埃及艺术的精华和瑰宝。规模宏大、气势非凡的金字塔、庙宇、狮身人面像、石刻雕像等，令几千年后的子孙叹为观止。宫殿用品工艺精湛，制作精良，无一不体现埃及人的智慧与才干。他们建造的金字塔、狮身人面像和大量的古代神庙等至今都令人惊叹不已。

埃及音乐历史源远流长。《阿依达》是埃及享誉世界的史诗般的著名歌剧。埃及是阿拉伯文学的沃土。从古代的神话、寓言、诗歌到今天的长短篇小说和戏剧，一直都是阿拉伯世界的领先者。

四、旅游业、旅游资源

（一）旅游业

埃及历史悠久，加之地理位置优越，有着丰富的旅游资源，具有发展旅游业的优良条件。在政府的大力支持下，埃及开发出了法老名胜古迹旅游、伊斯兰古迹旅游、科普特古迹旅游、医疗旅游、沙漠探险游等风景独特、令人流连忘返的旅游线路。主要旅游景点有金字塔、狮身人面像、卢克索神庙、阿斯旺高坝、沙姆沙伊赫等。2011年以来动荡的政治局势对埃及旅游业影响较大，赴埃及旅游人数、饭店房间价格、旅游投资均明显下降。2012年埃及接待游客1 050万人次，收入约100亿美元。2013年6月底，埃及政治局势再次动荡后，多国政府颁布赴埃及旅行警告。2018年，埃及旅游收入为98亿美元，同比增长16.5%，占埃及GDP的11.9%。

（二）旅游资源

埃及的旅游资源异常丰富，被联合国教科文组织列入《世界遗产名录》的就有孟菲斯及其墓地金字塔（金字塔墓区）、底比斯古城及其墓地、阿布辛拜勒至菲莱的努比亚遗址、伊斯兰开罗、阿布米那基督教遗址、圣卡特琳娜地区。

1. 旅游城市

1）开罗

开罗是埃及首都，为全国的政治、经济、文化、交通和旅游中心，位于尼罗河三角洲顶点以南约14千米处。它是埃及和阿拉伯世界最大的城市，也是世界上最古老的城市之一，还是中东政治活动中心，面积约3 085平方千米，现有人口2 280万（2017年），是阿拉伯和非洲国家人口最多的城市。夏季气温最高34.2℃，最低20.8℃；冬季气温最高19.9℃，最低9.7℃。开罗不仅是一座现代文明与古老传统相互交融城市，还是一座东方文化与西方风情交相辉映的城市。城西有大量建于20世纪初的欧洲风格建筑，城东则以古老的阿拉伯建筑为主。庄严肃穆的金字塔使人能感受到三四千年前的古代法老文明，而琳琅满目的超市又使人能够呼吸到现代的新鲜空气。

（1）埃及博物馆：位于开罗市中心的解放广场，它最早建于1863年，1902年才由开罗布拉区迁到此处，是世界上最著名、规模最大的古埃及文物博物馆。该馆收藏了5 000年前古埃及法老时代至公元6世纪的历史文物25多万件，其中大多数展品年代超过3 000年。博物馆分为二层，展品按年代顺序分别陈列在几十间展室中。馆中的许多文物异常珍贵，如巨大的法老王石像、纯金制作的宫廷御用珍品,其中尤为珍贵的是历代法老和王妃的木乃伊和第 18 王朝的图坦卡蒙纯金面具和棺材,其做工之精细令人赞叹。

(2)金字塔:埃及的金字塔始建于 4 600 年前,是古埃及法老和王后的陵墓。它们是用巨大石块修砌成的方锥形建筑,因形似汉字的"金"字,故译作"金字塔"。埃及共发现金字塔 96 座,在这些金字塔中,最大最有名的是位于开罗西南的吉萨高地上的祖孙三代金字塔。它们是大金字塔(也称胡夫金字塔)、哈夫拉金字塔和门卡乌拉金字塔。大金字塔是埃及现存规模最大的金字塔,被誉为"世界古代七大奇迹之一"。哈夫拉金字塔塔前建有庙宇等附属建筑和著名的狮身人面像。埃及建筑金字塔的历史是从第三王朝到第十三王朝时期,跨越了 10 个朝代。金字塔闪耀着古埃及人民智慧和力量的光芒。直到今天,规模宏大、建筑神奇、气势雄伟的金字塔依然给人留下许多未解之谜。

(3)古城堡:建于 1176 年,是当年阿尤布王朝国王萨拉丁为保护开罗而建的。城内建有著名的穆罕默德·阿里清真寺和埃及军事博物馆。穆罕默德·阿里清真寺建于 1830 年,位于开罗以北的山顶上,礼拜殿呈正方形,上有高耸的圆顶为殿中心,四面环有 4 个半圆殿与正殿相对应,还有 4 根高柱居其中。清真寺西侧正中有一盥洗室。清真寺内、外墙壁都是用雪花石砌筑的,所以又被称为雪花石清真寺。埃及军事博物馆里陈列了埃及各历史时期军队的武器装备、服装用具、著名战例资料、工事和城堡的实物与仿制品、各种图画等。

2)亚历山大

亚历山大是埃及的第二大城市。它位于尼罗河三角洲的西部,面临地中海,始建于公元前 332 年。古代的亚历山大城是欧洲与东方交流的纽带,现代则是埃及的重要商港、工业中心和旅游胜地。亚历山大风景优美,气候宜人,是埃及的"夏都"和避暑胜地,被誉为"地中海新娘"。

(1)卡特巴城堡:前身为古代世界七大奇迹之一的亚历山大灯塔。灯塔建于公元前 280 年,塔高约 135 米,经数次地震,于 1435 年完全毁坏。1480 年用其原有石块在原址修筑城堡,以国王卡特巴的名字命名。1966 年改为埃及航海博物馆,展出模型、壁画、油画等,介绍自 10 000 年前以来埃及的造船和航海史。它与开罗古城堡并称为埃及两大中世纪古城堡。

(2)夏宫:又称蒙塔扎宫,位于亚历山大港的东端,是埃及末代国王法鲁克修建的行宫。夏宫的外形颇似教堂建筑,宫内陈设非常豪华。宫外密林环绕,是一座独具特色的花园。1952 年前这里一直是皇室家族的消夏避暑胜地,现向游人和垂钓者开放。

(3)冬宫:也叫蒂恩角宫,始建于 1836 年。宫内装饰十分华丽,里面铺有铁轨,滨海的花园设有码头,可直接从宫内乘包车和游艇外出游览。

(4)孔姆地卡遗址。孔姆地卡遗址位于亚历山大市中心火车站对面,在此考古遗址中,人们发现了一座用于音乐表演的罗马歌剧院和一座公元 3 世纪的大型罗马浴室。托勒密时代的街道和商店随之逐步发掘出土,石柱和拱门露出地面。观看遗址,人们可以充分了解 2 000 多年以前埃及人的生活面貌。

3)卢克索

卢克索位于尼罗河的中游,因为这里有大量的雄伟壮观的神殿和王家陵墓,所以被认为是古埃及遗迹的宝库。

(1)凯尔奈克神庙:古埃及帝国遗留下来的最为壮观的神庙。现保存完好的部分占地就达 30 多公顷。整个建筑群中,包括大小神殿 20 余座。阿蒙神庙是凯尔奈克神庙的主体,这里供奉的是底比斯主神——太阳神阿蒙，始建于 3000 多年前，此后的 1 300 多年不断增修和扩建，共有 10 座巍峨的门楼和 3 座雄伟的大殿。阿蒙神庙的石柱大厅最为著名，面积约 5 000 平方米，内有 134 根要 6 个人才能环抱的巨柱，每根 21 米。庙内的柱壁和墙垣上都刻有精美的浮雕和鲜艳的彩绘，它们记载着古埃及的神话传说和当时人们的日常生活。此外，神庙内还有闻名遐迩的方尖碑和法老及后妃的塑像。

（2）卢克索神庙：底比斯主神阿蒙的妻子穆特的神庙，规模仅次于凯尔奈克神庙。这里的大部分建筑是由第十八朝法老阿蒙诺菲斯三世完成的，后来的拉美西斯二世又增建了大门和庭院，并在门口竖立了 6 尊他的塑像，现存 3 尊。庙内原来有两座尖方碑，其中一座被穆罕默德·阿里送给了法国，现在巴黎的协和广场。

4）阿斯旺

阿斯旺是埃及最南端的重要城市，也是埃及街道最干净、最漂亮的城市。它是埃及与非洲其他国家进行贸易的重镇，也是通往苏丹的门户。阿斯旺市区不大，但保留有大量寺庙和陵墓，如著名的菲莱神庙、阿布辛拜勒神庙等，而且它的气候冬季干燥温暖，是疗养和游览的胜地。

（1）菲莱神庙：被称为"古埃及国王宝座上的明珠"。菲莱神庙建于公元前 4—前 3 世纪，其建筑风格融合了古代埃及的建筑风格和古希腊的建筑风格，是祭祀古埃及神话中富庶之神哈索尔和生育之神艾西斯的地方。它以辉煌而奇特的建筑、宏伟而生动的石雕及雕刻在石壁上神话故事而闻名。在建造阿斯旺大坝时，神庙几乎全部被淹没。为了保护这些珍贵文物不受毁损，这组神庙被迁到菲莱岛北侧 150 米的艾格里卡岛上，并于 1980 年重新开放。

（2）阿布辛贝勒神庙：阿斯旺的旅游重心，位于阿斯旺城以南 280 千米处，建于公元前 1300—前 1233 年，由古埃及最伟大的法老拉美西斯二世所建，也是后来法老王时代最受保护的遗迹。神庙高 30 米，宽 36 米，纵深 60 米，门前 4 座巨型石质拉美西斯坐像，每尊高 20 米，坐像旁有其母、妻、子、女的小雕像，无不栩栩如生。最令人称叹的是神庙的设计，只有在拉美西斯二世的生日（2 月 21 日）和加冕日（10 月 21 日），旭日的霞光金辉才能从神庙大门射入，穿过 60 米深的庙廊，挥洒在神庙尽头的拉美西斯二世石雕巨像的全身上下，而左右的其他巨型石雕都享受不到太阳神赐予的这种厚爱，人们把这一奇观发生的时日称作太阳节。在此地参观时，游客会深刻感到古埃及文明的伟大与神奇，赞叹人类智慧的这一创举。后由于修建阿斯旺高坝，庙宇被重建，尽管煞费心机，竭尽一切努力，太阳节的时辰还是因错位而挪后了一天。

（3）阿斯旺大坝：阿斯旺水库又称纳赛尔水库，是非洲最大的水利工程。阿斯旺大坝高 110 米，长 3 600 米，宽 40 米，就像铺在湖上的一条宽广的公路，将尼罗河拦腰截断，使河水向上回流 500 多千米，形成面积达 5 120 平方千米、蓄水量近 1 620 亿立方米的人工湖——纳赛尔湖。萨达特总统称赞它为"堪与法老时代金字塔并列的埃及世纪性工程"。

2. 主要旅游名胜

（1）孟菲斯及其墓地和金字塔：位于埃及东北部的尼罗河西岸。孟菲斯曾是古埃及的都城，已有 5 000 年历史。金字塔距孟菲斯 8 千米处，是世界上古代"七大奇迹"中仅存的一处。1979 年联合国教科文组织将孟菲斯及其墓地和金字塔作为文化遗产列入《世界遗产名录》。

孟菲斯在上、下埃及首次统一后，就成为古埃及的首都。在漫长的岁月中，孟菲斯曾几经兴衰，最后毁于公元7世纪。现今，孟菲斯古城仅存拉美西斯二世时代的神庙遗迹、第18王朝的司芬克斯石像、阿庇斯圣牛庙和第26王朝的王宫遗迹等。孟菲斯的墓地在孟菲斯城西南萨卡拉，距开罗约27千米。这里有80多处古代法老的陵墓——金字塔，其中最为著名的是吉萨大金字塔。

（2）埃及古城底比斯及其墓地：古城底比斯是古埃及中世纪和新王国时代的首都，是供奉阿蒙神之城。凯尔奈克和卢克索的神庙和宫殿、帝王谷是著名的遗迹。底比斯城是古埃及高度文明的历史见证。

（3）阿布辛拜勒至菲莱的努比亚遗址：位于埃及东南部尼罗河上游河畔，这里曾是上埃及文明的发源地，存有以阿布辛拜勒庙为代表的许多古迹。1979年联合国教科文组织将阿布辛拜勒至菲莱的努比亚遗址作为文化遗产列入《世界遗产名录》。阿布辛拜勒至菲莱这一区域内有大量极具考古价值的遗迹，包括拉美西斯二世神庙和在菲莱供奉伊希斯女神的圣殿。

（4）伊斯兰开罗：位于埃及尼罗河三角洲顶点以南14千米，1979年被联合国教科文组织批准为世界文化遗产。中世纪的开罗建筑汇集了数量相当可观的伊斯兰古迹，它们像一部完整的编年史，展示了伊斯兰从兴起直到19世纪的历史进程，至今老城内仍有古清真寺500多座，加上19世纪开罗新城区的建立与发展，清真寺合起来已近千座，故有"千塔之城"的美誉。尽管清真寺规模大小有别，但每座寺院都必须建1~4座宣礼塔。至今规模宏大、风格朴素的伊本·图隆清真寺依然保持着旧时的风貌。埃及开罗古城在今埃及开罗市区的东部，除了少数古埃及、希腊、罗马文化外，主要体现的是伊斯兰文化。

（5）阿布米那基督教遗址：阿布米那是早期基督教圣城，城中的建筑包括教堂、洗礼池、古罗马长方形会堂、公共建筑、街道、修道院、民居和手工工场。这个古城是围绕建成于公元3世纪的阿布米那修道院，是以亚历山大大帝时期的一名殉教者米纳斯的坟墓为中心建立起来的。

（6）圣卡特琳娜正统修道院：圣卡特琳娜正统修道院坐落在基督教《圣经·旧约全书》中所记载的西奈山脚下，传说中，摩西正是在这个地方得到神授十诫。这个地区是包括基督教、伊斯兰教和犹太教在内的世界三大宗教共同的圣地。修道院始建于公元6世纪，是世界上仍在使用的最古老修道院。修道院的墙体和房屋在拜占庭式建筑风格的研究中具有很重要的意义。在修道院的各个房间内还有着许多珍贵的早期基督教手稿和圣像。

第四节 南 非

一、国情概况

1. 地理气候

南非位于非洲最南端，东、西、南三面为印度洋和大西洋环抱，北邻纳米比亚、博茨瓦纳、津巴布韦、莫桑比克和斯威士兰。由于地处两大洋间的航运要冲，地理位置十分重要。其西南端的好望角航线，历来是世界上最繁忙的海上通道之一，有"西方海上生命线"之称。全国总面积为121万平方千米，海岸线长2 500千米。南非除东南沿海为平原外，大部分地区为高原，但地势较平坦，起伏不大，总体地势从东南向西北逐渐降低。奥兰治河和林波波河为两大主要河流。

南非气候温暖，大部分地区属热带草原气候，东部沿海为热带季风气候，南部沿海为地中海气候，西北部沙漠地带干旱炎热。12 月—次年 2 月为夏季，最高气温可达 38℃；6—8 月为冬季，最低气温可达－12℃。降雨量分布不均，全年降水量由东部的 1500 毫米逐渐减少到西部的 60 毫米，年平均降雨量为 450 毫米。

2. 发展简史

南非历史上最早的原住民是桑人、科伊人及后来南迁的班图人。17 世纪后，荷兰人、英国人相继入侵并不断将殖民地向内地推进。19 世纪中叶，白人统治者建立起 4 个政治实体：两个英国殖民地，两个布尔人共和国。1867 年和 1886 年南非发现钻石和黄金后，大批欧洲移民蜂拥而至。英国人通过英布战争（1899—1902 年），吞并了奥兰治自由邦和德兰士瓦共和国。1910 年 5 月英国将开普省、德兰士瓦省、纳塔尔省和奥兰治自由邦合并成"南非联邦"，成为英国的自治领地。1961 年 5 月 31 日，南非联邦退出英联邦，成立南非共和国。1989 年，德克勒克出任国民党领袖和总统后，推行政治改革，取消对黑人解放组织的禁令并释放曼德拉等人。l991 年，南非非洲人国民大会（以下简称"非国大"）、南非政府、国民党等 19 方就政治解决南非问题举行多党谈判，并于 1993 年就政治过渡安排达成协议。1994 年 4—5 月，南非举行首次不分种族的大选，以非国大为首的非国大、南非共产党、南非工会大会三方联盟以 62.65%的多数获胜，曼德拉出任南非首任黑人总统，非国大、国民党、因卡塔自由党组成民族团结政府，从而结束了南非种族歧视的历史。

3. 国名、首都、国旗、国徽、国歌、国花、国树、国石、国鸟、国鱼、国家动物

（1）国名：全称是南非共和国。南非作为国家之名，得名于所处的地理位置。

（2）首都：行政首都茨瓦内；立法首都开普敦；司法首都布隆方丹。

（3）国旗：由红、白、蓝、黑、绿、黄 6 种颜色组成，上边为红色，中间为绿色"Y"字，开口朝向旗杆，靠近旗杆的三角形为黑色，其外沿细边为黄色，"Y"字的上、下外沿有白色细边，最下边为蓝色。人们喜欢把它称为"彩虹旗"，因它象征各民族的和解、和平和新生。

（4）国徽：太阳象征光明的前程；展翅的鹭鹰是上帝的代表，象征防卫的力量；万花筒般的图案象征美丽的国土、非洲的复兴以及力量的集合；取代鹭鹰双脚平放的长矛与圆头棒象征和平以及国防和主权；鼓状的盾徽象征富足和防卫精神；盾上取自闻名的石刻艺术的人物图案象征团结；麦穗象征富饶、成长、发展的潜力，人民的温饱以及农业特征；象牙象征智慧、力量、温和与永恒；两侧象牙之间的文字是"多元民族团结"。

（5）国歌：《上帝保佑非洲》。

（6）国花：普罗蒂亚，即帝王花。

（7）国树：香槐。

（8）国石：钻石。南非盛产钻石，是举世闻名的"钻石之国"。

（9）国鸟：蓝鹤。

（10）国鱼：双帆鲈。

（11）国家动物：跳羚。

4. 人口、居民、语言与宗教

南非人口约为 5 652 万（2017 年）。从人口构成上看，南非人口可分为黑人、白人、有色人和亚裔四大种族。其中，黑人是南非人的主体，人口约为 3 914 万，占总人口的 80.7%，主要是班图语系的祖鲁人、科萨人、斯威士人、茨瓦纳人、北索托人、南索托人、文达人、聪加人、恩德贝莱人等。白人人口为 447 万，占总人口的 8%，主要是阿非利卡人（以荷兰裔为主，融合法国、德国移民形成的非洲白人，约占 57%）和英裔白人（约占 39%），其他有色人种为 571 万，主要是殖民时期白人、土著人和奴隶的混血人后裔。亚洲人主要是印度人（约占 99%）和华人。从性别来看，女性人口为 2 545 万，约占总人数的 52%。

南非的流行语言较多，在 1994 年新南非诞生之前，官方语言定为英语和南非荷兰语。新宪法颁布后，官方语言多达 11 种。除了英语和阿非利卡语外，还有祖鲁语、科萨语、索托语、斯威士语、茨瓦纳语、聪加语、斯佩迪语、文达语和恩德贝莱语。

南非的主要宗教为基督教。大多数有色人和 80% 的黑人信奉基督教新教或天主教，泛灵信仰者占 6.5%，印度教徒占 1.7%，伊斯兰教徒占 1.25%，无特定信仰者占 6.5%。

5. 政治与经济

南非实行总统制共和政体。1994 年临时宪法是南非历史上第一部体现种族平等的宪法。1996 年，在临时宪法基础上起草的新宪法被正式批准，并于 1997 年开始分阶段实施。宪法规定实行行政、立法、司法三权分立制度，中央、省级和地方政府相互依存，各行其权。总统西里尔·拉马福萨，2018 年 2 月当选。

南非实行多党制。国民议会现有 13 个政党，主要政党为非国大、民主联盟、人民大会党、因卡塔自由党、南非共产党、联合民主运动。

在行政区划上，全国共划为 9 个省，分别为北开普省、西开普省、东开普省、西北省、自由州省、豪登省、夸祖鲁-纳塔尔省、姆普马兰加省和林波波省。设有 278 个地方政府，包括 8 个大都市、44 个地区委员会和 226 个地方委员会。

南非是非洲第二大经济体，人均生活水平在非洲名列前茅，工业体系是非洲最完善的。南非属于中等收入的发展中国家，也是非洲经济最发达的国家，自然资源丰富，金融、法律体系比较完善，通信、交通、能源等基础设施良好。采矿业、制造业、农业和服务业均较发达，是经济四大支柱，深井采矿等技术居于世界领先地位。2010 年祖马政府相继推出"新增长路线"和《2030 年国家发展规划》，2010 年经济增长率为 2.8%，2011 年为 3.5%。目前，南政府正在重点实施"工业政策行动计划"和"基础设施发计划"。2018 年南非主要经济数据如下：GDP 约 3 679 亿美元，人均 GDP 约 6 374 美元，GDP 增长率为 0.8%。

二、习俗礼仪

1. 节日庆典

1）法定节日

（1）新年：1 月 1 日。

(2) 人权日：3月21日。
(3) 耶稣受难日：复活节前的星期五。
(4) 复活节：每年过春分月圆后第一个星期五至下星期一。
(5) 家庭日：复活节后的星期一。
(6) 自由日：4月27日。
(7) 劳动节：5月1日。
(8) 国庆日：5月31日。
(9) 青年节：6月16日。
(10) 妇女节：8月9日。
(11) 传统节：9月24日。
(12) 南非和解日：12月16日。1838年12月16日，来自荷兰的布尔人与南非祖鲁人发生了战争。这场战争被黑白两大种族以各自不同的意义纪念着：黑人以祖鲁首领的名字将它命名为"丁千日"，白人则将其命名为"起誓日"。在种族隔离制度时期，白人种族主义政权把该日看作"最神圣的日子"，并规定为全国公共假日。1994年新南非诞生后保留了这一节日并将其更名为"种族和解日"，旨在促进种族和解与团结、消除种族歧视与偏见，并在该日举行不同形式的纪念活动。
(13) 友好日：12月26日。

2) 民间庆典

(1) 喧闹艺术节：每年9—10月在约翰内斯堡举行，为南非最大的民间节日。节日期间，各部落的艺术家云集此地，展示具有丰富非洲文化内涵的文艺节目，如土著音乐和舞蹈等。

(2) 兰花节：每年10月，行政首都茨瓦内到处兰花盛开，该月第三个星期举办兰花节，公园里有音乐会和歌舞表演。

(3) 求雨节：为文达部族人的节日，每年的11月在伯乐百都地区举行。求雨仪式极为特别，全由"雨后"莫家姬一人主持。首先开始祭神礼仪，然后跳原始舞蹈。仪式结束，若没有降雨，就会被认为是人们心不诚，圣地会遭破坏，要继续祭神礼仪，跳原始舞蹈，直到降下大雨为止。"雨后"从不结婚，但却生儿育女，死后由其长女继承其位。

(4) 卡瓦地节：为印度教徒节日。每年1—2月和4—5月都过卡瓦地节，以求神灵消灾免祸。

(5) 粥节：7—8月，为期10天。
(6) 光节：11月，为期3天。

2. 服饰、餐饮

南非人的着装已经基本西方化了，在正式场合讲究着装端庄、严谨，而在日常生活中大多爱穿休闲装，喜欢色彩艳丽的衣服，尤其是马迪巴衬衫。此衬衫是指南非首任黑人总统曼德拉经常穿着的一种长袖真丝印花衬衫。人民喜穿此衬衫是为了表达他们对曼德拉的爱戴之情。

南非黑人通常还有穿着本民族服装的习惯。祖鲁人的传统服饰极富特色，与众不同。祖鲁少女在结婚前均裸露上身，腰间围彩布，头上、颈间、手臂及胸前挂满了用彩色珠子串成的链子。在祖鲁人的传统里，珠子的颜色有不同的象征意义，白色代表爱情，红色代表思念，黄色代表财富。结婚后的祖鲁妇女则不再裸露上身，她们大多在胸前系上一条用棉布或珠子做成的帘子。祖鲁男子的传统服饰是武士装束，头戴用兽皮制作并饰有彩色羽毛的帽子，颈上挂有用动物牙齿或爪子串成的链子，身上披的长及腰间用动物毛皮制成的"衣衫"，手臂和小腿上分别绑有用动物毛皮制成的护套或装饰挂件，手拿梭镖和盾牌，样子非常刚猛威武。

恩德贝莱妇女的服饰非常独特，头戴由各色珠子串成的珠链，颈项、手臂和小腿则分别套有许多金属箍圈和其他色彩艳丽的装饰物，上身披一件印有彩色条块图案的毛毯，到了夜里也可当被子盖，下身穿一件用棉毛织物制成并印有几何形对称图案的筒裙。恩德贝莱男子的服饰与祖鲁男子相仿，但他们身上要比祖鲁人多一些用珠子串成带有图案的装饰挂件。

南非的饮食文化丰富多彩，风格多样，有中餐、英式西餐、法式西餐、意式西餐、日本料理、烧烤、印度餐等。南非当地白人平日以吃西餐为主，经常吃牛肉、鸡肉、鸡蛋和面包，爱喝咖啡与红茶。南非黑人的主食是玉米、薯类、豆类，他们喜欢吃牛肉和羊肉，但是一般不吃猪肉、鱼肉，并且不喜欢吃生食，爱吃熟食。

南非著名的菜肴有炖西红柿和菜豆、咖喱肉末和米饭、咖喱肉馅饼和素馅饼、南瓜肉桂油炸面团、姜饼、南非牛排等，鸵鸟肉排是其特色菜品。由于南非三面临海，淡水龙虾、Line-fish（当日鲜鱼）、章鱼、生蚝和鲍鱼等海鲜食品备受当地人青睐。

南非最著名的饮料是被称为"南非国饮"的如宝茶。如宝茶在英语里的本意是"健康美容的饮料"，它深受南非各界人士的推崇，与钻石、黄金一起被称为"南非三宝"。

在一日三餐中，大多数南非人在晚上吃主餐。午餐通常比较随便，商务午餐除外。商务午餐可能会包括三道菜，视情况而定。周末会在临近中午的时候在咖啡厅中举行大型派对，因为"早午餐"在懒洋洋的周六与周日已经变得越来越流行了。

前往南非黑人家中做客时，好客的主人一般要送上刚挤出来的新鲜牛奶或羊奶，诚心诚意地请客人品尝，他们还会献上以高粱酿制而成的、风味独特的啤酒，客人无论渴不渴，都要大大方方地喝下。

3. 社交礼仪

南非的社交礼仪分为白人的英式礼仪和黑人的传统礼仪，以英式礼仪为社会主导礼仪。在社交场合，南非人采用的普遍见面礼节是握手礼，他们对交往对象的称呼则主要是"先生""小姐"或"夫人"，比较讲究绅士风度、女士优先、守时践约等基本礼仪。但在黑人部族中，尤其是在广大农村，南非黑人往往会表现出与社会主流不同的风格。例如，他们习惯以鸵鸟毛或孔雀毛赠予贵宾，客人此刻得体的做法是将这些珍贵的羽毛插在自己的帽子上或头发上。南非人热情、友好、乐于助人，尤其是在招待中国客人时，主人会习惯性地用中国茶来以礼相待。

4. 行为禁忌

与南非的印度人打交道，务必要注意：信仰印度教者不吃牛肉，信仰伊斯兰教者不吃猪肉。

信仰基督教的南非人，最为忌讳13这一数字，对于星期五，特别是与13日同为一天的"星期五"，他们更是讳言忌提，并且尽量避免外出。

南非的黑人，特别是乡村里的黑人，大部分信仰本部族传承久远的原始宗教，同时非常敬仰自己的祖先，认为祖先不仅有消灾灭祸的本领，而且拥有惩罚子孙的力量。所以，他们特别忌讳外人对其祖先在言行上表现出失敬。

在许多黑人部族里，妇女的地位比较低下，被视为神圣宝地的一些地方，如火堆、牲口棚等处，是禁止妇女接近的。

跟南非人交谈，以下话题切莫涉及：一是不要为白人评功摆好；二是不要评论不同部族或派别之间的关系及矛盾；三是不要非议黑人的古老习俗；四是不要为对方生了男孩而表示恭贺。

三、文化艺术

南非是个多种族的国家，有着变化无穷及多彩多姿的文化，这一特色使其有"彩虹之国"的美誉。南非的文化遗产历来就十分丰厚，人类学家在南非发现了迄今为止全球出土的最古老的人类化石及艺术品。本地桑族人遗留在洞岩内的岩石艺术创作是当今世界最珍贵的艺术遗迹之一。随着欧洲移民、马来人及印度人的到来，文化的表现形式呈现多元化倾向。

近年来拥有11种不同语言的南非本土文化在官方的积极推动下而苏醒，再加上东西方文化与非洲文化的融合，烘托出了全新的文化艺术氛围。南非本地的各种艺术形式，尤其是爵士乐、烹调、艺术、建筑、文学及戏剧都创造出了南非本土的模式。例如，南非的建筑文化是欧洲、非洲及亚洲建筑特色的大熔炉，有壮观的英国维多利亚式建筑、典雅的荷兰开普式建筑、伊斯兰风格清真寺及现代房屋建筑等。南非剧院、博物馆、艺术馆、土著部落及早期移民时期的欧式房屋都反映出南非足以傲世的文化。另外，在南非全国各地都可以欣赏到欧洲古典音乐、歌剧、芭蕾舞剧、非洲土著歌舞、印度舞蹈以及现代爵士乐、摇滚舞曲等。

南非每年会定期举办各类大大小小的艺术节，加上一些非定期的和临时性的，南非的艺术节可谓不胜枚举。据初步统计，南非有各类艺术节近百个，遍布全国9个省，从年初持续到年底。例如，南非荷兰语音乐表演节、国家合唱节、花园大道节、樱花节、摇滚与民间音乐节、赏花节和观鲸节等。艺术节已成为南非人日常生活中不可或缺的一部分。南非人把艺术节当成展示多元文化、宣泄情感、提高当地知名度、吸引游客、增加就业机会和促进经济增长的良好方式和手段。最著名的是每年一度的格拉汉姆斯敦国家艺术节。

四、旅游业与旅游资源

（一）旅游业基本情况

旅游业是当前南非发展最快的产业之一，产值约占GDP的9%，从业人员达140万人。南非旅游资源丰富，设施完善，旅游点主要集中于东北部和东部、南部沿海地区。生态旅游与民俗旅游是南非旅游业两大主要的增长点。2018年到南非旅游的外国游客达1 040万人次。

（二）旅游资源

素有"彩虹之国"美誉的南非一向以景色多样而闻名于世。从南到北，从东到西，游客可以观赏到海岸裸岩、山丘、河川、湖泊、沼泽、沙漠、灌丛、草原和高原、台地。非凡的自然景观蕴藏了极为丰富的各类动植物资源。据统计，南非在生物种类数量方面排名世界第二。现有16个国家公园和国家湖，300个省级自然保护区。在南非，旅游城市和旅游名胜众多，旅游热点主要集中于东北部和东部、南部沿海地区，被联合国教科文组织列入《世界遗产名录》的就有罗布恩岛，斯泰克方丹、斯瓦特科兰斯、科罗姆德拉伊和维罗恩斯的化石遗址，马蓬古布韦文化景观。

1. 主要旅游城市

1）开普敦

开普敦也被称作母亲城，是南非立法首都所在地、南非第二大城市和南非文明发祥地，城市周围被山脉与海洋环抱。开普敦人口约349万，有色人种居多。这座300多年历史的名城数度易主，历经荷兰、英国、德国、法国等欧洲各国的殖民统治，因而成为南非的文化古都，这里集欧洲和非洲人文、自然景观特色于一身，被称为世界最美丽的都市，也是南非最受欢迎的观光都市。

（1）桌山：开普敦最著名的景点。桌山顶宽1 066米，高356米。每当山顶上覆有白云，开普敦人认为那是上帝在餐桌上铺上"桌巾"准备用餐。搭乘缆车上桌山顶，乘客可以360°回旋上山，视野角度的变换将美丽的桌湾、开普敦市区和开普半岛的蔚蓝海岸线一览无遗。

（2）信号山夜景：信号山位于桌山一侧，海拔350米，因正午时分鸣炮而得名。信号山是晚上观赏被誉为世界三大夜景之一的开普敦夜景的最佳地点。在山上有多个角度欣赏美妙的景色，光彩夺目、晶莹剔透、一望无际的连绵几十千米的火树银花令人叹为观止、流连忘返。

（3）好望角自然保护区：迎接南非春天的最佳地点。在开普敦40千米长的海岸线上，孕育着1 500种以上的各类植物，著名品种有雏菊、帝王花、爱莉卡、百合、鸢尾花和兰花。除此之外，区内还有许多鸟类和爬行动物及哺乳动物，如鸵鸟、羚羊、狒狒等。

（4）荷属东印度公司花园：建于1652年，是一座属于原荷兰东印度公司花园的植物园，现在这里种植着各种珍贵树木和花卉。

（5）南非国家美术馆：收藏南非及荷兰、英国、法国等国家的绘画与雕刻作品，长期展出南非本地的国际性艺术作品，比较特别的是18和19世纪的英国体育摄影作品。

（6）文化历史博物馆：原是1679年建造的原荷属东印度公司的奴隶宿舍。博物馆展厅分为两层，包括来自古罗马、古希腊、埃及和中国的各种文物，还有17—19世纪开普敦人的生活用品，主要有陶瓷、家具、玻璃制品、硬币、邮票、枪械及19世纪医药品等。

2）约翰内斯堡

约翰内斯堡是南非最大的城市和工商、金融、交通中心，人口约600万。约翰内斯堡地处海拔约600米的内陆高原上，气候温暖，但昼夜温差大。1886年由于此地发现了黄金，淘金热潮使得该市从一片荒原摇身变为非洲最大的都市，被称为"黄金城"。约翰内斯堡还是名副其实的花园城市。

黄金城在约翰内斯堡南部，是在金矿旧址上建立的主题公园，也是约翰内斯堡最出名的旅游点。园内逼真地重现了18世纪后期到19世纪初期淘金热潮时黄金城的建筑，有反映当时繁荣的银行、邮局、警察局、餐厅、酒吧等。黄金城的矿井曾挖到地下3 200米深处，现在游客可以下到地下220米处参观当时开采黄金的实际作业状况，还可以参观黄金的实际熔解和浇铸金币的过程。

3）茨瓦内

茨瓦内是南非行政首都和政治中心，也是南非的交道枢纽，是南半球空中交通的必经之路，面积592平方公里。该市建于1855年，市名是以布尔人领袖比勒陀利乌斯的名字命名的，市内立有塑像。市中心的教堂广场上还有保罗·克鲁格的雕像，其旧居已改为国家纪念馆。俯瞰全城的小山上坐落着中央政府所在地——联邦议会大厦。

市内公园众多，其中以国家动物园和文宁公园最为有名。每年10—11月，市内的数万株非洲凌霄绽放，全城弥漫着幽雅的清香，成为一片艳丽的紫色花海，景色令人陶醉。市郊的喷泉山谷、旺德布姆自然保护区和野生动物保护区也都是旅游胜地。此外市内还有多家博物馆，从多种角度展示南非的文化历史。

4）德班

德班是南非第三大城市，也是夸祖鲁-纳塔尔省最大的商业文化中心，人口约370万。德班面临印度洋，是一座美丽的港口城市，德班的纳塔尔港是南非乃至非洲最大的港口。德班是南非著名的度假胜地之一，有"南非夏威夷"之称。这里气候温暖，每年夏季最炎热的1月份，平均气温只有27℃，而最寒冷的7月份气温也在22℃。由于面临一望无际的印度洋，且有大片美丽的沙滩，德班是帆船、冲浪和潜水运动爱好者以及钓鱼爱好者的天堂。

2. 主要旅游名胜

1）克鲁格国家公园

克鲁格国家公园位于姆普马兰加省、北方省和莫桑比克交界的地带，是南非最大的野生动物保护区。克鲁格国家公园南北纵贯400千米，东西横跨70千米，总面积达20 000平方千米。该公园创建于1898年，由当时布尔共和国最后一任总督保尔·克鲁格为保护萨贝尔河沿岸的野生动物所创立，是世界上自然环境保持最好的、动物品种最多的野生动物保护区，完美地保持了这一地区的自然环境和生态平衡。

2）罗布恩岛

罗布恩岛陆上和周围海域有大量的珍稀动植物。陆上生活着2种两栖类动物、8种蜥蜴和壁虎、3种蛇和1种乌龟，还有少量南非白纹大羚羊、跳羚、小岩羚和非洲旋角大羚羊、鸵鸟。岛屿周围的水生动植物是典型的西南海角生物代表，众多的鲍鱼和龙虾受到当地的保护。该岛附近的29艘失事船只亦在保护范围之内，岛上东部地区埋葬着许多遇难者遗体。从17世纪到20世纪，罗布恩岛曾有过不同的用途，它曾经是监狱、不受社会欢迎的人的医院以及军事基地。这里的建筑，特别是那些在20世纪后期修建的建筑，如用来关押政治犯的监狱，见证了民主和自由战胜压迫和种族主义的过程。1999年该岛被联合国教科文组织列入《世界遗产名录》。

3）斯泰克方丹、斯瓦特科兰斯、科罗姆德拉伊和维罗恩斯的化石遗址

该遗址被称为"人类摇篮"，位于约翰内斯堡西部一片静谧的山谷之中。斯泰克方丹化石遗址位于距约翰内斯堡大约50千米的一座山头上，距离山顶不足10米，该岩洞是一个发育于白云岩中的喀斯特溶洞，分地上和地下两部分。岩洞地上部分为原洞穴顶部塌落后被侵蚀而成，地下部分有暗河和支洞。古人类学家和考古学家推测，人类先祖最早出现于此，后迁徙至世界各地。科罗姆德拉伊化石洞高40米，长125米，宽50米，该石洞目前仍处在活跃

状态，里面的许多形成物正以每 100 年 1~10 毫米的速度生长。这些化石洞主体下面是一片辽阔的地下洞群。这些洞群以浑然天成的地下湖泊和千姿百态的钟乳石、石笋而享誉四海。考古学家在该遗址的岩洞中发现的化石使几个早期的原始人标本得到识别，使人类的居住和进化可追溯到 330 万年前，特别是南方古猿可追溯到 250 万~450 万年前，也证明在 100 万~180 万年前人们已经能够使用火。该化石遗迹在 1999 年被联合国教科文组织列入《世界遗产名录》。

4）马蓬古布韦文化景观

马蓬古布韦坐落于南非的北部边境，连接着津巴布韦与博茨瓦纳，是林波波河和沙舍河汇流处形成的一个开放的热带大草原地貌。现在幸存的是几乎完整无损的宫殿遗址和绕此而建的居留地，以及两处早期的首都遗址，为人们提供了 700 多年前那里的社会与政治结构发展的图画。马蓬古布韦铁器时代遗址是南部非洲最为人知的铁器时代遗址之一，2003 年联合国教科文组织将其作为文化遗产列入《世界遗产名录》。

5）太阳城

太阳城是南非的著名旅游胜地，位于约翰内斯堡西北 250 千米处，有"世外桃源"的美誉。太阳城并非一座城市，而是一个青山绿水的超豪华度假村。这里有创意独特的人造海滩浴场、惟妙惟肖的人造地震桥、优美的高尔夫球场和人工鲜鱼湖，还有南非最大规模的赌城。

太阳城的核心景点是"失落的城市"。传说在南非古老的丛林中，曾经有个类似古罗马的文明度极高的城市，后来因为地震和火山爆发而消失得无影无踪，太阳城中重建了这座"失落的城市"。由于传说中的城市位于波之谷的丛林中，因此太阳城为了重现波之谷丛林，总共移植了 120 万株各种树木和植物，建造出一座规模庞大的人工雨林和沼泽区。太阳城内有清澈的小溪和河流，还有茂密的雨林和植物，称得上世界最大的人造雨林公园。

6）布隆方丹

布隆方丹位于南非中部，是南非的司法首都，人口约 75 万。该城有"玫瑰城"之称，国王玫瑰花园于 1925 年正式对外开放，由英国威尔士王子前来剪彩，公园内有 4 000 多株玫瑰树。

布隆方丹第一议会大厦建于 1849 年，是该市保护最完善的古老建筑，目前仍然是自由省的议会所在地。市内的妇女纪念碑高 36.5 米，是为了纪念英布战争期间在集中营死难的妇女儿童而修建的。布隆方丹还有其他称号，如"中心城"（南非地理中心）、"大会城"（许多党派的发源地）、"好客城"（当地人热情好客）等。

7）花园大道

从玛塞尔港到斯托姆河连续 255 千米的一级海滨公路被称为花园大道，也是南非最著名的风景区之一。花园大道与湖泊、山脉、黄金海滩、悬崖峭壁和茂密原始森林丛生的海岸线平行，沿途可见清澈的河流自欧坦尼料与齐齐卡马山脉流入蔚蓝的大海。从关口要道眺望连绵群山，景色十分壮美。花园大道冬季的平均气温为 13℃左右，夏季温度在 25℃以上的时间也很少，气候温暖。一年当中都可以进行游泳、赛艇、帆船、划水、冲浪、鸟类观察，以及高尔夫球、网球、自行车旅行等陆上和水上运动。

（1）玛塞尔港：是一个欧洲风格的海滨城镇，也是著名的旅游度假胜地。现镇内的广场上有数座海事博物馆，存有大量历史文物、海洋记事及贝壳等展品，另外还有仿制的老式帆船和海洋生物模型。在镇上方沿着海边悬崖建成的长 13.5 千米的步行游览通道，可以看到著名的邮政树。港口有旅游船到附近海豹岛参观，岛上有 2 000 余只海豹、塘鹅等野生动物，景象颇为壮观。

（2）乔治镇：位于欧坦尼科山脚下，是一个面临蔚蓝大海、风景明媚的小镇。镇里的乔治博物馆是一座维多利亚时期的老式建筑，其中的小古玩收藏颇丰。精华之旅是乘坐欧坦尼科·丘卓号观光火车往返于乔治镇和尼斯纳之间。

本 章 小 结

以色列、沙特阿拉伯、埃及和南非都是世界重要的旅游国，各国风情各异的文化和民俗吸引了大量的游客。沙特阿拉伯是中东地区重要的国家，知名的宗教建筑、伊斯兰教徒的虔诚和宗教文化的繁盛令人折服；埃及的金字塔文化、名胜古迹、沙漠探险等独特风景令人流连忘返；南非非凡的自然景观、丰富的动植物物种令人赞叹不已。

复习思考题

1. 埃及境内有哪些闻名世界的旅游资源？
2. 南非的资源状况和经济发展有何特点？
3. 犹太教对以色列的民俗风情有何影响？
4. 伊斯兰教对沙特阿拉伯的民俗风情有何影响？
5. 沙特阿拉伯为何能成为阿拉伯国家中最大的旅游国？

案 例 分 析

让笔记"对号入座"

张莉是某跨国公司的驻华商务代表，因公司计划开拓非洲市场而前往埃及和南非进行考察。为了避免旅游途中遇到不可预见的麻烦，她就这两国旅游的注意事项专门咨询了有旅游经验的朋友。不知是由于朋友讲述得太快，还是张莉记得太慢，事后她对自己的记录感到迷惑，不知道自己所记的内容究竟分属哪个国家。以下是她的简要笔记：

（1）金字塔之国，棉花之国，沙漠之国。
（2）黄金之国，有三个首都，游览一国如同环游世界。
（3）好望角是最繁忙的海上通道，西方海上生命线。
（4）尼罗河，苏伊士运河，纳赛尔水库。
（5）约翰内斯堡——黄金之城。

（6）千年古都开罗，千塔城，非洲人口最多的城市，有开罗塔。
（7）传统服装为大袍，妇女爱戴耳环手镯，猎装是半正式礼服。
（8）喜爱羚羊，敬仰祖先。
（9）正式用餐时忌讳交谈，忌讳使用左手，忌讳饮酒，喜欢喝红茶。
（10）忌吃猪、狗肉，不吃海参、虾、蟹，不吃鳝鱼、甲鱼。
（11）喝如宝茶、刚挤出来的牛奶或羊奶、自制的啤酒。
（12）忌讳夸人身材苗条，忌讳称道别人家的东西，忌讳谈论宗教纠纷。
（13）喜欢莲花图案，喜爱绿色、白色、红色、橙色，忌讳蓝色和黄色。
（14）以鸵鸟或孔雀毛赠贵宾，宾客要将羽毛插在帽子或头发上。
（15）忌讳猪、狗、熊猫，喜爱数字3、5、7、9，忌讳数字13。
（16）进清真寺时务必脱鞋，忌讳踩坐垫，穿背心、短裤和超短裤。

思考： 已知上述内容与埃及和南非两个国家有关，这16条记录应分别对应哪两个国家？

参 考 文 献

[1]王兴斌．中国旅游客源国概况[M]．北京：旅游教育出版社，2006．
[2]张金霞．客源地概况[M]．武汉：武汉大学出版社，2003．
[3]魏小安，刘赵平，张树民．中国旅游业新世纪发展大趋势[M]．广州：广东旅游出版社，1999．
[4]王昆欣．中国旅游客源地和目的地概况[M]．北京：高等教育出版社，2005．
[5]陈家刚．中国旅游客源国概况[M]．天津：南开大学出版社，2006．
[6]苗雅杰，孙宝鼎．客源国概况[M]．北京：中国财富出版社，2015．
[7]熊国铭，邢伟．客源国（地区）概况[M]．北京：电子工业出版社，2011．
[8]刘玉学，刘振强．涉外礼俗知识必读[M]．北京：中国旅游出版社，2000．
[9]夏林根．旅游目的地概述[M]．北京：旅游教育出版社，2005．
[10]张广瑞，刘德谦．旅游绿皮书：中国旅游发展分析与预测（2007）[M]．北京：社会科学文献出版社，2007．
[11]周裕欣．现代旅游礼仪[M]．上海：同济大学出版社，2006．
[12]周文．世界文化与自然遗产[M]．长春：吉林出版集团有限责任公司，2007．
[13]孙克勤．世界旅游地理[M]．北京：旅游教育出版社，2008．
[14]王晓华，陈正心．365天畅游世界[M]．北京：学林出版社，1997．
[15]李爱霞．德国[M]．北京：北京联合出版公司，2014．
[16]张四成．现代实用礼仪[M]．广州：广东旅游出版社，2006．
[17]郝时远，赵锦元．世界民族与文化[M]．北京：中央民族大学出版社，1995．
[18]王宪举．俄罗斯[M]．重庆：重庆出版社，2004．
[19]张焕文．俄罗斯[M]．北京：世界知识出版社，1999．
[20]陈才．世界经济地理[M]．北京：北京师范大学出版社，1993．
[21]郭盛晖．国际旅游客源国与目的地概况[M]．北京：中国科学技术出版社，2008．
[22]杨叙．美国[M]．北京：世界知识出版社，1998．
[23]高京．澳大利亚[M]．北京：世界知识出版社，1997．
[24]戚盛中．泰国[M]．北京：世界知识出版社，1996．
[25]钟雷．世界文化上下五千年[M]．哈尔滨：哈尔滨出版社，2006．